O PRAZER DE LER
OS CLÁSSICOS

Michael Dirda

O PRAZER DE LER OS CLÁSSICOS

Tradução
RODRIGO NEVES

Revisão da tradução
ANÍBAL MARI

SÃO PAULO 2020

Esta obra foi publicada originalmente em inglês com o título
CLASSICS FOR PLEASURE
por Harcourt, Inc.
Copyright © 2007 by Michael Dirda
por acordo com Writers' Representatives LLC
Todos os direitos reservados. Este livro não pode ser reproduzido,
no todo ou em parte, por nenhuma forma ou meio eletrônico,
mecânico ou outros, sem a prévia autorização por escrito do Editor.
Copyright © 2010, Editora WMF Martins Fontes Ltda.,
São Paulo, para a presente edição.

1ª edição 2010
2ª tiragem 2020

Tradução
RODRIGO NEVES

"Deus abandona Marco Antônio" ["The God Abandons Antony"],
traduzido para o inglês por Aliki Barnstone e Willie Barnstone,
"As I Lounged and Lay on Their Beds", de The Collected Poems of C. P. Cavafy:
A New Translation, de C. P. Cavafy, traduzido para o inglês por Aliki Barnstone.
Copyright © 2006 by Aliki Barnstone. Usado com a permissão de W. W. Norton & Company, Inc.

Revisão da tradução Aníbal Mari
Acompanhamento editorial Márcia Leme
Revisões Ana Maria Alvares
Renato da Rocha Carlos
Edição de arte Katia Harumi Terasaka
Produção gráfica Geraldo Alves
Paginação Studio 3 Desenvolvimento Editorial

Dados Internacionais de Catalogação na Publicação (CIP)
(Câmara Brasileira do Livro, SP, Brasil)

Dirda, Michael
   O prazer de ler os clássicos / Michael Dirda ; tradução Rodrigo Neves ; revisão da tradução Aníbal Mari. – São Paulo : Editora WMF Martins Fontes, 2010.

   Título original: Classics for pleasure.
   ISBN 978-85-7827-196-1

   1. Clássicos literários 2. Crítica literária 3. Ensaios 4. Literatura – História e crítica I. Título.

09-09759   CDD-809

Índices para catálogo sistemático:
1. Clássicos : Literatura : História e crítica 809
2. Obras literárias : Apreciação crítica 809

Todos os direitos desta edição reservados à
Editora WMF Martins Fontes Ltda.
Rua Prof. Laerte Ramos de Carvalho, 133 01325-030 São Paulo SP Brasil
Tel. (11) 3293-8150 e-mail: info@wmfmartinsfontes.com.br
http://www.wmfmartinsfontes.com.br

Para Marian

SUMÁRIO

Introdução · *1*

FANTASIAS JOCOSAS
    Luciano de Samotrácia · *5*
    Denis Diderot · *8*
    Thomas Love Peacock · *11*
    Max Beerbohm · *15*
    Jaroslav Hašek · *18*
    Ivy Compton-Burnett · *22*
    S. J. Perelman · *25*
    Italo Calvino · *29*
    Edward Gorey · *33*

HERÓIS DE OUTRO TEMPO
    Beowulf · *38*
    Abol-Ghasem Ferdusi · *41*
    As sagas islandesas · *44*
    Christopher Marlowe · *48*
    Émile Zola · *53*
    Ernst Jünger · *56*
    James Agee · *60*

OS MISTÉRIOS DO AMOR
    Safo · *65*
    Novelas arturianas · *67*

    Madame de Lafayette • *71*
    Søren Kierkegaard • *73*
    George Meredith • *76*
    C. P. Cavafy • *81*
    Georgette Heyer • *84*
    Ana Akmátova • *88*
    Daphne du Maurier • *91*

Palavras dos sábios
    Lao-Tsé • *96*
    Heráclito • *98*
    Cícero • *100*
    Desidério Erasmo • *102*
    A tradição religiosa inglesa • *106*
    Baruch de Espinosa • *111*
    Samuel Johnson • *116*

Magia cotidiana
    Sir Gawain e o Cavaleiro Verde • *122*
    Os contos de fadas clássicos • *125*
    E. T. A. Hoffmann • *128*
    Prosper Mérimée • *131*
    Frances Hodgson Burnett • *134*
    E. Nesbit / John Masefield • *136*
    Walter de la Mare • *141*

Vida de gente importante
    Plutarco • *148*
    Girolamo Cardano • *150*
    John Aubrey • *153*
    Alexander Pope • *156*
    Jean-Jacques Rousseau • *160*

Frederick Douglass · *165*
Jacob Burckhardt · *168*
Henry James · *171*
W. H. Auden · *175*

O LADO NEGRO
John Webster · *182*
Mary Shelley · *185*
James Hogg · *188*
Sheridan Le Fanu · *192*
Bram Stoker · *196*
M. R. James · *199*
William Roughead · *204*
H. P. Lovecraft · *207*

RELATOS DE VIAGENS
Thomas More · *213*
Daniel Defoe · *216*
Xavier de Maistre · *219*
Júlio Verne · *222*
J. K. Huysmans · *226*
Isak Dinesen · *228*
Robert Byron · *232*

O MODO COMO VIVEMOS HOJE
Petrônio · *236*
Elizabeth Gaskell · *239*
Ivan Gontcharov · *243*
José Maria Eça de Queirós · *246*
Anton Tchekhov · *250*
Jean Toomer · *253*
Willa Cather · *256*

Louis-Ferdinand Céline • *260*
Zora Neale Hurston • *264*
Eudora Welty • *266*

REINOS DE AVENTURA
H. Rider Haggard • *272*
Arthur Conan Doyle • *276*
Rudyard Kipling • *279*
H. G. Wells • *283*
G. K. Chesterton • *286*
Agatha Christie • *290*
Dashiell Hammett • *293*

VISÕES ENCICLOPÉDICAS
Ovídio • *299*
Robert Burton • *301*
Edward Gibbon • *305*
J. G. Frazer • *309*
H. W. Fowler • *312*
Ezra Pound • *315*
André Malraux • *319*
Philip K. Dick • *322*

Posfácio • *327*
Apêndice: um índice cronológico dos autores • *329*
Agradecimentos • *331*
Índice remissivo • *333*

INTRODUÇÃO

O PRAZER de ler os clássicos? Para alguns leitores, isso pode parecer um paradoxo. Afinal, os clássicos não costumam ser difíceis, herméticos e até mesmo um pouco enfadonhos? Claro, os professores e os críticos literários dizem que eles fazem bem, mas o mesmo se poderia dizer do leite de magnésia e do óleo de fígado de bacalhau. Realmente, depois de um dia de trabalho estressante, quem vai querer sentar para ter mais... trabalho? Um *thriller* rápido, um romance excitante... parecem mais adequados.

Eu entendo esse senso comum, mesmo que não concorde com ele. Os clássicos são clássicos não por serem educativos, mas porque as pessoas consideraram que mereciam ser lidos, geração após geração, século após século. Acima de tudo, os grandes livros nos falam de nossos próprios sentimentos e nossas falhas, de nossos devaneios e perturbações tão demasiado humanos. A dor de Safo é a mesma que a de qualquer outra pessoa que já tenha se apaixonado perdidamente por alguém. *In Stahlgewittern* [Tempestade de aço], de Ernst Junger, revela cruamente tanto o horror como a euforia da guerra. O *Livro de oração comum* anglicano sempre nos conforta na tristeza e nos enleva nos momentos de celebração.

As vozes verdadeiramente marcantes, uma vez ouvidas, jamais deveriam ser esquecidas. Deveríamos sempre nos chocar diante da raiva e da bile com que Céline via a humanidade e nos horrorizar com a brutalidade que cercava o jovem Frederick Douglass. Há anos as histórias de fantasmas de Sheridan Le Fanu, o *Drácula* de Bram Stoker e as narrativas de terror cósmico de H. P. Lovecraft nos levam ao fundo da área penumbrosa e fria de nossos medos conscientes – e de nossos desejos inconscientes. Desde longa data, nas noites em que o mundo nos parece pesado demais, a casa em 221B Baker Street, lar do senhor Sherlock Holmes e do doutor John Watson, nos oferece uma acolhida calorosa e um refúgio seguro. E, em abril ou maio, sempre acordaremos numa manhã de sábado, como Mary Lennox em *O jardim secreto*, para o encanto e a beleza da primavera.

Em *O prazer de ler os clássicos*, incentivo o leitor a experimentar alguns dos melhores livros do passado remoto e recente. Para cerca de noventa autores, escrevi breves ensaios introdutórios ou convites, passeando por resumos, citações interessantes e biografias sucintas para transmitir a magia particular de determinado livro ou escritor. Em geral, minha abordagem é mais a de um leitor apaixonado do que a de um crítico ou estudioso. Gosto das sagas islandesas, dos romances cheios de diálogo de Thomas Love Peacock e da poesia de C. P. Cavafy, e quero que você os ame também.

Mas por que esses títulos em especial? você poderá perguntar. Deixe-me explicar como foi que escolhi os livros de *O prazer de ler os clássicos*.

Quando era garoto, com 12, 13 anos, caiu-me nas mãos – pela arte que os puristas mais severos chamariam de apropriação indébita – um exemplar barato de *The Lifetime Reading Plan* [O plano de leitura para a vida toda], de Clifton Fadiman. Naquela época, não tinha o menor interesse pelos clássicos. Eu gostava era das histórias – e ainda gosto –, dos contos de mistério e de aventura, o tipo de leitura que em outros tempos chamávamos de novela. Na minha juventude, no entanto, passei a ler de tudo e descobri que o tal Fadiman fazia as grandes obras parecerem tão interessantes quanto os gibis do Lanterna Verde ou o último livro do Tarzã. Ele simplesmente conversava com você – de leitor para leitor –, discorrendo sobre a *Odisseia*, a *Divina comédia* e *Orgulho e preconceito* de maneira nada acadêmica.

Com o passar dos anos, fui percorrendo gradualmente quase todas as obras contidas no "plano" de Fadiman. Por fim, ou talvez por destino, graduei-me em língua inglesa e depois fiz doutorado em literatura comparada (com ênfase em estudos medievais e romantismo europeu). Mais tarde, em 1978, tive a felicidade de arranjar emprego como redator e resenhista do *Washington Post Book World*.

E, em 1997, passados vinte anos, descobri que o *The Lifetime Reading Plan* original fora reeditado pela quarta vez, tendo sido ampliado por John S. Major para incluir também alguns autores do Oriente Médio e da Ásia.

O prazer de ler os clássicos ignora de propósito grande parte dos autores discutidos nessa edição revista de Fadiman-Major (1997). Embora valioso, seu cânone de 133 ótimos livros tornou-se um tanto repetitivo. Quem vai negar os méritos das peças de Shakespeare ou dos romances de Dickens? Pareceu-me mais útil – e divertido – indicar clássicos menos óbvios e autores menos conhecidos aos meus leitores.

Mas o que ganhamos ao omitir tantas obras-primas de renome mundial? Muito, eu acho. *O prazer de ler os clássicos* procura dar ênfase aos autores fundamentais esquecidos por Fadiman e Major, aos nomes importantes do que poderíamos chamar de imaginação popular e a algumas figuras aparentemente secundárias que merecem ser mais bem conhecidas. Assim, neste livro você encontrará ensaios sobre Ovídio e Petrônio; *Ela*, de Rider Haggard, e *Cane* (Cana), de Jean Toomer; *O homem que foi quinta-feira* e *As aventuras do valente soldado Švejk*; as novelas arturianas, os contos de E. T. A. Hoffmann e os livros de Eça de Queirós, Agatha Christie e Philip K. Dick.

Quase todas as obras abordadas em *O prazer de ler os clássicos* contam grandes histórias, sejam ficcionais, históricas ou biográficas. Também sugiro alguns filósofos (entre eles, Heráclito e Espinosa), determinados títulos da era de ouro da literatura infantil (de autores como E. Nesbit e John Masefield) e um punhado de poetas de minha preferência (Pope, Meredith e Akmátova, entre outros). Poderia ter facilmente compilado um livro só sobre os poetas. Além de uma boa história, também gosto bastante das vozes originais, em especial das idiossincráticas (J. K. Huysmans, S. J. Perelman), elegantes (Lafayette, Gibbon) e espirituosas (Gontcharov, Ivy Compton-Burnett). Mesmo assim, muitos de meus autores favoritos não aparecem em *O prazer de ler os clássicos*. Se você quer saber por que não há ensaios sobre Isaac Babel, Ford Madox Ford, Colette, Flann O'Brien, Marguerite Yourcenar, P. G. Wodehouse ou Italo Svevo, foi porque eu não quis repetir o que já dissera a respeito deles em *Bound To Please* [Impossível não agradar] e *Readings* [Leituras].

Mas chega de frivolidades e preâmbulos. Pense no que vem a seguir como um guia de boa leitura, uma coletânea de cartas de amor aos meus livros prediletos e uma expansão do cânone para abranger mais títulos de cada gênero, uma espécie de "Adendo ao plano de leitura". Por conveniência, organizei as entradas de acordo com o assunto, embora poucos livros se encaixem com precisão em apenas uma única categoria, seja ela qual for. Por isso sinta-se à vontade para percorrer e folhear o livro como quiser; não haverá teste depois. Afinal de contas, de acordo com o próprio título, o que queremos mostrar é: o prazer de ler os clássicos.

Fantasias jocosas

Nas imortais palavras de *A Funny Thing Happened on the Way to the Forum* [Uma coisa engraçada aconteceu a caminho do fórum]: tragédia amanhã, comédia hoje à noite! Alguns dos escritores desta seção sussurram: "Que tolos são estes mortais!". Outros, no entanto, talvez mais sábios, simplesmente sorriem e dizem: "Que tolos adoráveis são estes mortais!" Eis o reino dos mais variados tipos de humor – sarcasmo, ironia, diálogos espirituosos, sátira, humor negro, exuberância imaginativa, excentricidades e surrealismo. O resultado desse espetáculo literário vaudevilesco abrange tanto esquetes cômicos sobre a vida noturna dos deuses quanto a estupidez grotesca de um palhaço balbuciante e os trocadilhos compulsivos de S. J. Perelman. Todo o mundo se diverte.

LUCIANO DE SAMOTRÁCIA (c. 115-200 a.C.)
*Uma história verdadeira; Lúcio, ou O asno;
Diálogo dos mortos; Ensaios*

Quando falamos dos gregos antigos, pensamos logo em nobres filósofos, dramaturgos trágicos e coros fúnebres e nas muitas imagens de estupro, incesto, loucura, sacrifício e sangue. Não importa o que essa gente séria se proponha fazer, nunca parece que o fazem apenas por diversão.

Aristófanes é a mais óbvia exceção a essa regra. Suas peças satirizam a filosofia, o sexo, a guerra – qualquer coisa. Diógenes, o Cínico

– que saíra em vão à procura de um homem honesto –, também tinha um espírito jocoso e um humor seco. Quando viu um mendigo bebendo com as próprias mãos, jogou fora sua taça; quando Alexandre, o Grande, aproximou-se dele e lhe concedeu a realização de um desejo, Diógenes – que estava se bronzeando – simplesmente pediu ao senhor do mundo que não lhe fizesse sombra.

O mais divertido dos escritores gregos, no entanto, talvez seja o que ficou conhecido como Luciano de Samotrácia. (Com efeito, pode ter havido um Luciano e um Pseudo-Luciano, mas os estudiosos só vieram a suspeitar disso faz pouco tempo.) *Uma história verdadeira* nos leva numa jornada semelhante às viagens de Odisseu e de Jasão e os Argonautas, uma espécie de aventura helênica do barão de Munchhausen. *Lúcio, ou O asno* é um conto picaresco, por vezes obsceno, sobre um jovem transformado em jumento. A narrativa atinge o clímax quando uma matrona tarada começa a se perguntar como o animal seria na cama; na manhã seguinte, o dono de Lúcio decide que vai vender ingressos para um espetáculo itinerante.

Os numerosos diálogos de Luciano – quase esquetes de teatro – parecem ter sido escritos por um Bernard Shaw mediterrâneo. Em *Diálogo dos mortos*, os personagens queixam-se da aborrecida sociedade do Hades. Caronte reclama que seu bote é pequeno demais e, o que é pior, está vazando; Aníbal e Alexandre disputam o título de melhor general; Sócrates nos garante que realmente não sabia de nada e que não estava sendo irônico; Tirésias relata em detalhes sua transformação de mulher em homem. Em *Diálogo das cortesãs*, as prostitutas velhas conversam com as mais jovens a respeito de sexo, paixão, ciúme e dinheiro, ao passo que, em *Diálogo dos deuses*, Júpiter, como um executivo cansado, explica pacientemente a Ganimedes as atribuições de sua nova função de copeiro, embora o jovem pastor não consiga entender ao certo por que teria de dormir com o rei do universo.

Luciano se recusa a mostrar respeito e reverência por qualquer pessoa ou coisa. Além disso, seus gêneros prediletos – o diálogo e o ensaio curto – favoreciam a paródia, o humor e as discussões sociais. Como observam H. W. Fowler e seu irmão F. G. Fowler na introdução à obra completa desse antigo galhofeiro, que eles próprios traduziram:

> Luciano [...] não oferece um ponto de vista religioso nem tampouco uma filosofia, mas talvez seja o escritor que melhor exemplifica e ensina a questão de pensar por si mesmo; e é de duvidar que exista uma lição intelectual tão importante quanto essa [...] Ele é individualista ao extremo. Não há religião ou filosofia que possa nos salvar, Luciano parece dizer; o segredo é pensarmos por nós mesmos e termos juízo.

Não é de admirar que o modelo estabelecido por Luciano – a inteligência analítica brilhante, a indignação selvagem – seja detectado no *Elogio à loucura* de Erasmo, na *Utopia* de Thomas More, em *Volpone, ou A raposa*, de Ben Johnson e nas *Viagens de Gulliver*, de Jonathan Swift, sobretudo na parte que fala de Laputa. Voltando um pouco no tempo, Luciano pode ter influenciado também o escritor latino Apuleio, cujo romance repleto de magia *O asno de ouro* basicamente repete o enredo de *Lúcio, ou O asno* (embora também o amplie com a história de Cupido e Psiquê, talvez o conto de fadas mais belo da Antiguidade).

Para os leitores contemporâneos, *Uma história verdadeira* talvez seja a obra mais atraente de Luciano. Trata-se, em resumo, de uma narrativa estapafúrdia com elementos de ficção científica (uma viagem espacial) e fantasia (a vida dentro de um monstro marinho) e até uma pitada de brincadeiras pós-modernas – O prefácio dessa "história verdadeira" termina com o aviso: "Digo-lhes, em verdade, aqui e agora, que não tenho a menor intenção de contar a verdade [...] Então, veja lá, não acredite em uma palavra sequer do que eu disser." Minha parte predileta é a que fala da visita à Ilha dos Abençoados. Lá, o narrador (o próprio Luciano) encontra poetas e heróis famosos e, como um bom repórter, prontamente entrevista vários deles, perguntando a Homero, por exemplo, a exata relevância crítica da palavra "ira" na frase de abertura da *Ilíada*. Homero responde, sem pensar muito: "Relevância nenhuma. Foi a primeira palavra que me veio à cabeça." Mais tarde, quando Luciano está prestes a deixar a Ilha dos Abençoados, Odisseu lhe dá em segredo um bilhete para entregar a Calipso. O narrador obviamente o lê. Trata-se de uma carta de amor, na qual Odisseu pede desculpas à deusa por ter fugido e por ter recusado sua oferta de imortalidade, prometendo-lhe escapulir para ter com ela quanto antes possível.

Uma história verdadeira e *Lúcio, ou O asno* estão entre os dez ou mais "romances" gregos que chegaram até os dias de hoje. Os outros, em geral, contam histórias de amantes separados por circunstâncias cruéis que após inúmeras aventuras acabam se reencontrando. O mais antigo é *Quéreas e Calirroé*; o mais comprido, *Uma história etíope*, de Heliodoro; e o mais charmoso, *Dafne e Cloé*, de Longo, que serviu de modelo para a chamada novela pastoril. Todos esses "romances" estão sendo redescobertos e apreciados novamente, mas nenhum deles oferece mais diversão que os contos fantasiosos de Luciano.

DENIS DIDEROT (1731-1784)
O sobrinho de Rameau e outras obras

De todos os polímatas do Iluminismo francês, Denis Diderot é o mais agradável e moderno. Voltaire talvez fosse mais sagaz e Rousseau, um melhor prosista, mas o autor da *Enciclopédia* – o "dicionário sistemático de artes, ciências e ofícios" – possuía o tipo de mente inquieta e original que cospe ideias como fogos de artifício. Ele é irresistível.

Com igual facilidade e brilhantismo, Diderot era capaz de: analisar a fabricação do aço e das meias; criar, de certo modo, a crítica de arte moderna; escrevinhar um romance pornográfico (*Joias indiscretas*, em que as partes íntimas falavam e conversavam); compor um ensaio excêntrico sobre seu velho camisão de dormir; escrever uma peça na qual um personagem concebia o espetáculo que o público estava vendo; estabelecer uma importante teoria de representação teatral (ao dizer que os bons atores, de fato, agiam fria e deliberadamente quando pareciam mais emotivos); defender a liberdade sexual radical (em *Suplemento à viagem de Bougainville*, título bastante inocente); minar a religião enquanto refletia sobre os cegos; quase inventar um aparato codificador e um tipo de máquina de escrever; falar mais que os melhores conversadores de Paris numa época em que os serões culturais estavam no auge; passar horas a fio sozinho com Catarina, a Grande, discutindo uma constituição para a Rússia; criar romances muitíssimo à frente de seu tempo (*A religiosa* trata o lesbianismo com considerável simpatia) e morrer silenciosamente depois de ter comido um damasco.

Poderíamos comparar Diderot ao equivalente filosófico de um artista performático. Ele por natureza prefere o diálogo ao discurso, criando muitas vezes conversas e situações engraçadas em seus melhores ensaios, em suas especulações metafísicas e em suas obras de ficção. A apoteose dessa técnica desponta na narrativa urbana *O sobrinho de Rameau*, "sátira" alegre porém perturbadora que, em certas ocasiões, faz lembrar *Memórias do subsolo*, de Dostoievski, ou então Kafka. O sobrinho é um dos maiores biltres da literatura francesa. Como diz Diderot:

> Faça chuva ou faça sol, costumo passear pelo Palais-Royal todas as tardes por volta das cinco. Estou sempre lá, à vista de todos, sentado em algum lugar na Allée d'Argenson, pensando. Discuto comigo mesmo questões de política, amor, estética e filosofia e deixo que meus pensamentos vaguem em completo abandono, livres para seguirem a primeira ideia, sábia ou tola, que aparecer, como esses rapazes devassos da Allée de Foy que correm atrás das bobinhas sorridentes de olhos brilhantes e nariz empinado e depois as tro-

cam por outra, abordando-as sempre mas não ficando com nenhuma delas. No meu caso, meus pensamentos são as minhas garotas.*

O narrador, "Diderot", conta que em um dia de chuva, ao entrar no Café la Regénce para assistir aos jogos de xadrez, foi surpreendido pelo homem mais estranho de toda a França, o sobrinho do famoso compositor Jean-Philippe Rameau. O rapaz, dotado de algum talento musical, embora não o suficiente para ser bem-sucedido, tinha escolhido viver como um sanguessuga profissional, bajulador e lisonjeiro – o que ele próprio admite sem receio, até de modo um tanto leviano. Depois dessa confissão inesperada, a conversa descamba para uma série de discussões sobre moral, música, sexo (Rameau lamenta a morte prematura da esposa, pois pretendia prostituí-la), gênio, educação e muito mais, enquanto "Diderot", um tanto pudico, esgrima verbalmente com o astuto parasita e sua impiedosa autoconsciência. Rameau logo se declara um tolo, mas, por outro lado, continua ele, todos o são, inclusive o rei. "Sou um bufão para Bertin e os outros – para você, talvez, a esta altura", diz ele. Mas depois lhe dá uma sutil alfinetada: "Ou talvez você o seja para mim."

Diderot não chegou a publicar *O sobrinho de Rameau* (escrito por volta de 1761) embora tivesse mostrado o rascunho a alguns amigos. No fim, uma cópia foi parar na Alemanha tempos após sua morte e caiu nas mãos de Goethe, que gostou tanto do diálogo que decidiu traduzi-lo. Foi por essa razão que a obra-prima francesa teve sua edição de estreia em alemão. Mais tarde, um belo exemplar manuscrito foi descoberto junto a um volume de obras pornográficas do século XVIII e, desde então, o diálogo tem sido aclamado como uma das conquistas mais excêntricas e provocantes da literatura francesa.

Do mesmo autor, vale a pena ler o conto intitulado "Isto não é uma história" (põe pós-moderno nisso!) e seu *Tristram Shandy* francó-

----

* Versão em português baseada da tradução para o inglês de L. W. Tancock. (N. do E.)

fono: *Jacques, o fatalista*, que conta com um narrador espertinho; digressões que tendem ao infinito; muitos desvios e voltas (como no relato sempre interrompido dos amores de Jacques); reflexões complexas sobre a natureza dos relacionamentos (criado-patrão, narrador-leitor) e a impressionante história de uma senhora rejeitada de classe alta que se vinga do ex-amante aristocrata fazendo-o desposar uma prostituta. Mas ela recebe seu castigo quando os recém-casados descobrem um amor genuíno um pelo outro e vivem felizes para sempre.

THOMAS LOVE PEACOCK (1785-1866)
Crotchet Castle [O castelo dos Crotchet] e outros romances

Quando pensamos nos romances do século XIX, várias coisas nos vêm à cabeça, sobretudo a prolixidade. As expressões "três volumes" e "publicado em partes" não contribuem para afastar essa imagem; o mesmo podemos dizer do *status* canônico (merecido) de livros grandes tais como *A vida era assim em Middlemarch*, *A casa soturna* e *A feira das vaidades*. E, no entanto, algumas obras desse período são tão objetivas e concisas quanto um *best-seller* contemporâneo – *Alice no País das Maravilhas*, por exemplo, ou os sete romances de Thomas Love Peacock marcados por seus diálogos espirituosos.

Nesses livros – em especial *A abadia do pesadelo*, *Crotchet Castle* e *Gryll Grange* [Fazenda Gryll] –, Peacock aperfeiçoa um tipo animado de comédia, característico de Voltaire, no qual figuras ranzinzas e excêntricas se reúnem em alguma propriedade rural em jantares regados a álcool para discutir a sociedade, a política, os livros e a vida enquanto, no plano de fundo, os jovens se apaixonam e se desencantam. Podemos notar esse mesmo padrão nas primeiras sátiras de Aldous Huxley, sobretudo em *Crome Yellow* [Amarelo cromado] e *Ronda grotesca* e, mais recentemente, nos muitos romances "de *campus*" sobre os excessos teóricos de acadêmicos modernos. Como o próprio autor escreveu certa vez: "Perfeccionistas, decadentistas, conservadoristas, frenologistas, transcendentalistas, economistas políticos, teóricos de todas as ciências, idealizadores de todas as artes, visionários mórbidos, entusiastas românticos, amantes da música, do pitoresco e dos banquetes seguem marchando e sempre marcharão."

A abadia do pesadelo (1818) – cujos personagens evocam Coleridge, Shelley e Byron – talvez seja sua obra mais conhecida, e *Gryll Grange* (1860), a mais agradável, mas os verdadeiros *connaisseurs* que gostam de se pavonear consideram *Crotchet Castle* (1831) seu melhor livro em geral.

O enredo é simples: cobiçando um título de nobreza para sua família, o abastado senhor Crotchet planeja casar seu garoto insensível com a bela filha de um cavaleiro empobrecido. Mas Lady Clarinda tinha acabado de rejeitar um pretendente, o capitão Fitzchrome, por considerá-lo pobre e incapaz de lhe oferecer outra coisa senão "amor numa cabana". Fitzchrome, tenaz em sua cega devoção, arranja um convite para a *soirée* na propriedade dos Crotchet, onde conhece o reverendo doutor Folliott, um epicurista que está sempre citando os antigos; o senhor Trillo, que "diz que o propósito único das sociedades instruídas é compor boas óperas"; o senhor Chainmail, profundo admirador de tudo relacionado à cavalaria e à Idade Média e... Bom, deixemos a irrepreensível Lady Clarinda, que está sentada à mesa com o ex-amante, descrever os outros dois convidados:

> Ao seu lado está o senhor Henbane, o toxicologista, creio que é assim que gosta de ser chamado. Passou boa parte da vida estudando venenos e antídotos. A primeira coisa que fez ao chegar aqui foi matar a gata; e, enquanto a senhora Crotchet chorava sua perda, ele a trouxe de volta à vida [...] Sentado ao seu lado está o senhor MacQuedy, o ateniense moderno, que gosta de prescrever leis para todas as coisas e que, por isso, é tido como conhecedor de tudo. Transforma todos os casos deste mundo em questões de compra e

venda. É o Espírito dos Mares Frios para o romance e o sentimento. Condensa em um minuto seu vapor quente numa única gota de água fria. Disse-me que sou um produto posto no mercado e que devo atribuir-me um preço alto.

Enquanto esses obcecados por método seguem discutindo tal como Samuel Johnson e seus companheiros, a sagacidade de Lady Clarinda faz frente à da própria Elizabeth Bennet. Ouçamos sua conversa – esquematizada como um diálogo teatral – com seu persistente admirador. Ela está explicando por que talvez aceite o pedido de casamento do jovem senhor Crotchet apesar de não achá-lo atraente:

Lady Clarinda: "Bom, realmente tenho muito pouco a dizer a favor dele."

Capitão Fitzchrome: "Não quero ouvir nada a favor dele; e me alegro de saber isso, porque..."

Lady Clarinda: "Não se envaideça. Se aceitá-lo, será para agradar meu pai, para ter uma casa na cidade e outra no campo, muitos criados, uma carruagem e um camarote no teatro e para que certas conhecidas que se casaram por amor, por título ou por qualquer outra coisa que não seja dinheiro morram de inveja de minhas joias. Você não está achando que eu o aceitaria por ele mesmo, claro. Ora, ele é muito cortês e zeloso, no que diz respeito às roupas; mas, quanto ao rosto, parece que o homem tropeçou e caiu de cabeça em um vulcão e depois foi cuspido de volta junto com as cinzas."

Capitão Fitzchrome: "Não acredito que, falando desse modo a seu respeito, você ainda o queira para marido."

Lady Clarinda: "Ora, não sou mais adolescente. Já me apaixonei muitas vezes; mas agora sou responsável por mim mesma e devo tratar de me arranjar com alguma vantagem, como todo o mundo faz..."

Além da ironia característica de Jane Austen, há nesse texto também um toque de Gilbert e Sullivan, até porque Peacock oferece várias excelentes músicas de bebedeira:

Tendo vinho, se água eu quiser,
Que me seja negada a bebida:
Pois quem quererá algo além
Que beber e se encher de comida?

Vamos comer, beber e cantar,
Sim, pois isso é o melhor que fazemos,
E quando acabar, vamos pedir
Que se coma tal como comemos...

Uma das grandes virtudes de *Crotchet Castle* é que o livro não é longo demais. É possível lê-lo inteiro em três ou quatro horas, mesmo que queira reler e sublinhar algumas partes, o que certamente acontecerá. Os capítulos, em geral, têm apenas cinco ou seis páginas. E os acontecimentos – como a tentativa de roubo do doutor Folliot – são relatados sem muitos adornos e com certa rapidez. No final do romance, no entanto, Peacock se entrega propositalmente a um tom mais exagerado ao descrever um lago isolado, um precipício solitário ou as ruínas de algum castelo, imitando a verve romântica.

Shelley, o poeta, disse que a escrita de seu amigo Peacock sempre agradaria os "espíritos privilegiados" e que seus romances seriam ainda mais apreciados nos anos vindouros. Não foi bem isso o que aconteceu, mas para os leitores sensíveis a Peacock seu humor continua sendo um prazer eterno. Como diz o frade em *Maid Marian* [A donzela Marian]:

O mundo é um palco e a vida, uma farsa; aquele que mais ri, mais aproveita o espetáculo. O pior serve ao riso, embora não seja bom para mais nada. E o melhor, bom para alguma coisa, não serve a coisa melhor do que essa.

MAX BEERBOHM (1872-1956)
Seven Men [Sete homens]; *A Christmas Garland* [Uma guirlanda de Natal]; *Zuleika Dobson*; seleção de ensaios

Poucos escritores são tão civilizados e divertidos quanto Max Beerbohm. Como seria de convir a um dos maiores almofadinhas que o mundo já viu, suas frases singulares demonstram uma dicção simples e clássica e uma ironia crescente, furtiva e inexaurível. Em toda a sua obra – ensaios, contos e apenas um romance –, sua voz mantém-se invariavelmente cortês e dócil com um leve toque de tristeza quarentona, apesar de sua idade real. Em 1896, com apenas 24 anos, Beerbohm fez soar o seguinte lamento: "Sinto-me já um tanto ultrapassado. Pertenço ao período Beardsley." E, embora o Incomparável Max, como Bernard Shaw o chamava, tenha vivido até muito depois do final do século, ele nunca acompanhou seu próprio tempo. Talvez seja esse o segredo dos clássicos ou pelo menos de um ótimo ensaísta de segundo escalão.

Entre os grandes admiradores de Beerbohm temos Oscar Wilde, Virginia Woolf, Evelyn Waugh e Edmund Wilson, isso para mencionar só os "Ws" literários eminentes. "Se você soubesse quanto me debrucei sobre os seus ensaios", confessou Woolf, "quanto eles me enchem de espanto... e que não consigo imaginar como seria escrever como você! – essa é a mais pura verdade." Até mesmo o irritadiço Waugh ofereceu um exemplar de *Memórias de Brideshead* para "o mestre", escrevendo, submisso: "Não creio que o lerá, nem tampouco que o aprovará. Ofereço-o ao senhor como um *terrier* que deita um rato morto sobre a colcha – em um ato de reverência."

O próprio Max Beerbohm julgava ter pouca aptidão para a escrita, embora seu talento fosse admirável. "Os melhores escritores raramente são pessoas de gênio", disse ele certa vez. "O gênio em sua força não costuma ser caprichoso. O gênio por natureza está sempre com pressa. O gênio não pode ficar se preocupando com a perfeição." O que Beerbohm possuía em lugar de mero gênio era uma inflexão perfeita, a habilidade de estabelecer o clima por meio do tom de voz, de expressar ironia ou autocensura através de uma ligeira mudança na frase: "Para fazer um relato correto e exaustivo daquele período, seria necessária uma pena muito menos brilhante do que a minha."

Não importa o assunto, Beerbohm escrevia com uma elegância digna de Fred Astaire. Numa coletânea de ensaios bastante variada intitulada *And Even Now* [E mesmo agora], ele relembra uma visita a Swinburne; divide as pessoas em "hóspedes" e "anfitriões" congênitos; reflete sobre a atração que as obras de arte inacabadas exercem e inventa o romancista arquetípico russo Kolniyatsch ("O sorriso era assombroso. Havia um toque de cortesia europeia na repressão do evidente impulso de esganar o próximo.") Eis como Beerbohm começa o ensaio "Going Out for a Walk" ["Saindo para dar uma volta"]: "Em toda a minha vida, nunca saí para dar uma volta. Já me levaram para dar uma volta, sim, mas isso é outra coisa. Até quando andava ao lado de minha governanta, balbuciando, já sentia falta dos bons e velhos tempos quando possuía, e não era, um andador."

Pode parecer fácil reproduzir esse tom de indiferença e despreocupação, mas tente fazê-lo. Note, por exemplo, os excelentes trocadilhos retóricos, sugerindo uma força contida. Beerbohm era um caricaturista na prosa e no desenho (suas gravuras são tão admiradas quanto sua escrita), sendo capaz de imitar e ridicularizar o estilo de qualquer autor e as pretensões de qualquer personagem. Peguemos o comecinho de "The Mote in the Middle Distance" ["A mancha a meia distância"], a mais famosa das paródias de *A Christmas Garland*:

> Foi com um sentimento de, para si mesmo, algo bastante memorável que ele olhou naquele instante para o futuro imediato e tentou, não sem remorso, retomar o momento onde o havia, prospectiva-

mente, largado. Mas, puxa, onde o havia largado? A consciência, para nosso amigo, de uma dubiedade não estava, nessa manhã, tão bem definida a ponto de poder discernir as figuras daquilo que ela chamara de seu "horizonte", entre o qual e ele próprio o crepúsculo era, com efeito, de uma qualidade um tanto intimidante.

Isso é uma imitação perfeita do estilo mais maduro de Henry James – James disse certa vez a um admirador que Max tinha apreendido seu estilo melhor do que ele próprio. Beerbohm mantém essa verbosidade arcaica e prolixa com impressionante destreza por mais três páginas enquanto Keith e Eva, um garoto e sua "magnífica" irmã, decidem se vão ou não espiar os presentes nas meias na manhã de Natal.

Tamanha aptidão para a mímica indica certa tendência para a escrita autoral e, com efeito, Beerbohm criou uma literatura própria em *Seven Men* e *Zuleika Dobson*, romance divertido mas ligeiramente penoso sobre uma beldade decadentista que vai visitar o avô, o inspetor da Judas College, e acaba causando o suicídio em massa dos estudantes de Oxford. O livro apresenta uma variedade de estilos que vai desde a oratória elisabetana até os arroubos sentimentais dos romances vendidos em bancas. Vejamos os adoráveis clichês de época deste trecho em que Zuleika confessa sua paixão (ai! passageira e pouco confiável) pelo Duque de Dorset (cujo lema de família é "*Pas si bête*" ou "Não tão burro"):

> Pensei que você talvez ficasse um pouco feliz, um pouco movido com a minha persistência. Pensei que, lânguido, fosse se aproveitar de mim, que fosse me usar como um brinquedo – uma distração que durasse algumas horas de ócio no verão – e que depois me jogaria de lado quando se cansasse de mim e me esqueceria, partindo meu coração. Não desejava outra coisa. Torcia vagamente por isso.

Já para "Enoch Soames" e "A. V. Laider" – os dois melhores contos de *Seven Men* – os superlativos não bastam. No primeiro, Beerbohm relembra um escritor amargurado da década de 1890 – autor de *Negations* (Negações) e *Fungoids* (Fungoides) – que, numa tarde de desespero, faz um malfadado acordo com o diabo para viajar cem anos no futuro com a intenção de visitar a biblioteca do Museu Britânico e procurar seu próprio nome no catálogo. O pobre Soames mal podia esperar para ver a enorme quantidade de "edições, comentários, prolegômenos e biografias" que levariam seu nome. Em "A. V. Laider", por outro lado, Beerbohm recorda-se de uma visita a um hotel à beira-mar onde ouvira histórias aparentemente trágicas sobre a arte da quiromancia e a estranha beleza e o horror das gaivotas.

Beerbohm viveu bastante tempo, mas esteticamente não passou de 1910. Foi quando, aos 38 anos, o escritor mudou-se com a nova esposa, Florence, para Rapallo, na Itália, onde passou o resto da vida numa pequena quinta. Parou de escrever aos 50, embora tenha continuado a fazer caricaturas e alguns programas de rádio vez ou outra. À exceção do período de guerra, quando teve de retornar para a Inglaterra, Beerbohm passava os dias lendo, fazendo palavras cruzadas, desenhando e conversando sobre o passado com os velhos e os novos amigos.

Para algumas pessoas de sorte – e Beerbohm estava ciente de sua boa estrela – a vida traz, além das honrarias, "uma celestial constância de paz e felicidade". É difícil não invejar tamanha satisfação. Mas qualquer um pode experimentar um pouco disso lendo *Seven Men, And Even Now* ou qualquer outro livro da incomparável bibliografia do incomparável Max Beerbohm.

JAROSLAV HAŠEK (1883-1923)
As aventuras do valente soldado Švejk

Embora a crítica tradicional classifique as epopeias e as tragédias como gêneros literários dos mais importantes, ambas costumam dar ênfase à figura do herói, a homens e mulheres que não encontramos no mundo real. Sim, podemos ter alguns traços em comum com Aquiles, Édipo e Fedra, podemos até sofrer com eles e talvez seus destinos nos horrorizem e nos entristeçam, mas, no fim, os heróis andam por aí como semideuses, enquanto nós continuamos sendo humanos.

E é por isso que a comédia é o gênero literário do homem comum, do sujeito trabalhador e da dona de casa ocupada, o gênero que retrata o mundo tal como ele realmente é. De Chaucer e Cervantes a Joyce e Proust, os grandes nomes da comédia não nos fazem rir somente, eles também nos mostram o que significa sermos humanos. Em suma, ajudam-nos a continuar lutando, por mais absurda e desesperada que a situação fique.

Poucos livros captam tão bem a essência da vida quanto a obra-prima de Jaroslav Hašek, *As aventuras do valente soldado Švejk* (1921) – ou *The Good Soldier Schweik* [O bom soldado Schweik], como aparece na primeira tradução para o inglês. Esse relato de um tcheco insignificante e simplório durante a Primeira Guerra Mundial nunca recebeu a merecida atenção por parte dos leitores de língua inglesa. Seu mais recente tradutor, Cecil Parrott, compara-o a Rabelais no estilo – e na crueza. O crítico Bernard Levin diz que o livro tem "apenas um par na literatura mundial, *Dom Quixote*". Os leitores contemporâneos, por certo, vão se lembrar da obra igualmente sério-cômica de Joseph Heller, *Ardil-22*, uma espécie de primo norte-americano do *Švejk*.

O romance de Hašek é um tipo de espetáculo de variedades ou teatro de revista narrativo que vai de uma situação inusitada a outra. No começo, uma manchete de jornal sobre o assassinato do arquiduque Ferdinando cria uma discussão absurda entre o paspalho Švejk, um adestrador de cães profissional, e sua senhoria. Em seguida, um agente gago prende Švejk por suspeita de espionagem. E então o rapaz inocente de olhos arregalados é submetido a uma série de exames psicológicos e mentais: ninguém pode ser tão burro assim, claro. Mas será Švejk tão tolo quanto aparenta ser? Quando se cansa das perguntas, o adestrador de cães diz o seguinte aos psicólogos:

Agora vou lhes propor um enigma, senhores. Há uma casa de três andares com oito janelas em cada um. No telhado há duas cumeeiras e duas chaminés. Há dois inquilinos em cada andar. E agora, senhores, quero que me digam: em que ano a avó do porteiro morreu?

Expulso do manicômio, Švejk decide se alistar no exército, mas por uma série de motivos tem de ir ao centro de recrutamento usando muletas. "Por sorte, o confeiteiro havia [...] guardado um par de muletas como tesouro de família para se lembrar do avô." Depois de um incidente infeliz envolvendo recrutas desertores que simulavam insanidade e que mutilavam a si mesmos para escapar do exército, nosso herói acaba sendo detido no quartel. Numa ala especial desse quartel "ficavam os prisioneiros políticos, dos quais 80% eram inocentes e 99% tinham sido condenados". Hašek nos conta que, para garantir que essas últimas porcentagens fossem mantidas, "havia uma magnífica equipe legal, um mecanismo semelhante ao que alguns países apresentavam antes de se deteriorarem política, econômica e moralmente".

Mas logo em seguida Švejk é nomeado assistente do capelão do exército, que era judeu por nascimento e bêbado por convicção. Os ataques de Hašek ao militarismo e ao cristianismo vão ficando cada vez mais virulentos: "Os preparativos para o massacre de seres humanos sempre são feitos em nome de Deus ou de alguma entidade suprema que nós, imaginativamente, projetamos e criamos." Toda vez que um padre católico conforta um condenado, observa Hašek, leva consigo um crucifixo, "como a dizer: 'Você só vai ser decapitado, só vai ser enforcado, estrangulado, eletrocutado com uma corrente de 15 mil volts, mas não se esqueça do que Ele passou'".

Às vezes, o humor de Hašek é deliciosamente cruel e pesado, mas em algumas partes ele também imita a erudição dos filósofos e a ficção dos *best-sellers*. Um grupo de homens desocupados se junta para beber. Um deles é soldado, chama-se Jurajda; costumava publicar um periódico ocultista e uma série de livros intitulada *Os segredos da vida e da morte.* Eis o que ele fala ao sargento-chefe com uma autoridade etílica:

> Meu caro [...] todos os fenômenos, todas as formas, todos os objetos possuem características imateriais. Forma é imaterialidade e imaterialidade é forma. Não há diferença entre imaterialidade e forma; não há diferença entre forma e imaterialidade. O que é imaterial é forma e o que é forma é imaterial [...]

Enquanto isso, o primeiro-sargento – uma alma poética – segue tagarelando como um narrador em terceira pessoa de um romance melodramático:

> O milho sumira dos campos. Sumira. Tal era seu humor quando recebeu o convite da mulher e foi chamá-la. O feriado de Pentecostes dava-se na primavera.

No dia seguinte, alguns desses homens têm de ir às pressas a uma importante reunião militar estratégica, pois o "coronel Schroder fora movido por seu grande desejo de se ouvir falar". Quando todos estão presentes, o coronel se volta para o mapa de guerra que sofrera danos inesperados:

> Todas as áreas de batalha tinham sido escandalosamente destruídas na noite anterior por um gato, o bicho de estimação dos oficiais burocratas da seção regimental. O animal, após ter feito suas necessidades na região austro-húngara, tentara enterrar o que restara da porcaria, tirando as bandeirinhas de suas posições e espalhando dejetos para todos os lados; com isso, urinara nos *fronts* de batalha e nos postos avançados e borrara as divisões do exército.

Lá se foi a estratégia. Quando essas tropas ridículas (poderíamos chamá-las de trupes) se preparam para adentrar a batalha, o novo capelão faz "um discurso exaltado, com frases que certamente copiara dos calendários militares". Por fim, a caminho do *front*, os oficiais lhes entregam cerimoniosamente exemplares de *Os pecados dos pais*, de Ludwig Ganghofer, e lhes ensinam a indicar determinadas páginas e palavras do livro para transmitirem mensagens em código. Infelizmente, o romance de Ganghofer fora publicado em dois volumes; o quartel-general possuía o primeiro e os oficiais de campo, o segundo.

Jaroslav Hašek morreu antes de terminar seu projeto de seis tomos de um *Cândido* tcheco na Primeira Guerra. O que nos chegou, no entanto, é uma verdadeira obra-prima da comédia. Há duas traduções para o inglês: a que foi citada aqui, de Paul Selver (1930), e a versão mais completa e acadêmica, de Cecil Parrott (1973). Ambas têm seus méritos. O que importa é ler o livro de Hašek, que não chega a ter um fim: "Quando se cansou de cantar, Švejk sentou-se em um montinho de areia, acendeu o cachimbo, descansou um pouco e seguiu em frente, rumo a novas aventuras."

IVY COMPTON-BURNETT (1884-1969)
Brothers and Sisters [Irmãos e irmãs]; *Manservant and Maidservant* [Criado e criada] ou *Bullivant and the Lambs* [Bullivant e os cordeiros] e outros romances

Ivy Compton-Burnett nunca foi famosa nos Estados Unidos, mas para muitos leitores ela é uma das romancistas mais refinadas do século passado, tendo por característica a concisão, um formalismo altamente estilizado e um humor pouco convencional e sutil. Seus vinte romances costumam ser descritos como "únicos" ou "*sui generis*" – e, de fato, o são.

Os títulos dos livros de Compton-Burnett exemplificam bem sua simplicidade descritiva e sua obsessão pelas relações familiares: *Brothers and Sisters, Daughters and Sons* [Filhas e filhos], *Parents and Children* [Pais e filhos], *A House and Its Head* [Uma casa e sua dona], *A Father and His Fate* [Um pai e seu destino]. Quase todos se passam em grandes propriedades rurais no que parece ser a Inglaterra do fim da era vitoriana ou eduardiana. Que cenário seria mais refinado?

Mas suas histórias falam de sedução, assassinato, incesto, filhos bastardos, testamentos secretos e todos os horrores da tragédia grega e da ficção gótica. O que escandaliza alguns leitores – e satisfaz a maioria – é que esses horrores são tratados com absoluta indiferença, num tom que é ao mesmo tempo despojado, cético e um pouco exagerado. Em *Darkness and Day* [A escuridão e o dia], por exemplo, Bridget Lovat causa a morte da mãe e ao que tudo indica casa-se com o próprio pai. É como uma versão feminina de Édipo; a única diferença é que Bridget, nas palavras de uma personagem, "não tinha arrancado os próprios olhos". "Talvez o costume tivesse mudado", observa outro. Além do mais, arrancar os próprios olhos "tornaria a coisa pública demais".

Não é de admirar que Compton-Burnett retratasse famílias problemáticas em suas obras, dirigindo-lhes o foco de seu humor pontual. Seu pai teve doze filhos com duas esposas diferentes. A mãe de Ivy mandava todos os seus enteados para o internato tão logo estivessem crescidos. Guy e Noel, os queridos irmãos da autora, morreram jovens – o último, como soldado na Primeira Guerra Mundial. Outras duas irmãs se suicidaram no que parece ter sido um pacto amoroso. Nenhum dos doze irmãos teve filhos e, das oito moças, nenhuma se casou. Uma delas descambou para o fanatismo religioso, Ivy dizendo com frieza que "as pessoas que acreditam na ressurreição acreditam em tudo". Não é o que se chamaria de uma família inglesa tradicional.

Ivy Compton-Burnett passou boa parte da vida como companheira de Margaret Jourdain, a maior autoridade inglesa no ramo dos móveis e das artes decorativas. Nos primeiros dez anos de convívio, Compton-Burnett foi uma figura discreta, de fundo, uma espécie de governanta de meia-idade, sempre austera, vestida de preto, servindo chá discretamente aos curadores de museus e especialistas em moda. Mas, em 1925, veio à tona *Pastors and Masters* [Padres e professores] – para surpresa de Jourdain, que alegou não saber que sua amiga íntima estava escrevendo um livro. Em 1929, seu segundo romance – *Brothers and Sisters* – foi aclamado por muitos como o livro do ano. Imaginem uma mistura de Oscar Wilde, Wilkie Collins e Sófocles ou então um P. G. Wodehouse sombrio.

Nos dois anos seguintes, foram publicados mais dezoito romances, e, em todos eles, a inteligência é tida como "o princípio moral mais elevado", da mesma forma que o "alívio é a forma mais aprazível de contentamento". Os tiranos do lar manipulam os outros membros da família e sempre acaba acontecendo alguma desgraça. Geralmente, há mais diálogo do que descrição em seus textos e as frases são precisas, muitas vezes epigramáticas: o pessimismo, segundo um mordomo, "dá um toque de escuridão ao cinzento da vida". Em geral, os romances de Compton-Burnett servem de palco para os cansados, os observadores atentos e os desiludidos. ("Experimentamos um pouco de vida, Roberta, algo que sempre quis ver. Mas, agora, não quero mais vê-la enquanto viver.") Os criados falam com um formalismo semelhante ao dos patrões, sendo às vezes até mais formidáveis.

Compton-Burnett declarou certa vez que "havia muitos livros sobre sexo, mas poucos sobre dinheiro". Seus personagens, apesar dos problemas maritais e domésticos, pensam apenas em dinheiro e em riqueza. "Muito do que não deveria ter feito eu faria de novo" – inclusive ser ganancioso e traiçoeiro –, diz o tirano do lar em *Darkness and Day*. Os fortes devoram os fracos publicamente com grande violência. O mal quase sempre fica impune e muitas vezes é recompensado.

Temos de ler as palavras de Compton-Burnett com atenção para identificar os ritmos estranhos e pomposos dos diálogos e as nuanças que deixam suas frases afiadas como agulhas. Em *Manservant and Maidservant*, ela escreve: "Horace estava no corredor com o primo e a tia visualizando o momento em que pegaria as crianças, alerta para o minuto de atraso que o levaria a tal coisa." Depois, Horace olha para o filhinho que acabara de castigar com uma severidade excessiva porém típica: "Sarah estava sentada na cama de Avery, lendo o Livro de Jó, não porque fosse adequado à circunstância, mas por escolha do próprio irmão. Ele estava lá deitado com um ar moribundo, o rosto reagindo à medida que as palavras confirmavam sua lembrança."

Além desse humor onipresente e sutil, Compton-Burnett coloca em seus diálogos uma série de observações duras, das quais até os moralistas do século XVII teriam se orgulhado: "Conhecer todas as coisas é perdoar todas as coisas, mas isso estragaria tudo." "Meu serviço é do tipo que não se paga com dinheiro. E isso significa dizer que ele é pago com dinheiro, mas que não é bem pago." No fim, a pungente singularidade dessa estranha romancista não pode ser fruída em apenas uma frase ou outra. Leia um de seus livros bem devagar – *Brothers and Sisters* e *Manservant and Maidservant* são um ótimo começo – e veja como são divertidos e viciantes. Ivy Compton-Burnett lança o olhar frio da ficção moderna sobre a maldade, a hipocrisia e a crueldade da vida em família. Sua ironia afiada não poupa ninguém: no começo de *The Present and the Past* [O presente e o passado], um grupo de crianças assiste a uma galinha doente ser bicada até a morte.

S. J. PERELMAN (1904-1979)
The Most of S. J. Perelman [Coletânea de obras de S. J. Perelman]

Os textos humorísticos de S. J. Perelman ficaram mais e mais datados com o passar do tempo. O pior pesadelo de qualquer autor? Não nesse caso. Do mesmo modo como os contos de Sherlock Holmes evocam a cidade de Londres iluminada a gás com seu *fog* e seus cabriolés, o humor de Perelman, cheio de alusões a revistas e gírias antigas, estrelas de cinema e restaurantes esquecidos, transporta o leitor para o lado inocente e colorido da década de 1930. O estilo enérgico e excêntrico de Perelman é tão simbólico desse período quanto Cole Porter ou o *majongue*.

Esse estilo, claro, é a sua consagração. Perelman foi corroteirista de um ou dois filmes dos irmãos Marx, e muito do jeito engraçado de Groucho – a fala rápida, os saltos de lógica dadaístas, as insinuações maldosas – encontra-se em sua prosa esbaforida: "Alaunia Alaunova abriu-lhe um sorriso. O jovem rapaz, uma expressão de dó no rosto, foi lá e o fechou rapidamente." "Morava naquela época em meu refúgio campestre e, como era minha vez de ir aos correios (os correios costumam vir a mim), aproveitei a chance para sair da monotonia. Enfeitando a cabeça com rosas de diamante e fitas, peguei meu par de sandálias mais resistentes e fui-me embora, meu gato à frente, saltitante, avisando aos gritos: 'Aí vem meu mestre, o marquês de Carabás' [...]."

A capacidade de parodiar qualquer coisa, desde romances água com açúcar até livros de suspense estrangeiros e peças socialistas; a sintaxe veloz; o ritmo narrativo alucinado; a dicção audaciosa na qual figuram os jargões de Hollywood, o iídiche e as palavras mais difíceis de um bom dicionário; as frases que, seguindo a lógica vertiginosa de sua gramática, parecem saídas do País das Maravilhas – eis os elementos principais dos textos surrealistas de Perelman.

Por vezes, seu senso de humor é tão estranho que chega a beirar a loucura. Peguemos, por exemplo, a cena de "Strictly from Hunger" ["Só por fome"] na qual Perelman – visitando Hollywood pela primeira vez – flagra uma equipe inteira de filmagem, mais o produtor fracassado, prestes a se imolar numa fogueira constituída de rolos de filme e roteiros: "Apenas os responsáveis pelo cenário não estão ali. Tinham sido amarrados entre dois pôneis brancos irrequietos, que por sua vez foram incitados a correr em direções contrárias." Quando chega a vez de o produtor se lançar ao fogo, o homem olha para a multidão e "baixando a cabeça [...] pede socorro, utilizando apenas uma palavra para que até mesmo os produtores executivos pudessem entendê-lo". Por sorte, ele escapa do trágico fim quando um colunista famoso vestindo um uniforme de soldado confederado aparece de repente e se desculpa pela crítica negativa que escrevera: "Reconheço que foi uma ofensa não merecida, sinhô."

Mas Perelman está apenas se aquecendo. Em seguida, ele e sua anfitriã, Violet Hush, estão agarrados numa limusine passeando por Los Angeles. "Logo chegaríamos a Beverly Hills e as estranhas fêmeas nativas já se amontoavam ao lado do carro em suas gôndolas, pedindo que comprássemos seus ótimos cordões de contas e suas mangas." Além disso, a chegada de Perelman a Hollywood "provocara um grande tumulto nos centros financeiros mundiais". Com efeito, "um boato horrível de que eu poderia reestruturar a indústria do cinema estava circulando nos mercados de ação internacionais. Meus corretores, Whitelipped e Trembling, estavam fora de si. A Bolsa de Valores de Nova York lhes pedia alguma garantia de estabilidade, e a Threadneedle Street esperava meu próximo passo com o coração na garganta. As ações de filmes ricocheteavam drasticamente, embora as de lã e de carne estivessem um tanto lentas, preguiçosas, se não cabisbaixas".

Em seguida, o autor visita um *set* de filmagem: "Pouco enfeitadas mas nem por isso menos apetitosas, milhares de figurantes passaram por mim, suas bocas abertas como feridas vermelhas e seus olhos bem delineados no rosto". Logo depois, "quando um terror desconhecido se apoderou de meu coração", Perelman é conduzido até a sala de espera de seu futuro supervisor. Tem de esperar horas e horas, ao que lhe parece. Por fim, "chamaram meu número, tiraram meus grilhões e me jogaram no escritório onde Diana ffrench-Mamoulian me aguardava". Deixemos que ele descreva o que acontece em seguida:

> Diana ffrench-Mamoulian estava acostumada a fazer o que bem entendia com os escritores, e meus cílios longos, minha boca cor-de-rosa pareciam lhe insuflar um desejo insensato.

Perelman tenta fazer com que ela mantenha a compostura, alegando que estava "noivo de uma Tri Kappa em Goucher". Mas sem sucesso:

> "Só um beijo", pediu, o hálito quente em meu pescoço. Desesperado, fiz-lhe a vontade, bastante consciente de que minhas fracas defesas ruíam diante das investidas daquela tigresa do amor.

Nessa mesma noite, eles vão jantar na cobertura de Diana:

> "Quer uma asinha, querido?", indagou Diana, solícita, indicando um avião assado com molho de maçã. [...] Terminamos de comer e fomos prazenteiros ao quarto do porão e Diana ligou o rádio. Com um rosnado selvagem, o rádio respondeu, deixando-a ligada também.

Não é só isso o que acontece nas oito páginas de "Strictly from Hunger", que termina por algum motivo com Perelman e uma pequenina costureira chamada Blanche Almonds deslizando num trenó pela dura crosta de neve russa em direção a Port Arthur, rumo à liberdade.

Embora o escritor não nos deixe tomar fôlego, alguns textos são mais tranquilos que outros. Muitos fãs têm um apreço especial pela série intitulada "Cloudland Revisited" ["Memórias de Cloudland"], em que Perelman relê os livros prediletos de sua infância e assiste aos filmes que gostava de ver quando era pequeno. Os esquetes são ao mesmo tempo emotivos e engraçados, espelhando-se em geral no livro ou no filme escolhido. "Tuberoses and Tigers" ["Angélicas e tigres"], por exemplo, homenageia um romance que na época foi um escândalo, *Three Weeks* [Três semanas], de Elinor Glyn. Perelman nos conta que, no verão de 1919, um garoto anônimo de 15 anos se impressionou com este relato de um caso de amor ardente:

> Seu comportamento durante aquele período, embora a família e os amigos o julgassem educado e irrepreensível, era marcado por

crises de abstração e uma tendência a emitir gemidos trágicos e sofridos. Quando lhe pediam para varrer a praça, por exemplo, ou ir de bicicleta até a loja para comprar papel mata-mosca, uma sombra de dor mudava suas feições delicadas e ele assentia, exausto, dando de ombros. "Por que não?", murmurava, os lábios formando um sorriso azedo, debochado. "O que mais a vida pode me oferecer agora?"

Dos grandes ensaístas cômicos norte-americanos, apenas Robert Benchley e James Thurber se equiparam ao estonteante Perelman. Podemos sentir sua influência em Woody Allen, *Os Simpsons*, Dave Barry e Garrison Keillor. Mas Perelman ainda é o mestre incomparável:

"Que tal um copinho de uísque com soda?" Entramos no estabelecimento e Littljohn, companheiro de Snubber, trouxe um copinho vazio numa bandeja, que todos examinamos com interesse...

ITALO CALVINO (1923-1985)
As cidades invisíveis; O castelo dos destinos cruzados;
Se um viajante numa noite de inverno

Italo Calvino costuma falar em seus livros das características literárias que mais lhe atraem: "leveza, ímpeto de narração e força." Ele próprio sempre buscou novos desafios narrativos, explorando e exaurindo cada um deles – ou a si mesmo. Nas páginas de abertura de *Se um viajante numa noite de inverno*, Calvino chega a entrar na cabeça do leitor:

Você se prepara para identificar o estilo inconfundível do autor. Não. Você não consegue identificá-lo. Pensando bem, quem disse que o autor possuía um estilo próprio? Pelo contrário, ele é conhecido justamente por mudar bastante de um livro para o outro. E nessas mudanças você o reconhece como o próprio.

Prolífico e inclassificável, o maior autor italiano da metade do século passado escreveu romances de forte realismo (*A trilha dos ninhos de aranha*); histórias fantásticas, metafísicas (*O barão nas árvores*); ficção científica (*As cosmicômicas*); poemas em prosa (*As cidades invisíveis*); livros complexos muitíssimo bem esquematizados (*O castelo dos destinos cruzados*); memórias dos tempos de criança; um volume sobre folclore italiano e dezenas de contos, a maioria um pouco fantasiosa. Tentando compará-lo a alguém, os críticos costumam apontar Jorge Luis Borges, Vladimir Nabokov e Raymond Queneau como os autores modernos que mais se assemelham a Calvino. Para todos eles, a escrita é uma espécie de jogo, pelo menos em parte, e o processo narrativo os fascina tanto quanto a própria história narrada.

É o senso lúdico do autor que não permite que esse tipo de abordagem se torne árido e insípido. Calvino, em particular, é o mais amigável e bem-humorado deles, sua obra – na descrição romântica de Pietro Citati – é "toda papel vegetal e luzes suaves". Nada se estende mais do que devia. "Seja breve", aconselhava Calvino e, por esse motivo, muitas vezes construía estruturas complexas a partir de textos curtos, ligados por meio de uma série de "combinações, permutas e transformações".

Em *O castelo dos destinos cruzados*, um grupo de viajantes misteriosamente impossibilitado de falar utiliza o tarô para contar suas aventuras passadas. À primeira vista, o texto de Calvino apenas interpreta e expande o significado de cada carta. E, assim, descobrimos nos desenhos de cavaleiros, donzelas, fontes e homens enforcados dezenas de histórias de romance e mistério que por si sós já nos encantariam. Mas, então, o artista Calvino impõe a si mesmo mais um desafio e as várias histórias se entrelaçam de alguma forma e uma se torna parte da outra.

Como o próprio autor observa num ensaio sobre a arte narrativa, "cada vida é uma enciclopédia, uma biblioteca, um inventário de objetos, uma série de estilos, e todo o mundo pode ser constantemente desfeito e refeito de várias maneiras possíveis". Mas a arte, claro, é uma questão de ordem e composição; o que lhe interessa é a combinação dos elementos, e não os elementos em si. Sobre *O castelo dos destinos cruzados*, Calvino diz no posfácio: "Pareceu-me que o jogo só teria sentido se fosse governado por regras muitíssimo rígidas; foi necessário criar uma estrutura prévia que condicionasse a inserção de um relato em outro. Sem isso, a coisa toda seria gratuita."

No livro que muitos consideram sua obra-prima, Calvino ampliou sua perspectiva teórica para abranger mais do que uma narrativa engenhosa: *Se um viajante numa noite de inverno* é uma magnífica reflexão sobre a leitura, mas também é um romance engraçado, sensual e deliciosamente frustrante. Nele, você – o leitor – vai a uma livraria comprar o romance mais recente de Calvino. Traz para casa *Se um viajante numa noite de inverno*, claro, e o abre no primeiro capítulo. Nessa parte, um homem conhecido apenas como "eu" faz uma parada numa estação de trem do interior; observa os moradores que estão matando o tempo próximos aos trilhos; paquera a ex-mulher de um médico e então é misteriosamente forçado a tomar o próximo trem expresso para a cidade vizinha. Nesse ponto, você descobre que o livro veio com defeito – a história não continua, o primeiro capítulo se repete indefinidamente.

Bastante irritado, você volta à livraria e pede que lhe deem um exemplar intacto do último romance de Calvino e descobre que o capítulo que despertara seu interesse, na verdade, era de *Fora do povoado de Malbork*, de Tazio Bazakbal. A editora, por engano, interpolara essa primeira parte no romance de Calvino. Como, agora, você está interessado no livro de Tazio Bazakbal, você o traz para casa e começa a ler de novo. Mas não era bem o que você esperava, talvez não seja *Fora do povoado de Malbork*... O que fazer? Por sorte, na livraria, você tinha conhecido outra leitora frustrada chamada Ludmilla; você liga para ela para saber se seus exemplares são diferentes. Nem preciso dizer que a essa altura você já está apaixonado por Ludmilla...

Na continuação de *Se um viajante numa noite de inverno*, Calvino nos oferece paródias (de apenas um capítulo) de romances do Leste europeu, de ficção erótica e de realismo fantástico. Ao ler esses capítulos – todos acabam no momento de maior suspense como os folhetins antigos –, você percebe que as fronteiras entre o real e o escrito estão desmoronando. O relacionamento com Ludmilla torna-se mais intenso: "O que o sexo e a leitura têm de mais parecido é que, em ambos, o tempo e o espaço se abrem de forma diferente do tempo e do espaço mensuráveis."

Entre os principais livros de Calvino, talvez o mais belo e singelo seja *As cidades invisíveis*. Nele, Marco Polo descreve a Kublai Khan os pontos mágicos mais requintados de seu reino. O resultado é um "carrossel de fantasia" que passa por várias cidades assombrosas, pois "o catálogo de formas é infinito: até que todas as formas tenham achado suas cidades, novas cidades continuarão a despontar". A prosa, nesse ponto, é devidamente onírica e encantatória, um jogo cambiante de memória, desejo e ilusão.

A cidade de Armilla, por exemplo, é toda feita de canos e tubulação; não há paredes; seus únicos habitantes são as belas náiades que se arqueiam debaixo dos chuveiros e se deleitam nas banheiras. Para o viajante que chega a Despina pelo caminho do deserto, seus telhados e chaminés fazem lembrar um navio pronto para lançar-se ao mar; já para o nauta que chega ao porto, ela se assemelha a um camelo "de cuja corcova pendem odres de vinho e bolsas de frutas carameladas, vinho de tâmara e folhas de tabaco, e então o marinheiro se vê à frente de uma longa caravana que o leva para longe do deserto oceânico, para os oásis de água fresca sob as sombras vazadas das palmeiras, rumo aos palácios de paredes grossas branquíssimas e de pátios enfeitados com azulejos nos quais as moças dançam descalças, mexendo os braços, meio vestidas pelos véus e meio desnudas".

Em determinada passagem de *Se um viajante numa noite de inverno*, Ludmilla diz: "O romance que mais gostaria de ler agora teria como força motriz apenas o desejo de narrar, de amontoar história sobre história sem tentar nos impor uma filosofia de vida, simplesmente permitindo que observássemos seu crescimento como uma árvore, um emaranhado de ramos ou folhas..." Não é de admirar que os jogos literários de Calvino por vezes pareçam indicar o caminho do hipertexto virtual e das novas mídias narrativas que nos aguardam no século XXI.

EDWARD GOREY (1925-2000)
Amphigorey [Anfigurível]; *Amphigorey Too* [Anfigurível também]; *Amphigorey Also* [Também anfigurível]; *Amphigorey Again* [Anfigurível de novo]

"Cuidado com isso e aquilo", avisa um corvo sombrio em *The Epiplectic Bicycle* [A bicicleta epiplética]. Cuidado, mesmo. Folhear as curtas coletâneas de Edward Gorey é como adentrar um mundo de "histórias além da imaginação" da virada do século, um reino desbotado em tons de cinza, onde os morcegos – ou talvez os guarda-chuvas – passam roçando os arbustos, onde os edifícios são tão chamativos e bem construídos quanto a casa de Usher e tudo parece outonal, crepuscular, desolado e bastante ameaçador.

No mundo de Gorey, as mansões ancestrais e os casarões costumam ser habitados por melindrosas lânguidas e desfalecidas e cavalheiros eduardianos de bigode com uma queda por camisolas de brocado e casacos de pele compridos. O estilo se estende aos divãs, às grandes urnas, aos gazebos e às esculturas decorativas do jardim como a admirada "estátua da Iniciativa Corrompida". De tempos em tempos, é possível vislumbrar, nos corredores solitários, monstros reptilianos e fantasmas ou talvez um policial obstinado na cola de um vampiro. Na maior parte das vezes, todos fazem pose, como os personagens mais melodramáticos das peças sombrias de Tchekhov.

Descrever o conteúdo – enredo é uma palavra forte demais – de seus muitos romancetes ilustrados é fazê-los parecer sobremaneira sinistros e de mau gosto quando, na verdade, equilibram os disparates incompreensíveis e excêntricos das crianças (como nas obras de Lewis Carroll e Edward Lear) com os discretos encantos do humor negro. O "clima" dessas histórias assemelha-se um pouco ao do clássico filme inglês *Kind Hearts and Coronets* [Corações gentis e coroas], no qual um rapazinho de boa índole que cobiçava um título e uma propriedade assassina com frieza seus oito familiares, todos interpretados por Alec Guinness.

Nesse espírito macabro, Gorey escreveu livros dedicados a assassinas negligenciadas (*Neglected Murderesses*) e a primos desvairados (*The Deranged Cousins*). O pobre Millicent Frastley é sacrificado ao deus inseto (*The Insect God*), enquanto o casal repugnante (*The Loathesome Couple*) traça a carreira sanguinária de um casal bastante perturbado que se conhece "num seminário de autoajuda sobre os malefícios do sistema decimal". Em *The Blue Aspic* [A víbora azul], um fã de ópera enlouquece e mata as rivais e os admiradores de sua diva favorita. Em *The Hapless Child* [A criança infeliz], Gorey nos apresenta todo tipo de infortúnio imaginável: uma menina eduardiana fica órfã de repente (ela acha); vendem-na a um bêbado brutamontes, forçam-na a fazer flores de papel até perder a visão e, por fim, seu próprio pai a atropela, não reconhecendo a filha. O livro incorpora elementos dos filmes piegas de Shirley Temple, grande parte do *corpus* melodramático vitoriano e traços emotivos do cinema mudo.

Embora muitos admirem a visão gótica meticulosa, sombria e melodramática de Gorey, poucos exaltam sua magnífica prosa. Ele tinha o ouvido de um excelente parodista, e quase todas as suas pequenas coletâneas continham pastichos de algum livro ou gênero literário anterior: os contos policiais tradicionais (*The Awdrey-Gore Legacy*

[O legado de Awdrey-Gore]); o melodrama da virada do século (*The Green Beads* [As contas verdes]); o Ursinho Pooh (*The Untitled Book* [O livro sem título]). Tendo levado uma vida bastante reclusa, Gorey pôde ler e reler seus autores prediletos, entre eles Jane Austen, Murasaki Shikibu (autora de *A história de Genji*), Anthony Trollope, Agatha Christie, E. F. Benson (da deliciosa série humorística de Lucy), Ronald Firbank e William Roughead. Quase todos esses escritores lhe serviram de inspiração para um ou outro livro. Como disse certa vez o próprio autor, sua obra era "uma mescla de romances vitorianos".

Quanto ao tom, suas frases impassíveis devem muito à afetação lacônica de Ronald Firbank e aos diálogos insensíveis e à voz imperturbável de Ivy Compton-Burnett. ("Aos 5 anos de idade, segundo contam, Harold Snedleigh matou um animalzinho doente a golpes de pedra.") Suas melhores legendas possuem uma perversidade certeira e concisa, ao mesmo tempo irônica e afetuosa. Em *The Broken Spoke* [O aro quebrado], Gorey nos mostra "figurinhas de bicicletas" da virada do século com subtítulos vitorianos absurdos como: "A inocência na Bicicleta da Adequação, carregando a Urna da Reputação em segurança sobre o Abismo da Indiscrição."

O próprio Gorey demonstra bastante discrição em *The Curious Sofa* [O sofá estranho], baseado na refinada pornografia francesa e, em sua opinião, "o livro mais genial que já escrevi". Obscenidades de todos os tipos eram insinuadas apenas por meio de eufemismos polidos: "Alice, um tanto exaurida, foi conduzida à cama por Lise, a criada francesa de Lady Célia, com quem tinha enorme afinidade." Com igual malícia, *The Gashlycrumb Tinies* [Os pequenos desgraçados] nos apresenta um abecedário infantil, cada letra do alfabeto lembrando o nome de um menino ou de uma menina: "'A' de Amy, que tropeçou na escada;/ 'B' de Bia, pelos ursos devorada."

O melhor da prosa de Gorey está em sua primeiríssima obra-prima, *The Unstrung Harp* [A harpa desencordoada] (1953), o retrato de um escritor que trabalha num romance homônimo:

O senhor Earbrass está passando uma vista rápida nos primeiros capítulos do livro, que ele não pega há meses, e, com efeito, só agora percebe o estado de TUH [*The Unstrung Harp*]. Terrível, terrível. TERRÍVEL. Teria de ser louco para continuar suportando a dolorosa agonia da escrita agora que a coisa toda parecia despropositada. Louco. Por que não se tornara um espião? Como alguém se torna espião? Ele vai queimar o manuscrito [...]

Mais tarde, Earbrass comparece à festa de um autor:

A conversa gira em torno de vendas decepcionantes, publicidade inadequada, *royalties* mais inadequados ainda, críticas idiotas ou criminosas, o talento em declínio dos outros e o horror inexprimível da vida literária.

A obra de Edward Gorey – reunida, em grande parte, na série de volumes intitulados *Amphigorey* – inspira-se nos romances surrealistas e aleatórios de Max Ernst (*The Hundred Headless Woman* [A mulher das cem descabeçadas]), nas gravuras em aço com legendas extravagantes de E. V. Lucas e no livro protododadaísta *What a Life!* [Que vida!] de George Morrow. Ao misturar palavras e gravuras, o autor também antecipa fenômenos contemporâneos tais como os mangás japoneses, as charges de Garry Larson em *The Far Side* e as tirinhas de Garry Trudeau em *Doonesbury*, os romances ilustrados e as muitas formas de narrativa virtual. Gorey, no entanto, possui uma visão singular, marcante. Através do engenho e do empenho, ele criou um ambiente imaginário – engraçado, macabro e de bom gosto – que só podemos descrever como goreyesco.

Heróis de outro tempo

Os poetas podem suspirar e os oradores, exortar; mas quando os bárbaros cercam as muralhas ou quando os exércitos do Senhor das Trevas se aglomeram diante da planície do Abismo de Helm, o mundo ainda se volta para os heróis de braço forte. Como disse certa vez o medievalista W. P. Ker, as epopeias são em geral "a defesa de um lugar estreito em situações adversas".

Mais importante do que a própria vitória é lutar até o fim. Recordamo-nos dos trezentos espartanos das Termópilas porque todos morreram, do primeiro ao último homem, fiéis ao código de honra. Não é de admirar, portanto, que nossas histórias de campeões gregos e matadores de dragões do norte quase sempre estejam imersas num sentimento de melancolia e fatalidade. As vitórias nunca são definitivas, e o inimigo logo voltará. Além do mais, o mundo heroico parece estar sempre em decadência, uma forte idade de ferro a ser sucedida por uma idade mais fraca de latão. E, no entanto, de alguma forma, os heróis – alguns um tanto inesperados – ainda se erguem para lutar por nossos sonhos. Os oprimidos lutarão contra os opressores, os mais desgraçados deste planeta não cederão jamais, nem desistirão.

Nesta seção do livro, os heróis podem ser matadores de monstros ou mineradores de carvão em greve; campeões da Pérsia antiga ou famílias paupérrimas do Alabama na época da depressão. São homens – e mulheres – que olharam duramente para a vida e viram que não havia muito por que sorrir e, ainda assim, saíram para enfrentar seu destino com coragem e determinação.

BEOWULF (século VIII)

Em um mundo perfeito, as crianças seriam educadas desde cedo com os contos de fadas, os mitos gregos, as histórias bíblicas, as epopeias de Troia e de Roma, as novelas arturianas e as sagas do norte. Quase todos esses poemas e essas lendas ilustram o grande ideal da Idade Média: o herói que mistura *sapientia* e *fortitudo*, sabedoria e força.

Talvez nenhum outro guerreiro épico antigo exemplifique essas duas virtudes tão bem quanto Beowulf, que atravessa o mar para combater Grendel, o monstro horrível que sai de um pântano pestilento para espalhar o terror e a morte violenta. Grendel, no entanto, mata por uma razão surpreendentemente poética: não suporta o barulho dos banquetes e das comemorações no salão do rei Hrothgar. Como criatura da escuridão – que "vaga pelas sombras" –, o monstro detesta o mundo da luz e tudo o que ele implica em termos de ordem, civilidade e bondade humanas. Essa epopeia saxã, a única remanescente, é um poema de contrastes como podemos ver – a juventude e a velhice, o bem e o mal, o calor e a segurança dos salões reais e a natureza fria, desolada e selvagem lá fora.

A trama de *Beowulf* é surpreendentemente complicada, um emaranhado de história e mito, de fé cristã e fatalismo pagão. Embora o manuscrito date do século VIII, a história se passa duzentos anos antes, durante o período conturbado em que as tribos germânicas assolaram as terras do norte europeu. O próprio Beowulf pode ter sido baseado em uma figura verdadeira, apesar de seu nome folclórico sugerir força descomunal (*Bee-wolf*, "lobo das abelhas", ou seja, urso). Seu senhor, Hygelac, é mencionado na *História dos francos*, de Gregório de Tours.

Temos basicamente dois temas complementares: a caracterização de um herói, modelo de frescor e juventude, e uma reflexão sobre o triste destino das nações. Para pagar uma velha dívida contraída por seu pai, Beowulf vai da Dinamarca ao que seria hoje o sul da Suécia para ajudar o rei ancião dos jutos. Faz doze anos que Hrothgar e seus vassalos sofrem investidas noturnas violentas. Grendel, o monstro humanoide, diabólico – o autor dá a entender que Satã possa ser seu pai –, invade sem medo o Heorot, o salão real, para pegar os guerreiros adormecidos, cujos membros depois ele arranca e devora. Ninguém parece ser capaz de derrotar essa selvagem máquina assassina. Mas nosso jovem herói possui a força descomunal de trinta homens e está disposto a realizar grandes proezas para mostrar seu valor. Não tem de esperar muito. "*Com on wanre niht/scrithan sceadugenga*" – "pela noite escura veio deslizando aquele que vaga pelas sombras". O autor narra uma empolgante cena de combate entre os dois, que termina quando Beowulf corta fora um dos braços de Grendel e a criatura foge rastejando para morrer lá fora na escuridão.

Ah! Mas na noite seguinte, depois desse triunfo sanguinolento, a mãe de Grendel, muito mais poderosa e sedenta de vingança, ataca Hrothgar, obrigando Beowulf a seguir seu rastro em um reino sombrio e sobrenatural. O trecho um tanto gótico que fala do pântano nas cercanias do "poço" ou lago habitado por esses seres infernais é um dos mais famosos da literatura saxã. O poeta descreve um mundo de fantasmas, demônios, despenhadeiros escarpados e ventosos, abismos negros e árvores congeladas, sem folhas. O próprio lago parece fétido e tóxico; em sua superfície ardem chamas do outro mundo ao cair a noite. Os animais, perseguidos por caçadores, preferem morrer em suas margens a ter de entrar naquelas águas assustadoras para se salvar. Mas Beowulf mergulha no lago mortal e nada em direção ao fundo por quase um dia até chegar por fim ao covil subterrâneo da criatura. Lá, os monstros marinhos e a própria "mãe de Grendel" o atacam e suas armas se mostram inúteis. O herói invencível, pousando os olhos nos tesouros submersos, avista uma espada antiga, forjada na época dos gigantes. Beowulf pega a espada e a enterra no corpo do monstro; depois corta sua cabeça fora, e o sangue esparramado derrete a lâmina de ferro.

Os leitores costumam gostar dos dois primeiros terços do livro e de suas notas muito oportunas explicando as aparentes "digressões" sobre o destino de diversos príncipes, guerreiros valentes e vassalos desleais. Toda essa história de fundo ajuda a inserir o poema no universo teutônico, no qual a família, a tribo e o rei definem quem a pessoa é e o que deve fazer. O fardo do passado heroico, a história que pesa como a própria perdição, dá força, sobriedade e grandiosidade às epopeias, sejam as de Troia ventosa ou as da Terra-média.

Mas o último terço de *Beowulf* pode ser um tanto insubstancial e decepcionante. Depois das conquistas de sua juventude, nosso herói torna-se rei dos dinamarqueses e, nisso, passam-se cinquenta anos. Mas a terra volta a ser atacada, dessa vez por um dragão, e o velho guerreiro tem de empunhar a espada uma última vez como um soldado decadente. Beowulf consegue matar o terceiro monstro, mas sofre um ferimento mortal e seu fim aponta para a derrocada dos dinamarqueses. Esse final elegíaco talvez faça lembrar o tom de outros poemas saxões sombrios e grandiosos, em especial "The Wanderer" ["O vagabundo"], "The Seafarer" ["O marinheiro"] e "The Battle of Maldon" ["A batalha de Maldon"]: "O destino é sempre como deve ser."

A maioria das pessoas lê traduções de *Beowulf*, pois o idioma saxão é sabidamente difícil mesmo para os estudantes da Idade Média. (A nova versão do poeta Seamus Heaney é mais empolgante, ao passo que a versão em prosa de Michael Alexander é mais exata e fiel.) Por muito tempo, *Beowulf* foi tratado mais como um monumento linguístico do que como uma obra de arte viva. Em seu ensaio "O monstro e os críticos", J. R. R. Tolkien censura com muita propriedade aqueles que consideram o poema apenas um "aperitivo". Se *Beowulf* é um aperitivo, diz ele inflamado, é, "com efeito, uma bebida negra e amarga; um licor funesto e solene com gosto de morte".

Tolkien também ressalta que o caráter sombrio do poema é reflexo da dicção compacta do idioma original: "Eis a magia irrecuperável do verso saxão para os que têm ouvidos que ouçam: sensações fortes e imagens pungentes de beleza e de mortalidade são evocadas por frases curtas, toques singelos e palavras breves que soam como uma harpa dedilhada com força."

De que outra maneira senão com uma poesia simples e bela poderíamos cantar os guerreiros e os heróis?

ABOL-GHASEM FERDUSI (940?-1020)
Shahnameh: o livro persa dos reis

O *Shahnameh* é a grande epopeia da Pérsia antiga. Começa pela criação do universo e termina com a conquista árabe do desgastado Império Sassânida no século VII d.C. Em suas páginas, o poeta Ferdusi, do século XI, conta a história de cem reis, os feitos de dezenas de heróis épicos e o conflito aparentemente infindável entre o antigo Irã e seu inimigo tradicional, um país chamado Turã (que hoje corresponde ao leste do Irã e a partes do Afeganistão). Para imaginar um equivalente para esse poema de grande beleza e violência que ficou ainda mais impressionante na recente tradução inglesa de Dick Davis, pense numa mescla de *A Ilíada*, de Homero, e do belicoso *Livro dos juízes*, do Velho Testamento.

Nem mesmo essas comparações grandiosas fazem justiça ao texto. No *Shahnameh* temos histórias de amor tais como a de Zal e Rubadeh, que fazem lembrar o sofrimento dos trovadores provençais e suas donzelas; tragédias movidas por trocas de identidade, por excesso de orgulho e de autoconfiança e por conflitos morais que teriam fascinado Sófocles; reflexões sobre a brevidade da vida terrena que parecem saídas do *Livro de Eclesiastes*: "Nossa vida passa e se vai como o vento." Embora possua manifestas pretensões históricas, o poema está repleto de mitos e lendas, relatos de nascimentos milagrosos e trabalhos hercúleos, histórias de fadas, demônios, flechas encantadas e maldições terríveis, descrições de elefantes de guerra ricamente enfeitados e de pássaros gigantes como os de *As mil e uma noites*. Não é de admirar que artistas tenham utilizado o livro como fonte de inspiração para as iluminuras chamadas de miniaturas persas.

Muitos dos episódios contidos no *Shahnameh* baseiam-se no mesmo reservatório de histórias que alimentou as obras dos poetas e mitógrafos ocidentais. Temos, por exemplo, o rei Feraydun, que, assim como o rei Lear, dividiu a Grande Pérsia entre seus três filhos, desencadeando reações sangrentas que durariam séculos; os incríveis sete trabalhos do guerreiro Rostam; a cegueira quase bíblica do exército de Kay Kavu, causada pelo Demônio Branco; o pai heroico que, sem saber, enfrenta o filho valente no campo de batalha (os estudantes de literatura inglesa vão se lembrar de que esse foi o tema de "Sohrab and Rustum" ["Sohrab e Rustum"], poema de Mathew Arnold); a renúncia de Kay Khosrow ao trono, como uma espécie de Buda, e sua ascensão aos céus na companhia dos discípulos, à maneira de Jesus Cristo. Temos até um clássico da misoginia: uma mulher mais velha e mais bem posicionada (lembremos da esposa de Potifar e da *Fedra* de Racine) que cobiça o enteado:

Mas Sudabeh, a esposa do rei, quando viu Seyavash, ficou estranhamente pensativa, seu coração bateu mais forte; começou a se desfazer como o gelo ante o fogo, a puir-se como um fio de seda [...]

Como Racine, Ferdusi nos faz sentir o desespero de Sudabeh:

"Olha para mim", implorou a Seyavash. "Que desculpa terias para rejeitar meu amor, por que razão foges de meu corpo, de minha beleza? Sou tua escrava desde que pus os olhos em ti, chorando por ti, desejando a ti; a dor escurece meus dias, parece-me que o próprio sol se turvou. Vamos! Em segredo, uma vez apenas, faze-me feliz novamente, devolve-me a juventude por um instante [...]"

Como em tantos episódios do *Shahnameh*, a história de Seyavash propicia uma reflexão sobre o conflito entre dois deveres de lealdade. As relações de parentesco entre o Irã e o Turã são fortes; a linhagem de muitos dos personagens principais remonta a Feraydun, ocorrendo diversos casamentos entre as duas nações até mesmo entre inimigos. Com efeito, o tema mais recorrente é o da relação entre pais e filhos – geralmente, reis que não querem abdicar do poder e jovens que querem mostrar que o merecem. O velho Goshtasp, por exemplo, não suporta a ideia de ter de abrir mão do cetro nem mesmo em favor do filho e, por esse motivo, manda o bravo e jovem guerreiro numa missão dificílima: prender Rostam, orgulhoso e invencível, e trazê-lo acorrentado de volta ao palácio. Não havia razão para esse pedido, visto que o herói já havia lutado em nome de muitos soberanos iranianos indignos. Mas Esfandyar é obediente e leal ao pai, seu rei, mesmo reconhecendo a injustiça e a falta de sentido de sua ordem. Pior: Rostam se afeiçoa ao rapaz e lhe apresenta várias alternativas possíveis, concordando por fim em ser levado à corte por Esfandyar. Mas não acorrentado, pois tinha prometido que jamais se deixaria acorrentar. No fim, dois homens admiráveis, obrigados a juramentos opostos, são forçados a se enfrentar em um combate mortal.

O colossal Rostam aparece diversas vezes ao longo da primeira metade do *Shahnameh*. Vive quinhentos anos, brande a maça como o poderoso Thor e presta socorro quando a coisa aperta. Ainda jovem, saíra em busca de um cavalo que suportasse seu tamanho e peso descomunais. Acabou encontrando o pastor Rakhsh, tão conhecido no folclore persa quanto Belerofonte na mitologia grega. Qual o preço, ele pergunta, deste animal que mais parece um dragão? O pastor lhe responde: "Se és Rostam, monta-o e defende o Irã. O preço deste cavalo é o próprio país e montando-o serás o salvador do mundo."

Há muito mais no *Shahnameh*. Como a história se passa basicamente no leste do Império Persa, Ferdusi não menciona Dário nem Xerxes, os inimigos dos gregos. Em vez disso, conhecemos Bahram

Gur, que gostava de caçar com os guepardos, que matara certa vez um rinoceronte com as próprias mãos e que, por fim, derrotara os exércitos do imperador da China.

Como os poemas muito longos tendem a ser repetitivos, o leitor prudente terá de saber dividir a leitura do *Shahnameh* ao longo do tempo. A dimensão épica do livro, no entanto, não deveria encobrir os episódios menores, tão memoráveis, e algumas das expressões utilizadas. Os lábios de uma linda mulher são "pequenos, como o coração contraído de um homem desesperado". Uma bruxa mostra-se a Rostam, "cheia de odores e cores". As três filhas de um rei, "adoráveis como os jardins do paraíso, foram trazidas diante dele e o soberano lhes presenteou com joias e coroas tão pesadas que usá-las era um suplício".

Como as *Metamorfoses*, de Ovídio, as *Odes*, de Horácio, e um dos sonetos mais famosos de Shakespeare (nº 55 – "O mármore e o ouro das estátuas/ não sobreviverão a esta rima"), essa epopeia monumental termina com a declaração do autor de que sua poesia o fará imortal:

> Morrer, jamais. Plantado o germe, sigo
> A glória e a fama, ao largo do jazigo;
> E os mais sábios também, quando me for,
> Exaltarão meu nome com louvor.

AS SAGAS ISLANDESAS (séculos XII-XV)
Saga de Njal; Saga de Laxdaela; Saga de Grettir; Saga de Egil

Por que será que as sagas da "família" islandesa são pouco difundidas, pouco lidas? Sua prosa é clara e objetiva, desprovida dos floreios poéticos e das enfadonhas alegorias tradicionais. Seu tom é lacônico e inemotivo como o de um Hemingway do século XIII. (Com efeito, sabe-se pouco a respeito de seus autores.) Em geral, as sagas falam de eventos ocorridos entre os séculos VIII e XI d.C., quando a Islândia foi finalmente convertida ao cristianismo. Quanto ao tema, misturam história e romance com toques de folclore e mitologia, mas, no que diz respeito à estrutura, quase todas elas narram acertos de contas sangrentos motivados por insultos ou inveja, que por sua vez exigem vendeta, fomentando o ódio silencioso e também a vingança e o assassinato. E dessa maneira o processo se perpetua, passando por vezes às próximas gerações. Os islandeses podem ter criado o Althing – o "parlamento" mais antigo de que se tem notícia –, mas a lei em que eles realmente acreditavam era a *lex talionis*, do bíblico olho por olho, dente por dente. Pense nas sagas como se fossem dramas protagonizados por mafiosos ou como faroestes italianos numa paisagem gelada.

No começo, as sagas geralmente seguem a mesma fórmula concisa: "Havia um homem chamado Ulf" ou Mord Fiddle ou Ketil Flatnose. Depois falam de sua esposa, seus filhos e parentes e às vezes relatam um pouco de seu cotidiano de fazendeiro ou pastor. Em alguns casos, o protagonista dá uma de *viking* – navegando pela costa europeia, saqueando e roubando. Nas *Sagas de Vinland*, Erik, o Ruivo, e seu filho Leif Erikson viajam para o oeste, chegando ao lugar que hoje conhecemos como Terra Nova e possivelmente à Nova Inglaterra.

Embora sejam grandes guerreiros em geral, os heróis costumam ser mais do que isso: Egil Skallagrimson também é um ótimo poeta; Njal, um sábio legislador (com algo de curandeiro); e Kjartan Olafsson é considerado "o homem mais bonito da Islândia". As mulheres também desempenham papéis fundamentais nesses dramas trágicos. Na *Saga de Laxdaela*, a bela Gudrun é forçada a desposar o melhor amigo de seu amante, o que tem consequências catastróficas. Depois ela se casa outras três vezes e vive até uma idade bastante avançada, mas, quando lhe perguntam qual dos quatro maridos a mulher mais amava, Gudrun diz apenas: "Aquele que tratei pior."

Quase todos esses personagens percebem em algum momento que estão condenados e que têm de aceitar seu destino cinzento e sombrio. Gunnar, na *Saga de Njal*, sabe que se continuar na Islândia será destruído. Mas quando vai subir no barco tropeça e olha para trás, para a terra pátria, que de repente lhe parece tão encantadora que ele não consegue ir embora. O herói acaba se casando com a bela e perigosa Hallgerd, cujas longuíssimas tranças lhe cobrem todo o corpo. Mas Hallgerd é impetuosa, maliciosa, e seus inimigos sempre terminam mortos. Certo dia, Gunnar irrita-se com o mau comportamento da esposa e bate na diaba. Hallgerd das tranças de ouro não reage e o tempo passa, até que um dia os adversários de Gunnar cercam sua casa. Destemido, ele atira flecha atrás de flecha, ferindo e matando seus oponentes – até que um golpe de espada sortudo corta-lhe a corda do arco. Gunnar vira-se para Hallgerd e pede: "Dê-me duas tranças de seu cabelo e ajude minha mãe a prepará-las de modo que eu possa usar no arco." Hallgerd pergunta: "Alguma coisa depende disso?" Gunnar responde: "Minha vida depende disso, pois nunca me derrotarão enquanto eu tiver meu arco." "Nesse caso", retruca ela, "lembremos daquele tapa que você me deu certa vez. Não me importa se você vai durar muito ou pouco tempo." Ao que Gunnar replica sem se exaltar: "Cada um com a sua maneira de adquirir fama", e acrescenta: "Não vou pedir de novo." Ele sai porta afora, empunhando o montante e detém os inimigos por um longo tempo. "Mas eles acabam matando-o."

As sagas estão repletas de ironia dramática e humor negro. Na *Saga de Grettir*, o herói enfrenta e destrói um demônio-fantasma chamado Glam. Mas o monstro lhe roga uma praga terrível antes de morrer à luz da lua cheia: dali para a frente, apesar de sua força e de seu valor, Grettir teria sempre medo do escuro, o que seria bastante penoso – imagine como fica escuro na Islândia. Para piorar, graças às maquinações de seus inimigos, o herói é declarado fora da lei. Isso significa que qualquer um pode matá-lo sem recriminação e que ninguém pode lhe oferecer abrigo. Dessa forma, o guerreiro mais feroz do país tem de morar numa caverna e enfrentar sozinho a escuridão, noite após noite, tremendo de medo, algo quase insuportável.

A *Saga de Njal* é a mais longa e possivelmente a melhor entre os clássicos islandeses. Um dos filhos de Njal, o grande espadachim Skarp-Hedin, ri apenas quando está prestes a pelejar. A certa altura, vendo que seus inimigos queriam surpreendê-lo no rio congelado, Skarp-Hedin vai sorrateiro contra a corrente, calça um par de patins de gelo primitivos e se joga no meio deles com uma espada em cada mão. No último terço do livro, os adversários (cento e vinte ao todo) cercam a casa de Njal e seus filhos e os queimam vivos. O único sobrevivente é Kari, o filho de adoção. A princípio, Kari busca justiça nas cortes do Althing. Ele pede ajuda ao astuto Thorhall, mas o advogado está com um terrível furúnculo na perna; a ferida o debilita e ele se vê forçado a conduzir a acusação de dentro da tenda, explicando cuidadosamente o que fazer a seu substituto, sua voz no tribunal. Com o passar dos dias, a ferida torna-se cada vez mais virulenta e dolorosa. Por fim, quando o caso está para ser vencido, o subordinado, confiante demais, decide agir por contra própria, sem consultar Thorhall, e estraga tudo. Eles perdem:

> Ao saber disso, Thorhall ficou tão chocado que não conseguiu falar. Levantou-se da cama, pegou a lança que Skarp-Hedin lhe dera e meteu-a fundo na própria perna. Quando a puxou de volta, o corpo e o miolo do furúnculo vieram junto e uma grande quantidade de sangue e carne jorraram de sua perna como um rio. E então ele saiu da barraca sem mancar.

Em seguida, Thorhall ataca um dos cento e vinte "incendiários" com a lança e começa uma enorme confusão.

Decepcionado com o Althing, Kari decide fazer justiça por conta própria. Um a um, ele localiza e mata os homens que destruíram sua única família. No final, resta apenas o líder Flosi. Mas, a caminho de completar a missão que consumira sua vida, o barco de Kari naufraga nas pedras. Molhado e com muito frio, a neve caindo pesada, sem ter a quem recorrer, o vingador, exausto, rasteja até a casa do adversário e lhe pede abrigo segundo as leis ancestrais da hospitalidade.

Quase todas as sagas estão agora disponíveis em inglês. Comece por essas que mencionei aqui – citei as traduções de Magnus Magnusson e Hermann Palsson, editadas pela Penguin – e, se gostar delas como espero que goste, leia as outras também. Mas não despreze os trabalhos menores, tais como o adorável conto de fadas "Audun e o urso", um dos prediletos do poeta W. H. Auden, naturalmente.

CHRISTOPHER MARLOWE (1564-1593)
Peças e poemas

Chega a ser frustrante a pouca quantidade de informações biográficas sobre Shakespeare (1564-1616) e o mesmo podemos dizer de seu genial contemporâneo Christopher Marlowe, morto a facadas aos 29 anos em uma briga de bar. Mas enquanto Shakespeare é todo o mundo e ninguém, Marlowe passou para a história como a figura mais sedutora da literatura renascentista inglesa. Quase todos os seus personagens melodramáticos – doutor Fausto, o bruxo; Tamburlaine, o conquistador; Eduardo II, o homossexual; Barrabás, o dúbio – poderiam ser interpretados pelo jovem e colorido autor.

Em seu tempo e até os dias de hoje, Marlowe sempre foi visto como o exemplo máximo do intelectual ambicioso – "a igreja é uma bobagem para mim/ não há pecado além da estupidez" é o que diz Barrabás em *O judeu de Malta*, dando voz ao que parece ser a opinião do próprio dramaturgo. Nascido em Canterbury, o rapaz cursou a Universidade de Cambridge com bolsa de estudos e depois tornou-se tradutor, poeta, dramaturgo, ateu, sodomita, arruaceiro, fraudador, espião e, por fim, alguém que sabia demais. Certo dia, Robert Poley, Ingram Frizer e Nicholas Skerres – até seus nomes são sinistros – o chamaram para o Widow Bull's, em Deptford. Lá os quatro comeram, beberam e depois brigaram por causa da conta. A luta só terminou quando a adaga de Marlowe, que ele próprio desembainhara, foi enfiada em seu olho direito atingindo-lhe o cérebro. "Podado foi o ramo promissor", conclui o coro de *A história trágica do doutor Fausto*. Teria sido um crime encomendado, como alguns estudiosos afirmam? Seja qual for a verdade, a vida de Christopher Marlowe foi interrompida repentinamente, mas sua lenda estava apenas começando.

Desde o começo, o gentil "Kit" Marlowe sempre inspirou paixões fortes: não apenas a afeição de colegas como Thomas Nashe (que trabalhou com ele em *O judeu de Malta*) e Thomas Kyd (que foi seu colega de quarto por um tempo, possível autor de uma peça sobre Hamlet e da *Tragédia espanhola*), mas também a inveja, a animosidade e o ódio. E, no entanto, mesmo quando os inimigos criticavam o dramaturgo emergente, de alguma forma o retratavam como uma figura perigosamente sedutora, um Rimbaud elisabetano ou um Jim Morrison. Seu ex-colega de escola Gabriel Harvey censurou-o dizendo que ele "não temia nem Deus, nem o diabo/ e admirava apenas a si mesmo". Para Thomas Warton, sua tradução de *Os amores*, de Ovídio, transmitia "as obscenidades de um bordel em linguagem elegante". (Era verdade. Em um dos poemas, o corajoso Marlowe mostra-se um tanto sadomasoquista: "Confesso que me tens aqui caído,/ sujeito à escravidão, pulso estendido"; em outra parte, ele fala de impotência sexual.) Nada mais justo que esse mesmo engenho tivesse composto também a poesia lírica mais bela e singela da época: "Mas vem comigo, vem ser meu amor."

C. S. Lewis, em seus memoráveis apontamentos, disse que Marlowe era "nosso grande mestre da imaginação concreta; escrevia melhor quando falava de carne, ouro, joias, pedras, fogo, roupas, água, neve e ar". Seu poema mais longo, *Hero e Leandro*, é ambientado num delicioso mundo de lazer onde a beleza e a sensualidade são uma coisa só. Muitos leitores reconhecerão seu dístico mais famoso: "Que o amor pensado, fraco, não resista;/ quem ama, ama logo ao pôr a vista." Esse poema erótico está repleto de passagens sensuais, tais como a provocante descrição de quando Hero e Leandro fazem sexo: "Tremendo, ela lutou; aquela luta [...] criou novo mundo/ de prazer infinito [..]". Marlowe sabe descrever como ninguém a beleza dos jovens rapazes. De Leandro, diz que "Júpiter teria bebido néctar de suas mãos", e depois fala de um pastor jovem e belo que "não ousava beber do rio abundo/ de ninfas que o puxavam para o fundo".

Algo desses refinados joguetes amorosos também está presente na peça mais antiga de Marlowe, *Dido, rainha de Cartago*. Embora não seja tão admirada quanto as outras tragédias, ela é ainda assim uma espécie de ópera monumental em prosa (que por vezes faz lembrar a obra-prima musical de Purcell, *Dido e Eneias*). Considere, por exemplo, um dos apelos que a heroína faz a Eneias antes de o troiano abandoná-la em sua viagem a Roma. Os sentimentos de Dido são universais e evocam a obra de Virgílio e a tristeza da música *country*:

> Por que olhas para o mar? Ficou para trás
> O tempo em que era bela e tu me amavas.
> Não sou mais tão formosa quanto antes?
> Pois bem, Eneias, é por tua culpa!
> Dize que ficarás aqui comigo,
> E minha formosura voltará.

A peça mais aclamada de Marlowe é, sem dúvida, *A história trágica do doutor Fausto*, sobre o estudioso que vende sua alma ao diabo e depois fica sem saber ao certo o que fazer com todo aquele poder e conhecimento. Naturalmente, o demoníaco Mefistófeles confunde sua vítima com sugestões eróticas:

> Casar é uma bobagem, é um rito,
> Se me amas de fato, esquece disso.

Dar-te-ei as mais belas cortesãs,
Estarão de manhã em tua alcova:
Terás qualquer mocinha que quiseres,
Seja ela honrada como Penélope,
Sábia como Savá ou radiante
Como Lúcifer antes da queda.

Mas repare na inesperada mudança de foco do último verso, quando o autor começa a falar da beleza masculina, o mesmo tipo de deslize que temos na última parte do belo solilóquio sobre Helena de Troia ("Este o rosto que mil barcos lançou?"):

És mais bela que a esfera noturnal,
Vestindo a luz de mil astros celestes;
Mais luzente que Júpiter aceso
Quando à triste Semele se mostrou;
O sol, quando repousa com Aretusa,
Fogosa, não te alcança a perfeição;
Quero-te para amante e mais ninguém.

Alguns argumentam que a peça *Eduardo II* – que fala do amor do rei por seu escravo Gaveston – é mais bem construída que *Doutor Fausto*; a cena do assassinato de Eduardo, na qual se insinua que ele tenha sido violado por um atiçador em brasa, é, por certo, bastante forte e terrível. Para mim, *O judeu de Malta* é uma reflexão sobre a espionagem, uma vez que Barrabás age como um espião ou um agente duplo. Shakespeare deve ter visto a peça, pois a certa altura o mercador exclama: "Mas fique: nada brilha mais no céu,/ minha estrela, meu norte, Abigail." Recentemente, o diálogo mais famoso da peça serviu de epígrafe para "Portrait of a Lady" ["Retrato de uma dama"], de T. S. Eliot: "Cometeste fornicação –/ Fornicação; mas isso em terra estranha;/ e também a garota já morreu."

Apesar da qualidade dessas peças, os elisabetanos conheciam Christopher Marlowe por *Tamburlaine*, o pastor que vira conquistador, o vento do leste, o Flagelo de Deus:

> As Graças trago presas em grilhões,
> A roda da Fortuna movo e giro,
> E o sol terá deixado o seu trajeto
> Antes que a Tamburlaine veja caído.

O fabuloso poema histórico em duas partes estabeleceu o verso branco – Ben Johnson chamava-o de "o verso poderoso de Marlowe" – no teatro, contando a história violenta do herói com emoção e delicadeza. Tamburlaine tinha um estilo empolado, mas também sabia se expressar poeticamente, tal como quando o terrível guerreiro rejeita um pedido de clemência de última hora:

> Não pouparei egípcios orgulhosos,
> Não voltarei atrás em meu comando
> Nem por toda a riqueza do Geon,
> Nem pelo amor de Vênus, se deixasse
> O fero deus e fosse à minha cama.
> Recusaram o bem e o dom da vida,
> Cientes de que sou tão resoluto
> Quanto as orbes, a morte, o fado iroso.

A obra de Christopher Marlowe – as traduções, os poemas e as peças – cabem num único volume compacto. Quem sabe o que um gênio dessa magnitude teria alcançado se tivesse vivido tanto quanto Shakespeare? Devemos, contudo, ser gratos por seu legado: "riquezas infinitas em curto espaço".

ÉMILE ZOLA (1840-1902)
Germinal e outros romances

Por muitos anos, Émile Zola foi considerado um escritor "degenerado". A série dos Rougon-Macquart lidava em grande parte com o histórico de violência, insanidade, bebedeira e promiscuidade de várias gerações de uma mesma família. Além disso, entre os vinte romances do autor, os mais conhecidos – os melhores – passavam-se em meio a operários pobres e sem educação: Gervaise, a vítima de *A taberna*, trabalha como escrava lavando roupas; sua filha, a atriz-heroína de *Nana*, torna-se uma *grande horizonale*, uma notória prostituta de alta classe; e, em *Germinal*, seu filho Etienne lidera uma greve de mineradores malfadada. Não é de admirar que a linguagem de Zola fosse mundana, vulgar e até obscena algumas vezes. Aquele era o mundo real, aquela era a linguagem indecente e extravagante que homens e mulheres usavam.

Na série dos Rougon-Macquart, Zola quis examinar todas as questões referentes à sociedade da metade do século XIX. É por isso que o violento *A besta humana* fala dos trabalhadores ferroviários; *O paraíso das damas*, de uma enorme loja de departamentos; e *A terra*, dos camponeses. Os outros livros da série voltam-se para a arte, o mercado central de Paris, o Les Halles (que agora não existe mais), uma casa de pensão burguesa e o clero. Embora todos esses romances estejam ligados pelo alcoolismo e pela violência autodestrutiva dos Rougon-Macquart, eles não são fruto apenas de uma transgressão primordial nem obra de determinação genética (apesar do aparente "plano" científico do autor). Pelo menos cinco ou seis dos livros de Zola são experiências literárias arrasadoras, romances trágicos grandiosos ou epopeias romanceadas. Há algum tempo, André Gide escolheu *Germinal* como um dos dez melhores livros do mundo e, recentemente, um homem de letras mais contemporâneo, o inglês A. N. Wilson, elegeu *A derrocada* – sobre o conflito franco-prussiano – o romance de guerra mais devastador de todos os tempos. O jornalista e escritor social Tom Wolfe costuma chamar Zola de seu "ídolo".

Como um bom repórter, Zola baseia-se sempre em fatos concretos, valendo-se de seu próprio testemunho dos acontecimentos e utilizando também dossiês científicos, documentos do governo e artigos de jornal. Mas, quando vai escrever, ele reveste esse material sério de uma aura mítica, atemporal. Orfeu desce ao mundo subterrâneo dos mineradores às 4h da manhã; Circe enfeitiça seus admiradores burgueses no Théâtre des Variétés.

Em sua obra-prima *Germinal*, Zola oferece muito mais do que apenas uma crítica às condições das minas francesas do século XIX. O romance torna-se uma epopeia dos oprimidos, um comovente ditirambo ao poder da esperança e da mudança. Seus descendentes são *A esperança*, de André Malraux, *As vinhas da ira*, de John Steinbeck, e *O homem invisível*, de Ralph Ellison.

Nenhum outro autor – nem mesmo Tolstoi ou Victor Hugo – consegue retratar tão bem as multidões em júbilo, pânico ou revolta. Como seus livros falam de pessoas em situações extremas, Zola pode soar um tanto melodramático às vezes – mas nem por isso menos interessante. Em *Germinal*, ele nos apresenta um louco desgraçado que estrangula uma jovem inocente; um rapazinho que mata um soldado; uma grevista enraivecida que mostra seu grande traseiro em desafio obsceno; e, por último, um cavalo de carga que passa quase toda a vida debaixo da terra, mas que, ao morrer, sonha com a grama e os raios de sol. No livro, um bando de mulheres famintas volta-se contra seus opressores num frenesi ritualístico, dionisíaco; o honrado proprietário da mina descobre a traição de sua esposa; um anarquista urde planos e os põe em prática; uma enchente aprisiona personagens importantes no fundo da terra e um engenheiro de mineração trabalha exaustivamente para salvar o homem que ele mais odeia. Por fim, em uma espécie de *Liebestod* da era industrial, um casal – separado pelo destino e pelas circunstâncias – consegue enfim consumar seu amor, cercado de mortos e moribundos.

A trama pode parecer pouco original e exagerada, mas é porque lhe falta o contexto. Muitos dos incidentes foram baseados em dados históricos reais. De que outra forma se poderia escrever sobre fome e escravidão, sobre homens, mulheres e crianças cansadas, sobre suas vidas insuportáveis, senão com um compreensível ódio? Mas Zola também dominava as sutilezas da arte. Repare no uso de cores do cenário – o vermelho e o preto associados aos trabalhadores, o azul ligado à burguesia, o céu cinzento e insípido, o branco anêmico dos animais e dos mineradores que ficavam tempo demais sob a superfície. Além disso, o autor emprega ao longo do livro analogias e verbos relacionados ao plantio, à agricultura, à fertilização e à colheita. Os operários podem estar por baixo, mas vão se reerguer um dia. Haverá novas primaveras, como mostra o trecho a seguir:

> Lá no fundo, debaixo da terra, as picaretas continuavam a desferir golpes obstinadamente. Todos os seus companheiros estavam lá, podia ouvi-los seguindo cada passo seu [...] O sol de primavera já ia bem alto no horizonte, despejando seus gloriosos raios quentes sobre a terra fecunda. A vida florescia em seu ventre fértil, os brotos se abriam em folhas e os campos despertavam com a grama verde e fresca. Em todas as partes, as sementes ganhavam volume, alongavam-se, rompendo a planície em busca de calor e luz. A seiva abundante subia entre sussurros, o germe da vida abria-se com um beijo. Insistentes, seus companheiros feriam e feriam a rocha, sem parar, como se também estivessem se erguendo do solo. Naquela manhã viçosa, sob os raios flamejantes do sol, todo o campo despertava com o barulho deles. Os homens se erguiam do chão, uma hoste negra vingadora aos poucos germinava nos sulcos da terra, ganhando tamanho para as colheitas das eras futuras. E, em breve, estariam bem crescidos para rasgar o chão.*

---

* Texto em português baseado na tradução para o inglês de Leonard Tancock. (N. do E.)

Por favor, não deixe de ler Zola só por achá-lo didático, pesado ou pouco artístico. Li *Germinal* pela primeira vez em 1971, quando morava em Marselha, e lembro-me de escrever em minha edição de capa dura da Garnier Flammarion: "ótimo livro... mas triste". A nota talvez não seja suficiente, mas é bastante precisa.

ERNST JÜNGER (1895-1998)
In Stahlgewittern (Tempestade de aço)

Em 1914, no dia em que a Alemanha declarou guerra à Tríplice Entente, o jovem Ernst Jünger, de 19 anos, se alistou no exército. Lutou por quatro anos numa companhia de infantaria – a 73ª hanoveriana – e participou das batalhas mais famosas e sangrentas da época: Somme, Cambrai e Passchendaele. Foi atingido diversas vezes ou por projéteis ou por estilhaços, mas sempre se recuperou para lutar de novo. Ao fim da guerra, Jünger tinha ascendido ao posto de capitão, ganhando entre outras medalhas a Estrela de Ferro, Primeira Classe. Por fim, em 22 de setembro de 1918, o Kaiser concedeu-lhe a ordem de *pour le Mérite*. Apesar do nome em francês, essa era uma das maiores honrarias concedidas pelo governo alemão, e Jünger foi (e continua sendo) o oficial mais jovem a recebê-la.

No entanto, Jünger era mais do que um mero soldado. Era também sensível à natureza, gostava de ler Ariosto e *Tristram Shandy* quando de licença ou no hospital e depois acabou se tornando um entomologista e um escritor respeitado. Não obstante, em sua longa vida – morreu aos 102 anos –, ele foi sempre um nacionalista ferrenho, homem de direita. A princípio, parece que aceitou Hitler – o Fuhrer, com efeito, lhe mandou um exemplar autografado de *Mein Kampf* [Minha luta] –, mas nunca se aliou ao Partido Nacional Socialista, e seu romance mais conhecido, *Auf den Marmorklippen* [Nos despenhadeiros de mármore], é em parte uma advertência alegórica contra o nazismo. Mesmo assim, Jünger serviu a Alemanha de novo na Segunda Guerra Mundial, dessa vez como adido cultural *de jure* em Paris. Os admirados periódicos de guerra que ele redigia estão repletos de aforismos, reflexões filosóficas e relatos de almoços com escritores e artistas (incluindo Picasso). Mas também falam de encontros com generais, das novidades do *front*, dos tiroteios repentinos no Bois de Boulogne.

Ainda assim, sua obra mais duradoura será sempre *In Stahlgewittern* (1920), suas poderosas memórias, baseadas em diários exaustivos, dos quatro anos de combate na Primeira Guerra Mundial. Na tradução mais recente para o inglês, Michael Hofmann comenta que o relato de guerra, autobiográfico e cru, foi muitíssimo bem recebido por mestres da literatura como Borges, Brecht, Alberto Moravia e André Gide. Esse último chegou a dizer que era "sem dúvida o melhor livro de guerra que conheço: muito honesto, verdadeiro, sincero". O próprio Hofmann compara-o à *Ilíada*. O livro é dedicado apenas "aos caídos", de maneira singela e até apolítica.

Nas páginas de *In Stahlgewittern* temos o relato de um horror inimaginável:

> A trincheira não era mais do que uma série de crateras enormes, cheias de pedaços de uniforme, armas e cadáveres [...] Uma atrás da outra, as companhias encurraladas na linha de fogo eram ceifadas e os corpos, enterrados pela chuva de terra que as bombas jogavam para cima; e então as companhias de apoio chegavam e os substituíam. Agora era nossa vez.

Em geral, Jünger fala apenas das lembranças de guerra. Não analisa a justeza do conflito, nem tampouco reflete sobre as consequências de tudo aquilo. Não comenta as mortes repentinas de seus honrados companheiros, o aparente desperdício de vidas humanas e a futilidade de uma causa perdida. Pelo contrário, ele simplesmente cumpre suas obrigações de soldado dia após dia, contando-nos com uma franqueza doentia tudo aquilo que fazia e via.

Ao longo de *In Stahlgewittern*, o autor descreve os ataques de bombas de gás, a assustadora confusão da peleja e as bebedeiras noturnas que traziam um sono imperturbável. Ele enfatiza em particular a iminência constante de uma morte repentina e inesperada, seja pela incansável artilharia de proteção amiga, seja pelas bombas ou pelos projéteis explosivos que lançavam estilhaços mortais de metal para todos os lados. O estrondo da batalha, a possibilidade de ser atingido por um pedaço de aço voador, nada disso cessava:

> Acho que encontrei um modo de explicar a situação pela qual eu e os demais soldados passamos tantas vezes nesta guerra: você tem de imaginar que está bem amarrado a um poste e que um homem com um pesado martelo o está ameaçando. Agora, o martelo está acima de sua cabeça, pronto para o golpe, depois está furando o ar em sua direção, mas, pouco antes de tocar sua cabeça, esbarra no poste, fazendo as lascas voarem – é assim a experiência de ser bombardeado numa área exposta.

Em última análise, a sobrevivência não depende de bravura, é simplesmente uma questão de sorte, de acaso. A maioria das operações de campo tem um fim desastroso. Em Regneville, Jünger lidera um ataque noturno:

> Tinha separado um *kit* apropriado para o tipo de trabalho que tinha de fazer: carregava duas bolsas a tiracolo, cada qual levando quatro granadas, detonadores de impacto à esquerda, pavio à direita; no bolso direito do casaco, um revólver 8mm preso por uma corda longa; no bolso direito da calça, uma pequena pistola Mauser; no bolso esquerdo do casaco, cinco granadas de mão; no bolso esquerdo da calça, uma bússola luminescente e um apito; e em meu

cinto ganchos com trava para puxar os pinos, uma faca Bowie e um alicate para cortar fios.

Jünger usa todo o armamento como um verdadeiro Rambo, mas a missão acaba mal; os homens vagam pelas trincheiras inglesas na escuridão, perdem-se, lutam e morrem por nada: dos catorze que tinham saído, apenas quatro retornam.

O autor narra a morte de seus companheiros ao longo do livro. Estilhaços cortam-lhes a carótida, causando sangramentos fatais; os projéteis os matam de repente durante a vigília e as armações de terra desmoronam e as casas desabam sobre eles, soterrando-os vivos. Não é de admirar que Jünger combatesse em um estado de fúria na maioria das vezes. Mas, em geral, ele não demonstrava ódio pelos inimigos: "Tentava enxergar meus oponentes sem animosidade e fazer uma opinião deles baseado na coragem que demonstravam." O autor mata muita gente em *In Stahlgewittern* – com rifle, pistola, granada –, sempre consciente do preço que terá de pagar. Em dado instante, ele atira num jovem soldado inglês, "pouco mais que um garoto":

> Forcei-me a observá-lo com cuidado. Não era mais um caso de "ou você ou eu". Costumava pensar nele, cada vez mais com o passar dos anos. O governo, que nos isenta de culpa, não nos tira o remorso; e temos de exercitá-lo. A tristeza e o arrependimento perseguiram-me em meus sonhos.

Isso é o máximo de introspecção que o autor se permite em *In Stahlgewittern*, até os capítulos finais. Então, seu tom fica sombrio, fatalista: "As estações se seguiam, agora era inverno, depois era verão outra vez, mas a guerra continuava." O propósito, ele escreve, "com que fora lutar tinha se exaurido". Mas o conflito continuava, até que:

> Era nossa última tempestade. Quantas vezes naqueles últimos anos não tínhamos avançado na direção do sol poente pensando a mesma

coisa! Les Eparges, Guillemont, St-Pierre-Vaast, Langermarck, Passchendaele, Moeuvres, Vrancourt, Mory! Outro carnaval sanguinolento nos acenava.

Fechamos o livro com o coração pesado. Tantos seres humanos mortos! E por quê? O Ocidente chamava esses homens de "hunos", considerava-os maldosos e impiedosos, mas eles eram, na vida civil, professores, operários e artistas, maridos, pais, filhos e irmãos. Cada um seguiu à risca seu dever de soldado, e todos morreram heroica, tola ou injustamente. A obra-prima de Jünger transmite de maneira singela o misterioso encanto da guerra, o fascínio por seus excessos, a intensidade e a inegável glória do homem que se prepara para a batalha como para uma "terrível cerimônia silenciosa que antecipa o sacrifício humano".

JAMES AGEE (1909-1955)
Let Us Now Praise Famous Men [Elogiemos agora os homens famosos]; crítica de cinema

O dom de James Agee fazia-o exceder quaisquer limites formais. Seu texto mais ambicioso, *Let Us Now Praise Famous Men*, começou como um artigo de revista que saiu de controle. Mas Agee não podia resistir à vontade, ou necessidade, de transformar os textos prosaicos em prosa poética. Por isso é que sua obra de não ficção continua tão viva, pois se mantém nua, vulnerável, provisória, desprovida do sutil veneno artístico da complacência e da autoconfiança. Como o crítico Robert Phelps observou certa vez, Agee era, "por natureza, um príncipe soberano da língua inglesa" e transformava em arte tudo o que escrevia.

Como todo bom livro, *Let Us Now Praise Famous Men* foi um tanto problemático. A revista *Fortune* tinha designado originalmente Agee e o fotógrafo Walker Evans para relatar as condições de vida dos plantadores de algodão do Alabama nos anos de depressão, mas, no fim, acabou recusando o artigo por não considerá-lo utilizável. Só que Agee não conseguia esquecer os Rickett, os Wood e os Gudger, as "três famílias de arrendatários". E, por isso, reescreveu e ampliou o ensaio original, transformando a antiga matéria de revista em uma grande epopeia sobre a depressão norte-americana.

Como Melville em *Moby Dick*, Agee mesclou autobiografia; reflexões sobre a arte e a sociedade; listas e catálogos; trechos de diálogos; recortes de jornal; orações; ladainhas e os pensamentos fictícios de personagens reais. Escreveu páginas e mais páginas de descrições quase homéricas de sapatos velhos, sobretudos *jeans* e roupas feitas em casa; cantou a beleza assombrosa dos olhos de Louise Gudger; confessou que sentia culpa e vergonha diante da falta de esperança daquelas pessoas e denunciou as humilhações ainda mais cruéis às quais os negros eram submetidos. No fim, seu objetivo era celebrar a fraternidade humana, como Beethoven na *Nona sinfonia*. Mas, em vez de compor uma "ode à alegria", o autor preferiu homenagear os desgraçados deste mundo com sua epopeia em uma prosa vibrante e angustiada, a começar pelas fotos estarrecedoras e inflexíveis de Walker Evans, agora um tanto famosas.

A primeira editora a que eles recorreram quis fazer cortes no livro; Agee não aceitou, claro. Continuou trabalhando o texto, nunca satisfeito com o resultado, nem mesmo quando a Houghton Mifflin finalmente publicou a obra, que recebeu críticas ruins e vendeu muito pouco (seiscentos exemplares no primeiro ano). É verdade que o livro pode ser um pouco frustrante: Agee volteia o assunto como um cão pastor, inquieto. Está sempre falando sobre o que ainda vai falar. E o livro fica nisso até o leitor chegar à última página, à última frase, na qual ele diz que vai enfim voltar para a história "que agora tentarei lhes contar". Só que o livro acaba, e nós percebemos que a história já tinha sido lida, de certa forma, de maneira oblíqua como numa colagem. O efeito é quase faulkneriano.

Melville, Beethoven, Faulkner – são esses os grandes homens aos quais Agee quer ser comparado. Em sua longa análise do plantio de algodão, nas descrições minuciosas das casas dos arrendatários, surgem símiles e parágrafos surpreendentes de grande beleza.

O interior de um velho baú mostra-se "inesperadamente luminoso como se fosse uma caixa de raios de sol domesticados". Uma fila de cadeiras "está perfilada como um regimento de altura desigual, com a deliciosa sobriedade das crianças que fingem ser oficiais ou juízes". De maneira ainda mais elaborada, o autor nos diz que um espelho está tão fosco que sua moldura "apresenta uma beleza antiga quase incalculável, doce, frágil e reverente, tal como se nota nos ferrótipos de grupos musicais familiares entre os móveis do estúdio ou como se ouve nos velhos álbuns de *jazz* gravados por rapazes loucos e devotos que em pouco tempo se destruiriam em Nova Orleans nos primeiros anos da década de 1920". O inesperado adjetivo "devotos" e a cadência musical da sintaxe são características do jovem Agee.

Há trechos contidos como esse em quase todas as páginas de *Let Us Now Praise Famous Men*, embora Agee prefira sempre o glorioso excesso poético. Leia com atenção, por exemplo, esta lista de duas páginas das gravuras que ele viu pregadas na parede da lareira da paupérrima família Rickett:

> Calendários em relevo com paisagens nevadas e cenas de caça com brilho vermelho, azul, verde e dourado, tudo bem colorido; e mais calendários, capas de revistas de fazenda e cartazes para amantes de cães; o abençoado aconchego da lareira dos pobres; índias virginais observando os seios num lago ou remando por entre galerias de ramagens à luz da lua; loiras adultas com vestidos brilhantes tomando impulso num balanço, bebendo Coca-Cola pelo canudinho, aceitando cigarros de rapazes de casaco branco sob as palmeiras ao entardecer; jovens donas de casa, felizes diante de fornos resplandecentes em cozinhas ensolaradas; maridos de *smoking*

mostrando aos convidados aquecedores a óleo; senhoras de idade recostadas em cadeiras de balanço, as mãos pousadas no bordado, uma expressão feliz à luz do lampião; meninos e meninas alegres e arteiros acompanhados por cães ou rezando; bebês enormes e rosados de olhos azuis chupando o dedão em nuvens azuis e rosa; *closes* de mocinhas enfrentando os graves problemas da vida corajosamente utilizando apenas desinfetante Lysol; fotos de bolos, carne assada, perus fumegantes e presunto decorado; figurinhas repetidas e uma série de imagens representando os incidentes ocorridos na vida de Jesus com legendas em verso embaixo; paisagens ricas com tratores ao fundo; gatinhos enrolados em novelos com óculos ou olhando duvidosos em tigelas azuis e rosa [...]

E, assim, desapegado, Agee reproduz esses clichês modernos de anúncios do final da década de 1930 – admirados e vistos todos os dias por pessoas que tinham de usar remendos de saco de farinha nas roupas.

Depois do pouco sucesso de *Let Us Now Praise Famous Men*, o autor se voltou para o jornalismo, trabalhando como crítico cinematográfico e literário para as revistas *Time* e *Nation*, entre outras. Todos concordam que suas resenhas de filmes são as mais bem escritas da crítica norte-americana, tendo apenas um único ponto fraco: Agee escreveu entre 1943 e 1948, possivelmente o período mais insípido da história de Hollywood. Mesmo assim ele pôde falar de grandes clássicos do cinema neorrealista italiano, como *Roma, cidade aberta* e *Sciuscià* (Engraxate), pôde defender *Monsieur Verdoux*, a obra-prima ridicularizada de Charlie Chaplin, e celebrar a grandiosidade do cinema mudo.

Agee dizia que os filmes, assim como as fotografias de seu amigo Walker Evans, conseguiam "retratar a aparência real dos lugares, das coisas e das pessoas e o modo como agiam e interagiam, fazendo com que tudo falasse aos olhos". Isso talvez pareça uma questão teórica, mas Agee era antes de tudo um cinéfilo; seus artigos, muitas vezes, eram tão íntimos quanto uma carta de amor. Ele conseguia resumir a trama de um filme ou descrever um astro famoso com uma concisão aforística: em *À beira do abismo*, por exemplo, Humphrey Bogart "contrai a boca como se tivesse levado uma coronhada de uma pistola automática", ao passo que Lauren Bacall é "como uma suçuarana adolescente".

No trajeto clássico do artista norte-americano autodestrutivo, James Agee cuidou mal de seu corpo e pior ainda de sua cabeça, entregando-se ao fumo, à bebedeira, à luxúria e falando sem parar até altas horas da noite. Além disso, passou por três casamentos conturbados, teve muitos filhos e alguns impulsos suicidas. Sentia tudo com muita força devido a uma sensibilidade religiosa quase mística e uma profunda admiração pelos seres humanos em toda a sua glória decadente. Sua infância o atormentava mais do que tudo, e após sua morte – por enfarto num táxi de Nova York, aos 45 anos de idade – alguns textos autobiográficos de ficção, em sua maioria sobre o funeral de seu pai, foram reunidos em *Morte na família* (1957). O livro recebeu o Prêmio Pulitzer que deveria ter sido entregue a *Let Us Now Praise Famous Men*.

Os mistérios do amor

John Donne escreveu: "os mistérios do amor crescem na alma/ mas o corpo ainda é o seu livro". É essa comunhão de espírito e matéria que gera a maravilhosa euforia e também a sensação de renovação que costumamos associar ao amor. Luxúria e adoração, desejo e satisfação, fidelidade e promiscuidade, transcendência e obscenidade – todos esses opostos energizam nossos corações e nossos corpos, deixando-nos apreensivos, tortos e sem equilíbrio. O inimigo do amor não é o ódio, mas sim a complacência e a indiferença.

Os autores desta seção de *O prazer de ler os clássicos* passam por todo o espectro do erótico: desejo passional, sedução, paquera, renúncia, casamento, separação, arrependimento, nostalgia. Nesta categoria poderíamos inscrever facilmente boa parte da literatura mundial: que poeta ou romancista não fala de amor? Mas, para não mencionar outra vez *Madame Bovary*, de Gustave Flaubert, *O bom soldado*, de Ford Madox Ford, e *Lolita*, de Vladimir Nabokov, preferi optar por obras-primas menos conhecidas e igualmente prazerosas.

SAFO (*c.* 600 a.C.)
Poemas e fragmentos

Safo é a primeira grande poetisa do Ocidente a falar do amor, e muitos diriam a maior de todos os tempos, embora tenhamos apenas fragmentos de sua obra e pouquíssimos poemas completos.

Na cronologia da literatura clássica grega, ela é precedida por Arquíloco, poeta surpreendentemente combativo. Seu verso mais conhecido, na tradução de Richmond Lattimore, é o epigrama: "A raposa conhece muitos truques; o porco-espinho apenas um, um muito bom." Mas esse soldado por vezes rancoroso também nos deixou uma das mais intensas manifestações de desejo erótico: "Mas se pudesse ao menos tocar a mão de Nebulé."

Esse sofrimento amoroso, causado pela ausência ou distância da figura amada, é central na poesia de Safo. Nela, o amor é às vezes uma bênção, mas também é uma doença. Eros é invariavelmente agridoce. Os relatos de mal de amor e ciúme; as descrições de moças na flor da juventude; a simplicidade, a objetividade e a dor física – tudo isso nos toca mesmo depois de dois mil e quinhentos anos. Como uma imagista anacrônica, Safo expressa o máximo de emoção com um mínimo de palavras.

Dizem que é impossível traduzi-la satisfatoriamente bem, mas continuam tentando. Em nosso tempo, Richmond Lattimore, Mary Barnard, Kenneth Rexroth, Willis Barnstone, Guy Davenport, Jim Powell e Anne Carson, todos eles capturaram o suficiente de Safo, em língua inglesa, para imortalizá-la como poetisa. Vez ou outra, seus versos podem ser diretos demais, quase vulgares – "Você me deixa excitada" é a tradução de Davenport para determinado trecho –, ou então comoventes, como três palavras singelas e uma vírgula: "Se não, inverno." Essa é a tradução de Carson para um verso desgarrado (usado como título de sua coletânea de fragmentos sáficos). O que mais poderíamos falar sobre a angústia do amor? Há quem diga que o fato de a obra estar incompleta lhe dá uma falsa impressão de riqueza – num dos fragmentos temos apenas duas palavras, "aqui" seguida de um espaço e "novamente". Poderíamos até imaginar uma frenética cena de amor nesse espaço vazio, mas poderíamos estar enganados. Por triste necessidade, os versos perdidos agora enriquecem o *páthos* erótico de sua lírica.

Essa habitante de Lesbos seria lésbica? Talvez fosse, embora ninguém saiba ao certo. Safo casou-se e deu à luz uma filha querida; falava com admiração da beleza masculina e, conforme reza a lenda, também se jogou no mar, desesperada, por conta de um sujeito chamado Faonte. Mas, por outro lado, o que fazer do poema no qual ela observa a amada, talvez em uma festa de casamento, e quase sofre um colapso mental? Sua pele queima, ela começa a suar, fica pálida e se julga à beira da morte.

Talvez cause espanto ao leitor contemporâneo saber que os gregos antigos a consideravam uma de suas maiores poetisas líricas. Julgaram-na até merecedora do título de décima musa, pois ninguém sobrepujava a musicalidade de seus poemas. Aqui temos alguns versos, treze palavras tanto na tradução para o português como na tradução de Kenneth Rexroth para o inglês:

A lua sumiu,
E as Plêiades. É
Meia-noite. O tempo passa.
Durmo só.

Safo não é a única poetisa da Antiguidade, mas, ah!, elas são poucas, por isso temos de ser ainda mais agradecidos pelo que nos chegou. Algo de sua voz triste e pura transparece em qualquer versão do original em grego: "Amei-te certa vez, Átis, há muito tempo."

NOVELAS ARTURIANAS (séculos XII e XIII)
Chrétien de Troyes, *Yvain ou O cavaleiro do leão*
Gottfried von Strassburg, *Tristão*
Wolfram von Eschenbach, *Percival*

As novelas arturianas se preocupam basicamente com as questões de conduta. Não são apenas contos de aventura, o choque metálico das armaduras, o resgate mecânico das belas donzelas. As melhores histórias – e as três que escolhi são verdadeiros expoentes da literatura medieval – tratam de dilemas morais sérios: os deveres de lealdade conflitantes, a restauração do caráter, o fascínio pelo *status* social e as demandas religiosas. Essas "novelas" falam principalmente do amor em todas as suas formas, desde a volúpia sexual e a felicidade matrimonial até a lealdade familiar e a transcendência religiosa.

Em *O cavaleiro do leão*, Chrétien de Troyes conduz o nobre Yvain à floresta encantada de Broceliande, onde ele encontra um poço mágico, luta com seu guardião, mata-o e depois se apaixona à primeira vista por Laudine, sua viúva. Uma criada convence a triste senhora de que o reino merece um guerreiro valente para defendê-lo e de que o candidato mais lógico seria o cavaleiro que derrotara seu marido. Por isso, antes de terminar o luto, Laudine se casa com Yvain, que duas semanas depois, sob a influência de Sir Gawain, parte para se provar em aventuras. Yvain promete voltar para a esposa antes do fim do ano, porém, fascinado com os combates sangrentos, acaba se esquecendo. Laudine manda-lhe uma mensagem – basicamente, "não precisa mais voltar" – e ele fica louco de remorso quase no mesmo instante e acaba como um lunático na floresta, comendo raízes e frutinhas. Depois de salvar um leão das presas de uma enorme cobra, o animal, grande e fulvo, passa a acompanhá-lo, resgatando-o em combates desiguais. Quando recobra a sanidade, Yvain passa o resto do poema tentando cair nas graças de Laudine novamente.

Como mostra esse resumo parcial, a história sugere origens mitológicas parecidas com as de *O ramo de ouro*, de J. G. Frazer: aquele que matar o sacerdote-rei do local sagrado herdará de imediato o reino e a esposa semideusa. O poeta, no entanto, chama nossa atenção para a dinâmica do casamento e, em particular, para o colapso psicológico de Yvain. O guerreiro não conseguira honrar suas obrigações de amante leal e marido, pois estava preocupado demais com o trabalho, ou seja, fazendo justas e esbravejando com o amigo Gawain.

Sem ser abertamente didático, Chrétien nos mostra como o cavaleiro desmoralizado aprende a ser digno de seu amor após ter abandonado por razões tolas a esposa que o tinha aceitado contra sua própria vontade. O poema segue o percurso de Yvain pelas muitas desilusões da vida até o esclarecimento e a autocompreensão.

Por outro lado, Gottfried von Strassburg (que se baseou na obra de um poeta chamado Thomas) nos oferece um retrato clássico do que ainda hoje é nosso arquétipo romântico mais influente: a paixão fatal entre Tristão e Isolda, um amor mais poderoso do que quaisquer proibições sociais ou religiosas, tão forte que desafia a própria morte. A história deles – um dos contos mais populares da Idade Média – está presente em todas as demais tragédias românticas posteriores, desde Paolo e Francesca, de Dante, até Romeu e Julieta, de Shakespeare, e Humbert Humbert e Lolita, de Vladimir Nabokov. Quando Isolda diz ao amado: "Pois nós seremos sempre um só, sem distinção", podemos até ouvir o eco da retumbante declaração de Catherine Earnshaw em *O morro dos ventos uivantes*: "Eu *sou* Heathcliff."

Muitos conhecem o resumo da história – Tristão vai buscar Isolda na Irlanda para que ela possa se casar com o Rei Mark; os dois bebem sem querer uma poção mágica que faz com que um se apaixone loucamente pelo outro; e, daí para a frente, o casal passa por cima de todas as convenções sociais e religiosas para satisfazer seu desejo ardente. Na versão de Gottfried, assim como na ópera de Wagner, a paixão de ambos é tamanha que parece coisa de outro mundo, e seu sofrimento iguala-se ao dos mártires religiosos. Com efeito, uma passagem famosa da versão de Gottfried fala de uma caverna, chamada de altar ou templo do amor, onde os dois vivem felizes e em harmonia por um tempo, como acólitos de Eros.

Tristão levanta muitas questões que ainda geram polêmica hoje em dia: você trairia seu país, seus votos maritais, sua honra e sua religião por amor? Seria errado traí-los por amor? Será que o sexo é bom só porque o relacionamento é proibido? (Na caverna, quando estão livres das amarras sociais, eles se mostram um pouco cansados um do outro.) Sua paixão ensandecida seria apenas isso? Uma paixão insana e irreal, ocasionada por uma poção mágica? O desejo físico pode nos levar a uma transcendência espiritual? O ardor sexual tem mesmo de acabar sempre em morte?

Alguns desses temas são explorados mais a fundo em *Percival*, de Wolfram von Eschenbach, possivelmente a maior obra da literatura medieval alemã (à exceção talvez de *O anel dos Nibelungos*, uma epopeia grave e complexa). Enquanto *Yvain* descreve o amor nos moldes cavaleirescos e *Tristão* retrata um estado de êxtase que transborda quaisquer limites, *Percival* nos fala do preço, não da paixão, mas da compaixão, relatando o renascimento espiritual de um herói que sai da corte mundana e desordeira de Artur rumo à sociedade secreta do Graal.

A história se passa em várias partes do mundo, mas o herói, Percival, começa como um caipira que, quando vê pela primeira vez os cavaleiros, pensa que são anjos. Acabamos rindo – Wolfram demonstra uma verdadeira aptidão para o humor e o trocadilho –, mas não haveria alguma sabedoria por trás desse aparente disparate, na ideia de que os bons cavaleiros são como anjos? Contra a vontade da própria mãe, o jovem Percival viaja à corte de Artur, onde faz uma série de trapalhadas, fere sem querer um inocente e age como um brutamontes mal-educado. Mas, no fim, ele aprende a se portar como um cavaleiro, casa-se com Conduiramurs (*conduire à amour*, "conduz ao amor") e decide voltar para casa para ver como está a velha mãe. No meio do caminho, ele encontra um castelo, onde conhece Anfortas, o rei-pescador ferido, e assiste a uma estranha cerimônia envolvendo uma lança ensanguentada e uma procissão com algum tipo de artefato sagrado. Como antes fizera mal ao tomar a iniciativa, Percival não se intromete dessa vez.

Com o tempo, o jovem cavaleiro percebe que fora um grande erro não demonstrar maior compaixão pelo rei agonizante. Wolfram opõe a ascensão espiritual de Percival às aventuras mundanas de seu amigo Gawain, típicas do famoso cavaleiro, um mulherengo. Percival, depois, um tanto triste, encontra um ermitão a quem confessa seu desespero espiritual e aprende que só a humildade e a caridade cristã podem trazer alívio e até mesmo redenção. E, então, sabendo dos limites da vida na corte, Percival jura servir a Deus em vez do homem, cura Anfortas e aceita sua vocação para ser o novo rei do Graal.

Seja por conta dos livros infantis, dos filmes ou do musical *Camelot*, muitos de nós já tivemos contato com as principais lendas arturianas, sobretudo as do Rei Artur, Lancelot e Guinevere. Mas as obras-primas complementares de Chrétien, Gottfried e Wolfram deveriam ser mais apreciadas e disseminadas. Nelas temos milagres, maravilhas, muita compaixão, sofrimento e os mais variados tipos de amor.

MADAME DE LAFAYETTE
(Marie-Madeleine de Lafayette) (1634-1693)
A princesa de Clèves

Alguns consideram *A princesa de Clèves* (1678) o primeiro romance moderno francês. O livro, com efeito, possui todas as características associadas ao pensamento francês do século XVII: dicção austera, clareza de propósito, exploração e representação sutis de aspectos psicológicos, intensos dilemas morais e um forte senso de decoro que reprime de maneira um tanto precária as paixões mais arrebatadoras. Esse pequeno livro é, de certa forma, a contraparte romanceada da tragédia de Racine. O sofrimento da princesa não é menor que o de Titus (em *Berenice*) quando ele abandona a mulher amada em sua viagem a serviço de Roma.

Logo nos primeiros parágrafos, Lafayette nos conta que em nenhuma outra corte havia mais mulheres e homens bonitos do que na de Henrique II. Nesse mundo, as intrigas amorosas quase já não têm graça: os maridos possuem amantes, as rainhas se divertem com os rapazes da corte e todo o mundo finge que não sabe. Mas, entre eles, ninguém é mais deslumbrante, admirado ou promíscuo que o Duque de Nemours.

Certo dia chega a esse antro de devassidão uma moça educada com base em princípios religiosos bastante rígidos, uma moça bela e pura, obediente à mãe. Essa preciosidade logo se casa com o apaixonado Monsieur de Clèves e adota seu nome. Ela respeita e até admira o marido – e é só isso o que sente.

Mas, quando a princesa vê o Duque de Nemours pela primeira vez, ela é tomada quase de imediato por uma paixão arrebatadora tal como nunca sentiu antes. O que poderia fazer além de ocultar esse amor? Talvez não seja capaz de ignorar seus sentimentos, mas certamente pode reprimi-los e decide não mostrar nenhum sinal de sua agitação interior e de seu afeto. Afinal de contas, ela é uma mulher casada e o duque é um notório conquistador, embora também seja um cavaleiro muito refinado que a ama de verdade, ao que parece.

O tempo passa, mas a princesa não consegue reprimir sua paixão, nem tampouco esquecer o duque. "Será que quero ter um caso?", ela pergunta a si mesma. "Será que desejo trair o Monsieur de Clèves? Expor-me à penitência cruel e à angústia fatal que o amor acarreta? Fui tomada por um sentimento que me incita contra minha própria vontade; quaisquer decisões são inúteis; ontem tinha a mesma opinião de hoje, mas o que faço hoje está em desacordo com a opinião de ontem."*

No fim, o Monsieur de Clèves descobre que sua esposa está apaixonada – embora não o exprima – por outro homem.

A princesa, é claro, faz de tudo para reparar o dano ao casamento, mas o ego ferido do esposo e sua subsequente frieza impedem-na de sentir a mais básica felicidade doméstica. Além disso, ela também não consegue esquecer o gracioso e amável Monsieur de Nemours, que parece ter se apaixonado por ela de verdade.

---
* Texto em português baseado na tradução para o inglês de John D. Lyons. (N. do E.)

Acontece muito mais nesse curto romance – uma carta comprometedora, fofoca na corte, a descoberta do caso, uma morte repentina e, por fim, um desfecho discreto mas arrasador. Os leitores de hoje talvez se surpreendam, ou se horrorizem, com as últimas páginas do livro. Mas *A princesa de Clèves* é um romance bastante elaborado, dominado pela intensa repressão emocional e a honestidade escrupulosa de sua protagonista e pelo tormento interno que se torna ainda mais pungente por se passar em um mundo de elegância, uma espécie de balé da mais pura imoralidade. Não é de admirar que a obra-prima de Madame de Lafayette tenha sido celebrada por autores mundanos como La Rochefoucauld (que provavelmente a instruiu a respeito da composição do livro); passionais como Stendhal; e irônicos como Nancy Mitford.

SØREN KIERKEGAARD (1813-1855)
Diário de um sedutor

Em *Ou/ou* (1843) e *Estágios do caminho da vida* (1845), o filósofo dinamarquês Søren Kierkegaard analisa três tipos de amor – o estético, o ético e o religioso, esse último sendo o que devemos almejar, segundo ele. Poderíamos chamá-los vulgarmente de luxúria, casamento e espiritualidade. Na categoria do amor "estético", Kierkegaard descreve um estilo de vida voltado para os sentidos no qual a pessoa dá valor ao prazer, à diversão e ao momento presente acima de tudo. Ele nos mostra os aspectos positivos dessa mentalidade hedonista numa longa reflexão sobre a figura de Dom Juan, que representa a libido em estado puro, agindo sem pensar e sem maldade, cheio de alegria e exuberância. Não é de admirar que muitas das ex-amantes de Dom Juan ficassem felizes ao revê-lo.

Mas essa abordagem "estética" do amor tem um lado sombrio – o do sedutor intelectual, adepto de um jogo erótico ultrarrefinado. Para ilustrar melhor sua ideia, Kierkegaard transcreve o diário de Johannes, um desses sedutores. A passagem constitui o ápice da primeira parte de *Ou/ou*, é o trecho mais famoso e até notório do livro, sendo por vezes publicada separadamente como um romance curto.

Em seu diário, Johannes considera cada uma de suas conquistas um "estudo de caso". Observa a personalidade e o comportamento das moças e então vai aos poucos criando condições para fazê-las mudar a maneira de agir e pensar. Atento ao estado mental da jovem, ele mantém sua vítima sempre ansiosa e fora dos eixos. Johannes nunca apressa as mulheres no "caminho designado para elas"; como esteta e *connoisseur*, ele saboreia "cada gole" aos poucos. Visto pelo viés religioso, Johannes é como a serpente que tenta Eva: no fim, a jovem tem de decidir pecar por conta própria.

Por que Johannes é um sedutor? De certa forma, a sedução é seu modo de combater o aborrecimento. Aqueles que optam pela vida estética estão sempre fugindo do tédio, em busca de algo "fascinante" – palavra que se repete ao longo do diário. Ao contrário de Dom Juan, o sensualista puro, quase inocente, Johannes é calculista. Vê o mundo como um enorme teatro de improviso onde ele desempenha o papel que lhe parece mais divertido ou útil. A linguagem é sua arma principal; na tradução para o inglês de Gerd Gillhoff, ele observa que Ulisses não era bonito, mas sua eloquência "atormentava as deusas do mar, tamanho era o seu amor por ele". Seu propósito é perverso, medonho: "Quando conseguimos que uma garota veja na entrega de si mesma o propósito único de sua liberdade, que pense que sua felicidade depende apenas dessa entrega e que não tema se entregar nem implorar, sendo livre – eis o que é divertido."

Isso mostra que *Diário de um sedutor* toca em uma das fantasias eróticas masculinas mais comuns: a mulher não tem apenas de deixar de ser virtuosa, tem de desejar efetivamente a própria corrupção. Valmont, em *As ligações perigosas*, de Choderlos de Laclos – o romance mais cruel e genial a falar de amoralidade e chantagem sexual –, manipula a religiosíssima Madame de Tourvel para que ela, excitada, se ofereça de livre e espontânea vontade. As vítimas de Drácula temiam o beijo nocivo do vampiro a princípio, mas depois ansiavam por ele. A protagonista de *História de O*, de Pauline Réage, aprende que para satisfazer o amante deve abrir mão voluntariamente de sua própria identidade. Nesses e em outros casos, o "praticante calejado" e sofisticado (é o termo que Johannes utiliza) transforma as jovens inocentes numa espécie de brinquedinho, fazendo despertar nelas desejos antes desconhecidos. Não é de admirar que um jornal de Copenhagen tenha publicado certa vez uma caricatura na qual o autor de *Ou/ou* aparece montado nos ombros de uma mulher bonita e bem-vestida. A legenda? "Kierkegaard treinando uma mulher."

Parte do poder hipnótico de *Diário de um sedutor* está em sua constante ênfase na transgressão. Johannes salienta, por exemplo, com certa frequência, sua predileção por mocinhas inocentes, de aparência "natural": simplesmente não há tanta volúpia no abraço de uma mulher experiente, sofisticada. Cordélia, o triste "estudo de caso" do diário, vê-se tomada por tamanha paixão – "um apetite sexual que me vê em todo canto" – que acaba rompendo o noivado e abandonando a perspectiva de um bom casamento.

Depois, em sua jogada mais diabólica, o ponto alto de sua campanha de enganos, Johannes passa a tratá-la com frieza e desinteresse, "guardando certa distância". A essa altura, Johannes sabe que a ainda virginal Cordélia vai se entregar aos desejos sexuais que ele próprio despertou para tê-lo de volta. Agora, ela é a tentação; ela é quem seduz. Por fim, abandonada em todos os sentidos, a triste Cordélia afunda na escravidão espiritual:

> Você se tornou tudo para mim. Eu daria toda a minha felicidade para ser sua escrava [...] Vou esperar, esperar até que você tenha se cansado de amar as outras mulheres; então seu amor por mim se erguerá de seu túmulo e vou amá-lo como sempre, agradecer-lhe como sempre, como antes, Johannes, como antes.

Não acontece nada explícito em *Diário de um sedutor* e, no entanto, se lido com cuidado, o livro é um tratado perturbador sobre a política do sexo, um guia de como o poder, a liberdade e a identidade interagem entre si. Ele é também, de certo modo, um aviso para todos os que vivem apenas em função do prazer. Johannes mergulha diversas vezes no turbilhão da vida social; realiza seus sonhos e desejos eróticos; saboreia lembranças agradáveis; volta-se constantemente para os prazeres efêmeros. Ele sabe que, se sucumbir ao tédio por um instante, estará a apenas um passo do "terror", a palavra que Kierkegaard utiliza para expressar a angústia espiritual que se abate sobre nós quando nos damos conta de que nossas vidas são vazias e sem sentido sem Deus. Mas e quanto à pobre Cordélia? Qual será seu destino? Seja como for que você leia *Diário de um sedutor*, essa narrativa insidiosa, esse devaneio filosófico vai lhe deixar desorientado e sensibilizado.

GEORGE MEREDITH (1828-1909)
Modern Love [Amor moderno]

George Meredith é mais conhecido por seus romances – *O egoísta*, *The Ordeal of Richard Feverel* [O suplício de Richard Feverel] – e como autor de um importante ensaio sobre a comédia. Mas ele também era poeta, exaltado principalmente pelo historiador George Macaulay Trevelyan, que divulgou e imortalizou boa parte de sua poesia. Muitos leitores já devem ter ouvido falar de seus poemas curtos, em particular "Lucifer by Starlight" ["Lúcifer à luz das estrelas"] com seu contundente último verso: "o exército de lei inalterável". Mas Meredith também escreveu uma série de poemas irregulares e angustiados que merece mais atenção: os cinquenta "sonetos" (têm 16 versos e não 14) reunidos em *Modern Love* (1862). Eles traçam o fim de um casamento, com detalhes agoniantes.

A história começa com o casal na cama – "E viu que ela chorava ao acordar". O marido ouve os soluços da esposa, enquanto ambos fitam a escuridão, deitados, sem dizer coisa alguma, "relembrando os tempos negros, já mortos". No dia seguinte, pela manhã, "cada um engoliu um segredo e vestiu uma máscara [...]". O homem ainda ama a esposa, mas esse amor não é recíproco e ele é agora "uma pilha tiritante de dor":

Ó Senhor Deus, que a fez tão deslumbrante,
Vede que ainda encontro-me atraído!
E quero lhe beijar – sou mau marido? –
A testa! Mas se ali vejo o tratante!
Ela é minha! Não! Sei bem como viso
Uma estrela de brilho anuviado:
Uma mulher-fantasma do passado.
Foi-se o tempo, e eu não ouvi o aviso!

Apesar de tudo, o marido tenta seguir em frente como se não houvesse nada de errado, embora não consiga ser verdadeiramente afetuoso, sempre "agitado, contendo o coração". Ela também ama, mas o amor "mudou de foco" – para o outro homem em sua vida. Mesmo assim, o casal dá prosseguimento àquela farsa pública.

Deveríamos culpar apenas a mulher desleal? "Mas estava claro que ela lutava." Ao longo do poema, Meredith utiliza vários pontos de vista, tanto o onisciente quanto as próprias vozes do marido e da esposa. "Donde veio a ruptura? Quem errou?" Às vezes, fica difícil saber qual dos dois está falando, o que demonstra o modo estranho como as emoções do casal se espelhavam: "Usou-me! Usou-me!" Com o tempo, o marido vai ficando com mais raiva e seu desejo físico também não lhe dá trégua – "Não tinha dentes fortes? Tinha fome!/ E ainda assim poupava a mulher [...]"

Chega um momento em que ele se queixa: "Devo eu, sem apoio, carregar/ eternamente o corpo do amor flácido?" Até as lembranças do passado foram maculadas pelo ciúme e pela dúvida e, além do mais, todo o mundo sabe que nada dura para sempre: "Transponho estações, não eternidades!/ diz rindo a Natureza, e segue em frente." Mas a formosura da esposa continua a mesma e o marido se lembra, excitado, de como era prazeroso fazer sexo com ela: "A maior felicidade do amor/ é quando um beijo sacode eternamente/ a vida em seus cabelos de cascata."

Certa noite, o marido discute com a mulher, companheira de sofrimento, que está deitada na cama, e lhe mostra as velhas cartas de amor que recebera dela, cartas repletas de declarações sinceras de desejo e paixão:

... Ela treme, no momento;
Treme como mulher – todo o instrumento –
Mostro-lhe outra carta, mais recente.
Tudo é igual, o nome é diferente.

"O nome é diferente." Seguem-se lágrimas e uma reconciliação temporária, e as aparências são mantidas ("nos jantares, ela é anfitriã, eu anfitrião"). Ninguém suspeita da agonia do casal. Mas a pressão está exaurindo o pobre marido, ele anseia pela "alegria fugaz de quem tem paz". Mas, em vez disso, encontra um chumaço de cabelo perfumado, esquecido na gaveta, e sofre pelo amor perdido. E, no entanto, a respeito da infidelidade e do próprio casamento, "ela não quer falar, eu não pergunto". Quando eles visitam uma casa de campo e lhes oferecem uma cama de casal no porão, o marido tem de dormir no chão.

Por fim, depois de lhe terem dito que "a distração é a cura para tudo", o marido encontra outra mulher – uma pessoa sensata que parece gostar dele: "Ela me aprova./ Não, não é tão bom quanto ser amado,/ E, no entanto, é o que prefiro [...]" A esposa, os lábios tremendo, chega a dizer que "ela está contente/ e eu, feliz".

Mas, por alguma razão, o casal continua com a "mentira casada". A amante, depois de conhecer a esposa, pergunta se ele realmente gosta dela. Talvez suas declarações de amor fossem falsas. Ele protesta: "Você sabe que não vou reatar/ os laços que aquela mulher partiu [...] ela matou algo que agora está morto." A amante se convence. Mais tarde, naquela mesma noite, o marido está passeando próximo a um riacho sombrio, "meio andando, meio sonhando", sentindo-se em harmonia com as estrelas, quando de repente avista um casal sob o luar: "Quem vem estragar este acorde celestial?/ Um é homem: a mulher tem meu nome,/ E juro!, estão de mãos dadas!" Mesmo feliz com a nova mulher, a visão da esposa com outro homem o destrói por completo: "Posso amar uma/ e ter ciúme da outra? [...] o medo de que meu velho amor esteja vivo/ pegou meu novíssimo amor pela garganta." De repente, sua mulher lhe parece mais atraente do que nunca: "Ora, o que jogamos fora no chão,/ quando outro pega, torna-se uma joia!"

E então ele a segue, pega-a pela mão e um dos dois – Meredith não deixa claro qual deles – diz "[...] você ama...? ama...? ama...?/ tudo de uma vez, inspirando o ar". No dia seguinte, o casal está andando junto, quase como nos bons e velhos tempos:

É manhã: mas manhã alguma traz
O que se perdeu. Não vejo pecado:
O erro se misturou. O deus divino
Quis que o peito mandasse no destino;
Algo lá dentro tem-nos enganado.

Mas a trégua frágil dura pouco. O marido colhe uma flor e a cheira, reavivando "o tempo em que, aos seus olhos, eu vivia". Quando a esposa lhe pede a flor, ele a deixa cair no chão e segue andando. Mas a mulher se detém e a esmaga com o calcanhar, ao que Meredith nos oferece sua conclusão amarga na voz de um dos dois: "Eis os bons dias, nossas caminhadas."

Por fim, o casal tem uma discussão séria e se separa. Juntos à beira-mar, eles param para ver a aglomeração de andorinhas no céu, relembrando o amor que tinham um pelo outro, agora perdido:

O amor, que nos roubara o eterno dote,
Por pena, oferecia-nos agora
Este momento: Vi singrar a aurora
Um cisne protegendo seu filhote.

Para mim, os dois últimos versos, ditos nesse momento com tamanha tristeza, são tão belos quanto qualquer coisa de Yeats.

Quando a aflição e o casamento chegam ao fim, Meredith resume a "penosa" história:

Amavam-se ao sol da primavera,
Qual puro orvalho em pétalas macias:
Mas não robusteciam com os dias:
Queriam o que já, triste, não era.
Enfiaram-se aquela faca tesa,
A dúvida profunda, imortal trauma.
Que resposta mais crua tem a alma
Que busca nesta vida uma certeza!

Apesar dos ocasionais arroubos retóricos e do excesso de pontos de exclamação, *Modern Love* é bastante comovente. Sabemos que o próprio casamento de Meredith – com a filha de Thomas Love Peacock – não deu certo, mas o poema é tão cheio de "insinuações trágicas" que transcende a esfera do particular. Ora, não é verdade que as pessoas em tal circunstância fazem o máximo para tomar as decisões corretas e seguir em frente? Como diz o autor, muitas vezes "o erro se mistura" – mesmo quando "o peito manda no destino". Ah! Indo-se a confiança, vai-se também "aquela alegria fugaz de quem tem paz". E o que nos resta é a era do "imortal trauma". É o suficiente para nos fazer chorar.

C. P. CAVAFY (1863-1933)
Coletânea de poemas

Em 1923, E. M. Forster disse que Constantine Cavafy era visto às vezes nas ruas de Alexandria, Egito, "em um ângulo diferente do resto do universo". Desde então, o eixo da literatura mudou e Cavafy agora é o pilar central da poesia do século XX. O título de um de seus poemas, "À espera dos bárbaros", tornou-se quase uma expressão proverbial, ao passo que "Deus abandona Marco Antônio" já é há muito tempo uma espécie de hino ao hedonismo estoico. Eis a versão em português da tradução para o inglês de Aliki e Willis Barnstone:

> Quando, de repente, à meia-noite,
> Ouvires passar a tropa invisível,
> Com sua música sublime, suas vozes –
> Não lamentes, fútil, tua falta de sorte, teu emprego
> Que vai mal, teus sonhos
> Que provaram ser meras ilusões.
> Como se estivesses preparado de longa data, corajoso,
> Dize-lhe adeus, à Alexandria que se vai.
> Acima de tudo, não te enganes, não digas
> Que era um sonho, que ouviste mal.
> Não te curves a tais esperanças vazias.
> Como se estivesses preparado de longa data, corajoso,
> Como convém a ti que és digno de tal cidade,
> Fica altivo na janela
> E ouve condoído, mas sem
> As súplicas e queixumes do covarde,
> Escuta as vozes – teu último prazer –
> Os belos instrumentos dessa tropa secreta,
> E dize-lhe adeus, à Alexandria que se perde.

O que torna Cavafy um poeta tão singular e memorável é o que W. H. Auden chamava de tom de voz. Para alguns, ele pode parecer um mero decadentista, um defensor de encontros homossexuais furtivos, um saudosista, um admirador da cultura helênica da costa asiática, mas para os que o compreendem sua voz é astuta, receptiva, gentil, cheia da sabedoria de um epicurista aposentado. Em "Ítaca", por exemplo, o leitor é encorajado a aproveitar a jornada da vida ao máximo tal como Odisseu, a "desejar que o caminho seja longo" e que a chegada dê-se apenas após ter acumulado muito conhecimento, experiência e fortuna.

Cavafy é um autor elegíaco por natureza, capaz de evocar com igual sentimento um toque de mão e a queda de um império; de celebrar tanto as figuras populares, mundanas da antiga Antioquia quanto os membros perfeitos e sujos do jovem ferreiro da esquina. Para esse grego que vivia no Egito entre árabes e colonos ingleses, o mundo é como um palimpsesto: quando vê Alexandria, Cavafy vislumbra, sob a insipidez da desolação urbana moderna, o parque de diversões dos jovens deuses. Essa cidade imaginária de sibaritas nos ensina a desfrutar os prazeres sensuais, a viver sem autopiedade, sem nos iludirmos, a encarar tudo o que acontece com ironia e percepção estética, a admirar a beleza fugaz da juventude e a beleza eterna da arte. Não é de admirar que Lawrence Durrel (em *Justine*) tenha chamado Alexandria de "a grande lagariça do amor".

Há muitas traduções dos poemas de Cavafy, as mais conhecidas são as de Rae Dalven, Theoharis C. Theoharis, Edmund Keeley e Philip Sherrard e Aliki Barnstone. Embora a versão de Keeley/Sherrard seja considerada a padrão, todas têm seus méritos, de modo que vale a pena comprá-las: é quase sempre gratificante ler várias traduções quando não conhecemos o idioma original em que o poema foi escrito. Além do mais, o cânone de Cavafy ainda não está bem definido e as várias coletâneas em inglês apresentam muitas vezes conteúdos diferentes: o poeta nunca chegou a publicar sua obra e também não gostava da rigidez dos livros de capa dura. Embora Cavafy tenha lançado alguns livretos (o primeiro em 1904, numa edição com apenas cem exemplares), ele preferia reunir seus poemas em pastas para dar de presente aos amigos e aos admiradores.

Os poemas de sua fase mais madura nem parecem poesia. (A romancista Marguerite Yourcenar comparou-os certa vez a *aide-mémoires*, ou "notas de leitura".) Cavafy prefere os substantivos aos adjetivos, quase não usa rimas, oferece muitos detalhes históricos e geográficos e costuma fazer do poema uma espécie de monólogo teatral. Até seus títulos são estranhamente prosaicos, embora possuam uma espécie de grandiosidade desgastada: "Um nobre bizantino compondo versos no exílio" ou "Melancolia de Jasão, filho de Cleandro, poeta em Comagena, 595 d.C.". Com efeito, Cavafy é mais contundente, como diz o poeta grego George Seferis, quando enxergamos sua obra como "um único poema" e "o lemos com a sensação de estarmos na presença de sua obra como um todo. Essa unidade é o seu charme". Tudo o que ele escreve – até os poemas históricos – soa como fragmentos de uma confissão maior, triste, espirituosa, refinada, *sexy*:

> Quando adentrei a casa do prazer,
> Não fiquei nos primeiros quartos onde celebravam
> O sexo convencional...
> Fui aos cômodos secretos
> E deitei em suas camas e as toquei...

As lembranças, os devaneios e também a recriação de um passado voluptuoso são os elementos centrais da narrativa de Cavafy (assim como em Proust). Apenas a arte preserva, e até melhora, os momentos de paixão e os encontros fugazes dos corpos jovens que se perdem no tempo. Poemas assim ardem com um imediatismo intenso. "O artesão das palavras", dizia Cavafy, "tem a obrigação de combinar o que é belo com o que é vivo."

Apesar de seu aparente paganismo, Cavafy era um cristão ortodoxo. Dizem que era tímido, um tanto vaidoso e que gostava de beber. Quando era garoto, passou seis anos na Inglaterra com a família então rica (perderam boa parte do dinheiro após a morte do pai) e aprendeu francês e inglês de modo que garantiu um emprego como copista e tradutor no Departamento de Irrigação de Alexandria. Até os 36 anos, o poeta viveu com a mãe, tendo de sair escondido para seus encontros; depois foi morar com o irmão em um apartamento na Rue Lepsius: "Que outro lugar seria melhor? Embaixo, o bordel fornece alimento para a carne. E temos a igreja, que perdoa os pecados. E o hospital, onde morremos." Nos últimos dias de sua luta contra o câncer de garganta, o poeta lia apenas romances de detetive, de preferência os de Georges Simenon.

Nos anos que seguiram sua morte em 1933, Constantine Cavafy foi considerado o maior poeta grego do século. Para a crítica norte-americana, sua reputação faz frente à de Rilke e Neruda. Com efeito, sua voz continua sendo uma das mais sedutoras da literatura moderna.

GEORGETTE HEYER (1902-1974)
A grande Sofia; Venetia; Friday's Child [A criança da sexta-feira]; *Cotillion* [Cotilhão]; *A Civil Contract* [Um contrato civil]

As ilustrações nas capas dos livros de Georgette Heyer, seja das edições originais em capa dura, seja das demais em brochura, costumam retratar moças jovens e elegantes em longos vestidos, quase sempre empunhando um para-sol ou um aquecedor de mãos feito de pele, com a grandiosa arquitetura georgiana ao fundo. Vez ou outra há um rapagão bonito com um ar de Byron folgando pelos cantos. Não há dúvida quanto ao conteúdo desses livros – são histórias de amor para mulheres. Com efeito, o nome Georgette Heyer é quase um sinônimo do gênero literário que chamamos de "novela regencial".

É verdade que muitos de seus livros são ambientados durante esse período, no começo do século XIX. Contudo, o que realmente importa é que Georgette Heyer consegue ser tão irônica quanto qualquer autor daquele século, tão bem-sucedida quanto P. G. Wodehouse em suas tramas complexas e tão precisa quanto uma historiadora profissional na hora de compor os detalhes do cenário. Seus personagens vestem as roupas certas, usam as gírias apropriadas, visitam os cafés da moda e se movimentam com naturalidade pela sociedade daquele tempo. Em suma, Heyer escreve romances históricos magníficos, mesclando comédia, intriga, personagens deliciosos e, sim, romance. Com efeito, o autor contemporâneo que mais se assemelha a Heyer é Patrick O'Brian, o muito aclamado autor das aventuras marítimas de Jack Aubrey/Stephen Maturin. Ambos buscam inspiração no modelo de Jane Austen.

Um livro como *A grande Sofia*, por exemplo, um dos romances históricos mais admirados de Heyer, segue claramente os personagens de gênio forte e as réplicas espirituosas de *Orgulho e preconceito*. A família Rivenhall viu-se coberta de aflições e tristezas: o pai irresponsável perdeu grande parte da fortuna da família no jogo; a filha, Cecília, rejeitou um ótimo pretendente e se apaixonou por um poeta sonhador; e o filho mais jovem, Hubert, contraiu enormes dívidas em Oxford. E, o que é pior, Charles, o primogênito, herdou inesperadamente a fortuna do tio rico e tomou para si a tarefa de administrar as finanças da casa. Tornou-se um grande estraga-prazeres, rígido e moralista, e até ficou noivo de Eugenia Wraxton, dama sempre muito correta que fora abençoada com uma "natureza frígida por nascença", tendo sido "educada com base em princípios bastante rígidos". Juntos, Charles e Eugenia obscurecem toda a família.

Mas, então, numa tarde, um coche estaciona na entrada da frente:

A chegada da senhorita Stanton-Lacy foi um evento deveras impressionante. Quatro cavalos esbaforidos puxavam o carro, duas pessoas o acompanhavam a pé e um criado de meia-idade seguia atrás num cavalo esplêndido. Baixaram os degraus do coche, abriram a porta e um lebrel italiano saiu de lá, seguido de uma mulher magricela que trazia uma bolsa, três para-sóis e uma gaiola de pássaro. Por fim, a própria senhorita Stanton-Lacy desceu, agradecendo a um dos rapazes pela ajuda e pedindo que segurasse o pobrezinho do Jacko. O pobrezinho, o coitadinho do Jacko era, na verdade, como se viu depois, um macaco vestindo uma jaqueta vermelha [...]

E assim chega, como uma *dea ex machina*, Sofia Stanton-Lacy, de 20 anos, prima dos jovens Rivenhall, filha do aperaltado diplomata europeu Sir Horace Stanton-Lacy e por si só uma força irresistível da natureza. Sir Horace foi ao Brasil às pressas em alguma missão urgente e deixou sua garotinha aos cuidados dos Rivenhall, na esperança de lhe arranjar um bom pretendente. Mas Sofia – alta demais e muitíssimo menos formosa do que a bela Cecília – foi criada com bastante frouxidão. Ela monta o magnífico garanhão Salamanca como um cavaleiro hussardo, conduz um faetonte tão bem quanto qualquer homem, anda armada com uma pistola de cabo de prata e é a queridinha – a Grande Sofia – do exército e dos diplomatas. Não que a senhorita Stanton-Lacy seja afobada ou vulgar. Ela sabe se portar perfeitamente bem nos bailes e nos jantares, mas a garota é destemida, independente e traiçoeira. Como diz Sir Vincent Talgarth, quando ele e os outros oficiais veem Sofia cavalgando no parque: "Prezada Sofia, tenho certeza de que não vais a Londres há muitos dias. Não chegou aos meus ouvidos rumor algum de atividade vulcânica e sabes bem como as notícias me chegam rápido!"

Quando Sir Vincent descobre que Sofia está hospedada na casa dos Rivenhall, ele acrescenta: "Meus pêsames para a família. Eles marcham vendados rumo à perdição, Sofia, ou aceitaram de bom grado uma agitadora em seu meio?" Pois, além de suas outras virtudes, a genial Sofia também gosta de fazer intriga e decide que quer salvar os primos infelizes de si mesmos, gostem ou não. Um dos Rivenhall, pelo menos, parece não gostar da ideia: "Quero dizer-te, cara prima", diz Charles Rivenhall, irritado e muito perturbado, "que seria mais feliz se te mantivesses afastada dos assuntos da família!"

"Ora, alegro-me de ouvir tal coisa", responde Sofia, "pois, desse modo, se um dia quiser te fazer feliz, saberei exatamente como proceder. Ouso dizer que tal dia jamais chegará, mas gosto de estar preparada para tudo, por mais improvável que seja."

A essa altura fica claro que os primos foram feitos um para o outro, como Elizabeth Bennet e o senhor Darcy ou Beatrice e Benedick, ambos casais briguentos famosos. Ainda assim, a Grande Sofia precisará de toda a sua habilidade para juntar cerca de seis pares diferentes. Ainda resta dúvida de que ela vai conseguir?

> Diante de seu olhar surpreso e horrorizado, pesadas lágrimas se formaram sob as pálpebras da moça, caindo-lhe pelas bochechas. Sofia não fungou, não engoliu sofregamente, não soluçou; simplesmente permitiu que as lágrimas se juntassem e escorressem.
>
> "Sofia!", chamou o senhor Rivenhall, visivelmente abalado [...] "Por favor, não! Não quis... Não foi minha intenção... Sabes como sou! Acabo dizendo mais do que queria, quando... Sofia, pelo amor de Deus, não chores!"
>
> "Ah! Não tentes me impedir!", implorou Sophy. "Sir Horace diz que é minha *única* habilidade!"
>
> O senhor Rivenhall olhou para ela, zangado. "*Como?*"
>
> "Poucas pessoas conseguem fazê-lo", afirmou. "Descobri isto por acidente quando tinha apenas 7 anos. Sir Horace disse que deveria cultivar a habilidade, pois talvez ela me fosse útil."

Nem todos os romances de Heyer – há bem uns quarenta livros, o primeiro é de 1921 – são assim tão bobinhos. No admirado *Venetia* (1958), por exemplo, uma jovem mulher resignada à vida de solteira encontra um notório devasso e ambos vão aos poucos caminhando rumo a uma espécie de redenção dupla. Muitos fãs consideram *A Civil Contract* (1961) sua maior conquista – nele, Jenny, moça simples e rica, aceita se casar com o amor de sua vida (que precisa de dinheiro), embora ele ainda esteja apaixonado pela bela Julia. Mas o casamento, Jenny percebe, não é uma questão de paixão e sim de conforto e amizade. Esse realismo pé no chão está presente em toda a obra de Heyer, mesmo quando os eventos que o antecedem são frívolos.

A autora, que não era romântica, acreditava no autocontrole, na ordem e na disciplina. Abordava os textos com profissionalismo, trabalhava duro em seus romances históricos (e nos ótimos contos policiais), odiava os coletores de impostos e vivia discretamente como esposa de um advogado bem-sucedido. Seus livros astutos e espirituosos deveriam ser mais apreciados – tanto pelos homens quanto pelas mulheres.

ANA AKMÁTOVA (1889-1966)
Coletânea de poemas

Virginia Woolf disse que o mundo havia mudado por volta de 1910. Na Rússia, a bela Ana Akmátova, alta, elegante e talvez um tanto autoritária, foi a líder dessa mudança, a melhor poetisa romântica de sua geração. Podia ser surpreendentemente direta e sensual, ousada até: "Não me ama, não quer me ver?/ Ah, você é tão lindo, maldição." "Vesti minha saia mais apertada/ para ficar ainda mais esbelta." "Mas erguendo a mão áspera/ Ele acariciou de leve as flores:/ 'Conta, como lhe beijam os homens, como você beija.'" "Com a mão quase sem tremer/ ele tocou meu joelho novamente."

Alexander Blok (1880-1921), o poeta mais importante da geração anterior, disse, referindo-se a seus primeiros poemas, que Akmátova "fazia versos como se estivesse em pé de frente para um homem". E não apenas em pé. Por vezes, seus poemas sugerem uma tendência para o masoquismo. Em quesito de liberdade sexual, a comunidade artística do lendário cabaré Vira-Lata em São Petersburgo igualava-se até mesmo ao Bloomsbury, seu contemporâneo.

"Somos todas bêbadas, prostitutas", proclamou Akmátova certa vez. Mais tarde ela também diria que "a instituição do divórcio foi a melhor coisa que a humanidade já inventou". Casamentos abertos, casais homossexuais, bissexuais, orgias, *ménages à trois* – Akmátova e seus amigos experimentaram de tudo. "Perdão", escreveu cruelmente a um amante, "por confundi-lo/ tantas vezes com outros." Em "Noite" (1912), "Rosário" (1914) e "O rebanho branco" (1917), a poetisa transformou seus relacionamentos sérios e suas paixões efêmeras em poemas de eterna beleza. Ela chamava a si mesma de "a garota mais safada da cidade de Pushkin".

A jovem Ana (*née* Gorenko), rica e um tanto masculinizada, tornou-se uma mocinha liberal (perdeu a virgindade aos 16 anos) e uma mulher mais liberal ainda. Em 1910, casou-se com o poeta Nikolai Gumilióv (1886-1921), mantendo seu pseudônimo de Ana Akmátova. O casamento não era muito feliz e ambos arranjaram amantes. Até mesmo em sua lua de mel em Paris, a jovem noiva se amigou de um pintor desconhecido chamado Modigliani. Akmátova passeava com ele pelo jardim do Luxemburgo, comprava-lhe rosas e posava nua para ele.

Enquanto Gumilióv explorava a Abissínia numa viagem de seis meses, sua esposa trabalhava duro em seus poemas. Quando mostrou o caderno para o marido, Gumilióv ficou tão impressionado que tratou logo de publicá-los. Em pouco tempo, o casal, junto com o amigo Osip Mandelstam (1891-1938), estava fazendo um novo tipo de poesia clara, forte e simples a que chamaram de acmeísmo. Mais tarde, em 1912, Ana deu à luz o filho Lev; deixou-o aos cuidados da avó; apaixonou-se por um pintor; divorciou-se amigavelmente; casou-se com um estudioso da Mesopotâmia (que escreveu a introdução de *Gilgamesh*, traduzida por seu ex-marido); teve vários casos e passou a viver com um compositor *e* uma atriz. Enquanto a Primeira Guerra Mundial, a Revolução de Outubro e a Guerra Civil Russa iam aos poucos destruindo as bases da sociedade e da civilidade, ela só fazia escrever, escrever e escrever. Em 1921, Gumilióv foi morto, acusado de traição. No final da década de 1920, a economia estava desmoronando e milhões de pessoas passavam fome.

Nos quarenta anos seguintes, quando Stalin a proibiu de publicar sua obra, Akmátova ganhou dinheiro traduzindo mecanicamente qualquer coisa que lhe aparecia pela frente, desde as cartas de Ruben até poesia coreana. Mas ela continuava escrevendo. Sua longuíssima elegia à década de 1930, *Réquiem* (só publicada depois de 1988), foi memorizada pelos amigos para que não se perdesse. O poema culmina nos seguintes versos: "Foi quando aqueles que sorriam/ eram os mortos, gratos pelo repouso."

Para muitos, *Réquiem* representa a Akmátova que conhecemos melhor – a voz da Rússia sofrida, a poeta difamada que esperou naquela enorme fila, "num frio terrível, [...] diante daquele muro vermelho, cego" para ter notícia do filho preso; que queimou seus manuscritos para não incriminar os amigos e a família; e que estava presente quando a polícia secreta veio buscar Mandelstam. Por sorte e também graças à ajuda de outras pessoas, Akmátova conseguiu sobreviver à fome, às crises de tuberculose, às doenças do coração e à perda de quase tudo que lhe importava na vida: "Tanto para fazer hoje:/ matar a lembrança, matar a dor,/ transformar o coração em pedra/ e se preparar para viver de novo."

No final da década de 1930, Akmátova fez as pazes com a crítica, descobriu que Mandelstam tinha morrido (um correspondente escreveu, cauteloso, "Nossa amiga Nádia ficou viúva") e ficou em Leningrado quando os alemães invadiram a Rússia. Por alguma razão misteriosa, ela estava entre o grupo de pessoas que o governo enviou para Tashkent, onde a poetisa passou o restante da guerra. Naquela cidade da Ásia central, ela se embebedou, escreveu sobre os que sofreram com as prisões e o ostracismo, compôs uma peça (que depois destruiu, com medo) e, por fim, começou a escrever *Poema sem herói*, uma visão onírica e fantasmagórica do ano de 1913 e de um mundo que tinha desaparecido para sempre e que agora vivia somente na lembrança das pessoas: "Fogueiras aqueciam os feriados cristãos/ e as carruagens caíam das pontes [...]"

Na metade da década de 1940, o filósofo russo Isaiah Berlin, "o hóspede do futuro", conseguiu se comunicar com ela e ambos passaram uma noite falando de arte, poesia e amigos que haviam sido exilados. Infelizmente, Stalin pôs na cabeça que a poetisa "meio freira, meio prostituta" estava mancomunada com espiões ingleses e, nos anos seguintes, ela foi novamente posta na lista negra. Foi só no final da década de 1950, quando Kruchov começou a combater os excessos da era Stalin, que a poesia de Akmátova foi redescoberta e aclamada publicamente.

Como Rilke, Akmátova atraiu muitos tradutores e por isso temos várias e boas coletâneas de sua obra. Mas essas coletâneas apenas complementam os *Poemas completos de Ana Akmátova*, de Judith Hemschemeyer – um livro bonito, com relatos importantes (de Anatoly Naiman e Isaiah Berlin), cheio de fotos e ilustrações. A poetisa e estudiosa da cultura russa Elaine Feinstein escreveu a biografia mais recente dessa artista, dessa mulher fascinante.

No fim, Ana Akmátova acabou recebendo uma pensão do governo e até uma *datcha* no campo, onde passou os dias ociosamente na companhia dos muitos visitantes que queriam ver a lenda viva. Um verso do final dessa época diz: "Reze para não acordar/ famoso de repente."

DAPHNE DU MAURIER (1907-1989)
Rebecca

"Ontem à noite sonhei que ia para Manderley outra vez." Com essas palavras inesquecíveis, o leitor é transportado a um poderoso universo de... quê? *Rebecca*, de Daphne du Maurier, é uma obra de arte muito mais complexa do que se costuma pensar, figurando entre as seis melhores histórias de amor do século passado e constituindo uma sutil ruptura com os moldes do romance. É a um só tempo uma análise devastadora da política do sexo no casamento, um estudo perturbador do ciúme e da obsessão psicótica e um clássico do suspense.

Em termos de estrutura, o livro é um ótimo exemplo de controle narrativo e de apropriação do ponto de vista, digno de Henry James. A história nos chega filtrada pela mente de uma narradora anônima em primeira pessoa, uma jovem inocente que se apaixona pelo melancólico e aristocrático Maxim de Winter, pelo menos vinte anos mais velho. Para os outros, o senhor de Manderley faz lembrar Byron, desconsolado pelo afogamento de sua amada esposa Rebecca. Mesmo assim, De Winter pede a mão da apaixonada narradora em casamento, de maneira até um tanto abrupta, embora ela não seja seu tipo – jovem demais, inocente demais e muito diferente de sua antecessora, mais enérgica e atraente.

Quando os recém-casados retornam a Manderley, uma mansão em uma propriedade magnífica no litoral da Cornuália, a narrativa fica mais sombria. A nova senhora De Winter sente-se oprimida pelas tradições e pela criadagem de Manderley, em especial a governanta castradora, a senhora Danvers. Cada vez mais, ela tem a impressão de que todos a desmerecem comparando-a com Rebecca, cujo fantasma parece assombrar os salões, os caminhos do jardim e, sobretudo, a pequena cabana perto da enseada. Será que Maxim a ama de verdade? Ele fica deprimido, introspectivo, como se estivesse pensando constantemente no antigo amor.

Mas nada é como pensamos.

À primeira vista, *Rebecca* utiliza (e de certa forma moderniza) muitos elementos de *Jane Eyre*, de *O morro dos ventos uivantes* e dos chamados romances água com açúcar – o casarão gótico, o herói belo e sombrio com um segredo triste, o cenário selvagem, a heroína que se sente deslocada, a atmosfera fatalista, a felicidade que depende da resolução de um enigma. É uma boa fórmula, empregada ainda hoje nos tradicionais romances populares da Harlequin. Mas a narradora de *Rebecca* não é a mesma mulher ativa e intrépida que acharíamos nos espirituosos romances regenciais de Georgette Heyer; ela é delicada e sensível, sendo humilhada diversas vezes pelo marido autoritário e violento, que a trata como criança, como um cachorrinho de estimação, durante boa parte do livro. Mas a narradora aceita tudo por "amor" e até vira o rosto para um terrível crime. *Rebecca* é sobre amor, mas também fala das armadilhas da paixão, da dor do ciúme e do equilíbrio de poder nas relações de marido e mulher.

Com efeito, o livro gira em torno de sonhos, fantasias e desilusões. O casamento seria um conto de fadas ou um pesadelo? Demora bastante até cair a ficha da segunda senhora De Winter.

No fim do romance, tudo volta ao normal. Será? Mesmo após o desfecho, o casal se entrega às lembranças. Estão vivos em razão do passado, e não do presente. Talvez Rebecca tenha realmente vencido. Afinal de contas, seu nome está na capa do livro.

Aliás, de nosso ponto de vista moderno, a primeira senhora De Winter é muito mais admirável e interessante do que sua tímida sucessora. A contagiante Rebecca estabelece uma espécie de contrato matrimonial com o marido e exige que a deixem viver sua vida. (Os fãs de *Way of the World* [A ordem do mundo], de Congreve, vão se lembrar de uma cena famosa em que Millamant insiste num acordo semelhante antes de se casar.) Rebecca é durona e confiante, vai atrás do que quer com determinação, arranja um "quarto só para ela" e o decora ao seu gosto e também aceita as notícias tristes com uma frieza estoica. A senhora Danvers diz que Rebecca é um homem por dentro, ou seja, uma mulher que não se prende às restrições e às formalidades ditadas pela sociedade de seu tempo.

Comparada a ela, a narradora anônima não tem força alguma, não possui uma identidade própria — no começo, ela é a companheira da senhorita Van Hopper e depois a esposa de Maxim. Mas o que significa ser assim tão submissa? Em determinado momento, o telefone da mansão toca e alguém pede para falar com a senhora De Winter. A narradora lhe explica que Rebecca havia morrido, mas, na verdade, *ela* era a nova senhora De Winter. Mas qual das duas está realmente viva?

Em seus muitos romances e contos, Daphne du Maurier costumava explorar os aspectos mais inquietantes do casamento e da sexualidade – dominação psicológica, arrependimento, ciúme e até mesmo incesto e lesbianismo. Agora sabemos que ela gostava tanto de meninos quanto de meninas e que possuía características de Rebecca e da narradora. Sua perspectiva era sempre pessimista. Não é de admirar que tenha criado a fábula mais sombria de nosso tempo, o famoso relato do que acontece quando a natureza se volta contra o ser humano: *Os pássaros*.

Palavras dos sábios

Em outros tempos chamaríamos os escritores desta seção de "moralistas". Eles se voltam para o que os estudantes de filosofia chamam de as Grandes Questões: como o ser humano deveria se portar no mundo? Como lidar com a dor e o sofrimento? Ao longo dos séculos, os pensadores nos ofereceram diversas respostas. Este mundo é um lugar de teste, a anteporta do céu, e suportamos suas tribulações na esperança de sermos recompensados após a morte. Não existe nada além deste mundo, e somente a impassibilidade estoica pode nos ajudar a sobreviver às eternas desilusões e aos obstáculos da vida. O mundo e Deus são a mesma coisa e temos de aceitar o que nos é dado, entregando-nos à ordem natural das coisas. Ser feliz é ser bom. Ser feliz é manter-se ocupado. Ser feliz é parar de pensar em ser feliz.

Como acontece quando se fala de ética e fé, não há respostas definitivas, pelo menos não que satisfaçam a todos nós. Mas às vezes somos obrigados a indagar a respeito do sentido e do rumo de nossas vidas e esses escritores nos oferecem percepções, sugestões e algum consolo. É por isso que damos o nome de "literatura de autoajuda" aos guias que nos levam à febril intersecção entre a filosofia, a religião e a vida prática.

LAO-TSÉ (*c.* 570 a.C.)
Tao te ching

À exceção da Bíblia e do *Bagavadguitá* indiano, o *Tao te ching* é o livro mais traduzido em todo o mundo. Dizem que há mais de mil ensaios sobre os seus ensinamentos e pelo menos cem traduções para o inglês. *Tao* (pronunciado "dao") significa caminho, senda, estrada ou direção; *Te* ("de") quer dizer força individual, virtude, integridade e espírito; e *Ching* ("jín") é clássico, em chinês. O título costuma ser traduzido, portanto, como "O livro do caminho e seu poder" ou "O caminho da vida" ou "O livro clássico da integridade e do caminho". Trata-se de um texto pequeno, com cerca de cinco mil caracteres em verso e prosa, mas cada frase, cada página é surpreendentemente sugestiva como os fragmentos dos filósofos pré-socráticos. Lin Yutang, um famoso intérprete da cultura asiática para o Ocidente, dizia que "se há um livro na literatura oriental que deve ser lido, em minha opinião, esse livro é o *Tao*, de Lao-Tsé [...] É uma das obras mais densas da filosofia mundial [...] profundo e límpido, místico e prático".

Poucos negariam a importância e a profundidade de Lao-Tsé, ainda mais porque o taoismo continua presente na vida dos chineses e é parte crucial do que chamamos de budismo zen. Mas o *Tao te ching* é um texto poético ao mesmo tempo provocante, exortativo e talvez pouco prático, embora tenha sido considerado um guia de boa conduta (defendendo a liberdade civil e um retorno geral à simplicidade). Para os estudiosos modernos, o livro é uma coletânea de provérbios oriundos de uma longa tradição oral talvez editada pelo semilegendário Velho Mestre (que é o significado do nome "Lao-Tsé"). Os leitores comuns, no entanto, o consideram uma espécie de breviário ou livro de preces onde buscam conselhos, intuições e um refúgio da multidão enlouquecida: "O homem de integridade superior/

não tenta ser íntegro;/ e por isso acaba tendo integridade" (trad., Victor Mair); "Saber tudo, mas acreditar que não se sabe coisa alguma é a verdadeira sabedoria (superior a todas as outras). Não saber coisa alguma, mas acreditar que se sabe tudo é o mal dos seres humanos" (trad., Derek Bryce e Leon Wieger). "Os mais eloquentes parecem ter a língua presa" (trad., D. C. Lau).

No mais, as páginas de Lao-Tsé são uma alternativa reconfortante ao excessivo entusiasmo e ao espírito empreendedor dos ocidentais: em lugar da autopromoção, da ostentação, da agressividade e do racionalismo, o livro nos aconselha a praticar a modéstia, o repouso e a espontaneidade, a confiar no ritmo natural da vida, a viver em harmonia com nosso "eu" interior e com o universo, a nos deixar levar: "Somente aquele que não busca a vida/ tem uma vida digna" (trad., Sam Hamill). O *Tao te ching* nos convida a negar o racionalismo e a aceitar o que Laurence Binyon chamou belamente de "a autoridade do coração".

O livro nos pede principalmente que exerçamos a não ação (*wu-wei*), ou seja, que não interfiramos no curso próprio das coisas. O *Tao* é uma obra mística que defende a concordância e a receptividade espiritual, e seus maiores símbolos são surpreendentemente "femininos": a água, a delicadeza, os vales, a criança, a pedra não lapidada. Ele nos aconselha a relaxar o corpo de tempos em tempos; a nos libertarmos do pensamento categórico; a acalmar a mente e a alma. O *Tao* nos pede, sobretudo, que reconheçamos o valor do vazio e do nada: a panela é útil apenas porque é oca; "juntamos trinta aros e os chamamos de roda;/ Mas é no espaço vazio que reside a utilidade da roda" (trad., Arthur Waley). Muito do espírito taoista pode ser visto na filosofia por trás da ioga.

O taoismo em estado puro não exige cerimônias, tampouco enxerga o mundo como um lugar de dor e sofrimento, uma roda de tortura insuportável. Nosso objetivo na vida é completar nosso ser (o *te*); aproveitar a vida da maneira mais imediata e autêntica possível, o tempo que for possível; satisfazer nossos desejos sem nos apegarmos a eles e, diante da morte, aceitar o fato de que chegou a hora de nos unirmos ainda mais ao *Tao*. Aqueles que seguem o caminho, no fim, tornam-se o caminho.

E, no entanto, muitas vezes, quando envelhecemos, ficamos mais duros, intransigentes e inflexíveis, esquecendo que deveríamos ter a mente mais aberta para a experiência, tal como as crianças. O *Tao te ching* nos aconselha a sermos receptivos, gentis, pacientes e tolerantes. Somente abandonando a busca por riqueza e glória, rejeitando a ambição e a competição, podemos ter uma vida digna. Não é à toa que Thoreau admirava Lao-Tsé.

Como há muitas traduções, os leitores deveriam experimentar várias delas para ter uma visão mais ampla da riqueza do original. As edições mais recentes seguem o texto dos manuscritos de Mawangdui, que só foram descobertos em 1973 e que oferecem a versão integral mais antiga do livro e também um arranjo diferente dos 81 "capítulos". Mas o *Tao te ching* não é um livro que se lê pela trama e, sim, pela serenidade e pelas intuições que ele oferece. Afinal, existe outra obra-prima asiática que seja tão querida pelo ocidental desiludido e infeliz? O texto nos diz que, no fundo, somos todos essencialmente bons e que poderemos ser felizes se seguirmos nossa verdadeira natureza, o caminho introspectivo que também coincide com o Caminho Maior.

HERÁCLITO (fl. *c.* 500 a.C.)
Fragmentos filosóficos

Entre os filósofos pré-socráticos, talvez o mais atraente para o leitor comum seja Heráclito. Isso porque suas ideias nos chegaram em fragmentos curtos, contundentes e muitíssimo instigantes, que mais parecem aforismos ou paradoxos zen. Na Antiguidade, Heráclito já possuía o epíteto de "obscuro" ou "sombrio". E, no entanto, muitas de suas expressões mais famosas caíram na boca do povo: "Caráter é destino." "Um homem não pode entrar no mesmo rio duas vezes." "Os que estão acordados têm apenas um único mundo, mas os que dormem têm, cada um, um mundo próprio."

De suma importância para a filosofia de Heráclito é a ideia de que a vida e o cosmo estão sempre em movimento e que por trás dessa constante mudança e decadência há uma unidade essencial. O dia dá lugar à noite e a noite dá lugar ao dia; "o caminho que leva para cima e o que leva para baixo são os mesmos"; "o começo é o fim". O aparente conflito entre os opostos esconde uma harmonia essencial. Sem trabalho, não poderíamos ter descanso; sem fome, não teríamos satisfação. A inércia leva à fadiga, e o verdadeiro repouso só ocorre com a mudança.

A sabedoria para Heráclito está na capacidade de perceber a unidade interna, o princípio que rege o cosmo e que está por trás de todas as coisas. Para representar essa unidade, ele costuma recorrer à imagem do fogo – pois a chama continua a mesma embora esteja sempre em movimento. Dizem que o começo do Evangelho de João, "No começo era o verbo" [em grego, *logos*], pode ter tido alguma influência heraclitiana. Entre os autores que o homenagearam direta ou indiretamente, temos os poetas Gerard Manley Hopkins ("That Nature is a Heraclitean Fire and the Comfort of the Resurrection" ["A natureza é o fogo heraclitiano e o conforto da ressurreição"]) e T. S. Eliot.

O estilo sucinto e elegante de Heráclito levou o acadêmico Albrecht Dihle a chamá-lo de "o primeiro grande prosador da língua grega". Para os leitores de hoje, o fato de termos apenas fragmentos de sua obra, diferentemente de Platão, dá ao texto uma tensão interessante, certa vivacidade; as afirmações oraculares saltam das páginas como verdadeiras mordidas filosóficas. Como disse James Hillman, para Heráclito "o mundo desvela-se em olhadelas ligeiras. Nada se completa [...] Antes que possa ser conhecido ou explicado, o evento muda. Por isso 'o caminho conhecido é um impasse'".

Reza a lenda que Heráclito era herdeiro do trono de Éfeso, mas que abdicara de tudo para se tornar filósofo. É incrível que ele tenha sido praticamente contemporâneo de Gautama Buda, Lao-Tsé e Confúcio – e até angustiante. Zoroastro, na Pérsia, e o autor hebreu do Eclesiastes viveram também nesse mesmo século. O que aconteceu por volta de 500 a.C. para fomentar de tal maneira o pensamento filosófico e religioso?

CÍCERO (106-43 a.C.)
Dos deveres; Discussões em Túsculo; O sonho de Cipião;
as cartas a Ático

Até o século XIX, Cícero foi provavelmente a personalidade cultural e filosófica mais influente da antiguidade romana. Seus admiradores vão desde São Jerônimo, que no começo preferiu Cícero ao cristianismo, até Erasmo, que batizou o escritor pagão de S. Cícero. Petrarca o elegeu como modelo para os humanistas da Renascença, da mesma forma que importantes pensadores do século XVIII, como Voltaire, Kant, Schiller, John Adams e David Hume, viam-no como um moralista e um exemplo de vida. Durante a Renascença e o século XVII, seus discursos foram utilizados nos livros didáticos como exemplo de boa prosa não apenas para os que compunham em latim como também para os que escreviam nas línguas vernaculares europeias, como Thomas Browne e Bossuet. As frases bem equilibradas e elegantes de Edward Gibbon também são fruto do estudo da oratória romana antiga.

Hoje em dia, no entanto, Cícero é visto como um escritor de segunda categoria. Como filósofo, roubou muitas ideias dos gregos; como político, parece mais um orador (ou talvez devêssemos dizer um político de verdade) do que um exemplo de virtude, nobreza e austeridade. Seus famosos discursos, hoje, soam excessivos e até pomposos.

Mesmo assim, muitos textos ainda merecem a atenção do leitor, a começar pelo livro que ele nunca quis que fizesse parte de seu cânone publicado. D. R. Shackleton Bailey, seu biógrafo e tradutor, disse que "nenhum outro grego ou romano se eternizou como Cícero" e que isso se devia à sua correspondência. As mais de novecentas cartas ao amigo de longa data Ático e ao irmão Quintus Cícero, entre outros, nos mostram o cotidiano de um nobre romano e um político esperto de muita cultura que sabia se divertir. Foi ele quem disse que a maior felicidade seria ter uma biblioteca num jardim.

Seus escritos filosóficos, concisos e elegantes, ainda são de algum interesse. *O sonho de Cipião* – por vezes considerado uma obra de ficção científica primitiva – nos mostra a natureza básica das coisas que por séculos influenciaram o entendimento humano do universo: o tribuno-general Cipião Africano sonha que está flutuando pelo cosmo e conta o que aprendeu com essa experiência extracorpórea. Ele vê a Terra no centro do universo, ouve a deliciosa música das esferas, descobre que tudo é atemporal e eterno acima da lua, mas mortal e finito abaixo dela. E alega até que carregamos nosso eu de verdade – a alma – dentro de nosso corpo. Cipião eleva-se a uma altura tão vertiginosa que o mundo e os assuntos humanos, a fama e a ambição, parecem-lhe frivolidades sem consequência, questões mundanas; afinal, que importam essas coisas *sub specie aeternitatis*?

Por fim, *De Officiis* [traduzida como *Dos deveres* ou *Das obrigações morais*] e *Tusculanae Disputatione* [*Discussões em Túsculo* ou *Debate em Túsculo*] são resumos bastante legíveis do pensamento antigo sobre a ética, a sabedoria, a virtude e a natureza da felicidade. Em termos de estrutura, *Discussões em Túsculo* é uma conversa entre amigos numa casa de campo; *Dos deveres* é uma carta que o autor escreve ao filho. Segundo o historiador Michael Grant, esse último "exerceu mais influência no pensamento e no comportamento do homem ocidental do que qualquer outra obra secular". Nesses livros, aprendemos o valor do autocontrole e da indiferença estoica às vicissitudes da vida; a importância de se oferecer a outra face; o valor dos amigos e os deveres de cidadão e a necessidade de se desfrutar a beleza deste mundo e os prazeres da arte e da literatura. Junto com o poeta Horácio, Cícero foi o maior proponente e o maior exemplo da *humanitas* clássica – a tolerância e a civilidade, o instinto guiado pela razão, a moderação e o decoro.

Ele é mais do que apenas um anfitrião genial ou um professor de etiqueta. Cícero nos pede que olhemos com mais atenção para nosso comportamento cotidiano e que vivamos segundo nossos princípios mais altos (algo que ele nem sempre fazia). Que outra questão ética seria mais moderna do que esta?

> Imagina que estás fazendo algo em busca de muita riqueza ou poder ou tirania ou satisfação sexual. Supõe que ninguém jamais o descobrirá, nem suspeitará de ti: pelo contrário, nem os deuses nem os homens jamais saberão. Tu o farias?*

Faria ou não faria?

DESIDÉRIO ERASMO (1466?-1536)
Elogio à loucura

Erasmo foi o primeiro intelectual do povo. Antes dele, os eruditos eram filósofos e teólogos, membros da corte e poetas, mas Erasmo era tudo isso e muito mais. Ele publicou edições dos clássicos antigos e do Novo Testamento em grego; escreveu diálogos irônicos sobre as questões sociais da época (os *Colóquios*); compilou guias para os governantes (*A educação de um príncipe cristão*); publicou uma coletânea de adágios e preceitos antigos (*Adágios*), levando o ensinamento

---
* Versão em português baseada da tradução para o inglês de Michael Grant. (N. do E.)

clássico ao povo com suas notas ensaísticas e escreveu tantas cartas que o moderno organizador P. S. Allen chamou-o de "o Mestre dos falastrões". Ao longo dos anos, Erasmo discutiu religião com Martinho Lutero, fez amizade com Thomas More e foi reverenciado por Rabelais. Os artistas Holbein e Durer retrataram o famoso intelectual trabalhando com o barrete e o manto de pele listrado. Reis, imperadores e papas competiam por sua presença nas cortes.

Estudos recentes mostram que Erasmo cultivava com esmero sua imagem de polímata, herdeiro renascentista de São Jerônimo. Mesmo assim, esse grande humanista, o maior de todos, possuía um verdadeiro dom para fazer amizades e conhecia pessoas das mais variadas esferas sociais e dos mais diversos estilos de vida, talvez melhor do que qualquer outro em seu tempo. Ele era não apenas um erudito, mas também um homem cheio de vida, gentil e espirituoso, que fazia brincadeiras inteligentes (Luciano era seu autor predileto). Costumava escrever com pressa e sofria de um *cacoethes scribendi*, o cacoete de escrevinhar. E, no entanto, toda a obra de Erasmo, todo o seu conhecimento estavam a serviço de sua fé inabalável no cristianismo. Ao contrário de outros religiosos, ele nunca se sentiu obrigado a escolher entre os ideais pagãos da Antiguidade e os ensinamentos de Jesus (com efeito, ele pediu auxílio a S. Sócrates certa vez). Enquanto alguns reformadores acreditavam na redenção pela confissão, Erasmo, mais pragmático, dizia que o conhecimento garantia uma vida boa e santa neste mundo e a felicidade vindoura no céu.

Em sua vida boa e santa, Erasmo foi simplesmente o homem mais famoso da Europa, mas teve de trabalhar duro para alcançar esse destaque. Nasceu fora do casamento (na Holanda) e seu pai pode ter sido um padre. (Os leitores mais velhos talvez se lembrem da recriação fictícia do caso amoroso de seus pais em *The Cloister and the Hearth* [O claustro e a lareira], de Charles Reade.) Educado num mosteiro, Erasmo acabou sagrando-se irmão da ordem embora nunca tenha gostado da rotina monástica. Seu espírito era inquieto e ele passou boa parte da vida como uma espécie de erudito-nômade. Viajou a Paris para aprender grego, depois à Inglaterra, onde foi recebido pelos maiores humanistas do país – o grupo de Thomas More e John Colet –, e então foi para a Itália, onde virou as noites nas bibliotecas e na companhia de eruditos. (Espantosamente, o escritor poderia ter conhecido Leonardo, Michelangelo, Rafael e Maquiavel em sua visita a Florença no outono de 1506.)

Como pensador e defensor do cristianismo, Erasmo apoiava a educação, a tolerância e a moderação, ao mesmo tempo que representava o que havia de mais moderno em todos os avanços intelectuais importantes de seu tempo. Já no fim da vida, viu-se dividido entre a simpatia por Lutero e o comprometimento com a Igreja. Ambos os lados o consideraram depois uma figura insípida e indecisa, "nem quente, nem fria", rejeitando seu meio-termo humanista em prol do fanatismo gêmeo da Reforma e da Contrarreforma.

Pelo menos ele não teve de assistir à guerra religiosa do século seguinte. Pois, se havia algo que Erasmo odiava, esse algo era o fanatismo, ainda mais quando tomava a forma de um confronto bélico. A guerra, ele dizia, é agradável apenas para os que nunca a experimentaram. O erudito também desprezava o nacionalismo, pedia que os países se contentassem com suas atuais fronteiras e defendia a organização dos Estados, a fiscalização dos governantes e o direito como instrumento de justiça. Pedia às forças morais do mundo – a religião, a educação e a filosofia – que ajudassem a erradicar o derramamento de sangue institucional, pois em sua opinião a guerra trazia apenas a destruição dos valores de civilidade de ambos os lados. "A paz menos vantajosa", afirmava com sinceridade, "é mais vantajosa que a guerra mais justa."

Os acadêmicos idolatram essa importante figura renascentista como uma espécie de contraparte holandesa de Petrarca e Leonardo da Vinci. Mas, para muitos, ele é o autor de apenas um livro, a obra cômica escrita às pressas em uma semana (mais tarde melhorada e expandida). De regresso de sua única visita à Itália, em 1509, onde ficara horrorizado com a pompa e o mundanismo dos papas, Erasmo viajou para a Inglaterra, onde ficou com o amigo Thomas More. Logo ao chegar, o humanista desiludido teve de ser acamado (possivelmente, um caso de pedras nos rins) e, por isso, passou o tempo de convalescença escrevendo uma pequena sátira em latim, cujo título brincava (em grego) com o nome de seu anfitrião: *Moriae Encomium – Elogio à loucura*. Feito sem muito capricho ou organização, o resultado dessa brincadeira acabou sendo publicado e se tornou um *best-seller* internacional, tendo quarenta edições só no tempo do autor.

O que torna o livro tão enigmático é a mescla de uma série de aspectos diferentes da "loucura". No começo, a Loucura – vestida como um bobo da corte – apresenta-se como o espírito da juventude, da energia, do sexo, do prazer e também da tolice, do amor-próprio e da irracionalidade. A Loucura, com efeito, julga-se o lado intuitivo e passional da vida, muito mais importante para nosso bem-estar do que a adequação aos costumes e a razão. A Loucura canta suas próprias qualidades ao longo do livro, fazendo o elogio de si mesma, apresentando argumentos aparentemente lógicos para provar que é a mãe da coragem, do trabalho e até da prudência.

Mas a sátira, aos poucos, torna-se mais penetrante – voltando-se contra o ensino escolástico, a investigação científica, a hipocrisia religiosa, o fanatismo, os sofistas, os advogados e também os vaidosos, os ambiciosos e os egoístas. Erasmo contrapõe tudo isso a outra espécie de Loucura, a humildade sagrada. Cristo suportara a "loucura" da cruz e pedira a seus seguidores que imitassem "as crianças, os lírios, as sementes de mostarda e os humildes pardais, todos loucos, irracionais, vivendo apenas pelo instinto, livres das preocupações e dos propósitos". Aos poucos, a Loucura se transforma naquilo que é "natural" (em todos os sentidos da palavra), oposta à opressão das normas e das tradições sociais. Depois, ela passa a ser a distração mística e o êxtase. Assim como Platão dizia que a loucura do amor físico era o tipo mais elevado de prazer, dando-nos a impressão de que a alma deixava o corpo, o cristianismo também oferecia uma experiência onírica e prazerosa quando a alma temporariamente se unia a Deus.

O *Elogio à loucura* é uma verdadeira teia de paradoxos, às vezes divertida e irônica, às vezes amarga e grave. É um primor do virtuosismo linguístico e filosófico, não perdendo jamais a alegria. Muitas edições oferecem notas para explicar as referências clássicas, mas qualquer um pode se divertir com um exemplar simples. Shakespeare deve ter feito isso, pois o discurso de Jacques de que "o mundo é uma peça" em *Como gostais* parece-se com a seguinte fala da Loucura – na tradução para o inglês de Betty Radice:

> Mas o que é a vida do homem senão um tipo de peça? Os atores entram com suas máscaras variadas e representam seus respectivos papéis até que o diretor os mande sair do palco e por vezes peça que a mesma pessoa use fantasias diferentes, de modo que agora faça um rei vestido de roxo e, em seguida, um escravo humilde em trapos. É tudo uma espécie de faz de conta, mas é o único modo de se representar essa farsa.

O *Elogio à loucura* não é fácil de entender. Pelo contrário, assim como a *Utopia*, de Thomas More, e *O sobrinho de Rameau*, de Diderot, o espírito virtuoso do livro não o deixa ser engessado numa categoria ou numa interpretação prévia. O que podemos fazer, com efeito, é apreciar sua ironia, questionar seus paradoxos e lembrar que às vezes é sábio ser tolo.

A TRADIÇÃO RELIGIOSA INGLESA

Em inglês, temos cinco grandes fontes de eloquência religiosa: a Bíblia do Rei Jaime; o *Livro de oração comum*; *O peregrino*, de John Bunyan;

os cânticos de escritores como Isaac Watts, Charles Wesley e outros; e a tradição clássica dos sermões e das homilias. Todos esses textos possuem o mesmo estilo simples, claro e objetivo que acoberta uma convicção religiosa profunda, uma paixão intensa. Em suma, esse é o modo como se expressam os homens e as mulheres que executam o trabalho de Deus, homenageando e exaltando o senhor com cerimônia, reverência e humildade.

Vejamos esta passagem do Evangelho de Lucas:

> E naquele tempo saiu um decreto de César Augusto para que se fizesse o recenseamento de todo o mundo [...] E José também foi da Galileia, da cidade de Nazaré, à Judeia, à cidade de David, que se chama Belém (pois ele era da casa e da família de David), para fazer o recenseamento com Maria, sua esposa, que estava grávida. E aconteceu que, estando ali, chegou o dia em que Maria deveria dar à luz. E ela teve seu filho primogênito, e o envolveu com panos, e o deitou na manjedoura; pois não havia lugar para eles na estalagem.

Todos os anos, quando chega o fim de dezembro, essas palavras são declamadas nos púlpitos e nos altares e, para muitos ouvintes, nunca deixam de causar um arrepio de prazer. Por que isso acontece? Do ponto de vista narrativo, as frases simples não exercem fascínio algum, pois todos já conhecemos a história talvez melhor do que ninguém. Mas a linguagem – como em muitas outras passagens da Bíblia – nos enfeitiça com sua profunda nobreza e seriedade.

Com frequência, a melodia solene desse tipo de prosa passa despercebida nesta era de mensagens de texto e de novilíngua política. Mesmo assim, às vezes, só a linguagem dramática do inglês litúrgico dá conta da natureza sagrada dos casamentos, dos funerais e dos feriados religiosos. Que tipo de pessoa não ouve e não sente a triste musicalidade de "Order for the Burial of the Dead" ["Prece para o enterro dos mortos"] do *Livro de oração comum*, escrito no século XVI?

O homem nascido da mulher tem pouco tempo de vida e é muito infeliz. Cresce e é ceifado como uma flor; voa como se fosse uma sombra, mas não tem onde se empoleirar. Em meio à vida, convivemos com a morte.

Essas magníficas frases sombrias, no fim, formam um dos maiores clímaces da literatura de língua inglesa:

Eis que te revelo um mistério. Não dormiremos todos, mas seremos todos mudados, instantaneamente, num piscar de olhos, ao som do último trompete. Pois o trompete soará e os mortos se erguerão incorruptíveis e seremos todos mudados [...] Morte, onde está teu flagelo? Inferno, onde está tua vitória?

Para alguns leitores, essas perguntas melancólicas talvez evoquem as últimas páginas de *O peregrino*, quando o senhor Busca-a-Verdade adentra o rio da morte e pronuncia as mesmas palavras (mas dizendo "cova" em vez de "inferno"). As frases, embora maravilhosas, simplesmente coroam um discurso de despedida que não soaria estranho na Terra-média. O soldado de Cristo, exaurido, anuncia:

Encontrarei meus antepassados e, embora tenha tido enorme dificuldade para chegar aqui, não me arrependo do trabalho que tive. Ofereço minha espada àquele que me suceder na peregrinação; e minha coragem e destreza, àquele que as merecer. Levo comigo as minhas marcas e as minhas cicatrizes para darem testemunho de que lutei em batalhas por quem agora me recompensará.

Bunyan termina, então, com uma grandiosidade digna de Handel: "E, dessa forma, ele faleceu e os trompetes soaram para recebê-lo do outro lado."

Teologicamente, a graciosa moderação da Igreja anglicana era vista com maus olhos por Bunyan, um puritano fervoroso. Mas, à exceção do *Velho* e do *Novo Testamento*, nenhum outro texto religioso teve maior influência na imaginação dos falantes de inglês do que o *Livro de oração comum* e *O peregrino*. A beleza singela do *Livro de oração comum*, sobretudo das coletas (que costumam ser atribuídas ao arcebispo Thomas Cranmer), demonstra uma perfeita modulação de sonoridade e de equilíbrio rítmico:

> Pai misericordioso e onipotente, nós erramos e desviamo-nos de vosso caminho como ovelhas extraviadas. Seguimos apenas os planos e os desejos de nossos corações. Transgredimos as vossas leis sagradas. Não fizemos o que deveríamos ter feito; e fizemos o que não deveríamos ter feito e agora não temos paz.

Bunyan, por sua vez, tinha um estilo que George Bernard Shaw considerava perfeito, ao mesmo tempo claro e contundente. Suas expressões e personagens caíram nas graças do povo: "Foge da ira que se aproxima." "Empunhei a enxada." "O Gigante Desespero." "O Pântano da Miséria." "As Montanhas Deleitosas." "A Feira das Vaidades." Além das figuras alegóricas (o Cristão, o senhor Sábio-Mundano), Bunyan utiliza frases surpreendentemente modernas como "Vocês faziam ou só falavam?".

Ele termina a Primeira Parte com uma frase assustadora. A ignorância chega às portas da Cidade Celeste e pede para entrar. Embora esteja perto de seu objetivo, ainda assim lhe falta o "certificado" necessário e ela é banida de repente, inesperadamente. Atam-lhe as mãos e os pés, e os anjos a expulsam por uma porta na lateral de uma montanha. Bunyan escreve: "E então vi que havia um caminho para o Inferno e que esse caminho passava tanto pelos Portões do Céu quanto pela Cidade da Destruição." E com este comentário angustiante ele encerra sua visão: "Então acordei, e eis que era um Sonho."

Esses momentos declamatórios nos fazem lembrar que Bunyan passou boa parte de sua vida pregando ao ar livre quando não estava na cadeia em razão de suas crenças religiosas. Nestes tempos de discursos insípidos, às vezes nos esquecemos do poder da oratória. Os grandes pregadores de hoje ainda preservam essa tradição, na qual a linguagem sozinha, apoiada numa convicção fervorosa e no desejo de salvar as almas dos ouvintes, consegue levar as pessoas às lágrimas, colocando-as de joelhos ou de pé. O maior exemplo disso é Martin Luther King Jr.

George Whitefield, um famoso pregador do século XVIII, discursava tão bem que o filósofo ateu David Hume disse certa vez que viajaria quinze quilômetros a pé só para ouvi-lo. Houve um tempo em que os estudantes liam com um crescente pavor as frases pausadas e cadenciadas do sermão de Jonathan Edwards "Pecadores nas mãos de um deus irado". Após descrever os horrores do fosso abismal, Edwards nos lembra da enorme fragilidade da vida:

> O arco da ira de Deus está curvado, a flecha na corda; e a justiça aponta o arco para o teu coração e o solta e nada além da vontade de Deus, de um Deus irado, sem nenhuma obrigação ou dever, impede que a flecha, veloz, se embeba de teu sangue.

Os pregadores de língua inglesa são mais contundentes quando estão descrevendo os fogos do inferno. Mas seus hinos e cânticos falam da misericórdia, da bondade e da doçura de Deus. Nesse caso, o tom costuma ser simples e comovente, uma poesia de cunho verdadeiramente popular como nesta passagem de Isaac Watts. Não podemos sequer murmurar estas palavras sem nos lembrarmos das muitas vozes cantando nas manhãs de domingo:

> Ó Senhor, Segurança de épocas passadas,
> Esperança dos anos que estão para chegar,
> Na tempestade, Abrigo das fortes rajadas
> E nossa eterna Casa, nosso Lar.

Desde "Abide with me" ["Fica comigo"], de H. F. Lyte, e "Jerusalém", de William Blake, até "We Shall Overcome" ["Nós sobreviveremos"], essas são as canções que nos acompanham nos tempos mais difíceis. Assim como a Bíblia, o *Livro de oração comum*, *O peregrino* e as vozes retumbantes dos grandes pregadores, elas nos pedem que pensemos em nossa vida e no modo como a conduzimos. O que é correto, o melhor a se fazer. Elas alimentam o que Philip Larkin chamou certa vez de a fome cerimonial que reside em todos nós – até mesmo nos agnósticos e ateus.

BARUCH DE ESPINOSA (1632-1677)
Ética; Tratado teológico-político

Chamaram-no de "a encarnação de Satã" e de "o ateu mais desrespeitoso da face da terra". Mas muitos o admiram por ser talvez o maior filósofo desde Platão, o primeiro teórico político a proclamar os princípios gerais de uma sociedade democrática secular e, de certa forma, um santo moderno. Baruch, mais tarde Bento, de Espinosa passou boa parte de sua vida adulta pensando nas questões mais importantes da filosofia: a natureza de Deus e do universo; a função da religião; a traiçoeira busca pela felicidade; os ideais do estado e o modo como devemos nos conduzir. Ele próprio teve uma vida bastante modesta – quarto alugado, cozido para o almoço e vez ou outra um cachimbo, quase tudo pago com o pequeno ordenado de oculista. Mas como o poeta Heinrich Heine disse certa vez: "Todos os filósofos contemporâneos [...] veem através das lentes de Baruch de Espinosa."

Assim como acontece com Shakespeare, sabemos muito pouco sobre a juventude de Espinosa e quase nada sobre o restante de sua vida. Por esse motivo, seus biógrafos tiveram de examinar com muita atenção o universo em que ele cresceu, o universo dos judeus que fugiram da Inquisição espanhola e foram se refugiar na Holanda do século XVII em busca de relativa tolerância religiosa. Ainda jovem, Espinosa aprendeu as tradições legalistas do Talmude e foi apresentado ao misticismo sedutor da cabala. Seus professores, por certo, achavam-no promissor. Mas, quando chegou à casa dos 20 anos, o jovem acadêmico começou a emitir opiniões julgadas heréticas, recusando-se a ficar quieto, e acabou sendo excomungado de maneira drástica, apartado inteiramente dos amigos, da família e da comunidade pelo rito do *cherem*.

Espinosa viveu o resto da vida como cidadão e filósofo holandês. Como diz num de seus primeiros ensaios (*Tratado da reforma da inteligência**):

> Depois de aprender com a experiência que tudo o que cerca a vida social é leviano e fútil; vendo que nenhuma das coisas que temia continha em si elementos bons ou maus, exceto no que a mente era afetada, decidi finalmente investigar [...] se haveria, por acaso, alguma coisa cuja descoberta e apreensão me possibilitasse desfrutar uma felicidade suprema, contínua e infinita.

Que sonhador! E, no entanto, em sua *Ética* (publicada postumamente em 1677), Espinosa tenta descobrir um modo de vida que leve a essa "felicidade suprema, contínua e infinita". Infelizmente, muita gente desiste do livro por causa de sua dificuldade. Em alguns pontos, ele faz lembrar *Os elementos*, de Euclides. A ideia é exposta por meio de axiomas, proposições, definições, provas, demonstrações e corolários. Quando pegamos a *Ética* para ler, ficamos logo com saudades do estilo amigável de Descartes ou da grandiosidade barroca de Hobbes (Espinosa aprendeu com essas figuras que eram quase suas contemporâneas). Mas vale a pena se esforçar um pouco. Os

---

* Trad. bras. São Paulo, Martins Fontes, 2004. (N. do E.)

apêndices dos cinco "livros" e os frequentes miniensaios chamados "escólios" resumem de maneira satisfatória os argumentos construídos nesse "estilo geométrico, trabalhoso", como disse o próprio autor certa vez.

Mesmo assim, Espinosa reconhece que precisa de toda essa lógica fria e austera. As pessoas, ele explica, costumam ser induzidas ao erro pela imprecisão dos sentidos, pela imaginação e pelas emoções. Só a matemática oferece conclusões que não podem ser refutadas, ou estão certas ou estão erradas; desse modo, "escreverei sobre os seres humanos como se estivesse falando de retas, planos e sólidos". Por essa razão, Espinosa dividiu a *Ética* sistematicamente em cinco partes: o Livro Um fala da natureza de Deus e suas características; o Livro Dois descreve o funcionamento da mente; o Livro Três esquematiza a vida psicológica e emocional do ser humano; o Livro Quatro analisa as paixões autodestrutivas e o Livro Cinco nos ensina a controlar essas paixões para alcançarmos o "estado de graça".

Quanto ao seu ponto de partida, sua descrição metafísica da natureza das coisas, o filósofo do século XIX Ernest Renan disse certa vez que "talvez fosse a concepção mais real de Deus que já tivemos". Espinosa idealizou uma unidade fundamental. Deus não resolveu de repente criar o universo, a Terra e os seres humanos. Isso implicaria uma dicotomia entre criador e criatura, que por sua vez daria a entender que Deus fora incompleto ou imperfeito em certo momento. Não, tudo faz parte da substância de Deus, tomando a forma de seus dois atributos, Extensão (basicamente, o mundo físico) e Pensamento (processos mentais). Como ambas as coisas são constituídas da mesma substância, não há distinção entre mente e corpo como fora postulado (e temido) pelos filósofos desde Platão até Descartes. Com efeito, Deus é a natureza ou, como diz Espinosa, *Deus sive Natura*, "Deus, ou a Natureza".

Como tudo será sempre parte de Deus, as especulações teológicas não fazem sentido; não há fim, nem objetivo para o homem e para o universo. Não somos de maneira alguma "especiais". Desse ponto de partida um tanto sombrio, o filósofo expõe sua *Ética* propriamente dita. Para ele, a psicologia humana é toda baseada no interesse e no instinto de autopreservação mesmo que dependa da inconstante combinação do desejo, do prazer e da dor. Esse domínio dos sentidos mutáveis e do mundo exterior resulta sempre em alguma perturbação emocional: "Como as ondas no mar, impelidas por ventos contrários, ficamos à deriva, sem saber nosso futuro e nosso destino." Para nos desvencilhar da "prisão" das paixões efêmeras, temos de aprender a controlar nossos desejos, a viver pela razão e a aspirar acima de tudo um amor intelectual por Deus. Só quando aceitamos a realidade do universo temos paz de espírito e felicidade na vida e conquistamos uma espécie de eternidade impessoal após a morte.

Algumas dessas dicas de Espinosa para uma vida gratificante talvez pareçam familiares. Os gregos eram partidários da *ataraxia* estoica, ou seja, da indiferença ao sofrimento. Santo Agostinho dizia que o coração só tem repouso em Deus. Para os budistas, temos de nos libertar do suplício do desejo para encontrarmos a iluminação espiritual. Mas, ao contrário desses sistemas mais rígidos, Espinosa não rejeita o corpo, nem os prazeres mundanos: "Cabe ao sábio restaurar-se moderadamente com boa comida e bebida, perfumes, verduras, enfeites, música, esporte, teatro e outras coisas semelhantes, que todos podem desfrutar sem fazer mal ao próximo. Pois o corpo humano é composto de muitas partes de natureza diferente que necessitam sempre de cuidados novos e variados." Também temos de ser alegres – "Por que não saciamos a melancolia como saciamos a fome e a sede?" Muitas vezes, a *Ética* de Espinosa soa como uma versão europeia do *Tao te ching* de Lao-Tsé.

Enquanto a *Ética* descreve o homem como ele é em essência, em seu estado natural, o *Tratado teológico-político* (1670) é um ataque feroz à superstição e uma defesa da tolerância e dos princípios democráticos. Espinosa foi um dos primeiros a alegar que a Bíblia é "falha, desmembrada, corrompida e inconsistente" e que era usada pelas instituições religiosas para incitar não a virtude, mas a obediência. Todos aqueles "ritos cerimoniais", diz ele, "servem apenas para controlar as pessoas e para preservar determinado segmento social". Ademais, os políticos costumam buscar as instituições religiosas para poder controlar e manipular o povo:

> O artifício mais comum das monarquias [...] é enganar os súditos e também esconder sob o manto precioso da religião o medo que os oprime de modo que venham a lutar pela escravidão como se lutassem pela salvação, sem mostrar vergonha alguma, como se fosse louvável dar a própria vida e o próprio sangue para que um só homem possa se gabar.

Espinosa observa que as pessoas "costumam reverenciar os Livros da Bíblia e não a Palavra de Deus". Com efeito, a verdadeira mensagem de todos os livros sagrados é sempre conhecer e amar a Deus e ao próximo como a si mesmo. Desse modo, "quando formos julgar a fé de alguém, devemos olhar apenas para suas ações. Se forem saudáveis, sua fé também será saudável".

Infelizmente, como o homem é governado pelas emoções, precisamos do Estado para garantir nossa segurança. À semelhança de Hobbes, Espinosa explica a origem do Estado a partir de um contrato social, demonstrando em seguida que a república democrática é a que melhor cuida dos direitos do cidadão. Ele defende acima de tudo a liberdade de expressão e a abertura integral do Estado no *Tratado político*, que não pôde ser terminado:

> É melhor dar aos inimigos o conhecimento de boas resoluções do que ver os tiranos esconderem o mal de seus súditos. Aqueles que podem tratar dos negócios de uma nação em segredo têm completo domínio sobre ela; e, assim como tramam contra os inimigos em tempos de guerra, do mesmo modo tramam contra os cidadãos em tempos de paz.

Mas ele também nos lembra que as democracias muitas vezes empossam os mais medíocres.

Há muito mais beleza e verdade em Espinosa do que pude colocar atabalhoadamente aqui. Embora seus textos exijam foco e atenção, o esforço vale a pena:

> Aquele que sabe que todas as coisas se originaram por necessidade da natureza divina e que seguem as leis e o comando eterno da Natureza, por certo, repudiará o ódio, o deboche e o desdém [...] Pelo contrário, prosperará tanto quanto permitirem as virtudes humanas, agirá bem e, como dizem, será feliz.

SAMUEL JOHNSON (1709-1784)
"The Vanity of Human Wishes" ["A vaidade dos desejos humanos"]; *A história de Rasselas, príncipe da Abissínia*; ensaios de *The Rambler* [O vagabundo] e *The Idler* [O ocioso]; *Lives of the Poets* [As vidas dos poetas]

Pouca gente lê Samuel Johnson. A celebrada biografia que Boswell lhe escreveu é tão divertida que seu retrato do espirituoso e sensato "Grande Khan" da literatura simplesmente ofuscou a escrita do próprio Johnson. Mas Boswell dá ênfase ao frequentador de clubes, ao consultor de moda das cafeterias, à figura pública, deixando de lado o crítico compassivo e o ensaísta moral. Johnson não era só uma personalidade ilustre. Ele também sofria de profunda melancolia, temia por sua sanidade e pensava constantemente na morte. Em seus escritos, ele se indaga com frequência sobre o modo como vivemos e o modo como deveríamos viver.

No sombrio poema "The Vanity of Human Wishes" (1749), Johnson explora as desilusões que aguardam a todos nós: "Adiar a vida é adiar a tristeza." As fortunas vêm e vão. As crianças são ingratas (ele fala da "petulância da filha e dos gastos do filho"). As desilusões amorosas, as deficiências físicas e a decrepitude da velhice nos deixam vencidos, pois "o ano segue o ano, a decadência segue a decadência". Nem mesmo as pessoas cultas têm paz: "O erudito com estas coisas se chateia:/ trabalho, inveja, fome, mecenas, cadeia." E, assim, Johnson pergunta-se desesperado, "O homem frágil, estúpido e sedado/ seguirá, cego, o curso de seu fado?"

Para uma pessoa tão realista, o único refúgio era crer em Deus e numa recompensa eterna na outra vida. Mas Johnson não era um religioso antiquado. Não, ele era um homem do mundo com seu jeito sério, um homem deste mundo. Enfrentava sempre a realidade da experiência com sua inteligência privilegiada. E nos lembrava repetidas vezes dos "enganos do coração humano", de como perseguimos afoitamente os desejos, vítimas das armadilhas da autoilusão. E falava isso como um de nós, como um companheiro de sofrimento, e não como alguém mais sábio. Sua prosa pode até ser floreada demais para o leitor moderno, mas os ensaios de *The Rambler* e *The Idler* falam de verdades bastante familiares:

> Aquele que compara o que fez com o que ainda não fez sentirá o efeito decorrente da comparação entre a imaginação e a realidade; verá com desdém a própria insignificância e questionará o sentido de sua vida; ficará triste por não deixar sinal algum de sua existência, por não ter acrescentado coisa alguma ao sistema da vida, passando da juventude à velhice despercebido em meio à multidão, sem tentar se distinguir.

Quem nunca se sentiu desapontado por não realizar um sonho? Ou envergonhado por não tê-lo perseguido? Quem gosta do que vê no espelho, passada a formosa juventude?

Como Johnson observa, nós damos pouca ênfase ao presente e "as lembranças e as expectativas nos acompanham a todo instante".

Além disso, "o desejo do homem cresce a cada nova aquisição; cada passo lhe mostra algo novo que não vira antes, mas que cobiçará tão logo veja. Onde acaba a necessidade começa a curiosidade; e tão cedo conseguimos tudo o que a natureza exige, pomo-nos a imaginar novos apetites artificiais". A verdadeira sabedoria está em cumprir nossas obrigações, desfrutar a companhia de nossos amigos e de nossa família e alcançar a felicidade trabalhando em benefício da felicidade dos outros. Quanto à conquista em si:

> Todas as manifestações da arte humana que admiramos e louvamos são exemplos da força invencível da perseverança: é assim que as pedreiras se transformam em pirâmides e os países distantes são ligados por canais.

Mas, no fim, "só podemos esperar um quase nada".

As reflexões de Johnson sobre a vida se encontram principalmente em seu romance filosófico *A história de Rasselas, príncipe da Abissínia* (1759). Nele, o herói e sua irmã Nekayah fogem do conforto e do tédio de um remoto "Vale Alegre" e viajam pelo mundo em busca do segredo de uma vida feliz. Juntos, eles passam por muitas dificuldades e algumas aventuras até que, por fim, "se convencem de que a felicidade não existe", embora todos "achem que o vizinho a possui, para manter viva a esperança de obtê-la para si mesmos". Durante a viagem eles aprendem verdades bastante cruéis. Um imperador mostra-se tão tolo quanto seus súditos. Os ricos se apavoram com a possibilidade de perder suas riquezas. Os vice-reis poderosos são afastados de repente por soberanos ainda mais poderosos. Os ermitões sentem saudades do mundo que há muito tempo abandonaram. Os acadêmicos enlouquecem. "No casamento há muitas dores, mas no celibato não há prazer." A velhice traz doenças e arrependimentos. Em suma, a vida humana "é sempre rica em sofrimento e pobre em alegria". E, no entanto, se não quisermos morrer por dentro, temos de enfrentar o mundo.

Apesar das doenças e dos cacoetes nervosos, da feiura, da pobreza e da pouca influência – "Devagar cresce o valor oprimido pela pobreza" –, Johnson tornou-se um dos homens de letras mais importantes de seu tempo. Foi o autor do primeiro verdadeiro dicionário de inglês. Escreveu notas para a obra de Shakespeare melhor do que ninguém. Seus ensaios literários – incorporados nas pequenas biografias de *Lives of the Poets* (1781) – elevaram-no à categoria de príncipe da crítica. É sempre bom ler a genial biografia de Boswell, *Life of Johnson* [*A vida de Johnson*], mas acho que lhe fazemos mais justiça lendo sua obra. Talvez os poemas, os ensaios, os contos, os diários de viagem e as pequenas biografias devessem ser entendidos simplesmente como uma espécie de sabedoria moral, repleta de conselhos, humanidade e consolo – tão necessários.

Magia cotidiana

No final do romance *Little, Big* [Pequeno, grande], John Crowley narra com certa nostalgia o fechamento dos portões que ligam nosso mundo ao das fadas: "O mundo que conhecemos hoje é somente isso e nada mais; se houve um tempo em que tínhamos passagens, portas e fronteiras abertas e muita gente transitando de um lado ao outro, esse tempo não é agora. O mundo está mais velho do que era tempos atrás. Nem mesmo o clima é o mesmo de nossas vivas lembranças; os dias de verão estão diferentes, as nuvens estão menos brancas, a grama odorífera e as sombras negras e cheias de esperança não existem mais, pelo menos não como tempos atrás."

Sim, a magia se foi: somos adultos agora, pessoas realistas, pragmáticas, obstinadas. E, no entanto, parte de nós ainda sonha com o Outro Mundo, com o extraordinário reino de *Sonhos de uma noite de verão* e com os países mágicos esquecidos de Keats. Há muitos poemas, contos folclóricos e clássicos infantis que nos convidam a redescobrir esses mundos perdidos, esse jardim secreto. Nos livros desta seção, um cavaleiro angustiado chega ao castelo de seus sonhos; um jovem sensível descobre Atlântida debaixo da azafamada cidade de Dresden; uma fada da areia rabugenta possivelmente lhe concede um desejo; e um marionetista lhe mostra uma caixa cheia de prazeres. No fim, tudo depende de como você enxerga o mundo ao seu redor, como ensina a senhorita M. Nestes livros, atravessamos o espelho e abrimos a porta para o verão.

SIR GAWAIN E O CAVALEIRO VERDE
(século XIV)

Peça aos leitores que escolham a obra mais divertida da literatura medieval e o conto de *Sir Gawain e o Cavaleiro Verde* provavelmente ficará no topo da lista. A história possui uma leveza e uma comicidade maravilhosas, ambas dignas de Mozart, um ar de faz de conta e de festividade tingido de trevas. É um verdadeiro conto de Natal para adultos. Veja só:

No fim do ano, toda a corte do Rei Artur se encontra reunida em um banquete festivo. As donzelas estão mais belas do que nunca, os cavaleiros lhes roubam beijos e tudo parece transcorrer bem. Mas antes de se sentar à mesa o rei pede aos súditos que lhe mostrem algum portento, uma maravilha. Quase no mesmo instante ouve-se um barulho do lado de fora e um cavaleiro magnífico, "verde da cabeça aos pés", adentra o salão real. Mais alto do que todos ali presentes, ele interrompe a festa com certa arrogância e faz uma provocação quase em tom de brincadeira. Desafia um daqueles cavaleiros supostamente valentes a acertá-lo com seu enorme machado, com a condição de que um ano e um dia depois ele também pudesse devolver o golpe. Gawain aceita o desafio e logo desfere a machadada no pescoço do cavaleiro verde, cortando-lhe a carne branca como se fosse manteiga. A cabeça decapitada rola entre os pés dos lordes e das damas como se fosse uma bola de futebol. Mas o tronco ensanguentado ganha vida de repente e vai apanhar a própria cabeça verde no chão, que por sua vez abre dois olhos vermelhos e diz: Lembre-se, Gawain. Encontre-me daqui a um ano e um dia na Capela Verde.

Numa passagem surpreendentemente bela, o autor – cuja identidade é desconhecida – descreve a mudança das estações: a chuva radiante da primavera, a brisa amena do verão, a poeira levantando-se nos campos durante a colheita e o retorno gradual do inverno. No dia de Todos os Santos – 1º de novembro –, Gawain sai em busca da Capela Verde para cumprir sua promessa. Mas o que antes, num momento de alegria, parecia apenas uma brincadeira estranha, torna-se agora uma questão de vida ou morte. Enquanto procura a misteriosa Capela Verde, que ninguém sabe onde fica, Gawain enfrenta dragões, *trolls* e outras feras selvagens à medida que os dias de inverno vão ficando cada vez mais escuros, frios e desolados. Por fim, na véspera de Natal, Gawain reza para encontrar um abrigo para passar a noite e avista um castelo cheio de torres perfeitas que mais pareciam recortes de papel.

Lá dentro, Gawain conhece o senhor do castelo, um homem de ombros largos e barba ruiva; sua esposa, que era mais bela do que a própria Guinevere; e uma velha com uma horrível corcunda. Aparentemente gentis, eles o convidam para passar o período de festas no castelo e o dia seguinte transcorre num piscar de olhos em conversas amigáveis, brincadeiras e banquetes. Ao cair da noite, Gawain lhes conta que por determinado motivo tem de continuar sua busca pela Capela Verde. O jovial anfitrião ri e diz que o hóspede está com sorte. A capela fica tão perto que o famoso cavaleiro poderia muito bem passar os três dias seguintes no castelo sem se preocupar. Tudo acertado, ele propõe uma brincadeira de troca-troca para Gawain entrar no espírito festivo: todas as manhãs, ele próprio sairia para caçar enquanto o cavaleiro descansaria e faria o que quisesse e, no fim do dia, um daria ao outro o que tivesse conseguido.

Na manhã seguinte, o anfitrião reúne seus cavaleiros e sai para caçar veados enquanto Gawain permanece dormindo numa cama confortável, toda cercada por cortinas. De repente, ele ouve a porta se abrir devagar, levanta a cabeça e vê a dona da casa entrando com cuidado em seu quarto. O herói finge estar dormindo enquanto a mulher vem até sua cama e se senta ao seu lado. Gawain pede licença para se vestir, mas a dama, rindo, diz que o cavaleiro não precisava se levantar, pois tinha um plano muito melhor em vista. Ora, não diziam que ele era o melhor amante da Távola Redonda? Não estavam sozinhos, o marido caçando lá fora, a porta trancada? Podiam se aproveitar daquela oportunidade, sugere. Ela se debruça sobre o rapaz e lhe diz que podia fazer o que quisesse, manifestando suas intenções com a seguinte expressão: "Você é bem-vindo ao meu corpo."

Se contar mais, vou estragar a história para os que ainda não leram esse delicioso romance erótico medieval. Mas imaginemos o que Gawain devia estar sentindo: ele sabia que em três dias teria de enfrentar uma machadada letal e que, ao contrário do Cavaleiro Verde, não podia simplesmente recolocar a cabeça decepada no lugar. Por outro lado, aquela mulher sedutora estava tão cheia de vida, tão cheia de volúpia, tão excitada. Não seria o caso de aproveitar o pouco tempo que lhe restava? Mas e o dever de hóspede, a honra de cavaleiro, a esperança de ir para o céu? O que fazer?

Em *Sir Gawain e o Cavaleiro Verde*, o autor aborda questões sérias como a cortesia, a reputação e a conduta moral, mas também enche o poema de ironia, brinca a todo instante com o hiato entre a aparência e a realidade e mantém o suspense até o final. Mas o significado mais profundo da história fica em aberto. Direi apenas que Gawain consegue chegar à sinistra Capela Verde, uma cabana maléfica num vale pantanoso onde se podia imaginar com certa facilidade "o diabo fazendo sua oração matinal". Apresentando-se no dia combinado, o cavaleiro ouve um forte barulho ecoando nos penhascos próximos e o chiado cortante de uma ceifa na pedra de amolar. Mas não era uma ceifa. E Gawain se adianta para enfrentar seu destino...

Ao contrário de Chaucer, cujo inglês assemelha-se ao nosso, o poeta de *Gawain* escreve num dialeto nórdico que faz lembrar o de *Beowulf*. Seus versos estão repletos de aliterações, uma característica da poesia saxã, o que sugere que até mesmo na Grã-Bretanha normanda alguns aspectos da poesia antiga foram mantidos vivos. A primeira edição acadêmica padrão do poema foi organizada por ninguém menos que o jovem J. R. R. Tolkien (junto com E. V. Gordon, depois revista por Norman Davis). Hoje em dia há muitas traduções de boa qualidade – como a do poeta W. S. Merwin, entre outras – e também muitos ensaios sobre o assunto: afinal de contas, *Sir Gawain* é uma obra-prima misteriosa e eternamente gratificante. O mesmo podemos dizer da adorável elegia intitulada *Pearl* (Pérola), na qual o autor lamenta a morte da filha e vislumbra o paraíso em um sonho. *Purity* (Pureza) e *Patience* (Paciência), do mesmo poeta, são ainda mais religiosas e também muito interessantes, porém não oferecem o mesmo drama humano de *Sir Gawain e o Cavaleiro Verde*.

OS CONTOS DE FADAS CLÁSSICOS

O que são contos de fadas? Para muitos adultos, são apenas histórias de dormir, canções de ninar em prosa que começam com "Era uma vez" e terminam com uma declaração bastante improvável, tendo em vista a natureza humana: "E viveram felizes para sempre." É por conta dessa promessa de absoluta felicidade que nós as consideramos meras fantasias infantis. Sabemos que a vida não é assim.

Ou será que é? Assim como os mitos antigos e os arquétipos junguianos, os contos de fadas descrevem os comportamentos mais comuns do ser humano; revelam nossos desejos secretos e nos ajudam a compreender a vida e nosso lugar no mundo. Nossas histórias de amor ainda seguem o exemplo de "Cinderela", "A bela adormecida" e "O príncipe sapo"; os romances e os filmes de aventura ainda imitam o inesgotável modelo de "O alfaiate valente". E quantos casamentos não são como "A Bela e a Fera"? Em alguns casos, a Fera tem de ser domesticada para conviver em sociedade ou tem de ser amada pelo que é por dentro; em outros, é a própria Bela que tem de se livrar do recato virginal para descobrir a Fera sensual que mora em seu peito.

Em nossas casas, ainda encontramos esses velhos padrões de intrigas domésticas, essas amostras fundamentais da nossa psique. Quem tem irmãos do mesmo sexo entende "Cinderela" ou os três irmãos de "A água da vida", assim como os pais também gostariam de poder se livrar de João e Maria mesmo que hoje em dia eles se chamem Jason e Jennifer. Em tempos de divórcio, a Branca de Neve ainda enfrenta o ódio e a inveja da segunda esposa-troféu. *Pele de Asno*, de Perrault, previne as investidas incestuosas; "Chapeuzinho Vermelho" poderia ser interpretada facilmente como uma história de pedofilia; e "O Barba Azul" é todo marido que tem uma vida secreta, desconhecida, que poderia expor a farsa que é seu casamento.

Em geral, a maioria dos contos de fadas fala de questões da vida doméstica ou de injustiças e iniquidades sociais. As crianças aprendem a ser independentes e os pais a deixá-las ganhar o mundo. As figuras mais problemáticas dessas narrativas costumam ser mulheres voluntariosas e um tanto arrogantes – bruxas, fadas madrinhas, meninas aventureiras, esposas ambiciosas e mães cujo amor pelos filhos transcende a própria morte. Nesses contos, as mulheres são poderosas e por vezes letais. Mas, assim como na vida real, julgar pela aparência é quase sempre um grande erro. Entretidos com as maravilhas e os milagres, aprendemos aos poucos que a compaixão, a alegria, a gentileza com as pessoas e os animais, a inteligência e a sinceridade nos colocam no caminho de nossos sonhos.

Mas quando falamos em contos de fadas lembramo-nos logo dos irmãos Jacob e Wilhelm Grimm. Esses filólogos alemães reuniram a tradição oral do *Volk*, do povo, e tentaram ser fiéis ao que ouviram. Surpreendentemente, talvez, seus contos nem sempre possuem um final feliz, embora o final seja sempre justo. Numa das histórias mais maravilhosas, "O pescador e sua mulher", a mulher espiritualmente irrealizada deseja tornar-se imperatriz e papisa só para incorrer no mesmo erro de Adão e Eva quando quiseram se igualar a Deus. Por conta disso, ela e o pobre marido acabam voltando para o lugar de onde tinham saído, a velha choça. Os contos desses autores em sua maioria são um pouco violentos – abuso infantil, sadismo, desmembramento, canibalismo –, porém até mesmo o horripilante "O cedro" termina com a derrota do mal e o triunfo do bem. Em razão do distanciamento do fato narrado, como em um devaneio textual – "Nos velhos tempos, quando os desejos ainda se concretizavam [...]" –, os horrores macabros nos parecem tão burocráticos e irreais quanto os animais falantes e representam pouco mais que degraus simbólicos no amadurecimento dos protagonistas.

Não poderíamos dizer o mesmo dos contos mais literários de Hans Christian Andersen, extremamente sentimentais e religiosos. Seus heróis e heroínas apresentam personalidades reais e singulares – até os objetos animados, como a vela ou a garrafa quebrada. O pequeno Hans Andersen provavelmente caía no sono antes de a ama terminar suas histórias com "E eles viveram felizes para sempre". Em alguns de seus contos mais famosos, os personagens têm sorte de acabar vivos, que dirá felizes. Pensemos na Pequena Sereia pré-Disney ou na menina da caixa de fósforos que morre congelada: a vida é violenta, triste e às vezes bastante desesperançada. Se modernizarmos um pouco a trama de "O soldadinho de chumbo", transformando a bailarina amada em uma *stripper* loira, teremos o começo de um ríspido conto *noir* de James M. Cain: "Seu nome era Stella, e eu não passava de um ex-soldado perneta. Mas na véspera de Natal ela parecia um sonho." Como um autor *noir*, Andersen nos mostra um universo brutal onde o amor gera infelicidade e até mesmo um *liebestod* ardente: o bonequinho de chumbo e a bailarina queimam juntos no forno.

Embora Grimm e Andersen sejam os nomes mais importantes do mundo dos contos de fadas, os leitores deveriam ler também as narrativas requintadas do francês Charles Perrault (que escreveu, entre outros, "O gato de botas" e "A Bela e a Fera") e da condessa d'Aulnoy, em particular o erótico e inesquecível "Le Nain Jaune" ["O anão amarelo"], um dos favoritos de Charles Dickens. Em nosso tempo, diversos escritores e artistas tentaram reinventar o gênero desde Angela Carter ["A companhia dos lobos"], Tanith Lee ("Red as Blood" ["Vermelho como o sangue"]), Stephen Sondheim ("Into the Woods" ["Entrando na floresta"]) e Sarah Moon (uma premiada série de fotos chocantes nas quais Chapeuzinho Vermelho é atacada por um predador sexual). Essas histórias aparentemente simples ainda são poderosas, belas, sábias e instigantes. Deveriam ser lidas por sua qualidade literária, e não apenas como historinhas de dormir para crianças sonolentas.

E. T. A. HOFFMANN (1776-1822)
Contos

Os celebrados "contos de Hoffmann" combinam de forma variada elementos místicos, horripilantes e extravagantes. Os melhores, como "O pote de ouro", são na realidade contos de fadas literários, um gênero que se tornou bastante popular durante o romantismo alemão; outros são retratos profundamente inquietantes da loucura e dos surtos psicológicos, como o famoso "O homem de areia". Um deles em especial, "Mademoiselle de Scudery", talvez seja o primeiro conto policial moderno, relatando o caso de um assassino em série com uma psicopatia bastante peculiar. Não importa se o tema é sonho, ciência ou terror, Hoffmann adota sempre uma dicção jovial e irônica, o que só faz aumentar a desorientação do leitor.

Vemos a influência de Hoffmann na arte e na literatura do século XIX. Hawthorne ("Rappaccini's Daughter" ["A filha de Rappaccini"]), Gogol ["O nariz"] e Dostoievski ["O duplo"] imitaram sua inquietante mistura de realidade e imaginação. Baseado em três histórias do autor, Jacques Offenbach escreveu a famosa ópera *Os contos de Hoffmann*. Tchaikovski, mais tarde, transformou um de seus contos de fadas no balé "O quebra-nozes". No celebrado ensaio "O estranho",

Freud utiliza "O homem de areia" para demonstrar que um tipo específico de fobia é criado quando um objeto familiar torna-se estranho de repente (associando depois essa reação ao retorno de um trauma de infância reprimido). Em tempos modernos, o "realismo mágico" do século XX às vezes parece ser apenas mais um nome para a literatura hoffmannesca; e os divertidos romances de Robertson Davies, centrados nos artistas, nos mágicos e no sobrenatural, refletem sua manifesta admiração pelo contador de histórias alemão. Podemos dizer o mesmo da literatura fantástica de Angela Carter e Steven Millhauser.

A principal contribuição de Hoffmann para a arte narrativa é sua mistura do prosaico com o poético; do real com o sobrenatural; do humano com o mecânico; da agitação do mundo externo com as confusões psicológicas internas. Já desde a Antiguidade, os mitos e os contos de fadas narram eventos e acontecimentos impossíveis, mas quase sempre em um passado remoto, em Outro Mundo distante ou no universo irreal do "era uma vez". Embora o autor provavelmente conhecesse o conto de seu contemporâneo Ludwig Tieck, "The Elves" ["Os elfos"], no qual o mundo invisível das fadas convive lado a lado com uma vila alemã comum, esse clássico da literatura fantástica ainda estava muito ligado à atmosfera do folclore tradicional. Hoffman modernizou a magia. A hipnose, os brinquedos mecanizados, as doenças "nervosas", a mente dos artistas e dos músicos, a alienação, a natureza dos sonhos, o sonambulismo, a influência pré-natal, o magnetismo – tudo isso estava em moda naqueles tempos. Hoffmann revestiu o inexplicável de uma aura científica e de uma proximidade temporal e espacial que só faziam aumentar o pavor. Essa inovação serviu de base para os contos de terror modernos.

Embora sua prosa seja simples e clara, seus textos quase sempre proporcionam um sentimento de transposição de limites, de vertigem espiritual. No romance *O elixir do diabo*, o protagonista parece trocar de personalidade com um homem morto. Será que é isso o que acontece? O que é real, o que é imaginação? Bonecos mecanizados também fascinavam o autor; seu conto ensaístico "Autômatos" oferece uma longa reflexão sobre o incômodo que sentimos diante de qualquer coisa que nos imite. É claro que Olympia, a boneca quase real por quem Nathanael se apaixona em "O homem de areia", é o exemplo mais famoso e inquietante; a história sugere que os próprios seres humanos talvez sejam apenas marionetes controladas por forças além de seu alcance. (O tema encontrou na obra de ficção científica de Philip K. Dick seu expoente moderno mais obsessivo.) Como Balzac observou astutamente, E. T. A. Hoffmann é "o poeta do que não aparece, mas tem vida".

Outros elementos que o autor reveste de poder sobrenatural são as janelas, os espelhos, as lentes, os olhos e a música. Quase tudo isso é utilizado para reforçar a suspeita de que o universo talvez tenha muito mais a oferecer do que aquilo que vemos normalmente; os artistas, os estudiosos do oculto e os loucos talvez tenham acesso a uma esfera à parte, a esfera da imaginação. O gaguejante Anselmus, de "O pote de ouro"– uma alegoria sobre a formação dos poetas –, vê-se dividido entre seu amor por um reino bizarro, cheio de salamandras, mulheres-serpentes de olhos azuis e espíritos elementares, e sua vida normal na pragmática cidade de Dresden, cheia de conselheiros e mocinhas bonitas. Assim como muitos poemas românticos, essa história prodigiosa – chamada de a maior obra fantástica do século XIX pelo acadêmico literário E. F. Bleiler – diz que devemos redescobrir nosso espírito infantil poético para podermos enxergar as maravilhas que nos cercam. Mas esses acontecimentos fantásticos nem sempre são inteiramente benéficos, e Hoffmann também menciona uma bruxa aterrorizante; um ritual satânico realizado à meia-noite; um espelho mágico; polimorfos do bem e do mal e um momento de angústia quando a alma de Anselmus fica presa numa garrafa de vidro. Temos até um revés pós-moderno no último capítulo, quando o autor recebe uma carta de um de seus personagens.

"O pote de ouro" brinca deliberadamente com a ideia de que talvez habitemos um mundo de mera aparência, ignorando o verdadeiro reino do espírito por ser fantasioso demais. Deveríamos ser fiéis aos sonhos, ao lado noturno? Ou ao "mundo real" e suas recompensas tangíveis? É difícil escolher. Pois, enquanto a "loucura" de Anselmus em "O pote de ouro" termina em felicidade e satisfação, a de Nathanael em "O homem de areia" resulta em um destino muito mais sombrio. Do mesmo modo, o jovem herói de "As minas de Falun" fica cada vez mais ligado ao submundo e à sua irresistível rainha. Estariam todos enganados? Ou será que cada um vê a realidade secreta e profunda das coisas de um jeito diferente?

O próprio Hoffmann tramitava entre dois polos opostos, o da praticidade e o da imaginação. Ele era um pintor e um caricaturista talentoso, e sua ópera *Undine* ainda é encenada nos dias de hoje (sua música mereceu uma carta de Beethoven). Hoffmann passava as noites bebendo até passar da conta, mas, em doze anos, escreveu dois romances e cinquenta contos. Ele também trabalhou seriamente em vários cargos governamentais, inclusive o de juiz, mas, no fim, parece que repudiou tudo aquilo que entendemos por "burguês" e a rotina confortável de uma existência comum, daí a sátira que fazia ao oficialismo burocrático. Com efeito, a vida curta de Hoffmann (ele morreu aos 46 anos) e sua ficção inovadora ajudaram a estabelecer a figura do artista *maudit*, o artista em busca de êxtase e transcendência, oposto à sociedade que frequentemente o chamava de louco. Tanto Baudelaire quanto Edgar Allan Poe são herdeiros de Hoffmann.

PROSPER MÉRIMÉE (1803-1870)
Contos

As frases de Prosper Mérimée podem ser secas, diretas e às vezes até insensíveis, mas a frieza de sua voz narrativa só faz aumentar a intensidade da paixão e do desejo assassino descritos em suas histórias mais famosas. Amigo de Stendhal e defensor da "cor regional" – no caso, os costumes de pessoas mundanas e emotivas –, Mérimée transformou a anedota e o *conte* do século XIX no conto moderno. Para V. S. Pritchett, ele é, com efeito, "o contista supremo, 'puro'", inigualável na "beleza técnica" de sua escrita e na "prosa transparente de suas narrativas".

Muitos de seus contos são conhecidos mundialmente mesmo que o nome do autor não seja. "Carmen", por exemplo, serviu de inspiração para a famosíssima ópera de Bizet sobre um soldado francês que se apaixona por uma prostituta cigana. O texto original de Mérimée transmite a mesma tristeza ao evocar a angústia sexual e o fatalismo sombrio da história. Walter Pater, um crítico do século XIX, disse certa vez que o conto "Mateo Falcone", no qual o filho de um fora da lei córsico quebra sua promessa, era uma das histórias mais cruéis do mundo. "O duplo engano" ("La Double Méprise") fala de como Dom Juan consegue seduzir em poucas horas uma jovem esposa virtuosa que acabara de conhecer. *Visão de Carlos IX* – ambientado no período das guerras religiosas francesas – é um romance histórico primoroso.

Mas essas são apenas algumas das maravilhas da variada *oeuvre* de Mérimée, que inclui peças, diários de viagem, cartas brilhantes e também contos de bruxaria ("As bruxas espanholas"), de adoração de serpentes ("Djumane"), de homens-lobo ("Lokis"), de rebeliões de escravos e de vinganças bíblicas. Em geral, o tema que perpassa toda a sua obra é o poder das emoções reprimidas: aquilo que nos recusamos a homenagear ou a reconhecer – as forças sombrias dentro de nós, nosso destino, nossa obrigação primordial – sempre acaba irrompendo com uma violência arrebatadora, destruidora. Para muitos leitores a obra-prima de Mérimée é "Colomba", uma história de vingança atroz, mas o próprio autor sempre preferiu "A Vênus de Ille". À exceção de "Horla", de Maupassant, esse talvez seja o conto sobrenatural mais famoso da literatura francesa do século XIX, mesclando com maestria humor, sátira e terror.

Nele, Mérimée, um inspetor do governo, visita a cidade de Ille, onde um antiquário balbuciante chamado Peyhorade tinha desenterrado havia pouco tempo uma estátua antiga de Vênus. Com uma beleza idealizada e fria, a peça divide opiniões; uns gostam, outros não. E coisas estranhas acontecem ao seu redor: certa noite, por exemplo, Mérimée vê um gaiato da região atirando uma pedra na estátua e sendo imediatamente atingido pelo que parecia ser um ricochete. No dia seguinte, Mérimée e Peyhorade notam que a estátua tinha uma marca branca não só no peito, onde fora atingida, mas também nos dedos da mão.

A essa altura, o leitor percebe que a estátua provavelmente está viva de alguma forma. Mas por quê? Mérimée usa a Vênus de Ille para nos lembrar que o amor não é brincadeira: na base da estátua estão escritas as palavras *Cave amantem* – amantes, cuidado. Por coincidência, o filho imaturo de Peyhorade está para se casar com uma jovem esplêndida e vibrante que o rapaz não sabe apreciar. Alphonse é um tolo. Seus únicos interesses são o esporte e o dinheiro. Para ele, o comércio, digamos assim, é mais importante do que o amor e o rapaz não reverencia devidamente o poder de Eros. Embora Mérimée lamente a manifesta falta de afinidade dos noivos, ele aceita ficar para assistir ao casamento. Mas Alphonse é tão insensível que arranja de jogar bola no dia da cerimônia e, sem ter onde guardar o anel da futura esposa, enfia-o no dedo de Vênus. Depois ele o esquece e tem de usar outro anel na igreja. Mas à noite, durante o jantar, um Alphonse pálido conta a Mérimée, em particular, que sentiu os dedos da estátua se dobrando sobre sua mão quando tentou pegar o anel de volta. Mérimée desdenha, dizendo que o jovem tinha bebido demais, só isso.

Naquela noite... Mas por que dizer mais? Até quando sabemos o que provavelmente vai acontecer, Mérimée consegue nos arrebatar com sua narrativa. Ele é inteiramente alheio ao sentimentalismo e aos excessos retóricos tão comuns na ficção do século XIX. Se, por um lado, ler os vitorianos é como regalar-se numa rica ceia de Natal, ler Mérimée é como bebericar uma taça de *dry martini* – gelado, fortificante e delicioso. Mas cuidado: seus personagens podem ser pessoas primitivas e exóticas, mas isso significa apenas que estão despidos da fachada meretrícia de uma sociedade demasiado educada. É por isso que eles revelam nossos medos mais primordiais e nossos desejos mais secretos com uma clareza medonha e cruel.

FRANCES HODGSON BURNETT (1849-1924)
O jardim secreto

Há poucos romances infantis como *O jardim secreto* (1911). Ann Thwaite, a biógrafa de Frances Hodgson Burnett, considerou-o "um dos três ou quatro livros mais importantes de minha juventude, pois foi lido e relido tantas vezes que a atmosfera da história tornou-se parte de minha própria vida". Ela conta também que um número infindável de pessoas partilha da mesma opinião da crítica Marghanita Laski: "É o livro infantil mais divertido que eu já li."

Mas um bom livro infantil deveria ser bom para qualquer pessoa, não importa sua idade. No tempo de Burnett, os adultos liam os romances da autora com avidez (do mesmo modo como leem agora as aventuras de *Harry Potter*, de J. K. Rowling). O primeiro-ministro inglês William Gladstone, por exemplo, adorou *O pequeno lorde* e pediu para conhecer Burnett. Eu mesmo só fui descobrir *O jardim secreto* já adulto e, para mim, ele é um testemunho emocionante do poder que a natureza tem de curar e renovar os espíritos alquebrados. Às vezes, a história é um pouco inverossímil (não uma, mas duas crianças estranhas e mimadas!) e, perto do fim, fica um tanto sentimental, mas também temos de chorar neste mundo, além de rir e pensar.

O romance começa com um gancho genial, chocante até, que chama a atenção de qualquer leitor de qualquer idade:

> Quando mandaram Mary Lennox à Mansão de Misselthwaite para viver com o tio, todos disseram que ela era a criança mais detestável

que já tinham visto. E era verdade. A garota tinha um rosto fino, um corpo magro, o cabelo loiro-claro liso e uma expressão azeda [...] Quando era bebê, um bebê doentio, chorão e feio, andando de gatinhas, costumavam deixá-la de lado [...] Aos 6 anos, já era uma porquinha tirânica e egoísta das piores que o mundo já vira.

Quando seus pais morrem de cólera, Mary, então com 10 anos, deixa a Índia e vai morar com o Tio Archibald em sua enorme mansão na Inglaterra. Chegando lá, ela descobre que o tio é um recluso corcunda que não quer vê-la. Isso já é bastante estranho por si só, mas logo ela descobre que há mistérios muito maiores na Mansão de Misselthwaite. Onde fica, por exemplo, o jardim criado pela jovem esposa do Tio Archibald, que morrera havia dez anos? E onde fica a chave para sua porta secreta? E o que são aqueles gritos estridentes que Mary ouve às vezes de noite? Durante o primeiro terço do livro, o leitor pode até achar que está lendo um *thriller* gótico ou um melodrama vitoriano.

Burnett sabe como ninguém manter o suspense – ou criar um *coup de théâtre*. Certa tarde, Mary vê um tordo já acostumado às pessoas saltitando num montinho de terra fresca do lado de um buraco feito por uma toupeira. A menina vai espiar o buraco:

> Quando foi olhar, viu algo meio enterrado no solo revolvido. Parecia um anel de metal enferrujado e, quando o tordo voou para uma árvore próxima, ela esticou o braço e pegou o anel. Era mais do que um simples anel, no entanto; era uma velha chave que parecia ter sido enterrada havia muito tempo.

Passam-se alguns meses e Mary Lennox torna-se mais amável, gordinha e feliz. Ela se afeiçoa pela criada, Martha, pelo velho jardineiro, Ben Weatherstaff, e principalmente por Dickon, o irmão de 12 anos de Martha. Burnett descreve o garoto como um moleque selvagem, um jovem Peter Pan: "Quando se aproximou dele, notou um odor fresco e pungente de urze, grama e folhas, quase como se o menino fosse feito dessas coisas." Dickon sabe domar animais selvagens e entende de legumes, verduras e flores. Juntos, Mary e Dickon – e um terceiro personagem, que não vou dizer quem é agora para aqueles que ainda não leram o livro – fazem o jardim secreto abandonado florescer novamente; e, com isso, dão nova vida ao mundo lúgubre da Mansão de Misselthwaite. Como escreve Burnett, "não importa quantos anos vivesse, a senhorita Mary nunca se esqueceria daquela primeira manhã quando seu jardim começou a crescer". Nenhum leitor jamais se esquecerá, por certo.

Entre outros livros de Frances Hodgson Burnett, temos o grande *best-seller* vitoriano *O pequeno lorde* e o comovente *A pequena princesa* (originalmente intitulado *Sara Crewe*, numa versão mais curta). *O jardim secreto* nunca deixou de ser publicado. No último século, essa obra-prima serviu de modelo para inúmeros romances infantis – seu grande sucessor é o muitíssimo comovente *O jardim da meia-noite*, de Philippa Pearce – e foi até mencionada por T. S. Eliot no começo de "Burnt Norton", onde ele fala da "porta para o jardim das rosas" e de um pássaro que parecia ser mágico. Para muitos leitores, o clássico de Burnett continua sendo não apenas uma história mítica – com o simbolismo manifesto do jardim murado, do reino pacífico, da morte e do renascimento – como também a história mais reconfortante de todos os tempos, à qual podemos voltar sempre que quisermos consolo e renovação.

E. NESBIT (1858-1924)
Cinco crianças e um segredo

JOHN MASEFIELD (1878-1967)
The Box of Delights [A caixa dos prazeres]

Noel Coward – ator sofisticado de inteligência privilegiada – dizia que E. Nesbit, "de todos os autores que já li, foi quem me ofereceu a mais completa satisfação. Sua escrita é tão leve e natural, seu humor é tão preciso e a qualidade de sua narrativa é tão grande que suas histórias, que conheço de trás para a frente, me atraem hoje tanto quanto me atraíam quando era menino. De certa forma até mais, pois agora posso desfrutar seu verdadeiro talento e sua capacidade extraordinária de descrever os dias quentes de verão da Inglaterra nos primeiros anos deste século".

Além de ser uma escritora bastante descritiva, Nesbit também é uma das primeiras autoras modernas de livros infantis a evitar tanto o didatismo quanto o tom desestimulante de condescendência adulta. Seus livros narram de maneira despretensiosa acontecimentos fantásticos que interrompem a mesmice do dia a dia. Ela inventou praticamente sozinha o gênero infantil popular que às vezes chamamos de "magia cotidiana", e entre seus continuadores temos Edward Eager, Joan Aiken, Daniel Pinkwater, Roald Dahl, Diana Wynne Jones e Madeline L'Engle.

Em *Cinco crianças e um segredo*, dois garotos, duas garotas e o irmãozinho mais novo passam um longuíssimo verão numa casa de campo um tanto enfadonha, localizada entre uma pedreira de giz e um fosso de cascalho. Eles são privilegiados, mas não são ricos. Nas férias em questão, as crianças ficam praticamente soltas e decidem cavar um buraco até a Austrália numa tarde de céu azul.

Enquanto trabalham no fosso de cascalho, Anthea desenterra algo muito estranho: "Os olhos ficavam na ponta de longos chifres como um caramujo e ela podia colocá-los para dentro e para fora como um telescópio; tinha orelhas como as de um morcego e seu corpo gordinho era como o de uma aranha, coberto de um pelo espesso e macio; os braços e as pernas também eram peludos, mas as mãos e os pés eram como os de um macaco." A Psammead, ou fada da areia, às vezes parece o protótipo de uma das criaturas selvagens de Maurice Sendak, mas, como um gênio da lâmpada, ela pode conceder desejos com algumas condições e ressalvas. A maior dessas ressalvas é que o desejo acaba quando o sol se põe e então as coisas voltam ao normal. Por fim, a Psammead ranzinza aceita conceder um pedido por dia às crianças.

Daí em diante, o livro torna-se uma série de episódios interligados que narram o que acontece quando os irmãos aprendem aos poucos o verdadeiro significado daquela máxima adulta: "Cuidado com o que desejas; pois o desejo pode se realizar." Quando pedem uma grande pilha de ouro, nenhum lojista aceita as moedas estranhas. Quando desejam ficar "bonitos como o dia", não reconhecem um ao outro. Com efeito, "seus rostos estavam tão radiosos e bonitos que era um pouco irritante de olhar". E, quando desejam inadvertidamente que todos amem o bebê tanto quanto eles próprios amavam, o "Cordeirinho" é sequestrado por uma tal Lady Chittenden e depois vira motivo de briga em uma caravana de ciganos.

Vários dos desejos baseiam-se nas leituras das crianças – contos de cavaleiros medievais ou de índios –, e os irmãos, claro, tentam agir como os heróis dos livros, com coragem e eficiência. Algumas peripécias acabam sendo mais assustadoras e emocionalmente complicadas do que o previsto, embora nada terrível lhes aconteça, exceto alguns jantares perdidos e muitas broncas da criada Martha. O que temos são aventuras aconchegantes para as tardes de verão, entrelaçadas com um humor leve e narradas de modo informal e agradável.

Não é de admirar, portanto, que E. Nesbit tenha sido tão popular. Por muitos e muitos anos – desde o realista *Os caçadores de tesouro* (1899) e *Os meninos e o trem de ferro* (1906) até o fantástico *A história do amuleto* (1906) e *Wet Magic* [Mágica úmida] (1913) –, ela provou que o dom narrativo que realmente importa é a habilidade de manter os leitores presos ao livro. Como nenhum outro autor infantil de seu tempo, ela possuía os encantos de uma feiticeira.

À exceção de *The Phoenix and the Carpet* [A fênix e o tapete], que se passa durante o Natal, os romances de Nesbit costumam ser associados principalmente aos dias vazios e preguiçosos entre junho e agosto. *The Box of Delights* (1935), de John Masefield, por sua vez, é um dos maiores peãs de inverno da literatura inglesa. Embora seja pouco conhecido nos Estados Unidos, o livro costuma ser bastante lido na Grã-Bretanha durante os feriados de fim de ano. É uma continuação de *The Midnight Folk* [O povo da meia-noite] (1927), mas não precisamos conhecer esse livro caloroso para podermos apreciar sua continuação mais gelada e muito melhor.

Um ou dois dias antes do Natal, o estudante inglês Kay Harker, com seus 12 ou 13 anos, está voltando de trem para sua casa nos arredores de Tatchester, famosa por sua catedral. Órfão, ele vive no casarão de Seekings com sua guardiã, a bela Caroline Louisa. Este ano, os quatro filhos dos Jones vêm lhes visitar e, portanto, as festas devem ser bastante alegres apesar da ameaça de nevasca. Mas à medida que Kay se aproxima de casa coisas estranhas começam a acontecer.

Na plataforma da Encruzilhada de Musborough, onde ele precisa trocar de trem, um velho marionetista ajuda o garoto a encontrar o bilhete que sumira misteriosamente. Na cabine, Kay se vê na companhia de dois homens bastante sinistros, vestidos de clérigos, que chamam um ao outro primeiro de Tristan e Lancelot e depois de Gawain e Dagonet e que o aconselham a não jogar cartas com estranhos. Mesmo assim conseguem tirar meia-coroa dele e provavelmente também roubam sua bolsa. Sentindo-se mais do que aborrecido, Kay desce em Tatchester e encontra novamente o marionetista. Dessa vez o homem pede ao garoto um pequeno favor:

> Sr. Harker, tem uma coisa que só você pode fazer para mim. Quando estiver indo para Seekings, se você pudesse parar na loja do Bob, como se fosse comprar *muffins* [...] Perto da porta, você vai encontrar uma mulher coberta com um manto quadriculado, usando um anel muito esquisito, senhor Harker, como este aqui que estou usando, com uma cruz comprida de ouro e granate. E ela tem olhos claros, senhor Harker, tão claros como os meus, o que não é muito comum. Se você parar na loja do Bob para comprar *muffins*,

sem dizer nada a ninguém, nem mesmo ao seu melhor amigo, e disser a essa senhora que "Os lobos estão à solta", ela vai saber e os Outros vão saber e ninguém será mordido.

Kay aceita ajudar o estranho e começa a ver nos campos distantes e nas encruzilhadas nevoentas o que parece ser um bando de enormes pastores alemães "rastreando algum cheiro". No momento oportuno, o marionetista vai a Seekings de visita. Forças negras, ele explica, perseguiam-no. O inimigo está cercando o próprio casarão de Seekings e, com efeito, vultos sombrios parecem rondar a escuridão nevada. Querendo despistá-los, o velho pede a Kay que guarde e mantenha a salvo uma caixinha.

Não vou contar o resto. Só digo que a caixa possui três poderes mágicos, um dos quais permite que o detentor do objeto se transporte para onde quiser. Antes do *grand finale* de Masefield – na milésima missa de Natal da Catedral de Tatchester –, vemos sequestros e fugas; uma visita à antiga Troia; uma viagem com piratas e um desterro em uma ilha deserta. O que está em jogo não é apenas o poder de viajar no tempo, mas também o Elixir da Vida.

Os capítulos desse livro hibernal são todos maravilhosos, mas o real prazer da leitura advém do estilo de Masefield e das falas idiossincráticas e coloridas de seus vários personagens. Eis como a bruxa Sylvia Pouncer fala de um ex-pupilo desagradável: "É uma criança por quem sinto um profundo ódio e um grande desprezo; um boboca completamente mórbido, sonhador e ocioso; e ainda tem um péssimo faro para as corridas de cavalo, que serão sua ruína um dia." E eis como fala Maria Jones, uma menina travessa com jeito de garoto: "Escola! Deviam saber que isso não funciona comigo. Já fui expulsa de três instituições e as diretoras ainda desmaiam só de ouvir meu nome em voz alta. Sou Maria Jones, sou sim: sou bastante conhecida nas escolas, se você se der o trabalho de investigar."

O autor também nos diverte ao capturar o fluxo interminável de frases prontas de um policial do interior ou o tom de um jornal de cidade pequena: o deão de Tatchester, contou-nos o próprio, "é o renomado autor de 'Possíveis influências orientais nas filosofias antigas' assim como também do manual: 'Alegria: O dever cristão'". Até o cenário de fundo de Masefield é charmoso; por exemplo, "o Templo do venerável santo Cosric, Rei Saxão e Mártir, que obrara tantos milagres na cura da Lepra e dos Corações Partidos".

Os livros de E. Nesbit foram publicados no final daquele radioso zênite vitoriano que antecedeu a Primeira Guerra Mundial e costumam ser ensolarados e felizes como os feriados de suas histórias. *The Box of Delights*, de Masefield, no entanto, surgiu em 1935 – *O Hobbit*, de J. R. R. Tolkien, foi lançado em 1937, e *A espada na pedra*, em 1938. Embora sejam bastante divertidos, esses últimos clássicos infantis transmitem certa tristeza, um sentimento de impotência que permeia a maioria das histórias fantásticas do século XX: os velhos deuses estão partindo e os dias prodigiosos em breve chegarão ao fim, assim como a infância.

WALTER DE LA MARE (1873-1956)
Memoirs of a Midget [Memórias de uma anã] e outras obras

À exceção de "The listeners" ["Os que ouvem"] e dos poemas de *Peacock Pie* [Torta de legumes] – "'Estou farto, farto dos livros', disse Jack/ 'Quero os campos verdes'") –, grande parte da obra de Walter de la Mare foi esquecida pelo público em geral. Na metade da década de 1920, no entanto, ele foi aclamado por diversas vezes como um dos três ou quatro melhores escritores ingleses vivos, sendo admirado por autoridades como T. S. Eliot (que escreveu um poema em homenagem a seu octogésimo aniversário). Hoje em dia, para os que nunca leram seus livros, ele é visto como um autor do passado, "atolado no dia de ontem" junto com, digamos, Arnold Bennett, Ellen Glasgow e James Branch Cabell.

Mas, assim como esses escritores, De la Mare é muito mais original e interessante do que se costuma pensar. Para os fãs de contos fantasmagóricos ingleses, por exemplo, suas estranhas histórias estão entre as melhores de todos os tempos. "Seaton's Aunt" ("A tia de Seaton") – sobre um vampiro vidente – talvez seja o mais famoso, mas o autor também escreveu muitos outros contos antológicos, todos com títulos instigantes, incluindo "All Hallows" ["Dia de todos os santos"], "The Riddle" ["A charada"] e "Crewe", sem falar do longo romance de possessão espiritual, *The Return* [O retorno].

Em boa parte de sua obra, De la Mare tenta criar uma atmosfera onírica, rendendo-se por vezes a um excesso de lirismo na ornamentação e na adjetivação e deixando os leitores confusos. Nisso, ele se assemelha aos autores românticos alemães, tais como Novalis, que cantavam a noite embora suas almas desejassem algo que nem sequer sabiam dizer. "O protagonista de uma típica história de Walter de la Mare", disse com acerto o crítico John Clute, "descobre que sua vida é uma jornada na qual as placas apontam para as fronteiras do limite do entendimento, além das quais pode estar a morte ou um mundo de imaginação ou os campos de sua verdadeira casa. Mas seja o que for, ele irá desejá-lo". É por isso que os seguidores modernos de Walter de la Mare costumam ser uma espécie de aventureiros do limiar, autores que pautam suas narrativas em fronteiras semelhantes entre o real e o imaginário – o mestre da aflição espiritual Robert Aickman, por exemplo, ou a grande proponente inglesa do realismo mágico Angela Carter, cujo fantasmagórico *Noites no circo* busca manifesta inspiração na obra-prima de Walter de la Mare, *Memoirs of a Midget*.

Publicado pela primeira vez em 1921, esse longo romance apresenta a biografia parcial da senhorita M. – o autor não diz o nome inteiro –, que, pelo menos do ponto de vista físico, não cresce jamais. Boa parte do livro transcorre durante o ano de seu vigésimo aniversário, quando a senhorita M. parece não ter mais do que 60 cm de altura e às vezes até menos – os criados a carregam com certa facilidade e as crianças pensam que ela é uma boneca; em dado momento, ela se apavora com a possibilidade de uma pera madura cair da árvore e esmagá-la. A senhorita M. é filha única, bastante mimada, e não se incomoda com sua baixa estatura, exceto quando se vê ameaçada por estranhos ou contrafeita pelas portas, utensílios e degraus de varandas de tamanho adulto. Mas o romance não é sobre deficiências físicas; é um estudo de caráter e de valores morais, um estudo sobre o modo como as pessoas enfrentam o mundo inflexível.

Como hoje em dia há *best-sellers* narrados por heróis com síndrome de Tourette e autismo, os leitores provavelmente não estranharão a inesperada heroína de Walter de la Mare. Mas é importante lembrar que a década de 1920 na Grã-Bretanha foi um período em que os autores flertaram com a fantasia e os pontos de vista mais extravagantes. Também publicado em 1921, *Crome Yellow*, de Aldous Huxley, possui um capítulo – a princípio um conto, "Sir Hercules" – que fala do efeito desastroso de um filho travesso de tamanho normal sobre pais anões refinados e educados. *Lady into Fox* [De dama a raposa], (1922), de David Garnett, fala da tentativa de um homem de dar continuidade ao casamento depois que sua esposa é transformada literalmente em uma raposa, tema mais tarde repetido com uma ligeira mudança por John Collier em sua obra-prima sardônica *His Monkey Wife* [Sua esposa macaca] (1930). Nas memórias da senhorita M., Walter de la Mare chega até a mencionar Sir Oran Haut-Ton, o orangotango eleito para o parlamento em *Melincourt*, de Thomas Love Peacock, cuja obra completa tinha sido publicada novamente na década de 1920. Essa também foi a década em que Ronald Firbank compôs suas tragicomédias sobre santos efeminados (*The Flower Beneath the Foot* [A flor sob o pé]) e clérigos ainda mais efeminados (*Concerning the Eccentricities of Cardinal Pirelli* [Sobre as excentricidades do Cardeal Pirelli]). Os autores da época estavam se rebelando contra o realismo do estilo *biedermeier* empregado pelos eduardianos.

E, no entanto, apesar de toda a estranheza da narradora, *Memoirs of a Midget* pode ser considerado um dos melhores romances que Henry James jamais escreveu. A voz narrativa é, por vezes, severa, formal, obscura e prolixa, tanto que o livro poderia se chamar também "O que a senhorita M. sabia". Quem não ler com atenção, vai custar a perceber que a senhora Bowater não é a mãe biológica de Fanny, que o senhor Anon é corcunda, que a própria Fanny talvez precise de dinheiro para um aborto, que o Reverendo Crimble está enlouquecendo e que a senhorita M. é um pouco metida.

O livro, assim como muitas das obras de James, também está repleto de mortes, violência, loucura e elementos grotescos. "O mundo", escreve a senhorita M., "empunha um alfinete afiado e não tem pena das bolhas." Esse lado mais cruel da vida aparece até no começo da história, quando a senhorita M. era bastante paparicada:

> Certa manhã, ao esbarrar num arbusto de erva-santa (ou erva-dos-vermes, como alguns a chamam), o aroma envolvendo-me dos pés à cabeça, tropecei na carcaça de um filhote de toupeira. A curiosidade venceu o primeiro instante de horror. Prendendo a respiração, virei seu corpinho na terra com um graveto e observei o ninho saliente de vermes em sua barriga com uma atenção peculiar. "A-há!", gritou uma voz dentro de mim, "então é isso que me aguarda; é assim que são as coisas."

Mas a senhorita M. também costuma refletir a respeito da vida e da morte: "É somente quando o pobre peixe – esturjão ou esganagata – luta que ele percebe que caiu na rede." Por conta de seu tamanho, ela é forçada a pensar nos limites da vida a todo instante.

Mas nem tudo é tristeza nesse livro estranho e misterioso. Ao ver a senhorita M., um garotinho que estava passando de bonde pergunta: "Mamãe, aquilo está vivo?" A mãe, desconcertada, tenta distrair a criança, mas o filho insiste: "Mas está sim, mãe. Acabou de se mexer.

Eu vi." Por fim, ele acaba pedindo: "Eu quero aquilo, mãe [...] Eu quero aquela adorável senhorinha. Dá um biscoitinho para aquela senhora pequenininha". Como diz a senhorita M., "foi a única vez na vida que alguém da minha espécie se apaixonou por mim".

Depois da morte de seus pais, a senhorita M. vai morar com a senhora Bowater em uma cidade pequena. Em sua nova residência, ela acaba conhecendo Fanny Bowater, que trabalha como professora em uma escola do interior. Fanny é bela, extrovertida e muitíssimo cheia de vida – é a personagem favorita de todo o mundo, uma espécie de Elizabeth Bennet inescrupulosa ("o socialismo, minha querida, é apenas uma questão de sapatos") – e a senhorita M. apaixona-se loucamente por ela. Lembremos que a senhorita M. não é criança; ela tem 20 anos e Fanny tem mais ou menos a mesma idade, partindo corações apaixonados aos montes. A senhorita Bowater ilude a senhorita M., cujas emoções estão tão à flor da pele que os leitores de hoje talvez fiquem espantados com as suas declarações francas não de amizade, mas de um forte desejo. Mas o que esperar de duas mocinhas que leem *O morro dos ventos uivantes* juntas?

No fim, a senhorita M. aprende que "as pessoas, de fato, sofriam e sentiam as coisas horríveis descritas nos livros baratos, populares". Como diz, pensando em um amor, "Nunca mais ficaríamos juntos, exceto nas lembranças".

Em outros tempos, muitos críticos consideraram o livro, nas palavras de Edward Wagenknecht, "o romance inglês mais extravagante dos últimos anos". Talvez *Memoirs of a Midget* seja estranho demais para um elogio tão abrangente. Mesmo assim, o livro é inesquecível em sua originalidade e singularidade, prendendo-se à memória como uma aparição fantasmagórica ou um sonho.

Vida de gente importante

Tanto os santos quanto os pecadores levam vidas importantes. Heróis da Antiguidade, grandes nomes da Renascença, cortesãos infames, profissionais dedicados, polemistas ferrenhos, poetas famosos e até mesmo um ou dois mágicos – esses são apenas alguns dos tipos que você encontrará nas páginas seguintes. Vale a pena conhecê-los.

Hoje em dia, as biografias têm de ser exaustivas, precisas e imparciais. Mas os grandes clássicos biográficos do passado nos encantam por sua singularidade e parcialidade. Plutarco nos inspira em suas narrativas de nobreza e sacrifício e em suas advertências contra a vaidade e a autocomplacência. Quando John Aubrey escreve a respeito das figuras conhecidas de seu tempo, ele até parece um colunista de fofocas do século XVII. O relato dos anos de escravidão de Frederick Douglass nos entristece e nos irrita, e as cartas de Henry James revelam constantemente um coração melancólico e muitíssimo generoso.

Quando somos jovens, nossos gêneros literários favoritos costumam ser a ficção e a poesia. Por quê? Porque falam de amor, falam desse sentimento incômodo que perturba todas as pessoas dos 15 aos 55 anos, mais ou menos. Quando chegamos à meia-idade, no entanto, começamos a pensar mais e mais no sentido da vida – de nossas próprias vidas e da vida em geral. Com esse propósito, voltamo-nos cada vez mais para a biografia e para as suas primas, a história e a filosofia, em busca de esclarecimento. Os livros desta seção oferecem exatamente isso e também muita diversão – não importa a idade.

PLUTARCO (fl. *c.* 66 a.C.)
Vidas paralelas

Vidas paralelas, de Plutarco, é séria candidata ao título de obra mais divertida da Antiguidade. Essa coletânea – de fato, quase uma pequena biblioteca – de 46 pequenas biografias de gregos e romanos famosos apresenta narrativas animadas, trechos de história, reflexões sobre a virtude e a conduta moral e muito do que sabemos sobre os lendários Teseu e Rômulo, o notório e *sexy* Alcebíades e os oradores Demóstenes e Cícero. Há também muitas páginas dedicadas a personalidades inspiradoras, agora menos conhecidas, tais como Catão, Lúculo, Aristides e Temístocles. Por séculos, Plutarco esteve presente na biblioteca de todos os homens eruditos como uma espécie de bíblia de lições morais e de exemplos de nobreza.

O biógrafo grego começa as *Vidas paralelas* com esta frase divertida e instigante, prometendo resistir à tentação exercida pelo faz de conta e pelo mito:

> Assim como os geógrafos [...] colocam nos mapas partes do mundo que não conhecem, acrescentando notas nas margens para explicar que além daquele ponto não há coisa alguma senão desertos de areia repletos de animais selvagens, pântanos inacessíveis, gelo cítio ou um mar congelado, da mesma forma [...] posso dizer que [...] além dele [do livro] não há coisa alguma senão milagres e mentiras, seus únicos habitantes são os poetas e os criadores de fábulas.

Apesar dessa promessa implícita que o obrigava a ser fiel ao relato histórico e a recusar as tentações da especulação fantasiosa, Plutarco embeleza suas biografias com muitas histórias semimíticas. Por exemplo, ao traçar a genealogia de Licurgo, o severo legislador de Esparta, o autor faz esse pequeno estudo de caso sobre o autocontrole:

Conta-se que o Rei Sus, sitiado pelos clitorianos num lugar seco e pedregoso onde não havia água, viu-se forçado a fazer um acordo nos seguintes termos: disse que lhes devolveria todas as terras conquistadas com a condição de que deixassem ele e seus homens beberem da fonte mais próxima. Depois dos juramentos e das ratificações tradicionais, ele reuniu os soldados e prometeu seu reino como recompensa àquele que se recusasse a beber; e quando todos já estavam sedentos e, em suma, os odres se encontravam vazios, chegou à fonte o próprio Rei Sus e, tendo molhado o rosto apenas, sem engolir sequer uma gota de água, partiu em direção aos inimigos, recusando-se a abrir mão das terras conquistadas, pois ele e seus homens não tinham bebido água, conforme haviam combinado.

Com um ancestral tão determinado, não é de admirar que Licurgo tenha transformado Esparta (ou Lacedemônia) no que Plutarco chamou de "um estado inteiramente filosófico" baseado, sobretudo, numa dedicação inabalável ao dever e numa autodisciplina bastante rígida – ou seja, em princípios militares. Os outros povos podiam reunir exércitos, mas os espartanos *eram* um exército. De noite, depois dos eventos públicos, eles voltavam para casa sem tochas para aprenderem a se locomover no escuro; os jovens de ambos os sexos marchavam nus em procissões para vencer qualquer frouxidão ou "afeminação"; a própria cidade estava sempre em alerta e a educação dos cidadãos "era um contínuo exercício da mais perfeita obediência e prontidão". E, no entanto, quando os espartanos "estavam no campo de batalha, tinham menos trabalho; suas obrigações eram menos severas e seus comandantes, menos rígidos, de modo que eram os únicos a quem a guerra trazia certo descanso". Às vezes, quando lemos esses relatos dos costumes espartanos, nos lembramos, trêmulos, do Terceiro Reich, da China de Mao Tsé-tung e também da República ideal de Platão e da Utopia de Thomas More.

Quando Licurgo viu que Esparta estava exatamente do jeito que ele queria, pôs-se a pensar em uma maneira de manter suas leis inalteradas mesmo após sua morte. Por fim, o legislador "convocou todos os cidadãos para uma assembleia extraordinária e lhes disse que estava tudo mais ou menos arranjado de modo que fossem garantidos tanto o sucesso quanto a virtude do Estado; mas que havia ainda uma coisa por fazer, algo de grande importância que ele não queria contar até ter consultado o oráculo". Licurgo deve ter feito uma pausa nessa parte, esperando absoluto silêncio: "Enquanto não voltasse, pedia que seguissem as leis categoricamente, sem alterá-las."

Licurgo, claro, não planejava voltar de sua viagem ao oráculo. Plutarco encerra o relato do legislador dizendo que, segundo as lendas, na ocasião de sua morte, onde quer que tenha sido, Licurgo pediu que cremassem seu corpo e despejassem suas cinzas no oceano "por medo de que, se essas relíquias fossem levadas à Lacedemônia, o povo se julgasse desobrigado do juramento e fizesse mudanças no governo". Esse era certamente um homem que planejava tudo.

Encontramos histórias e observações desse tipo em quase todas as páginas do livro. Surpreendentemente, algumas das melhores histórias dizem respeito às vidas dos gregos e romanos menos famosos. Algumas passagens são aborrecidas, sim, e os breves capítulos intermediários que comparam as personalidades "paralelas" gregas e romanas podem ser um tanto forçados. Muitos leitores talvez prefiram o inglês mais contemporâneo de Rex Warner à velha tradução de Dryden/Clough citada aqui, embora possua os encantos do período. Não importa a tradução, *Vidas paralelas*, de Plutarco, é uma obra filosófica, histórica e biográfica.

GIROLAMO CARDANO (1501-1576)
O livro da minha vida

Entre as autobiografias mais divertidas de todos os tempos temos a do rabugento matemático, doutor e astrólogo renascentista Girolamo

Cardano, que já foi considerado o homem mais inteligente depois de Aristóteles. Em vez de contar sua vida em ordem cronológica, Cardano divide o *De Vita Propria Liber* [O livro da minha vida] (1557) em diversas categorias; na tradução de Jean Stoner para o inglês, os capítulos são intitulados "Stature and appearance" [Altura e aparência], "Those things in which I take pleasure" [Coisas que me aprazem], "Things in which I feel I have failed" [Coisas nas quais falhei] e "Testimony of illustrious men concerning me" [Testemunhos de homens ilustres a meu respeito].

É difícil transmitir o alegre fascínio despertado pela obra. Como escreveu Jacob Burckhardt em *Die Kultur der Renaissance in Italien* [*A cultura do Renascimento na Itália*], quem abrir *O livro da minha vida* "não vai parar de ler até chegar à última página". Nele, Cardano relata seu passado e seu presente de maneira factual, quase desprendida, num espírito cientificista que não poupa coisa alguma, revelando uma personalidade ao mesmo tempo agradável e sombria. Para citar um exemplo:

> Apesar dos muitos remédios para aborto tomados em vão – segundo foi relatado –, nasci com saúde no dia 24 de setembro do ano de 1501 [...] Não tinha defeito algum, exceto na genitália, de modo que dos 21 aos 31 anos não pude dormir com mulher alguma e muitas vezes lamentei meu destino, invejando outros homens por sua boa sorte.

Segundo Cardano, seu pai costumava pedir ajuda a "um gênio que ele dizia ser um espírito do lar". O próprio autor tivera um guardião semelhante ao longo da vida, conforme ele próprio nos conta. Absurdo? Loucura? Talvez. E, no entanto, naquele tempo, a crença em tais espíritos bons e maus era comum. Apenas alguns anos antes, em 1471, o papa Paulo II dormira com um jovem rapaz e fora supostamente estrangulado no ato por demônios. Lembremos também do doutor Fausto, baseado em Georg Helmsttetter, de Heidelberg (quase da mesma época de Cardano), e seu gênio diabólico, Mefistófeles.

Em *O livro da minha vida*, esse mago italiano ranzinza – é tentador imaginá-lo como o Merlin de *A espada na pedra* – fala-nos dos detalhes de suas atividades cotidianas com a minúcia de um Wordsworth. O autor lamenta com certo rancor o fato de ter se tornado "dono de vários tipos de animais que se afeiçoaram a mim: crianças, cordeiros, lebres, coelhos e cegonhas. Sujam a casa toda". Ele também fala da dificuldade de arranjar sapatos que lhe servissem. Admite roubar nos jogos de carta e confessa que sua enorme dedicação aos estudos – escreveu cerca de sete mil páginas de folheto – era "uma forma de contrabalançar o profundo amor que tenho por meus filhos". Além disso, o italiano comparece regularmente às aulas públicas de anatomia, consulta as estrelas e faz horóscopos.

Com efeito, Cardano passou boa parte de sua vida praticando astrologia e chegou até a visitar o famoso feiticeiro elisabetano doutor John Dee. Entre os muitos livros de Cardano – ele os lista em um dos capítulos de sua autobiografia – temos obras muitíssimo interessantes, como *Os segredos da eternidade* (infelizmente inacabadas) e também um texto exemplar sobre os jogos de azar, uma crítica a Ptolomeu e um estudo sobre os dentes. Não é de admirar, portanto, que o estimado polímata italiano irritasse tanto os estudiosos rivais. Seu biógrafo Anthony Grafton nos conta que, em 1557, o escritor erudito "Júlio César Escalígero [...] dedicou mais de novecentas páginas à refutação de um dos livros de Cardano, *Sobre a sutileza das coisas*". Esse ataque feroz, acrescenta Grafton, "talvez seja a única resenha literária que tenha se transformado em livro também".

A fé de Cardano na astrologia era tamanha que, segundo reza a lenda, ele se suicidou só para morrer no dia previsto em seu horóscopo. Pode parecer improvável, mas a astrologia era levada muito a sério, e até mesmo os mais céticos acreditavam em seu poder. Anton Fugger, o riquíssimo banqueiro e comerciante, pedia a um mágico com uma bola de cristal que fiscalizasse seus parceiros de negócios que viviam em outras cidades.

Além das habituais vitórias e derrotas, Cardano sofreu uma tragédia pessoal terrível: seu querido filho, convicto de que sua esposa fora infiel, envenenou-a e foi condenado à morte e decapitado em seguida. Cardano ficou em frangalhos, mas disse aos leitores com uma lucidez amarga: "Sei muito bem que tais aflições não terão a menor importância para as futuras gerações, ainda mais para os desconhecidos; mas nesta vida finita não há nada além de inanidade, vacuidade e sonhos intangíveis." No fim, ele acabou recobrando a vitalidade e morreu como um homem relativamente feliz, orgulhoso de sua fama e de suas honrarias. Além disso, já velho, gabava-se de ter ainda quinze dentes na boca.

JOHN AUBREY (1626-1697)
Brief Lives [Biografias curtas]

Brief Lives, de John Aubrey (escrito em parte entre os anos de 1679-80), contém algumas das melhores fofocas da literatura inglesa. O próprio Aubrey nunca publicou suas revelações escandalosas. Apenas compilou notas para o estudo das figuras eminentes de Oxford, *Athenae Oxonienses*, do temperamental Anthony Wood, coletou material para o projeto de "As vidas de nossos escritores matemáticos ingleses" e rascunhou uma curta biografia para seu amigo, o filósofo Thomas Hobbes. Mais tarde os organizadores modernos reuniram seus trabalhos sob o título de *Brief Lives*, que também incorpora os textos de Aubrey sobre o folclore, os artefatos antigos e a arqueologia inglesa, as crenças sobrenaturais e o condado de Wiltshire.

Aubrey costumava dizer que seus dossiês biográficos eram "minutas", ou seja, uma série de notas reunidas de forma "tumultuada". Ainda assim, como um bom repórter ou colunista de Hollywood, suas minutas são factuais, anedóticas e às vezes até chocantes, geralmente baseadas em relatos de testemunhas oculares e sempre detalhadas de maneira minuciosa. Como Aubrey não pôde reescrever seus rascunhos em uma prosa mais burilada e grandiloquente, seu texto possui uma vitalidade impressionante, refletindo o dinamismo e a desordem da vida do século XVII. Sim, pois John Aubrey conhecia direta ou indiretamente as pessoas mais interessantes de seu tempo – os poetas, os cientistas, os filósofos e os políticos, as prostitutas e os malucos.

O que essas biografias curtas têm para oferecer? Acima de tudo, factoides impressionantes: os sintomas da sífilis eram tão repugnantes que os leprosos recusavam-se a morar perto dos infectados. Aubrey nos conta que, segundo a crença popular, "as divinas artes da impressão e da pólvora" tinham assustado todos os *hobgoblins* e as fadas da Inglaterra. Bom, talvez não todos, pois no "ano de 1670, perto de Cyrencester, houve uma Aparição: quando lhe perguntaram se era um bom ou mau espírito, não respondeu, mas sumiu deixando um Perfume estranho e um som harmonioso como o tanger de cordas. O senhor W. Lilly acredita se tratar de uma Fada".

O livro de Aubrey está repleto de anedotas estranhas como essas e de travessuras sexuais e banalidades literárias, escritas de maneira pungente. Thomas Allen era considerado um mágico tão magnífico que seu criado afirmava ver "espíritos subindo as escadas como Abelhas". Francis Bacon tinha um "olho de víbora". Quando lhe pediram que mostrasse seus instrumentos matemáticos, Descartes puxou a pequena gaveta e pegou "um Compasso com uma das pernas quebradas; e então dobrou ao meio uma folha de papel e a utilizou como uma Régua". James Harrington acreditava que "o Suor se transformava em Moscas e às vezes em Abelhas". Depois que o doutor William Harvey publicou seu importante livro sobre a circulação sanguínea, passou a ter muito menos pacientes, pois as pessoas achavam que ele tinha enlouquecido.

Muitas das melhores histórias de Aubrey são o que chamaríamos educadamente de escabrosas. A dupla de dramaturgos Beaumont e Fletcher gostava de partilhar a mesma mulher. Sir William Davenant dizia ser filho bastardo de Shakespeare. Mary Herbert, a condessa de

Pembroke, era uma excelente química e a principal patrona das artes em seu tempo e também uma mulher "indecente, que, quando chegava a Primavera, a época em que os Garanhões montam as Éguas, tinha o hábito de mandar trazê-los a determinada parte da casa onde havia uma pequena escotilha (um buraco) por onde ela os olhava e assistia com prazer a diversão dos garanhões; depois reencenava a diversão ela mesma, com seus próprios garanhões", ou seja, seus amantes. E, quanto ao bem-comportado cortesão Sir Walter Raleigh, Aubrey nos conta que ele "amava muito uma mulher; e que, certa vez, apertando uma das Damas de Honra contra uma árvore num Bosque (sua primeira senhora), que a princípio considerava aquilo danoso à sua Honra, sendo modesta, gritou: O que estás pedindo, caro Sir Raleigh? Queres acabar comigo? Não, caro Raleigh! Caro Raleigh! Caro Raleigh! Por fim, à medida que o perigo e o prazer aumentavam, começou a gritar extasiada: Carraleigh! Carraleigh!".

Talvez devêssemos repreender Raleigh por esse episódio que pode ser considerado quase um estupro, embora uma história tão verossímil como essa dê um pouco de vida a alguém que de outro modo seria apenas um nome morto em um livro. Aubrey faz isso diversas vezes. Você sabia que o poeta erótico Sir John Suckling foi não só o "maior galanteador de seu tempo e o maior jogador" como também o inventor do *cribbage*? "Tinha um talento raro para as Cartas e costumava praticar sozinho na cama e ali estudava a melhor maneira de manuseá-las." Minha anedota favorita é ainda mais divertida, fala de dois versejadores menores daquele tempo: quando George Withers viu-se em perigo de ser enforcado, Sir John Denham implorou por sua vida, dizendo ao rei que, enquanto Withers vivesse, ele próprio "não seria o pior poeta da Inglaterra".

Anthony Wood descreveu Aubrey como "um homem sem ambição, inconstante e excêntrico, pouco melhor do que um louco na maioria das vezes". Ele se assemelha, com efeito, à clássica imagem do antiquário desligado. E, no entanto, quando jovem, Aubrey se envolveu em relacionamentos românticos, faliu e passou anos fugindo dos credores e bajulando os amigos aristocratas. Ele também praticava astrologia e acreditava na fisiognomonia (a pseudociência que dizia que as feições e as proporções da cabeça de um homem revelariam seu caráter), gostava dos serões culturais e frequentava as reuniões da Academia de Ciências. (Samuel Pepys também, embora não mencione Aubrey em seu diário e apareça de passagem apenas duas vezes em *Brief Lives*.) Apesar de ser "excêntrico" (estranho e obsessivo), o polímata foi um pioneiro nos campos da paleografia, da história oral, do folclore e da arqueologia (foi o primeiro escritor a descrever os círculos de pedras em Avebury). Intelectualmente agitado, Aubrey não se atinha por muito tempo a coisa alguma e parecia ser incapaz de terminar qualquer projeto. Como podemos não gostar de alguém tão exuberante, encantador e irresponsável?

No manuscrito de *Brief Lives*, a frase "*Quaere de hoc*" – "investigar isso" – repete-se várias vezes. Essa "nota a si mesmo" poderia muito bem ser o bordão de Aubrey, pois ele era curioso em todos os sentidos. Em sua obra, os deuses da poesia, da filosofia e da ciência renascentistas mostram-se como seres humanos bobos e doces iguais a nós. Por esse motivo, nós os amamos ainda mais.

ALEXANDER POPE (1688-1744)
Seleção de poemas

Uma das primeiras resenhas dedicadas ao celebrado "Ensaio sobre a crítica", de Alexander Pope, referia-se ao autor da seguinte maneira: "Assim como não há Criatura mais venenosa, também não há coisa mais tola e impotente do que um Sapo corcunda." A crueldade dessa descrição causa espanto, pois Pope sofria bastante com sua debilidade física, vítima do mal de Pott (tuberculose óssea) – além de medir apenas 1,37 m, ele também era corcunda e sentia dores fortes na cabeça e nas juntas, falta de ar, febre e uma enorme sensibilidade ao frio. Sua angústia era tão grande que ele falava, estoicamente, "dessa longa doença, minha vida".

Mas Pope talvez seja o que o romancista Thackeray disse numa palestra: "o maior artista literário que a Inglaterra já viu". Ele é provavelmente o escritor de língua inglesa mais citado depois de Shakespeare (a menos que essa honra seja de Lewis Carroll). Vejamos alguns de seus versos mais célebres: "Pouco conhecimento é coisa perigosa [...] Estudar a Humanidade é estudar o Homem [...] Pecar é humano, perdoar é divino [...] Sou o cão de Sua Alteza em Kew/ Dize-me, Sir, és cão de quem? [...] Abençoado é aquele que não espera coisa alguma, pois nunca se desapontará [...] O Bom Senso é como o Relógio,/ cada qual diz uma coisa, mas seguimos o nosso."

Para muitos leitores que o conheceram nas aulas de literatura da escola, seus pentâmetros iâmbicos rimados em parelha são lembrados apenas por sua engenhosidade, sua erudição clássica e sua infatigável sátira aos seus inimigos literários, agora esquecidos. Ele é a "A vespa de Twickenham" ("Wasp of Twickenham", lar do poeta). Seus versos lembram, nas palavras de Lytton Strachey, "colheres cheias de óleo fervente derramadas [...] nos andarilhos que o poeta odiava". Por esse motivo, Pope costuma ser lembrado como um "macaco endiabrado" ou como o autor de um poema bastante recorrente nas antologias, "The Rape of the Lock" ["O rapto de Lock"], que sempre me pareceu uma obra um tanto efeminada, uma epopeia transvestida por causa de sua beleza e de expressões deliciosas como "os poderes cosméticos".

Mas Pope é um poeta magnífico, podendo ser tão imagético quanto Keats – "morrer de rosas com uma dor aromática" – ou tão melancólico quanto Horácio: "Ano após ano, roubam algo todo dia./ Até que, por fim, levam a alma vazia." E o que é mais surpreendente: ele às vezes é tão delicado e amoroso quanto A. E. Housman. Vejamos, por exemplo, os versos de "Elegy for an Unfortunate Lady" ["Elegia para uma dama desgraçada" que descrevem o local de repouso desconhecido de um "belo fantasma" em uma clareira iluminada à luz da lua. Não há mármore identificando o túmulo dessa senhora, pois ela se matou por amor:

> Mas tua cova terá de flores belo arreio,
> A relva, suave e verde, afagará teu seio:
> Ali, porá o dia mil gotas chorosas;
> Ali, a primavera abrir-se-á em rosas;
> E os Anjos cobrirão, co'as asas prateadas,
> O solo que ora abriga tuas relíquias sagradas.

Pope também podia ser erótico como no triste "Eloisa to Abelard" ["Eloísa a Abelardo"]. Passados anos desde o término de seu caso de amor malfadado, Eloísa tornou-se freira. Mas seu amor por Abelardo arde até no convento: "Ah, desgraçada!", diz ela a si mesma, "Falsa esposa do Senhor/ Que se deu por escrava do homem, do Amor." De noite, a moça sonha com Abelardo e com um "êxtase de prazer pecaminoso". Ela tenta pensar no Céu, mas vê que um coração "tão comovido, machucado e perdido como o meu" não podia dar conta de tal tarefa:

> O amor acha pro fogo ilícito um altar,
> Devo me arrepender, mas não é meu intento,
> Se choro meu amante, a falha não lamento;
> Sei que isso é pecado, mas pecar me apraz,
> Perdoa-me tal erro, pois quero errar mais.

O próprio Pope conseguiu vencer muitos obstáculos – o corpo defeituoso, a perseguição religiosa (ele era católico), a educação formal interrompida aos 12 anos. Mesmo assim, ele foi amigo de acadêmicos renomados, fidalgos e escritores da época como o dramaturgo William Congreve e o gênio da sátira Jonathan Swift (que certa vez escreveu: "Não posso ler em Pope uma linha,/ Sem, triste, desejar que fosse minha"). Ele foi o primeiro poeta da história a sobreviver sem patrocínio, pois seus livros tornavam-se *best-sellers*. Traduziu a *Ilíada* diretamente do grego e recebeu ótimas críticas (embora o classicista Richard Bentley tenha dito: "é um belo poema, senhor Pope, mas não podes dizer que é Homero"). Com o dinheiro da tradução, Pope construiu uma vila em Twickenham. O jardim e a gruta continuam sendo pontos turísticos até hoje, precursores de um novo romantismo paisagístico.

Faz tempo que a poesia de Pope não é mais vista como "um clássico de nossa prosa", embora essa velha depreciação seja verdadeira em certos aspectos: ele às vezes é um tanto aforístico e obscuro ao se referir a alguma personalidade contemporânea. Mas na maior parte do tempo seu texto é fácil e agradável de ler. Vejamos, por exemplo, na abertura de "Epistle to Dr. Arbuthnot" ["Carta ao doutor Arbuthnot"], a voz impaciente do célebre homem de letras, incomodado com os fãs e os aspirantes a escritores: "'Fecha a porta, querido John', disse cansado,/ 'Tira o batente, diga estou mal, finado.'" Até mesmo *The Dunciad* [A Dunciada] – considerada uma série de charges políticas em verso – termina com uma magnífica imagem oratória do triunfo da Apatia:

Caos, vede! Vosso império terrível se aviva!
A luz morre ante vossa palavra abortiva.
Vossa mão, grande Anarca!, retrai a cortina;
E cobre-nos o Escuro que a tudo termina.

T. S. Eliot disse com muito acerto que, para saber se uma pessoa gosta de poesia ou não, basta perguntar se ela gosta de Pope. Esse ainda é um bom teste – e com um pouco de esforço é muito fácil gabaritá-lo.

JEAN-JACQUES ROUSSEAU (1712-1778)
Discursos; O contrato social; Confissões

Jean-Jacques Rousseau rompeu com o edifício de dois mil e quinhentos anos do pensamento clássico cristão a respeito da natureza da alma e da sociedade. Antes dele, todos achavam que o homem era por natureza um pecador cheio de vícios e que o Estado, a religião e as outras estruturas sociais lhe impunham a disciplina e a moral necessárias. Sem uma autoridade maior para moderar suas paixões, os homens e as mulheres passariam suas vidas curtas, sórdidas e grosseiras como feras selvagens. Mas através da religião e da educação aprendemos a nos controlar e a seguir o caminho da retidão moral; as leis e os costumes da sociedade nos transformam em cidadãos bons e úteis.

Não é bem assim, disse esse visionário político: "O homem nasce livre, mas em toda parte se vê acorrentado." Nossos impulsos naturais são saudáveis e bons; é a sociedade que nos torna maus. Houve um tempo em que vivíamos em harmonia com nós mesmos e com o mundo ao nosso redor, mas agora temos de habitar o covil das aparências e da falsidade, da competição e da ostentação, da desigualdade, do preconceito e da onipresente mediocridade. Nossas instituições e nossos regimes de governo deformam e corrompem tudo o que tocam. Buscamos a felicidade sem perceber que é o sistema em que vivemos que mancha nossos espíritos e nos deixa alienados, desesperados e famintos por algo que nem sequer sabemos nomear.

Onde foi que erramos? No mito, ou devaneio, que Rousseau apresenta em *A origem da desigualdade entre os homens* (1775) descobrimos que a serpente no jardim do Éden era, em verdade, a própria razão. Quando vivíamos livres, sem intervenção, seguindo a natureza e nossos próprios conselhos, presos ao momento presente como animais, considerávamos a vida simples, satisfatória e digna. Mas, num trágico dia, os homens começaram a se comparar uns aos outros. Isso os levou à reflexão, à autoconsciência e à competição, produzindo também a especialização e a divisão do trabalho para maximizar as forças e as fraquezas individuais de modo que logo fomos tomados pela inveja, pelo lucro, pela possessividade e pelo excesso. Os mais espertos passaram a explorar seus companheiros, estocando provisões e ganhando riquezas supérfluas – que, por sua vez, precisavam ser protegidas a todo o custo. Por guardas, exércitos, leis e estatutos. E assim fomos expulsos do paraíso.

Expulsos para sempre. Segundo Rousseau, não há como voltar atrás. A história humana é essencialmente o relato de nossa degradação. Mas, se lutarmos para diminuir as iniquidades, talvez possamos estabelecer pequenas cidades-estados mais generosas (o filósofo inspirava-se em Genebra e Córsega) onde a interferência do Estado seja mínima e a vida civil, mais humana. E, então, poderemos nos libertar.

O conservador Edmund Burke, contemporâneo de Rousseau, chamou-o de "o Sócrates ensandecido da Assembleia Nacional" (ou seja, da odiada Revolução Francesa). No século XX, esse pensador radical tornou-se o grande inimigo daqueles que reverenciavam as instituições tradicionais, adoravam as igrejas e temiam ou exploravam o homem comum. E, no entanto, seja qual for sua posição política ou filosófica, ninguém pode negar que as ideias de Rousseau tiveram enorme influência nos últimos duzentos e cinquenta anos, desde a poesia do romantismo ("um impulso primaveril de um bosque/ pode vos ensinar mais sobre o homem [...]") até os *slogans*, a música *pop* e o estilo de vida da década de 1960: Desprenda-se, "Deixe estar", o retorno à natureza, os *hippies*, as comunas, a realização pessoal. Os ideais do rousseanismo também estão por trás do nosso eterno e indestrutível anseio por uma vida mais humana em um mundo burocrático, tecnológico e, por vezes, injusto. Nem mesmo os meritocratas mais convictos e os herdeiros mais ricos e felizes descartariam facilmente a verdade contida na admirável conclusão de *A origem da desigualdade entre os homens*: "É claramente contrário à Natureza [...] que poucos homens chafurdem no luxo, enquanto multidões famintas não possuem as coisas mais básicas da vida."

A linguagem emotiva e comovente também contribui para o forte apelo que Rousseau exerce sobre as pessoas. Muitos filósofos cultivaram o estilo na prosa – lembremos de Platão, Hume e William James –, mas esse ex-empregado praticamente autodidata talvez o tenha feito melhor do que ninguém. Rousseau tinha de implorar aos leitores que ignorassem seu "belo estilo" e prestassem atenção às suas ideias. Mas é impossível. Suas frases são musicais, claras e harmoniosas e por vezes também oraculares e confessionais. Somos conduzidos pela leitura, não importa o assunto.

Quando Rousseau decidiu escrever a história de dois amantes extremamente virtuosos o resultado foi *Julie ou La nouvelle Héloïse* (*Júlia, ou a nova Heloísa*, 1761), o romance mais popular do século XVIII. Quando publicou *Emílio, ou Da educação* (1762), um tratado pedagógico utópico, as mães fizeram da obra uma espécie de bíblia da educação infantil. (As mães das classes mais ricas passaram a amamentar seus filhos, em vez de os relegarem a uma ama de leite, em larga escala por causa de Rousseau.) E quando ele decidiu contar sua própria história, tão diversa, *Confissões* (1782) inaugurou a autobiografia moderna e ainda hoje desponta como o expoente máximo do gênero, inigualável.

Não obstante o pacto de dizer toda a verdade, por trás de qualquer confissão há sempre uma intenção e até mesmo uma ideologia. Nesse livro, Rousseau quer justificar sua vida para os detratores e os críticos, confessando intimidades embaraçosas – como sua constante e dolorosa vontade de urinar – e atitudes das mais ignóbeis, em particular a incriminação de uma jovem empregada por um roubo que ele próprio cometera e o abandono de seus filhos recém-nascidos no orfanato. Mas essa expiação pública serve a um propósito: diante do julgamento de Deus, podemos dizer que nossas vidas foram melhores? *Confissões* é, no fundo, um pedido de perdão.

Um breve resumo de sua vida já nos mostra quanto ele era realmente incrível, ainda mais com o pano de fundo do *Ancien Régime* na Europa. Nascido em Genebra, em 1712, Rousseau foi criado pelo pai relojoeiro, tendo perdido a mãe durante o parto. Aos 12 anos tornou-se aprendiz de entalhador, mas depois fugiu e viajou a pé pela Suíça, pelo norte da Itália e por partes da França. Como um herói picaresco, ele encontrou pelo caminho moças formosas, trapaceiros, padres gentis e aristocratas desdenhosos. Logo no começo da jornada, Rousseau se apaixonou por uma tal Madame de Warens, a quem chamava de Maman e que depois o seduziu, para sua surpresa: ele dizia que parecia incesto. Foi só aos 30 e poucos anos que o escritor finalmente se assentou em Paris, almejando na época uma carreira como músico. Embora fosse autodidata em termos de composição (e em todo o resto também), sua ópera *Le Devin du Village* [O adivinho da vila] (1752) acabou se tornando um sucesso inesperado (e é encenada até hoje).

Em Paris, ele conheceu Thérèse Levasseur, uma jovem lavadeira quase analfabeta, com quem acabou passando o resto da vida. Sobrevivendo com o salário de copista de partituras, Rousseau preferiu a subsequente pobreza à "escravidão" do patrocínio. Mas sua vida simples acabou se mostrando muitíssimo rica, pois ele tinha tempo para pensar e discutir com os amigos mais próximos cujos nomes estão entre os mais celebrados da história da intelectualidade francesa: Diderot, D'Alembert, Condillac. Até que, certo dia, a caminho de Vincennes para visitar Diderot, que estava preso, Rousseau viu o anúncio de um concurso de ensaios no *Mercure de France*. Ele participou da competição com o *Discurso sobre as ciências e as artes* (1750), ganhou e ficou famoso de repente. Tinha 38 anos e sua carreira estava finalmente começando.

Nos doze anos seguintes, Rousseau escreveu todas as suas grandes obras filosóficas, incluindo a mais famosa, *O contrato social* (1762), que dizia o que muitos norte-americanos também pensam: que só o povo é soberano, que as pessoas possuem direitos inalienáveis e que o governo existe para proteger a vontade da maioria. Mas, no fim, o intelectual promissor acabou se desentendendo com a mente mais brilhante da Europa (e o melhor escritor também) – Voltaire – e aos poucos se distanciou de seus velhos amigos filósofos. Com o tempo, as autoridades decidiram banir (e queimar) *O contrato social*. Para não ser preso, Rousseau fugiu para o estrangeiro, exilando-se a princípio na Suíça (onde sua casa foi apedrejada) e depois na Inglaterra (onde viajou na companhia de David Hume). Ele foi perseguido, espionado e caçado. Mas até aqueles que têm inimigos de verdade ficam paranoicos às vezes, e Rousseau, perdendo a razão, começou a suspeitar das pessoas ao seu redor. Mesmo assim, ele encontrou um oásis de tranquilidade no fim da vida e morreu discretamente em uma casa nos arredores de Paris que um admirador aristocrata lhe tinha oferecido. Suas últimas obras, inacabadas, em especial *Os devaneios do caminhante solitário*, mostram que a eloquência de sua prosa manteve-se inigualável até o fim.

O tom apaixonado – voltado para o coração e a condição humana – é característico do estilo de Rousseau. Ainda muito jovem, trabalhando como professor para uma família de Lyons, ele escreveu uma nota esboçando sua teoria da pedagogia. No meio de suas ideias – que anos mais tarde seriam mais bem trabalhadas em *Emílio* –, esse pensador faz uma pausa para se indagar a respeito da seguinte questão:

> Nada é mais deprimente do que o destino dos homens. E, no entanto, sentimos um forte desejo de sermos felizes e isso faz com que pensemos a todo instante que nascemos para sermos felizes. Mas por que não somos?

Ainda não chegamos a uma resposta para essa pergunta. Quer você concorde ou não com a visão de Rousseau de que o homem é bom por natureza e a civilização é perigosa e nociva, sua voz é eterna e nunca se extinguirá. Ela ecoa nos corações de quase todos os homens e mulheres: Por que não somos felizes? Por quê? *Por quê?*

FREDERICK DOUGLASS (1817-1895)
Narrative of the Life of Frederick Douglass, an American Slave, Written by Himself [Relato da vida de Frederick Douglass, um escravo norte-americano, contado por ele mesmo]

À exceção da poesia de Phillis Wheatley, *Narrative of the Life of Frederick Douglass* (1845) é a primeira grande obra da literatura negra norte-americana. Em termos de estrutura, o pequeno livro – traça a vida do autor apenas até seus 20 anos – segue os padrões das narrativas clássicas de escravidão nos Estados Unidos. Ou seja, Douglass quer que sua história desperte a indignação e o horror em seus leitores e que eles realmente entendam o que significa um homem ser propriedade de outro. Nesse sentido, o romance é como um panfleto abolicionista polêmico, e foi assim que as pessoas daquele tempo o interpretaram e o utilizaram. Custando apenas cinquenta centavos, o livro vendeu trinta mil exemplares em apenas alguns anos, em grande parte pelo fato de o autor ser um dos oradores mais fascinantes do século XIX.

Douglass é um escritor bastante carismático, com uma prosa simples porém bela. Suas frases são claras e diretas; seu tom é modesto e sincero; seu senso dramático é magistral, e todos os seus capítulos são profundamente chocantes. Vez ou outra o autor se perde em arroubos poéticos, mas esse tipo de retórica pomposa é rara em sua obra. Pelo contrário, Douglass relata com clareza os acontecimentos de sua vida, os seus sentimentos e os seus pensamentos, apoiando-se no horror de suas experiências para dar ao livro uma grandiosidade silenciosa, quase teológica. Ele fala com a autoridade de quem já passou por aquilo e foi testemunha – estava lá, sofri, eu sou o personagem.

É claro que Douglass e seu livro ajudaram a promover a causa da abolição da escravatura norte-americana. As palestras, os artigos de jornal e as amizades com o abolicionista convicto William Lloyd Garrison e mais tarde com Abraham Lincoln também foram de extrema importância. O livro é um documento poderoso – e artístico – de um processo que ainda está em andamento.

No primeiro capítulo, o autor nos conta que fora separado da mãe quando era bebê. O propósito disso, ele aventa, era "minar e destruir a afeição natural da mãe pelo filho". Sua mãe vivia a trinta quilômetros de distância e, para vê-lo, tinha de percorrer esse trajeto de ida e volta a pé durante a noite. Ela fez isso quatro ou cinco vezes. Será que o amor, no final das contas, realmente vence tudo? Não. Reprimindo a emoção, Douglass diz: "Não lembro de ter visto minha mãe à luz do dia", e depois solta a frase chocante: "recebi a notícia de sua morte com a mesma emoção que provavelmente teria tido ao receber a notícia da morte de um estranho".

Uma de suas teses é a de que "a instituição da escravatura em particular" desumaniza não apenas o escravo como também seu senhor. Graças a um revés inesperado, contudo, o garoto deixa as lavouras de Maryland para ajudar os parentes de seu proprietário que moravam em Baltimore. Chegando lá, a senhora Auld, que tivera pouca experiência com escravos até o momento, recebe-o com gentileza e civilidade, chegando até a ensiná-lo a ler. Mas, infelizmente, tudo aquilo estava para mudar:

> Mas, ah!, aquele coração bondoso não permaneceria assim por muito tempo. A irresponsabilidade do poder, esse veneno fatal, já estava em seu corpo e logo começou a surtir efeito, um efeito terrível. O olhar alegre, influenciado pela escravatura, logo ficou vermelho de raiva; a voz, cheia de doçura e gentileza, tornou-se uma voz ríspida, horrível e discordante; e o rosto angelical transformou-se num rosto demoníaco.

Esse trecho pode ser um tanto declamatório, mas exprime uma verdade que é inegável. Como Lorde Acton observou apenas alguns anos mais tarde, "o poder corrompe e o poder absoluto corrompe absolutamente". A senhora Auld, como uma verdadeira nazista do Terceiro Reich alemão ou uma estudiosa ávida dos famosos experimentos de "obediência" de Stanley Milgram, abandonou aos poucos sua natural gentileza em nome dos cruéis protocolos da escravatura, pois estava convencida de que deveria honrar o sistema mais do que os sentimentos do indivíduo. Com efeito, quase todos os brancos donos de escravos em Maryland possuíam essa natureza dupla, corrupta – gentis e religiosos entre si, mas frequentemente cruéis e sádicos com sua propriedade "humana".

A chibatada era a punição mais comum para as infrações menores. Os escravos não podiam relaxar jamais em sua vigilância, pois o dono e os feitores estavam sempre observando, esperando. Em algumas partes Douglass fala de um sadismo sexual, como quando as jovens eram despidas antes das chibatadas; no mais, temos apenas a tradicional crueldade. O pior dos algozes era o senhor Gore, o capataz frio e inflexível que exibia uma desumanidade quase burocrática – ele flagelava, atormentava e matava sem escrúpulo ou remorso simplesmente porque esse era o modo mais eficiente de realizar seu trabalho e manter a ordem e a lei.

Os escravos sofriam com os castigos físicos e com a desorientação psicológica de nunca saberem quando ou de quem viria o próximo golpe, porém a constante falta de comida era uma tortura ainda mais cruel, mais presente. Douglass diz com profunda ironia: "Meu velho senhor quase não me batia com o chicote, o que mais me incomodava era a fome e o frio." Releia a frase com atenção. Trata-se de uma condição que nega ao indivíduo as coisas mais básicas da vida – embora os escravos suprissem em larga escala as necessidades de seus senhores com o trabalho. As despensas ficavam cheias, mas eles tinham de sobreviver com um punhado de grãos de milho.

O romance de Douglass, que conta como ele aprendeu a ler sozinho – às ocultas, pois a alfabetização era proibida para quase todos os escravos – e como o conhecimento o guiou na busca por liberdade, assemelha-se à *Autobiografia* de Benjamin Franklin e também a qualquer outra história de sucesso norte-americana. O livro é uma história de sucesso. Mas Douglass não nos deixa esquecer que, embora tivesse trabalhado duro, fora um homem de muita sorte. E também nos lembra com certa frequência que o mundo por ele descrito não é tão remoto assim. Na década de 1840, enquanto Douglass escrevia o livro, seus amigos escravos ainda trabalhavam nas lavouras com as costas rasgadas e as barrigas vazias.

A autobiografia sempre foi um gênero proeminente na literatura afro-americana, em grande parte porque ela dá ênfase à autotransformação e à libertação do "eu" das amarras sociais e psicológicas. O gênero às vezes também toma a forma de uma conversão espiritual ou de uma consciência histórica adquirida recentemente: "Estava perdido, mas agora me encontrei, estava cego, mas agora enxergo." "O fogo da próxima vez." Mas a autobiografia ratifica o valor fundamental do autor como ser humano, cuja vida vale alguma coisa. O que mais pesa em todo o *Narrative of the Life of Frederick Douglass, an American Slave, Written by Himself* talvez sejam as últimas palavras orgulhosas do título: "contado por ele mesmo".

JACOB BURCKHARDT (1818-1897)
A cultura do Renascimento na Itália

Friedrich Nietzsche, que foi por algum tempo colega de Jacob Burckhardt na Universidade da Basileia, reverenciava o historiador suíço mais velho e o chamava de "nosso grande professor" e de "o maior estudioso da cultura helênica dos dias de hoje". Cultura helênica? Sim, pois, embora tivesse feito carreira como historiador da Renascença italiana, Burckhardt também era uma autoridade respeitada nos estudos da Grécia antiga e do governo bizantino de Constantino, o

Grande. Naquele tempo, os acadêmicos recusavam-se a restringir seu escopo de estudo a uma área estreita de especialização e se embrenhavam, com efeito, em diversos assuntos com a presunção dos desbravadores, dos mercenários ou dos *condottieri*.

A cultura do Renascimento na Itália (1860) reflete esse entusiasmo e essa ousadia, pois está repleto de narrativas, escândalos e intrigas – ou seja, aquilo que a maioria das pessoas busca com o estudo da história, mesmo que não admita: fatos interessantes. Ao falar dos Bórgia e suas manobras políticas criminosas, Burckhardt – na tradução exemplar de S. G. C. Middlemore – dá ênfase ao que realmente queremos ouvir:

> Aqueles que a família Bórgia não conseguia intimidar com violência física morriam envenenados. Pois, nos casos em que se requeria certa discrição, os Bórgias utilizavam um pó branco de sabor agradável que não surtia efeito na hora, mas funcionava gradualmente, aos poucos, podendo ser misturado a qualquer prato ou taça sem ser visto [...] No fim de suas carreiras, pai e filho [Alexandre e César] envenenaram-se a si mesmos com essa substância, por acidente, quando foram experimentar um doce feito para um rico cardeal.

Para Burckhardt, a Renascença italiana é em essência um período enérgico e carismático, um tempo em que as pessoas eram "forçadas a ser ou um malho ou uma bigorna". Os homens e as mulheres agiam como verdadeiros individualistas, buscando a glória nas artes, nos negócios e na política (sobretudo em Florença, "o grande mercado da fama"). Os estudiosos dedicaram-se à redescoberta da Antiguidade clássica, e o exemplo das realizações gregas e romanas levou os italianos da época a copiar, igualar e até suplantar, em alguns casos, as obras-primas antigas. A beleza era reverenciada – na arquitetura, na pintura, na escultura e até na caligrafia. *O cortesão*, de Baldassare Castiglione, ensinava as pessoas a se portarem polidamente, a conversarem com eloquência e inteligência e a encarnarem o maravilhoso ideal da *sprezzatura* – a execução das tarefas mais difíceis com aparente naturalidade e despreocupação. Na mesma época, *O príncipe*, de Maquiavel, ensinava algo ainda mais importante: a aquisição e a manutenção do poder.

O homem ideal deveria saber empunhar a espada e a caneta, governar um Estado e cultivar as artes. Frederico de Montefeltro, o Duque de Urbino, que foi retratado por Piero della Francesca de perfil (com seu nariz quebrado singular), é um bom exemplo disso. Burckhardt nos conta que o duque era "um governante de sucesso, um capitão e um cavaleiro" que encomendava traduções do grego, conhecia a ciência de seu tempo, escrevia poesia, estudava Sêneca e Aristóteles e lia constantemente os historiadores antigos. Burckhardt nos oferece várias descrições parecidas. O famoso cardeal Hipólito di Médici "mantinha em sua estranha corte uma tropa de bárbaros que falavam pelo menos vinte línguas diferentes e que eram todos espécimes perfeitos de suas raças. Entre eles havia [...] mouros do norte da África, arqueiros tártaros, lutadores negros, mergulhadores indianos e turcos". Sigmundo Malatesta, tirano de Rimini, praticava maldades com um gosto de causar inveja a Iago e a Sade: "Não é apenas a Corte de Roma, mas o veredicto da história, que o acusa de assassinato, estupro, adultério, incesto, sacrilégio, perjúrio e traição, cometidos não uma única vez mas sim várias. O crime mais bárbaro de todos – o abominável atentado a seu próprio filho Roberto, que se salvou desembainhando a adaga – pode ter sido resultado não apenas da corrupção moral como também de alguma superstição mágica ou astrológica, talvez."

Em *A cultura do Renascimento na Itália*, a própria história torna-se uma espécie de ópera. Savonarola queima os excessos de Florença em sua famosa Fogueira das Vaidades. Buonaccorso Pitti, "ao longo de suas constantes viagens como mercador, político, diplomata e jogador profissional, ganhou e perdeu somas de dinheiro tão grandes que só príncipes como os duques de Brabant, da Bavária e de Savoy podiam competir com ele". As prostitutas romanas praticavam feitiçaria para prender seus clientes enquanto os filósofos conversavam sobre os ideais platônicos na praça ao lado.

Burckhardt chamava seu livro de "ensaio", o que insinua algo de suas qualidades experimental e pessoal. Muito do que ele escreveu foi ampliado ou refutado pelos historiadores posteriores, e hoje em dia não acreditamos mais numa divisão tão rígida entre a conservadora Idade Média e a iluminada Renascença. Burckhardt, sem dúvida, dá ênfase às questões pessoais, ao culto do que é absolutamente individual. Mas o livro mantém seu poder e sua verve, comparáveis às dos próprios artistas e dos aventureiros do século XVI. Em suas páginas, vemos a Renascença italiana que povoa nossa imaginação, um reino de grandes artistas, de prostitutas beatas, de obras de arte eternas e de uma política maquiavélica. Aqui temos, em suma, o fascinante berço sangrento da modernidade.

HENRY JAMES (1843-1916)
Coletânea de cartas; coletânea de ensaios; *The American Scene* [A cena americana]; *Italian Hours* [Horas italianas]; *A Small Boy and Others* [Um pequeno garoto e outras histórias]

Os fãs consideram Henry James o melhor de todos os romancistas norte-americanos. E, no entanto, até mesmo os melhores estudantes de pós-graduação tremem diante da perspectiva de ler *A taça de ouro* ou *The Wings of the Dove* [As asas do pombo]. Toda aquela verbosidade, as frases intermináveis, as orações que se acumulam em torno de uma fina sutileza de significado que escapa à compreensão do leitor e a insistência em tornar o texto psicológico demais – tudo isso contribuiu para sua reputação como um dos melhores soníferos disponíveis sem prescrição médica.

É verdade que, na maior parte do tempo, sua obra tardia requer algum sacrifício. Mas que leitor não gostaria de ler, para mencionar apenas as obras-primas mais curtas, o enigmático conto fantasmagórico de teor psicológico *A volta do parafuso*, ou o clássico exemplo de ironia seca e devastadora "Os papéis de Aspern", ou a triste lembrança de uma vida perdida – tão dolorida para pessoas de certa idade – "A fera na selva"? Passados cem anos, Henry James continua sendo o mestre.

E, no entanto, sua maestria no gênero que hoje chamamos de "não ficção autoral" é pouco reconhecida. Ele era um excepcional escritor de diários de viagens (*The American Scene*, *Italian Hours*) e de memórias (*A Small Boy and Others*) e um crítico literário magnífico e polivalente. Além disso, ao longo de sua vida, James escreveu centenas e centenas de cartas extraordinárias que nos ajudam a compreender melhor por que praticamente todos que conheciam esse norte-americano esquisito e atarracado gostavam dele.

Leia, em especial, as cartas escritas nos últimos vinte anos de sua vida, quando o autor morava em Lamb House, próximo ao litoral inglês de Rye. Elas revelam o tempo todo um homem sensível e honrado como um de seus personagens.

Quando James soube que o romancista Stephen Crane estava morrendo (com 29 anos apenas), mandou imediatamente cinquenta libras à sua família – num tempo em que os romances pagavam apenas trezentas libras. Em uma carta ao crítico Edmund Gosse, ele elogia a ficção de Joseph Conrad, lamentando o fato de "a seriedade e a sutileza, infelizmente, não serem caminhos que conduzam à fortuna". Da mesma forma, James escreveu a Owen Wister contando quanto tinha gostado de seu romance faroeste muitíssimo popular *The Virginian* [O caubói da Virginia], embora admita que teria gostado de ver mais sangue e menos sentimentalismo.

Em uma atitude mais séria, o romancista envelhecido consola Leslie Stephen – pai de Virginia Woolf, cujo talento James havia notado – na ocasião da morte de sua esposa: "Neste mundo não há felicidade, senão a felicidade que já tivemos – o próprio momento presente está nas presas do destino." Ele assiste ao encontro do poeta e romancista inglês George Meredith com o romancista francês Alphonse Daudet numa estação de trem; os dois estão velhos, debilitados e doentes, "ambos foram andando tropegamente, cambaleando, em direção ao outro, com os braços estendidos, sofrendo da mesma paralisia incontrolável, de modo que quase caíram na plataforma e rolaram para debaixo do trem". Aconselha sua admiradora Edith Wharton a se focar nos Estados Unidos em seus romances: "Aproveite, eu lhe digo, o meu próprio exemplo de exílio e repúdio." Na página seguinte, o autor se lembra de sua infância na cidade de Nova York: "Pergunto-me se você já chutou as folhas de outono caminhando pela Quinta Avenida do modo como faço até hoje em minhas lembranças, as quais sinto, ouço e certamente cheiro. Mas talvez já não haja mais folhas e árvores na Quinta Avenida hoje em dia."

Como sugerem as cartas, James conhecia praticamente todos os gigantes literários de sua época, reportando-se aos áureos tempos de Flaubert, Turgueniev e George Eliot. Em seus ensaios críticos sobre as obras desses autores, James sempre incorpora algum detalhe íntimo, particular e também sua opinião de companheiro de ofício. Ele tentava, acima de tudo, entender as ideias por trás de qualquer texto. Do autor de *A comédia humana*, James fala: "Embarcar nesse mundo, ser bem-sucedido, viver de maneira grandiosa em todas as acepções da palavra, ter muitas coisas – esse era o horizonte de Balzac; era isso que fazia seu coração se expandir." Quanto à prosa simples de Mérimée e seus contos frios e secos envolvendo paixões fortes ("Cármen", "Colomba", "Mateo Falcone"), James fala o seguinte: "Aos poucos foram considerados exemplos da mais perfeita arte narrativa; nossa admiração por eles é tamanha que consideramos uma ofensa capital um jovem escritor levar a caneta ao papel sem tê-los lido e digerido devidamente."

Essa astúcia, essa emoção figuram em praticamente todas as suas reflexões sobre a escrita, desde o velho ensaio sobre Hawthorne (longo como um livro) até a coletânea de prefácios dos romances que ele publicou pela New York Edition. No estudo de Hawthorne, o amor do jovem James pela classe alta e pela "civilização" transparece com certa clareza. Numa célebre passagem, ele enumera os elementos que faltam ao panorama norte-americano: "Não há soberanos, corte, lealdade pessoal, aristocracia, Igreja, clero, exército, serviço diplomático, cavaleiros rurais, palácios e castelos", e por aí vai. Sem essas estruturas tradicionais, o romance idealizado por James – retratando uma consciência sensível em conflito com as restrições da sociedade – torna-se quase inviável. Décadas mais tarde, no entanto, os famosos prefácios mostram que ele conseguiu contornar esse problema com certo brilhantismo, focando-se no choque da inocência americana com a experiência europeia e dando azo ao seu domínio do ponto de vista e de todas as outras ferramentas do ofício.

Não que isso lhe tenha trazido sucesso tal como as pessoas o concebem – popularidade e riqueza. A decepção, a incompreensão e a depressão acompanharam-no por toda a vida. Quando um jornalista lhe perguntou de que "porto" ele tinha saído como escritor, o jovem repórter deve ter se surpreendido com a angústia da resposta que recebeu:

> Acho que o porto de onde saí foi o da minha solidão fundamental – que, em verdade, também me parece ser o porto ao qual minha vida se dirige por fim, novamente! Essa solidão [...] o que é ela senão nossa característica mais marcante e profunda? Pelo menos, para mim, é a característica mais profunda: mais profunda que meu "gênio", mais profunda que minha "disciplina", mais profunda que meu orgulho e, acima de tudo, mais profunda que a profunda contramina da arte.

De modo análogo, em outro texto, James observa que "a existência é, em suma, o ato constante de lançar fora o máximo possível para continuarmos boiando". Ele não poderia ser mais desiludido e realista.

Em seu aniversário de 70 anos, o mestre foi homenageado numa reunião à qual compareceram praticamente todas as figuras literárias importantes de seu tempo. Mas James continuava trabalhando duro como nunca. "Enfim", escreveu ao amigo William Dean Howells, "terminei meu livrinho – é um livrinho e, portanto, tenho apenas mais dois ou três dias para recuperar o fôlego e começar outro." Que romancista contemporâneo seria assim tão infatigável? O "livrinho", por sinal, era *A volta do parafuso*.

Perto do fim da vida, o grande escritor foi ridicularizado cruelmente por seu ex-amigo H. G. Wells, que afirmou que ler James era como ver um hipopótamo tentando pegar uma ervilha no chão, desengonçado. Em suma, o popular romancista da nova geração repudiou toda a concepção de arte de James – toda a vida dele, em outras palavras – por considerá-la equivocada e irrelevante. Em seguida, o psicólogo William James, seu "Irmão Mais Velho Ideal", morreu e então a Primeira Guerra Mundial estourou, levando a civilização que James tanto amava a um fim sangrento na carnificina de Passchendaele e Somme.

A essa altura, James tinha pouco tempo de vida. A última frase do que provavelmente foi sua última carta dizia o seguinte: "mas a caneta cai da minha mão". Qualquer escritor invejaria essas últimas palavras de despedida e, no entanto, elas não foram bem as últimas. Deitado na cama, inconsciente, em seu leito de morte, a senhora William James, viúva de seu irmão, "observou que a mão dele se movia pela colcha como se estivesse escrevendo".

W. H. AUDEN (1907-1973)
Antologia de poemas; *A mão do artista*; *The Enchafèd Flood* [A cheia do Enchafèd]; *Forewords and Afterwords* [Prefácios e posfácios]

W. H. Auden, que escreveu muitos dos poemas mais memoráveis da metade do século passado, tinha o tipo de mentalidade que esperaríamos encontrar em um professor de matemática, um lógico profissional ou um adepto de São Tomás de Aquino. Gostava de traçar tabelas, diagramas e definições em seus muitos ensaios e palestras. Fosse qual fosse o tópico, ele instintivamente decompunha suas características e suas partes, formulava definições precisas e oferecia exemplos ilustrativos e narrativas. Como escrevia muitos artigos jornalísticos – para pagar as contas –, era obrigado a voltar seu intelecto analítico para uma variedade de assuntos, como ópera, tempo frio, Mozart, balé, Shakespeare, a chegada do homem à Lua e as histórias de detetive. Nada mais natural, portanto, que apresentemos Wystan Hugh Auden imbuído de seu próprio espírito categórico.

O homem

Joseph Brodsky: "A mente mais brilhante do século XX: Wystan Hugh Auden."

Evelyn Waugh: "Escritor muito insosso e esquisito"; "uma chatice pública" que "escreve em verso medíocre".

Cyril Connolly: "Homem bondoso, austero e um tanto solitário que quase nunca se contradiz e que possui um humor excêntrico e um gosto pelo escatológico; muitíssimo religioso, imprevisível, tolerante e fastidiosamente avesso à paixão, às poesias amorosas e às confidências emocionais [...]"

Igor Stravinski: "Ele é o homem mais sujo de quem já gostei."

Edmund Wilson: "Ele representa um retorno aos poetas 'de família' tradicionais – Longfellow, Wordsworth, Browning – que podem ser lidos de um só fôlego [...] Ele nos entretém, conversa conosco e tenta nos dar bons conselhos; canta-nos músicas engraçadas, oferece-nos elegias brilhantes para celebrar a morte de grandes figuras contemporâneas; encanta-nos e embala-nos no sono; eleva-nos e inspira-nos."

W. H. Auden: "Meu rosto parece um bolo de casamento deixado na chuva."

O personagem

Em 1933, Auden publicou um poema intitulado "Meiosis" ["Meiose"] – um poema de amor, claro. Em sua "Ode" classicista temos os seguintes versos: "Observo a grama de binóculos, atento a uma possível cilada/ a arma pronta, o eufemismo relegado à memória [...]" Quando jovem, o poeta era um verdadeiro mestre da gíria, do jargão e da linguagem jazzística (leia o exuberante e muitíssimo engraçado "Letter to Lord Byron" ["Carta a Lorde Byron"]), mas com o tempo passou a empregar despretensiosamente palavras como "ubiedade", "opugnante" e "auspicioso". Diziam que ele tinha o melhor ouvido para poesia desde Tennyson e que escrevia em quase todos os tipos de verso. Em um poema mais longo – "The Sea and the Mirror" ["O mar e o espelho"] – encontramos elegias, poemas em terça rima, sonetos petrarquianos, vilanelas e uma balada. Ele fazia palavras cruzadas a caneta.

Embora fosse homossexual, Auden pediu três ou quatro mulheres em casamento, incluindo a filósofa Hannah Arendt. Escreveu um clássico da pornografia, "The Platonic Blow" ["Felação platônica"], mas também satirizou os estereótipos *gays*: Tio Henry, no poema homônimo, deixa Lady Starkie e viaja para o sul em busca de um "améégo," "óma creatura fabolóósa,/ óm déeus gréégo". Auden amava a natureza, mas dizia que "as linhas de bonde, o escombro" e "os maquinários" formavam "seu cenário ideal".

O poeta supervisionou por um tempo um condomínio de casas geminadas cujos inquilinos incluíam, além dele próprio, os romancistas Richard Wright e Carson McCullers, o compositor Benjamin Britten, o tenor Peter Pears, os escritores Paul e Jane Bowles e, por fim, a *stripper* Gypsy Rose Lee. Seu velho apartamento em Manhattan, que não tinha sequer água quente, segundo sua amiga Dorothy Farnam, parecia "uma carpintaria esquisita ou um prédio público prestes a ser interditado".

Nos jantares, Auden sentava-se em cima de um ou dois volumes do *Oxford English Dictionary*. Quando chegava a hora de dormir, por volta das nove e meia ou dez da noite, o poeta deixava abruptamente suas próprias festas. Urinava na banheira, gostava de dormir debaixo de um monte de cobertores, casacos e capachos e com frequência saía de chinelo na rua. Às vezes, vestia-se e cheirava como um vagabundo, embora nunca se atrasasse para os compromissos e sempre pagasse as contas com prontidão.

No fim da vida, Auden lamentava profundamente nunca ter recebido o Prêmio Nobel, não porque desejasse honra, mas porque precisava do dinheiro. Pediu que, quando morresse, seus amigos assassem e comessem seu corpo (o que não aconteceu).

A obra

Auden organizou 22 antologias, traduziu poemas islandeses e escreveu centenas de resenhas e ensaios literários (muitos continuam dispersos, inclusive suas brilhantes introduções aos cinco volumes de *Poets of the English Language* [Poetas de língua inglesa]). Os ensaios mais importantes estão reunidos em *A mão do artista* e *Forewords and Afterwords*. Auden também escreveu peças (incluindo *The Dog Beneath the Skin* [O cão sob a pele], com Christopher Isherwood); libretos de ópera (*The Rake's Progress* [O progresso do libertino], de Stravinski, em parceria com o amor de sua vida, Chester Kallman); letras para as canções de Benjamin Britten ("Our Hunting Fathers" ["Nossos pais caçadores"]); dublagens para documentários (*Night Mail* [Correio noturno]); e livros de viagens (*Letters from Iceland* [Cartas da Islândia], com Louis MacNeice).

Entre as antologias poéticas de um só volume, a melhor é a *Antologia de poemas: edição ampliada*, organizada por Edward Mendelson, que traz os textos conforme foram publicados originalmente antes de o autor retirar do cânone alguns clássicos que ele próprio julgava insinceros, como "Spain" ("Espanha") e "September 1, 1939" ("Primeiro de setembro de 1939". "Sento-me num dos bares/ da Fifty-Second Street/ Indeciso e com medo"). Depois que se mudou para os Estados Unidos, em 1939, Auden perdeu o hábito de revisar seus versos assim tão drasticamente; para a poesia dessa fase posterior, a pesada *Antologia de poemas* é a fonte mais indicada. Os volumes separados, desde *Poems* (*Poemas*, 1930) até *The Sea and the Mirror* (1944), reúnem os poemas famosos tais como as elegias para Yeats ("Terra, receba um hóspede honrado") e Freud ("Todos os dias, morrem/ entre nós aqueles que nos faziam algum bem"). Randall Jarrel escreveu certa vez que, "quando os velhos, morrendo em suas camas, murmuram algo ininteligível para as enfermeiras, são estas algumas das frases que elas provavelmente lhes repetirão": "Deita a sua cabeça sonolenta, querido/ Humano em meus braços descrentes."

Alguns leitores argumentam que a poesia de Auden produzida entre as décadas de 1950 e 1960 é "arrogante e prolixa demais" (Seamus Heaney), mas esquecem-se de poemas engraçados como "On the Circuit" ["No circuito"] e magníficos como "The Cave of Making" ["A caverna da criação"], sobre seu escritório de trabalho. Allen Ginsberg fez melhor: ajoelhou-se perante Auden certa vez e tentou beijar as barras da calça do mestre.

O professor

Nas décadas de 1940 e 1950, Auden lecionou na Universidade de Michigan, na Faculdade de Swarthmore e em New School. Sua ementa era: Shakespeare, "A literatura do romantismo: de Wordsworth a Hitler" e "A saga na literatura moderna e na antiga". Na Universidade de Virginia, apresentou três brilhantes palestras sobre "a iconografia romântica do mar", mais tarde publicadas com o título de *The Enchafèd Flood* (1950). Em Harvard, ministrou um seminário sobre *Dom Quixote* e admitiu não ter sido capaz de terminar o livro.

Um ex-aluno relembra a primeira atividade que Auden passou: "Escrevam um conto ou um ensaio no qual haja uma mentira em cada frase." Em Michigan, como prova final, a turma teve de decorar seis cantos de *A divina comédia*, de Dante, em italiano.

Gostos

Literatura – *The Oxford English Dictionary*, Ronald Firbank, P. G. Wodehouse, Sydney Smith, Goethe, Henry James, contos de fadas, Tolkien.

Música – ópera, sobretudo Mozart, Rossini, Bellini, Donizetti e Strauss; *Dom Giovanni* e *Der Rosenkavalier*, principalmente.

Pinturas – Caravaggio, Brueghel ("Quanto ao sofrimento, eles não erraram,/ Os Velhos Mestres").

Opiniões finais

"A traição, o amor não correspondido, as mortes de entes queridos, as dores de dente, a má alimentação, a pobreza etc. devem ser esquecidos no instante em que pegamos nosso caderno para escrever."

"No fim das contas, a arte é uma besteirinha. As únicas coisas que realmente importam na vida são: ganhar o próprio sustento para não ser um parasita e amar o próximo."

"Fomos postos neste mundo para fazer coisas."

O lado negro

Sigmund Freud falava do "retorno do reprimido". Nesta seção temos não só o seu retorno como também o seu triunfo. Pois nossas vidas, assim como os *icebergs*, encontram-se principalmente sob a superfície, nas partes submersas de nosso ser que quase nunca aceitamos por completo. Quando o senhor Kurtz – em *Coração das trevas*, de Joseph Conrad – olha para dentro de si mesmo, vê apenas "o horror, o horror". Muitos de nós nem sequer ousamos olhar.

Aqui, os escritores não se intimidam, não recuam. John Webster nos mostra a Renascença como uma câmara de tortura, um hospício. James Hogg explora as profundezas da alma de um fanático religioso. O monstro de Mary Shelley é um bode expiatório – e um filósofo. Nas histórias de Sheridan Le Fanu, o passado sinistro persegue tanto os culpados quanto os inocentes. O *Drácula* de Bram Stoker é imortal – e merece ser imortal, pois é a história de terror mais importante que temos. O delicioso clima dos contos fantasmagóricos de M. R. James nos lembra com frequência que o diabo está nos detalhes. Aqueles que consideram o assassinato uma bela arte, por certo, terão por mestre William Roughead. E, por fim, H. P. Lovecraft despe a decoração cênica do cotidiano para nos mostrar que nada é o que parece: somos, na verdade, mero joguete nas mãos dos deuses da escuridão.

JOHN WEBSTER (1580?-1625)
The White Devil [O diabo branco]; *A duquesa de Malfi*

Não sabemos quase nada sobre John Webster, embora um poema da época refira-se a ele como "um webstério ilegível". Parece que, ao longo de sua vida, ele escreveu peças em coautoria com pelo menos meia dúzia de dramaturgos, entre eles Thomas Heywood, John Marston e Cyril Tourneur. A edição padrão completa, que reúne sua obra (em quatro grossos volumes), está cheia de poemas menores, textos escritos em colaboração e de autoria duvidosa. Mas, no fim, John Webster assombra nossa imaginação por conta de duas peças, *The White Devil* e *A duquesa de Malfi*.

Para muitos, elas são as melhores tragédias da época, perdendo apenas para as do gênio de Stratford. Mas quase não há luz, não há humor nelas, como acontecia até mesmo nas peças mais sombrias de Shakespeare. Temos apenas uma obsessão inquietante e quase freudiana pela luxúria, pela loucura, pela vingança e pelo assassinato. Em Webster, o túmulo e o mausoléu nunca ficam muito distantes da prisão, da câmara de tortura e do hospício.

Para alguns leitores, essas duas tragédias sobre as intrigas renascentistas italianas anteciparam os romances góticos e os excessos repulsivos das óperas italianas do século XIX. Em *The White Devil*, um irmão prostitui a irmã casada; em *A duquesa de Malfi*, outro irmão, tomado de desejos incestuosos reprimidos, manda matar a irmã porque o corpo dela lhe atormentava a imaginação. Na primeira peça, um marido adúltero passa um veneno fatal nos lábios pintados de seu próprio retrato porque sabe que a amorosa esposa, agora inconveniente, vai beijá-lo todas as noites antes de dormir; na outra, um duque enlouquece e acredita ter sido transformado em um lobo voraz. Em ambos os casos, as tochas tremeluzentes e as sombras tomam conta do palco (pelo menos em nossa imaginação) e a lâmina da adaga escondida é a única coisa que reluz na penumbra, evocando o mundo imoral dos espiões, dos conspiradores e das prostitutas.

As tramas quase não se relacionam, são compostas de ardis mediterrâneos e uma febril selvageria. Em *The White Devil*, os dois amantes ilícitos – Vittoria Corombona e o Duque de Bracciano – têm de se livrar de seus cônjuges; em *A duquesa de Malfi*, a duquesa viúva casa-se em segredo com seu mordomo embora temesse com razão a ira dos dois irmãos orgulhosos, um duque contemplativo e um cardeal mundano. Na primeira peça, o irmão ganancioso de Vittoria, Flamineo, tenta manipular e "dar cabo" de todo mundo; na segunda, o taciturno Bosola aceita agir como um "espião" e depois como assassino. Ao final do quinto ato, todos os personagens principais de ambas as tragédias e um grande número de coadjuvantes estão mortos.

Mas por que o mórbido Webster é tão admirado? O poeta Swinburne o compara a Ésquilo, Dante e Shakespeare. O crítico francês H. A. Taine diz que "ninguém se igualou a Webster na criação de personagens extremamente desesperados". O jovem poeta Rupert Brooke escreveu todo um livro em sua homenagem, e T. S. Eliot o cita em *A terra devastada* ("Mantenha o lobo longe, inimigo da gente,/ que vai desenterrá-los todos novamente") e, em um importante ensaio, salienta o puro "terror espiritual" que Webster recriava. O acadêmico inglês F. L. Lucas afirma que os personagens do autor são figuras protoexistencialistas desprovidas de esperança, que contavam apenas com "a coragem que o desespero inspira". Esse caos, esse teatro obscuro cheio de mortes sem sentido e de pesada libidinagem é o mundo amargo em que vivemos.

Mas, no meio de todo esse horror sepulcral, Webster de alguma forma se notabilizou por versos de intensa poesia, dos mais belos da língua inglesa. O Duque Ferdinand, vendo a irmã assassinada, diz: "Cubram-lhe o rosto; vejo mal; ela morreu jovem." Ouvimos falar também de "todos os agonizantes minutos que vivi" e dos "corpos não sepultados de homens solitários". Conhecemos o "caranguejo irregular,/ que embora ande pra trás acha que está certo,/ porque segue seu próprio caminho" e nos assustamos com a estranha visão do cardeal atormentado pela culpa: "Se olho os peixes nas piscinas do jardim,/ Parece que vejo alguém empunhando a ceifa/ Como se estivesse me atacando com ela." Flamineo, o cafetão, confessa com falsidade: "Abri uma espécie de caminho/ Que vai dela aos meus interesses", e depois nos conta que "Para nós, os pássaros enjaulados cantam,/ quando, de fato, choram". Bracciano, temendo a traição, estrebucha: "Como contemplei o diabo na bola de cristal!" Depois, sofrendo os efeitos do veneno, grita: "Enquanto agonizo, não me deem por morto,/ É uma palavra infinitamente horrível." Em seu julgamento, Vittoria nega a acusação de adultério: "Condenam a mim porque o duque, sim, me amou?/ Ah! Condenem o rio belo e cristalino,/ Pelo moço melancólico e distraído/ Que nele se afogou." Resignada, até a duquesa de Malfi fala da morte com certo lirismo:

> Que prazer teria em ser degolada
> Por diamantes? Em ser sufocada
> Com canela? Alvejada por pérolas?
> Sei que a morte tem milhares de portas
> Por onde todos nós saímos [...]

É difícil interromper a citação.

Como dramaturgo, Webster precisa às vezes de um contexto ou de um espaço para criar efeitos comoventes. Na cena final de *A duquesa de Malfi*, perguntam a Bosola como Antonio havia morrido. O assassino arrependido, agora também às portas da morte, responde:

> A neblina: Não sei de onde ela vem –
> Um equívoco visto várias vezes
> No teatro. – Ah, sim! Estou perdido! –
> Somos muros sem vida, sepulturas

Que, quebradas, não ecoam: – Adeus! –
Pode doer, mas não me aflige a morte
Por tão boa briga. Ó, mundo triste!
Que sombra, que fosso mais fundo, escuro,
Abriga o homem desviril, medroso!
Que as nobres mentes nunca tomem susto
Da morte ou de sofrer o que for justo!
Minha viagem é outra.

MARY SHELLEY (1797-1851)
Frankenstein, ou O prometeu moderno

Frankenstein (1818) é o romance mais importante do movimento romântico. Isso não significa dizer que se trata de uma obra-prima igualável às de Jane Austen, que foi a maior cultora do estilo em seu tempo, ou às de Balzac, que retrata todos os aspectos da sociedade em *A comédia humana*. Mas o romance de Mary Shelley explora as reentrâncias escuras de nossa psique com a mesma intensidade de muitas poesias daquela época. Quando lemos o livro – que é muito mais complexo do que os filmes baseados na obra –, deparamos com uma fábula filosófica, uma viagem arquetípica aos confins da morte, uma obra precursora da ficção científica moderna e um poema em prosa bastante parecido com a "Balada do velho marinheiro", de Coleridge, e "Manfredo", de Byron.

Talvez seja melhor abordar o livro prestando atenção aos temas que ele suscita: a constante interconexão entre o sexo, o nascimento e a morte; a semelhança entre o monstro e o criador; o conflito entre a bondade instintiva e a criação social do criminoso; a capacidade da natureza de abrandar e civilizar; a busca do homem por empatia espiritual e amor. Pensemos também nas figuras do Nobre Selvagem e do andarilho de Byron que leva consigo um segredo pecaminoso e nas inúmeras menções à queda de Satanás, do céu ao inferno, e à expulsão de Adão do Paraíso. Pensemos no sentimento de abandono e solidão que as transgressões morais acarretam e na necessidade de confessarmos nossos crimes na esperança de sermos compreendidos e até absolvidos. Além disso, há o desejo de vingar um sofrimento imerecido, como em Monte Cristo, e também a sensação crescente de abandono e perdição, seguida de um remorso que chega tarde demais.

As imagens sugeridas no romance são por vezes bastante medonhas. Victor Frankenstein mergulha na "imundice" e realiza uma espécie de "aborto"; o episódio em que ele destrói e dilacera a companheira "fêmea" do monstro antecipa a brutalidade sexual de Jack, o Estripador. Os relacionamentos sempre parecem ambíguos: Victor casa-se com uma mulher que é praticamente sua irmã. Em suas divagações, a imagem da esposa transforma-se na de sua própria mãe. E o monstro, quando repara pela primeira vez nos irmãos Felix e Agathe, observa que eles se portam como marido e mulher. Mais tarde, a criatura decide "roubar" a felicidade de Victor e diz: "Estarei com você na noite de seu casamento". E, no entanto, depois de matar a nova esposa de Victor, o monstro a deixa esparramada na cama nupcial como se estivesse exaurida de tanto prazer.

Os filmes nos habituaram a uma figura aparvalhada, um tanto cômica, que anda tropegamente e murmura coisas como "Eu amo... morto". Mas o personagem do livro de Shelley aprende cedo a falar com uma eloquência digna de um filósofo europeu. Lê Plutarco, Milton e Goethe e nos lembra a todo instante, como um seguidor de Rousseau, que a sociedade o tornara um monstro. Ele também conta que, "ao nascer", voltara-se instintivamente para a luz, e que amava a natureza e o som dos pássaros, atraído pela beleza e pela bondade: tudo por nada. Primeiro, seu criador o joga na escuridão; depois, a família De Lacey, que ele tanto admirava e ajudava, o rejeita com medo; e, por fim, ele leva um tiro e quase morre após ter salvado a vida de uma jovem camponesa. O monstro é humilhado e se vê impossibilitado de usufruir a felicidade que tanto desejava. Que pessoa não se torna amarga, com o passar do tempo, por causa das injustiças do mundo? A pobre criatura observa:

> Todos odeiam os desgraçados; como devo ser odiado então, sendo o mais miserável dos seres viventes? [...] Em toda parte vejo alegria, da qual apenas eu estou irrevogavelmente excluído. Fui benevolente e bom; a desgraça me tornou um monstro. Faça-me feliz e serei virtuoso novamente.

É difícil não compará-lo a Adão, que fora expulso do Jardim do Éden, ou a Satanás, que se lembrava com saudade do paraíso, ou à filosofia de William Godwin, pai de Shelley.

A geografia de *Frankenstein* não é menos grandiosa do que os temas abordados pela autora: Shelley atravessa conosco a Europa, vai dos Alpes suíços nevados até a França, a Inglaterra e a Escócia e também a uma cabana solitária numa das ilhas Orkney. Em determinado momento, o monstro nos conta seu sonho de viver uma vida simples na América do Sul, longe das "montanhas desertas e das tristes geleiras" onde ficava seu atual covil. Victor trabalha num laboratório verdadeiramente infernal, é internado com febre num hospital e convalesce na prisão; depois resolve fazer um passeio de barco pelo Reno e termina à deriva num mar congelado; visita as torres contemplativas de Oxford e viaja pelas terras alagadas e incultas do norte. Todas as partes do mundo conhecido são mencionadas aqui. E, o melhor, o livro começa e termina nos vastos blocos de gelo do Ártico desolado. Lá, os dois inimigos implacáveis – pai e filho, rivais sexuais, irmãos espirituais – finalmente percebem que são metades de uma única coisa, um dando vida ao outro.

O romance de Shelley tem alguns defeitos – a parte dos De Lacey é longa demais. Mas, enquanto alguns consideram os personagens um tanto caricaturais e melodramáticos, outros os veem como figuras arquetípicas: o Ambicioso, o Velhinho Bondoso, a Beleza Frágil, o Eu Sombrio. E, por vezes, as reflexões do monstro atingem uma grandiosidade trágica:

Quando me lembro das terríveis coisas que fiz, não posso acreditar que sou a mesma pessoa cujos pensamentos já estiveram repletos de ideais sublimes e de visões transcendentes da beleza e da grandiosidade do bem. Mas sou eu; o anjo caído torna-se um diabo maligno. E, no entanto, até mesmo o inimigo de Deus e do homem tinha amigos e companheiros no exílio; eu estou completamente sozinho.

No final do romance, o monstro de Frankenstein antecipa sua morte diante da luz, do calor e do verão, diante das lembranças do farfalhar das folhas e do canto dos pássaros. Tão logo começa a viver, morre. Como muitos heróis românticos de igual sina, ele passa a desejar apenas a noite. O livro termina de maneira discreta: o monstro malfadado e disforme é "levado pelas ondas, perdendo-se na escuridão e no horizonte".

Mas ele jamais foi esquecido. Desde aquela noite sombria de novembro, quando Victor viu pela primeira vez seus olhos amarelos e opacos se abrirem, o monstro de Shelley corre solto entre nós. Podemos notar sua presença sombria em diversas obras, como *As grandes esperanças*, de Dickens, *O corcunda de Notre-Dame*, de Hugo, *O médico e o monstro*, de Stevenson, "O monstro", de Stephen Crane, e o clássico da ficção científica de Alfred Bester, "Dedicadamente Fahrenheit", entre muitos e muitos outros.

JAMES HOGG (1770-1835)
Memórias e confissões íntimas de um pecador justificado

Para os conhecedores do terror fantástico, nenhum outro romance do século XIX é mais admirado que *Memórias e confissões íntimas de um pecador justificado* (1824), de James Hogg. Essa obra-prima mistura elementos do conto fantástico, da história policial e das confissões de um louco, sendo também uma sátira mordaz ao fanatismo religioso da Escócia do século XVIII (lugar e tempo nos quais transcorre a ação do livro). Além disso, Hogg adota uma estratégia narrativa bastante ousada ao contar a mesma história duas vezes – primeiro, de forma breve, de um ponto de vista externo, e depois, mais detidamente, de um ponto de vista interno. O primeiro relato, feito pelo "organizador da obra", explica os fatos e os acontecimentos que levaram à morte de um jovem rapaz; o segundo relato, chamado de memória e confissão, nos coloca dentro da mente do assassino.

Não que Robert Wringhim se considere um assassino, muito pelo contrário: ele é apenas um devoto convicto da teoria da predestinação; acredita que todas as almas já foram condenadas ou salvas para todo o sempre e que as boas ações não ajudam em nada. Somente a graça de Deus importa, e aqueles a quem Deus elegeu para ir ao reino dos céus – os "eleitos" – não podem de forma alguma cometer transgressões, por definição. (Essa ideia é, com efeito, uma heresia bastante comum entre as manifestações mais radicais do calvinismo.) Para os eleitos, todas as transgressões são triviais e perdoáveis. Além do mais, que relevância teria o pecado para aqueles cujo nome já está inscrito no livro da glória?

Wringhim foi criado pela mãe, uma fanática religiosa que tivera um caso com o pecaminoso Lorde Dalcastle, e por um severo pregador fundamentalista – ao contrário de George, o irmão um pouco mais velho. Robert é limitado do ponto de vista intelectual e espiritual, mas George é gentil, caridoso e bastante querido, uma versão jovem do pai falstaffiano. Dois irmãos não poderiam ser mais diferentes. Mas, por alguma razão, Robert, sempre vestido de preto, começa a seguir George, dando as caras em todos os lugares aonde o sociável rapaz ia se divertir – nas quadras de tênis, nos campos de jogo, na igreja e até mesmo no topo de uma montanha solitária. Os irmãos se provocam, se xingam e às vezes até trocam socos. George não entende. Por que está sendo perseguido por esse demônio em forma humana?

A resposta está na própria pergunta, conforme descobrimos no decorrer da segunda parte do romance, que começa com a seguinte declaração de Wringhim:

> Minha angústia deve-se inteiramente à negligência do evangelho, e minha vingança foi perpetrada contra os adversários da palavra de Deus. Por esse motivo, em nome do poder dos céus, sento-me para escrever: deixarei que a má gente deste mundo saiba o que fiz com fé nas promessas, justificado pela graça de Deus, para que leiam e tremam e agradeçam a seus deuses de prata e ouro o fato de o agente dos céus ter sido removido de sua esfera antes que o sangue deles tivesse se misturado ao de seus sacrifícios.

Com efeito, o jovem Wringhim tornou-se uma espécie de doido religioso. Mas será que ele realmente foi iludido? Quando criança, Wringhim fora um menino hipócrita, mentiroso e calculista; gostava de apontar e punir as falhas dos outros. Mas sempre temera profundamente o terrível julgamento de Deus – até o dia em que seu guardião e sua mãe lhe garantiram que o menino tornara-se membro da comunidade dos justos por suas orações; seu nome fora escrito para sempre no livro da vida de Lamb e "nenhuma transgressão passada ou futura" poderia alterar esse decreto. Diante dessa perspectiva animadora, um novo Wringhim, mais alegre, sai para passear nos campos vizinhos.

"Enquanto seguia meu caminho", ele nos conta, "vi um rapaz de aparência misteriosa vindo em minha direção." Chocado, Wringhim percebe que o rosto do estranho é igual ao seu. Como isso é possível? O estranho explica, por fim: "Minhas feições mudam de acordo com meus estudos e minhas sensações [...] Quando contemplo com atenção as feições de um rapaz, meu próprio rosto vai aos poucos assumindo sua aparência e sua natureza." Isso não é tudo. Por força dessa empatia sobrenatural, ele também sabe o que os outros estão sentindo e pensando.

Wringhim passa mais e mais tempo com o novo amigo – não consegue se dissociar dele e, cada vez mais, sente que ambos estão indissoluvelmente unidos. Além disso, o rapaz também reconhece e admira o conhecimento superior do estranho, em especial no que diz respeito à natureza da religião e do coração humano. Mas quem é ele? Seus modos carismáticos sugerem, talvez, uma origem nobre. Pedro, o Grande não estava viajando escondido pela Europa? O leitor, claro, suspeita da realidade sombria logo de cara, pois cada frase que o estranho sussurra está repleta de duplo sentido. Quando lhe perguntam sobre sua família, ele diz: "Não tenho pais, exceto um que não reconheço." Ele se refere a um livro estranho como "minha Bíblia". E também se recusa a rezar, safando-se sempre com inteligência.

E o estranho, claro, também cita as Escrituras em benefício próprio e acaba convencendo o presunçoso Wringhim de que "os eleitos por Deus seriam mais felizes e puros se os malvados e descrentes fossem todos impossibilitados de incomodá-los e de levá-los para o mau caminho". Os malvados? Por exemplo, o pregador ancião que havia acabado de advertir Wringhim contra a ilustre companhia de seu amigo ou aquele seu irmão frívolo, entre tantos outros. O mundo está cheio de pessoas cuja flagrante impiedade merece o castigo da morte. Se ao menos houvesse alguém corajoso o bastante e virtuoso o bastante para realizar essa limpeza moral, essa nova cruzada...

Apesar de suas incertezas pecaminosas, Wringhim reconhece ter sido convocado para realizar essa gloriosa tarefa. Afinal de contas, ele é um dos escolhidos, está livre de todas as restrições e leis humanas. Que destino magnífico ele terá!

O romance de Hogg oferece mais do que apenas um enredo e uma história interessantes. Ele retrata a autoilusão com brilhantismo, mostrando como as pessoas aos poucos passam a ver seus desejos mais baixos como objetivos nobres. Sua atmosfera claustrofóbica equipara-se à de Dostoievski e de Edgar Allan Poe: em seus momentos mais sombrios, Wringhim acha que se tornou duas pessoas distintas e que nenhuma delas é inteiramente ele próprio. O rapaz tem falhas estranhas na memória e por vezes parece ver o mundo através de uma espécie de tontura ou sonho febril. Seria ele apenas um louco com um amigo imaginário? Ou será que se tornou deveras um joguete do diabo?

Seja qual for o caso, *Memórias e confissões íntimas de um pecador justificado* é um livro inquietante. Apesar do toque de humor, ele nos conta uma história das mais sombrias que se pode imaginar. A fé seria uma âncora ou uma armadilha? Uma fonte de conforto ou de tormento? Como saber? Em quem confiar? Seríamos mais parecidos com Robert Wringhim do que imaginamos? Seria ele, com efeito, nosso irmão, nosso irmão gêmeo?

SHERIDAN LE FANU (1814-1873)
Contos fantasmagóricos; *Uncle Silas* [Tio Silas]

Sheridan Le Fanu escreveu as melhores histórias sobrenaturais do século XIX. Apenas Vernon Lee (pseudônimo de Violet Paget) pode igualá-lo em força e maestria artística e, mesmo assim, apenas em algumas ocasiões (nas duas obras-primas, "Amour Dure" ["Amor que dura"] e "Oke de Okehurst"). Seu famoso conto "Chá verde" já foi considerado uma espécie de arquétipo das histórias de terror, e "Carmilla", ainda mais inquietante, é tido como o melhor conto de vampiros de todos os tempos. O mais talentoso cultor dos clássicos contos fantasmagóricos do século XX – M. R. James – considerava o escritor irlandês seu mestre.

Le Fanu destacava-se em três aspectos do conto sobrenatural: a estrutura narrativa, as descrições vívidas (em especial, de propriedades rurais e de casas abandonadas) e as ambiguidades instigantes.

Sua estrutura narrativa predileta – na qual a ação da história dá-se em geral no passado, sendo depois relatada por uma testemunha ou informante até cair por fim nas mãos do narrador –, além de proporcionar credibilidade, causava a suspensão da incredulidade. Le Fanu não quer afirmar a verdade do fantástico, ele simplesmente relata o que lhe disseram. Esse distanciamento cria um sentido de verossimilhança documental e atinge sua miniapoteose em "A senhora Justice Harbottle". Nesse conto, o autor explica que há dois depoimentos para o velho caso Harbottle e que o informante doutor Hesselius considerou o testemunho da senhora Trimmer o melhor: "É minucioso e detalhado, parece-me que foi escrito com maior cautela e conhecimento." Mas, infelizmente, por alguma razão, o depoimento da senhora Trimmer, datado de 1805, desapareceu. Por esse motivo, nosso narrador, o próprio Le Fanu, tem de se contentar com o relato do senhor Harman, que fora escrito trinta anos depois com certa preocupação estilística. Mas, de acordo com um bilhete descoberto entre os papéis do doutor Hesselius, esse outro depoimento "corresponde exatamente ao testemunho prestado pela senhora Trimmer". Desse modo, publicando a versão de menor autoridade, Le Fanu faz seu conto medonho ficar ainda mais verossímil e convincente.

Por mais que o truque seja engenhoso, a maestria de Le Fanu manifesta-se com maior força em suas descrições. O autor dá vida aos personagens e aos cenários – uma vida pulsante, horrível – através apenas de algumas expressões oportunas tal como quando a senhora Joliffe confronta a figura robotizada e terrível de Madame Crowl, que de repente se levanta:

> Abre os olhos, senta na cama, olha para os lados e clack! no chão com o salto alto, encarando-me com uma expressão de ganância, examinando meu rosto com aqueles olhos de vidro enormes e um sorriso bobo e enrugado e os dentes compridos falsos [...] Se eu tivesse parado para pensar por um instante, teria dado meia-volta e fugido. Mas não conseguia tirar os olhos dela e, tão logo despertei, comecei a recuar; mas ela veio correndo atrás de mim, o sapato

fazendo um barulhão, como uma marionete, os dedos apontando para a minha garganta, fazendo aquele barulho com a língua o tempo todo, zizz-zizz-zizz.

Le Fanu também sabe esvaziar o cenário com igual brilhantismo. É o que ele faz na introdução à chegada do cavaleiro da meia-noite em "The Dead Sexton" ["O sacristão morto"]:

> Eram mais ou menos oito da noite, e o moço da estrebaria, em pé sozinho no meio da rua à porta do *George and Dragon*, tinha terminado de fumar o cachimbo. A lua brilhava, pairando no céu gelado. Os pântanos erguiam-se na margem oposta do lago como montanhas fantasmagóricas. O ar estava parado. Não se ouvia nenhum suspiro, nem sinal algum de movimento dos galhos e ramos desfolhados dos elmos. Nenhuma ondulação reluzia no lago, que a certa altura passou a refletir a lua brilhante em sua extensão azul-escura como se fosse aço polido. A rua que passava pela entrada da hospedaria, estendendo-se ao longo das margens do lago, tinha um brilho branco ofuscante.

Embora o modelo narrativo de Le Fanu dê às suas histórias uma autoridade digna de documentário, suas descrições com frequência anulam essa aparente objetividade científica com seus vários toques de romance e mistério. A tensão resultante disso dá grande força aos seus textos. No final, o leitor não sabe ao certo o que pensar e até acha bastante normal que a misteriosa doença interminável de um dos personagens, sua morte repentina e seu desaparecimento tenham sido causados por exaustão nervosa, alucinações ou depressão. Com efeito, ao longo de sua obra, Le Fanu nos apresenta protagonistas tão céticos quanto nós — pelo menos até o instante em que se entregam a um aparente distúrbio psicológico ou a um colapso mental. Mas qual seria a verdadeira origem de seus destinos trágicos? Teriam enlouquecido ao ver um macaco demoníaco? Ao serem seguidos por uma figura misteriosa, implacável? Ou a loucura os teria levado a imaginar fantasmas e monstros? Como uma gravura de Escher, o natural e o sobrenatural sobrepõem-se imperceptivelmente diante de nossa imaginação.

Também percebemos essa ambiguidade em *Uncle Silas*, o inquietante "romance de terror" de Le Fanu, uma das obras-primas mais sombrias da ficção vitoriana.

Maud Ruthvyn – 17 anos, no começo da história – foi criada em uma propriedade isolada, mantendo pouco contato com o mundo externo. O pai, Austin Ruthvyn, é uma figura enigmática e taciturna, que agora deu para andar na escuridão do escritório e estudar as obras de Swedenborg, além de se encontrar à meia-noite com o perturbador doutor Bryerley. Embora extremamente rico, Austin orgulha-se mesmo é do nome e do legado da família, ambos manchados pelo irmão Silas, que ele já não vê há muitos anos. Devasso e esbanjador, elegante e hipnoticamente charmoso, Silas gastou quantias altíssimas de dinheiro e cometeu crimes inomináveis, talvez até mesmo assassinato. Maud, naturalmente (ou sobrenaturalmente), sente alguma atração pelo tio byrônico, cujo retrato juvenil a faz sonhar acordada.

Já nos primeiros capítulos fica claro que *Uncle Silas* foi construído com base em terreno movediço. Primeiro, ficamos sem saber ao certo o gênero do romance que estamos lendo. Seria um conto policial? Um conto fantasmagórico? Um livro gótico ou filosófico? Ou seria um ensaio sobre o caráter, como *Jane Eyre*, de Charlotte Brontë (parcialmente baseado num conto de Le Fanu)? Também ficamos sem saber ao certo quem é "bom" e quem é "mau". Figuras antes descritas como mefistofélicas acabam tornando-se angelicais, e vice-versa.

O autor contrapõe a atmosfera de desorientação e incerteza que permeia a história a uma trama que aos poucos caminha para um desfecho inexorável como uma armadilha de aço. Nada é ao acaso. Nossa heroína – que narra a própria história – é levada, aos poucos, por forças desconhecidas, a várias situações perigosas, escapando por pouco de mazelas piores do que a morte e também da própria morte. Ficamos o tempo todo preocupados com Maud, como quando ela acorda certa manhã, não em um hotel de Londres, mas num bordel.

E, no entanto, seu destino é muito pior do que ser vendida a um prostíbulo na Europa continental. Quando ela viaja para se encontrar em carne e osso – mais em osso do que em carne – com o tio grisalho, o livro acrescenta uma crescente paranoia ao seu estudo da ambiguidade moral e da insinuação sexual. O velho Silas diz à moça que em sua casa todos se amam muito "cordialmente" e então chama a filha prostituída:

> Com um sorriso frio, ele estendeu a mão branca e esquálida na direção de Milly, que se levantou e a pegou com um olhar assustado; e repetiu, segurando a mão dela com pouca firmeza, notei: "Sim, espero que muito cordialmente", e, depois, voltando-se para mim, pôs o braço da menina no apoio da cadeira e o soltou como alguém que larga pela janela da carruagem algo que queria jogar fora.

Não é de admirar que, em termos de suspense, o livro faça lembrar *A mulher de branco*, de Wilkie Collins, e *The Nebuly Coat* [O casaco nebuloso], de John Meade Falkner; também não é de admirar que o outro grande *thriller* de Le Fanu, *The House by the Churchyard* [A casa no pátio da igreja], tenha provocado a admiração de James Joyce, que se baseou em alguns aspectos do livro para escrever *Finnegans Wake*. Sheridan Le Fanu é um escritor que nos deixa inquietos – com ou sem fantasmas.

BRAM STOKER (1847-1912)
Drácula

É importante ressaltar que *Drácula* (1897), de Bram Stoker, continua sendo um dos livros mais assustadores de todos os tempos apesar dos inúmeros filmes, continuações, plágios e paródias. A cultura popular pode ter assimilado o vampiro, transformando-o em uma figura um tanto vulgar – "Eu querr beberr seu songue" –, mas o personagem do romance de Stoker parece ter saído de um pesadelo.

O primeiro terço do livro é quase irrepreensível em sua viagem bem construída às profundezas do medo, uma viagem que começa tranquila e vai aos poucos ficando mais e mais tensa. Vejamos alguns dos momentos mais importantes: a gradual incursão de Jonathan Harker na sinistra Transilvânia, as advertências folclóricas e os camponeses amedrontados da região, a infernal viagem de coche ao castelo de Drácula, a destruição do espelho do jovem advogado, a visão de Drácula descendo pelos muros do castelo com a cabeça para baixo como um morcego, a lânguida rendição de Harker aos cuidados das "irmãs" voluptuosas – "temos beijos para todas" – e a interrupção do antecipado banquete com o grito terrível e triunfante de "Esse homem é meu!" por parte do conde.

Sem dizer que fim leva Harker, Stoker conduz a ação da história para a ensolarada Inglaterra, onde as duas amigas Lucy Westenra e Mina Murray, com uma inocência infantil, conversam sobre os homens de suas vidas. Um dos pretendentes de Lucy, o doutor Seward, dirige um hospício onde um interno começou a agir de maneira muito esquisita, devorando moscas e até mesmo pequenos pássaros e ficando estranhamente agitado durante a manhã. O que aflige Renfield? E quando foge, indo refugiar-se nas redondezas da Abadia de Carfaz, por que murmura: "Estou aqui para fazer a Vossa vontade, Mestre. Sou Vosso escravo e Vós ireis me recompensar, pois serei fiel. Eu Vos tenho adorado há muito tempo e de uma distância considerável. Agora que estais próximo, aguardo as Vossas ordens e Vós não ireis me esquecer, ireis, querido Mestre, quando fordes distribuir as boas recompensas?"?

No romance, Stoker segue o modelo de *A mulher de branco*, de Wilkie Collins, desvelando a tensão narrativa por meio de cartas e diários. Isso lhe permite levar o suspense até o limite máximo e, então, mudar de foco, fazendo com que o leitor fique apreensivo. Já na Inglaterra, Drácula volta-se lenta, metódica e irrefreavelmente na direção de Lucy Westenra. Apenas Van Helsing, o professor holandês, compreende a doença debilitante que deixa a moça cada vez mais pálida e inerte. Conseguirá o professor salvá-la?

Hoje mais do que nunca, *Drácula* nos parece um texto focado nas ansiedades sexuais mesmo que não tenha sido esse o intuito original do autor. Seus heróis convencionais temem o despertar da sexualidade feminina. Já o conde, assim como muitos vampiros do século XIX, baseia-se claramente na figura carismática e sombria de Lorde Byron – um renegado romântico, bissexual, incestuoso, muitíssimo atraente, "louco, mau e perigoso de conhecer". Que mulher negaria alguma coisa a um amante desses? Que mulher resistiria? No romance, os heróis, horrorizados, arrombam o quarto trancado e veem uma das mocinhas sugando o peito do monstro em um ato que claramente simboliza o sexo oral. "Suja, suja!" Lucy, antes uma donzela doce e recatada, torna-se uma noiva temerosa, porém excitada, que se rende a prazeres inesperados e depois termina como uma mulher voluptuosa, provocante e desavergonhada.

Os fantasmas, os lobisomens e o monstro de Frankenstein podem ser assustadores e perigosos, mas nosso medo de vampiros deve-se ao seu caráter sedutor. Eles ameaçam nossos valores, nossos "eus" públicos sociais; eles nos tentam e nos desviam do caminho da salvação. Quando nossos desejos reprimidos e nossos demônios interiores são libertados, como podemos contê-los novamente? Drácula é tão dionisíaco quanto o Diabo. Não é de admirar que ele tenha aparecido no final do período vitoriano, quando os leitores sentiam-se atraídos pelo Grande Deus Pã, pelo doutor Jekyll e pelo senhor Hyde e pelo belo Dorian Gray e seu maléfico retrato. No sufocante abraço de um vampiro, dispensamos nossos valores sociais mais importantes e, receosos porém gratos, damos as boas-vindas a tudo o que é inexprimível e terrivelmente intenso. Não é de admirar que o senhor das trevas tenha sido adotado como o ícone da transgressão sexual, desde o vampiro da década de 1920 até o Lestat de Anne Rice. Não invejamos secretamente Drácula? O que mais nos incomoda nos mortos-vivos, afinal de contas, não é o fato de transformarem pessoas virtuosas e agradáveis em demônios chupadores de sangue, mas sim o fato de essas pessoas se entregarem tão inteiramente a esse estilo de vida.

Bram Stoker depois não escreveu nada que chegasse aos pés de *Drácula*. Também não precisava, já havia criado de certa forma o melhor romance de terror de todos os tempos. Às vezes, o livro pode ser um tanto prolixo e sentimental, e o sotaque de Van Helsing, desgastante; mas são poucos os defeitos. O repulsivo Renfield suscita pavor e pena: "O sangue é a vida." A tempestade que leva o *Demeter*, o navio-fantasma de Drácula, a Whitby é a mais longa e intensa de toda a literatura ocidental. Há cenários magníficos de neblina e de neve, lobos, ratos e uma figura – ou coisa – com olhos vermelhos embrenhada nas sombras. Por vezes, temos de interromper a leitura por pura ansiedade, mas depois também não conseguimos parar de ler pelo mesmo motivo. E, no entanto, essa velocidade de leitura já seria esperada em um romance desses, pois, como diz Bram Stoker, "os mortos chegam a galope".

M. R. JAMES (1862-1936)
Coletânea de contos fantasmagóricos

O que as aventuras de Sherlock Holmes representam para o gênero policial, os trinta ou mais "contos fantasmagóricos de um antiquário" de M. R. James representam para o terror e para o sobrenatural. Em seu tempo, James foi a maior autoridade inglesa nos evangelhos apócrifos do Novo Testamento; um bibliógrafo de manuscritos medievais; um estudioso da arquitetura e da decoração da igreja primitiva; um professor de Cambridge e, por fim, um catedrático de

Eton. Tudo isso contribuiu para o que muitos consideram os melhores contos fantasmagóricos em língua inglesa.

Suas histórias de mortos-vivos, demônios e magia negra foram escritas originalmente como regalias medonhas de Natal. Depois do costumeiro banquete e da comemoração, "Monty" lia um ou dois contos em voz alta para os amigos de Cambridge ou para seus alunos de Eton. Com uma única vela, depois de apagar todas as luzes, o acadêmico de óculos criava aos poucos uma atmosfera apreensiva de crescente estranheza e expectativa.

Muitos dos contos começam de maneira bastante casual, no mais das vezes quando um solteirão de meia-idade, de preferência um professor de faculdade, visita uma igreja antiga ou uma propriedade rural ou quando viaja para a Dinamarca ou para a França e então esbarra em algo do passado – um velho diário, uma inscrição enigmática em um túmulo, símbolos curiosos nos vitrais de uma igreja ou mesmo um labirinto do século XVIII onde ninguém se sente inteiramente sozinho. Em "Canon Alberic's Scrapbook" ["O álbum de recortes de Canon Alberic"], o senhor Dennistoun passa uma tarde livre no estrangeiro, desenhando o interior das ruínas de uma catedral francesa. Ao anoitecer, ele nota que "a igreja começa a se encher de sombras, enquanto os sons estranhos – os passos abafados e as vozes distantes ouvidas durante toda a manhã – parecem se tornar mais frequentes e insistentes, sem dúvida por conta da iluminação que está diminuindo e dos sentidos que naturalmente ficavam aguçados".

Os heróis de James sempre descartam o que no começo parece ser apenas algo "esquisito". Quem agiria de modo diferente? Os sons abafados foram ocasionados por ecos estranhos ou pela vibração das grossas paredes de pedra; as sombras são um truque de luz, e a inesperada apreensão dos habitantes locais é uma reação normal ao forasteiro. Ou será que é algo mais? Reza a velha lenda...

Não importa a circunstância, o passado sempre interfere no presente, e até mesmo o objeto ou a descoberta mais comuns podem evocar o terror. Em "The Mezzotint" ["A Mezzatinta"], o senhor Williams encomenda uma gravura de um casarão inglês, uma gravura um tanto comum e decepcionante – exceto pela terrível figura esquelética rastejando de quatro pelo gramado da frente. De férias em Barnstow, o professor Parkins caminha pela praia e tropeça quase literalmente nas ruínas de uma fortaleza dos Templários. Lá, entre túmulos esmigalhados, o acadêmico faz uma pequena porém infeliz descoberta:

> Era de bronze, ele via agora, e parecia um apito de cachorro moderno; com efeito, era – sim, certamente era – nada mais, nada menos do que um apito. Ele o levou aos lábios [...] Soprou, duvidoso, e parou de repente ao mesmo tempo surpreso e satisfeito com o som produzido. Era um som que de certa forma evocava uma distância infinita e, embora fosse baixo, Parkins achava por alguma razão que seria audível em um raio de quilômetros.

O objeto é um pequeno achado arqueológico bastante interessante, mas Parkins só consegue ler parte da inscrição em latim avisando sobre a chegada de algo ou alguém. De volta ao hotel, ele decide soprar o apito outra vez: "Nossa! Como o vento ficou forte de repente! [...] vai deixar o quarto em frangalhos." A história – uma das maiores conquistas de James – recebeu seu título agourento de um verso de Robert Burns ligeiramente modificado: "Oh, Whistle, and I'll Come to You, My Lad" ["Ora, apita e virei a ti, meu rapaz"].

Os estudiosos e os antiquários de James costumam ser os causadores de suas próprias desgraças, às vezes sem querer ou por puro azar mas quase sempre por cederem a alguma paixão. Não sexual, claro – Deus nos livre –, mas paixões típicas da vida acadêmica: a vontade de descobrir um segredo, talvez o desejo malicioso de se vingar de algum colega ou a simples emoção de desvendar uma charada ou de resolver um enigma histórico. É claro que todos procuraríamos o tesouro do abade Thomas ("The Treasure of Abbot Thomas"), composto de cerca de "dez mil moedas de ouro, guardadas no poço, no pátio da casa do abade em Steinfeld". O esperto senhor Somerton descobre sua localização decifrando um complexo criptograma, mas comete o erro de não prestar a devida atenção ao texto traduzido, que termina com uma frase enigmática: o abade, amante da magia negra, adverte que "colocou um guardião" para proteger sua riqueza.

A atmosfera – o autor chamava de ambiente – é de suma importância para o estilo aconchegante dos contos fantasmagóricos ingleses. Com efeito, esse ar nostálgico e saudoso do período é o que agora mais prezamos na ficção do final da era vitoriana e da eduardiana.

Desse modo, não é heresia alguma dizer que os contos sobrenaturais de James não são tão assustadores para os leitores contemporâneos. Para começo de conversa, eles possuem uma estrutura sobremaneira elaborada e são narrados, em geral, no passado, com um humor seco. Além disso, os protagonistas costumam ser um tanto superficiais; o autor não tenta criar uma empatia entre eles e os leitores, de modo que não nos importamos muito com seus destinos. (Nesse aspecto, ele é como Agatha Christie.) Na verdade, o que nos proporciona maior contentamento é a narrativa em si, a começar pelos títulos – "Casting the Runes" ["Lançando as runas"], "A Warning to the Curious" ["Um aviso aos curiosos"], "Count Magnus" ["Conde Magnus"]. Quando lemos os contos, fazemos mais do que apenas suspender nossa incredulidade, também nos rendemos ao espírito do jogo. Enquanto James arquiteta com destreza sua atmosfera de insinuação e antecipação, ficamos apreensivos e nos perguntamos onde e quando seus *hobgoblins* vão aparecer. Ele é, com efeito, um grande mestre da reticência, qualidade que James admirava tanto na vida quanto na literatura. Não há descrições nojentas ou repulsivas; tudo é insinuado. Pelo contrário, James costuma narrar apenas um único acontecimento chocante, memorável. Citemos um exemplo disso, sem dar o título da história:

E então dormiu, acordou e se lembrou de que seu *spaniel* marrom, que costumava dormir em seu quarto, não subira com ele. Mas logo viu que tinha se enganado: pois, movendo o braço, que pendia do apoio da cadeira a poucos centímetros do piso, sentiu nas costas da mão a maciez de uma superfície felpuda e, estendendo-a naquela direção, alisou e acariciou alguma coisa. Mas, como tivera uma sensação estranha e seu toque não provocara reação alguma, decidiu olhar para baixo. O que estivera acariciando se ergueu em sua direção.

James também possuía o dom do pastiche. Em vida, fora admirado por seus dotes de mímico, dado a copiar os maneirismos e as idiossincrasias dos colegas. Seus contos estão repletos de documentos de antiquários forjados. Em "Mr. Humphreys and His Inheritance" ["O senhor Humphrey e sua herança"], James recria um tratado religioso do século XVII sobre um homem que se aventurou em determinado labirinto em busca de um grande tesouro:

Ele seguiu exultante e sem Dificuldade alguma chegou ao Coração do *Labirinto* e pegou a Joia, depois voltou comemorando: mas ao Anoitecer, *quando todas as Feras da Floresta ganham vida*, sentiu que alguma Criatura o seguia e pensou tê-la visto espiando e observando-o do Beco seguinte; e que, quando parava, esse Companheiro parava também, o que o deixava num estado de certo Desconcerto mental. E, com efeito, à medida que a Escuridão aumentava, pareceu-lhe haver mais de um...

Em seus contos, M. R. James tentava suscitar o que ele próprio chamava de "terror agradável", um paradoxo bastante característico de sua maestria. O autor sabia criar como ninguém uma atmosfera sinistra e agourenta – advertindo-nos de como é fácil despertar a odiosa atenção das coisas que deveriam repousar em paz em seus túmulos e covis.

WILLIAM ROUGHEAD (1870-1952)
Tales of the Criminous [Contos de criminosos] (1906-1946)

Para os fãs de "crimes reais", o Shakespeare – ou melhor, o John Webster – do gênero é o escocês William Roughead. Mesmo tendo herdado dinheiro suficiente para não ter de seguir a carreira de advogado, Roughead assistiu a todos os julgamentos de assassinato mais importantes de Edimburgo, sua cidade natal, num período de cinquenta anos. Além disso, ele colecionava livros, cartas e artigos de jornal sobre os grandes casos dos primórdios da criminalística britânica e lia muitos livros sangrentos de intriga, em especial as tragédias elisabetanas de vingança, os contos impressionistas vitorianos e os romances de Charles Dickens e Joseph Conrad. Roughead logo começou a escrever e a publicar os relatos de seus homicídios prediletos, preocupando-se com a atmosfera, o ritmo dramático e a ironia narrativa e adotando um tom conversacional e confortável, marcado, todavia, por uma dicção um tanto formal, por vezes forçada. Tentando explicar resumidamente sua engenhosidade, a romancista policial Dorothy L. Sayers concluiu que "William Roughead é de longe o melhor *showman* a se colocar na frente da porta da Câmara de Horrores".

Que tipo de horrores? Em seus 113 "contos de criminosos"– expressão utilizada como título para uma coletânea retrospectiva organizada por seu filho –, Roughead trata dos mais variados tipos de homicídios, dos mais variados tipos de criminosos e dos mais variados tipos de julgamentos, inclusive muitos que haviam tido desfechos claramente injustos. Entre seus personagens estão os famosos ladrões de cadáveres Burke e Hare; o hipócrita e fingido doutor Pritchard, que envenenou aos poucos tanto a esposa como a sogra, e, é claro, a queridinha dos escritores de casos verídicos, a quase lendária senhorita Madeleine Smith, que escapou do enforcamento enganando o juiz e o júri com o notório veredicto escocês do "não provado". Esses são casos bastante conhecidos, mas Roughead talvez seja melhor ao descrever crimes menos famosos, tal como o envenenamento de Charles Bravo, possivelmente perpetrado por sua bela esposa (uma mocinha que fora amante de um doutor bem mais velho) ou talvez por sua companheira horrenda, a senhora Cox. Roughead também aborda com frequência o claro favoritismo e o preconceito de classe do sistema judiciário – os criminosos ricos se safam, os inocentes pobres levam a culpa (Oscar Slater, vítima de preconceito judicial, foi solto em larga medida por causa do esforço de Sir Arthur Conan Doyle e de outros – depois de vinte anos de prisão).

Em 1827, Thomas De Quincey criou o que ainda hoje é considerado o ensaio teórico essencial para um bom "estudo em vermelho": "Do assassinato como uma das belas-artes". Nele, o autor observa que "algo mais ocorre na composição de um belo crime além do encontro de dois patetas, um para matar e outro para morrer, uma faca, uma bolsa e um beco escuro. O plano, o cavalheirismo, conluios, a luz e a sombra, a poesia, as emoções, tudo isso agora é considerado indispensável em atentados dessa natureza". De Quincey também observa que podemos ter uma espécie de repulsa moral ao assassinato e ainda assim – depois do ocorrido, quando o ato não pode mais ser desfeito – apreciar a beleza de um trabalho bem executado por um "artista corajoso". (Oscar Wilde expandiria essa ideia da amoralidade da arte em "Pena, lápis e veneno", ensaio sobre a carreira de Wainewright, o Envenenador.) Embora apreciasse esse tipo de "arte", os textos de Roughead descreviam uma maldade genuína e transmitiam por vezes a revolta moral causada pelo crime ou pelos equívocos das sentenças das cortes. Não é de admirar que o elemento comum a quase todos os "artistas corajosos" concebidos por Roughead seja a arrogância, o pecado satânico do orgulho.

Em sua prosa, o autor pode ser friamente factual mas também ligeiramente irônico e engraçado:

Pensando nesse problema, os parceiros [Burke e Hare] tiveram uma ideia. Por que esperar a ação tardia da Providência? Por certo, haveria nas vizinhanças da cidade muitos andarilhos sem teto para os quais a morte seria um descanso do pesado fardo da existência de modo que tudo poderia ser feito com sabedoria e segurança [...] Incomoda-me há muito tempo a impressão de que não fiz justiça ao doutor Pritchard, nem como homem, nem como assassino [...] Na primavera de 1856, o flerte tornou-se intriga, a mudança no relacionamento dos amantes refletindo-se no tom tropical e relaxado do belo mensageiro [notem a genialidade do adjetivo "tropical"] [...] O magistral discurso do lorde-advogado Moncreiff, ao mesmo tempo forte, contido e convincente, foi indevidamente ofuscado, tanto agora quanto naqueles tempos, pelo brilhante discurso emotivo do advogado de defesa John Inglis, o qual foi considerado o melhor da história da corte escocesa.

Para aqueles que se preocupam com o efeito moral nocivo que tanta bandidagem e malícia poderiam ter sobre Roughead, o autor nos garante que "o estudo da criminalística não me tornou insensível de modo algum; apenas suscitou minha admiração pela engenhosidade da espécie".

Os leitores que sucumbirem aos "feitiços" de William Roughead (para usar a expressão de seu admirador Henry James) devem procurar as obras dos escritores que ele próprio recomendou: F. Tennyson Jesse (*Murder and Its Motives* [O assassinato e seus motivos], 1924); William Bolitho (*Murder for Profit* [O assassinato pelo lucro], 1926); e as muitas coletâneas de seu amigo, correspondente e discípulo Edmund Pearson, a começar por *Studies in Murder* [Estudos sobre assassinatos] (1924), que inclui o relato clássico de Lizzie Borden. A obra do mestre escocês, por sua vez, está reunida em diversos volumes e também em várias coletâneas do tipo "o melhor de fulano" tais como *The Evil That Men Do* [O mal que os homens fazem] (1929) e *Classic Crimes* [Crimes clássicos] (1951).

Infelizmente, nestes tempos terríveis de violência urbana, de assassinatos em série e de conflitos globais, ficamos insensíveis às mortes violentas que não nos afetam de maneira direta. Mas no passado – não faz muito tempo – o assassinato era tão raro que causava espanto, e alguns homicídios eram tão bizarros e misteriosos que passavam a fazer parte da imaginação popular. Um assassinato bem contado ainda nos fascina vez ou outra, como os relatos magistrais de *A sangue frio*, de Truman Capote, e *Meia-noite no jardim do bem e do mal*, de John Berendt. Mas o maior expoente do gênero continua sendo a obra de William Roughead, o escritor que o acadêmico vitoriano Richard Altick chamou com acerto de "o grande *connoisseur* escocês dos pecados humanos".

H. P. LOVECRAFT (1890-1937)
Antologia de contos; *O caso de Charles Dexter Ward*; *Nas montanhas da loucura*

Howard Phillips Lovecraft é, sem dúvida, o autor de literatura fantástica norte-americano mais importante e influente desde Poe. E, no entanto, para os escritores posteriores que se aventuraram nos gêneros inter-relacionados do terror, da fantasia e da ficção científica, seu legado é tão inquietante e problemático que cria uma ansiedade semelhante à que os românticos ingleses sentiam diante de John Milton. Em casos como esse, o mais comum é que os jovens escritores comecem copiando o estilo das primeiras obras do mestre, enquanto os mais experientes tentam se livrar dele o mais rápido possível, se não por outro motivo, para poderem desenvolver sua identidade própria.

Essas reações contraditórias demonstram o poder duradouro de um Milton – ou de um Lovecraft. Goste-se ou não deles, ambos criaram visões cósmicas singulares de grande e espantosa autoridade. Você pode achar que a linguagem deles era pomposa, pretensiosa e irritante, mas isso é problema seu, não deles. No caso de Lovecraft, quem conhece esse autodidata semirrecluso provavelmente sabe que ele tinha certa preferência por palavras sofisticadas como "estrambótico", "ciclópico" e "abantesma"; que citava com frequência o raro exemplar – um dos seis existentes no mundo – do amaldiçoado *Necronomicon, ou O livro dos nomes mortos*, da Universidade de Miskatonic, escrito por Abdul Alhazred, o árabe ensandecido; e que tinha criado um panteão de deuses malignos (que eram, na verdade, extraterrestres) com nomes praticamente impronunciáveis tais como Nyarlothotep, Yog-Sothoth e Shub-Niggurath (também conhecido como "A Cabra Negra das Florestas com Mil Crias").

As opiniões comuns e implicitamente ruins que temos de Lovecraft são todas bastante verdadeiras – até certo ponto. E, no entanto, o que faz esse ousado escritor ser tão viciante não é a filosofia "cosmicista" que permeia sua obra – que reduz o papel da humanidade no universo a menos que o de um figurante –, nem tampouco sua prosa por vezes inflamada ou mesmo o caráter estapafúrdio de suas tramas (mortos que ressuscitam, trocas de mentes, alienígenas entre nós). No fim, o que importa é que Lovecraft possui o maior dom que um contador de histórias poderia ter, aquilo que Nabokov chamava de *shamanstvo*, o "elemento encantatório". Diante de suas criações, trememos e acreditamos. Esse encanto narrativo deve-se em grande parte ao seu domínio da atmosfera. Leia a frase de abertura de praticamente qualquer conto – a maioria sugerindo um mundo que de repente ficou misterioso –, e o feitiço será lançado:

> Quando um viajante ao norte do centro de Massachusetts toma o caminho errado na bifurcação do Pico Aylesbury logo após Dean's Corners, ele chega a uma terra solitária e estranha. ("O horror de Dunwich")

> Depois de vinte anos de pesadelos e fobias, consolado apenas por uma crença desesperada na origem mítica de certas impressões,

não me sinto inclinado a afirmar a verdade do que acho que encontrei no oeste da Austrália à meia-noite de 17-18 de julho de 1935. ("Um sussurro nas trevas")

A oeste de Arkham, as montanhas são muitíssimo altas e há vales com bosques densos cujas árvores machado algum jamais cortou. ("A cor que caiu do céu")

Note que a voz desses narradores – em geral, acadêmicos – é calma, lógica e quase jornalística; aqui não há especulações mirabolantes, apenas fatos concretos e observações objetivas, ainda que um tanto perturbadoras. Lovecraft acreditava piamente que os contos macabros bem-sucedidos tinham de ser bastante realistas, exceto no momento da impactante incursão ao Outro Lado. Mesmo assim, suas histórias, desde as primeiríssimas palavras, apontam sempre para o fato de que algo está esquisito, estranho, errado de alguma forma. Para transmitir essa crescente sensação de incômodo, a palavra mais forte que ele costuma usar é, em geral, um simples "demais":

> As árvores cresciam rápido demais e seus troncos eram grandes demais para qualquer floresta normal da Nova Inglaterra. Havia silêncio demais nos vãos sombrios entre elas e o solo estava fofo demais por conta do musgo úmido e da cobertura de infinitos anos de decomposição.

À medida que as várias histórias progridem, a prosa muitas vezes torna-se mais suntuosa e extravagante; aquele tom apolíneo inicial transforma-se, aos poucos, na linguagem desvairada de Dioniso, enquanto o autor tenta em vão descrever as aberrações da natureza e as aparições de figuras do Outro Lado. Lovecraft também consegue ser genuinamente assustador tanto nas implicações indecentes e incestuosas de "A coisa no umbral" quanto nos ecos da Crucificação nas páginas finais de "O horror de Dunwich". Às vezes, ele não diz coisa alguma e mesmo assim faz que o leitor suspeite de verdades bastante perturbadoras:

> Ela pertencia à família Waite, de Innsmouth; essa velha cidade quase desolada e seus habitantes eram o assunto de lendas antiquíssimas. Contavam-se histórias de transações horríveis por volta do ano de 1850 e do estranho aspecto "inumano" das antigas famílias.

Em seus primeiros contos – escritos antes do final da década de 1920 –, Lovecraft tende a enfatizar os horrores de caráter humano: seu intuito é, nas palavras do Rapaz Gordo de Dickens, "fazer a carne tremer". Sua obra posterior, no entanto, volta-se para o deslumbramento e as escalas maiores da ficção científica. Como ele próprio diz em seu ensaio magistral "O horror sobrenatural na literatura", Lovecraft busca acender "no leitor uma profunda sensação de terror, de contato com esferas e poderes desconhecidos, uma atitude sutil de reverência como se esperasse ouvir o bater de asas negras e o som de criaturas e entidades de outro mundo arranhando as bordas mais longínquas do nosso universo". As noções de reverência e de espera, em especial, são bastante fortes, pois muitos de seus personagens malfadados parecem estar escutando algo pouco antes de encontrarem seu fim – o patinhar de ratos ou um apito estranho, talvez um zumbido atípico ou mesmo "um murmúrio, um rumor, como de ondas numa praia".

"A coisa mais misericordiosa do mundo", afirma o narrador da obra-prima de Lovecraft, "O chamado de Cthulhu", é a "incapacidade da mente humana de correlacionar todo o seu conteúdo. Vivemos numa plácida ilha de ignorância." Em seus contos, algum personagem sempre detecta padrões inesperados por trás de uma multiplicidade de aberrações, cerimônias folclóricas e lendas antigas – e esse dossiê de anomalias o leva ao abismo tão certamente quanto levou o senhor Kurtz de Conrad. Depois de imaginar coisas horríveis, esses acadêmicos-cientistas chegam por fim a certezas ainda mais horríveis e, então, a assombrosa importância de seu conhecimento os oprime e os leva à loucura.

Em seu aspecto mais "cósmico", o terror sobrenatural de Lovecraft procura criar no leitor uma espécie de vertigem psicológica semelhante à experimentada por seus protagonistas aflitos. Poderia a história ser, de fato, um embuste? Os verdadeiros mestres do planeta teriam sido escondidos de nós? Seríamos joguete de uma grande raça de outro sistema solar? Seria a nossa própria identidade incerta e frágil? Lovecraft responde sim a todas essas perguntas – mesmo que a pobre humanidade, dividida, não seja capaz de aguentar o fardo dessa realidade. Afinal de contas, quem sabe? Os anciões e os fungos-caranguejo de Yuggoth podem estar esperando atocaiados na área rural da Nova Inglaterra. Em algum lugar no fundo do oceano, o Grande Cthulhu pode estar dormindo em sua terrível cidade cadavérica de R'lyeh, aguardando as estrelas pacientemente para despertar. Por certo, há coisas no polo Sul que não deveriam estar lá. E algumas almas perdidas infelizmente olharam dentro do fosso dos Shoggoths e agora jamais poderão esquecê-lo.

Relatos de viagens

O poeta Charles Baudelaire disse certa vez que os verdadeiros viajantes são aqueles que viajam apenas por viajar, encontrando constante renovação nos lugares distantes, nas experiências extraordinárias e nos encontros com gente estranha e interessante. Na vida, o que importa é a jornada, e não a chegada.

Nesta seção, que abarca todos os tipos de aventuras exploratórias, sairemos em busca de uma sociedade ideal, desceremos ao centro da Terra e viajaremos por um apartamento comum. Visitaremos, para usar uma outra expressão de Baudelaire, "a tórrida África e a lânguida Ásia". Um inglês patriota exibirá as belezas de seu país e um francês decadente criará um mundo só seu. Todos esses lugares, como dizem os guias de viagem, "merecem ser visitados".

Se, por um lado, metade dos títulos de *O prazer de ler os clássicos* poderia ser encaixada na categoria "Mistérios do amor", a outra metade poderia ficar nesta seção. Afinal de contas, haveria algo mais essencial à narrativa do que uma maravilhosa jornada? Aqui, portanto, teremos alguns relatos de viagens a terras desconhecidas e também viagens de regresso.

THOMAS MORE (1478-1535)
Utopia

No começo da *Utopia* (1516) – que tinha na capa a inscrição em latim "guia de ouro para o bem-estar comum" –, Thomas More nos fala dos acorianos. O nome, derivado do grego, significa "gente de lugar nenhum", assim como utopia também quer dizer "lugar nenhum". A história que More conta soa muitíssimo familiar:

> Há muito tempo, esse povo foi à guerra tomar outro reino para seu governante [...] Depois de conquistado, viram que mantê-lo seria tão árduo quanto fora subjugá-lo. Seus novos súditos rebelavam-se com frequência ou então sofriam ataques de invasores estrangeiros. Os acorianos tinham de estar constantemente em guerra por eles ou contra eles e não tinham mais esperança de dissolver o próprio exército. Além disso, tinham de pagar impostos elevados, o dinheiro se esvaía, o sangue do povo era derramado em benefício de outros e a paz estava tão longe de ser alcançada quanto em qualquer outra época. A guerra corrompia os próprios cidadãos incitando neles a vontade de roubar e de matar e as leis começaram a ser ignoradas, pois o rei, tendo de governar dois Estados, não podia dar a nenhum deles a merecida atenção.*

O leitor do século XXI certamente irá suspirar e murmurar: *Plus ça change, plus c'est la même chose.*

Desde a época de Platão, pelo menos, os legisladores, os filósofos e os revolucionários têm concebido comunidades imaginárias ideais, mas Thomas More foi esperto o bastante para escolher um nome que ficou impresso na memória. Todos sabemos que a Utopia é o equivalente secular do Jardim do Paraíso bíblico ou da Era de Ouro da Antiguidade. Em nosso próprio tempo, o conceito talvez tome a forma de uma tão sonhada república de trabalhadores, uma cidade-estado socialista-fabianista ou um enclave de gênios libertários conforme Ayn Rand idealizou. Mas, em geral, a literatura contemporânea tende a retratar as utopias como se

---

* Versão em português baseada da tradução para o inglês de Robert M. Adam. (N. do E.)

elas tivessem algo de podre por dentro. No conto de Ursula Le Guin "The Ones Who Walked Away from Omelas" ("Os que abandonaram Omelas"), a cidade de Omelas é basicamente um paraíso terrestre, mas sua perfeição tem um custo: exige a constante tortura de crianças bem pequenas. A felicidade de muitos não valeria o tormento de um só?

Na *Utopia*, More descreve uma comunidade altamente disciplinada e igualitária, parte comunista, parte monástica. Todos trabalham, a maioria na agricultura ou no comércio comum. A riqueza pessoal não é permitida, e o ouro é utilizado principalmente na confecção de vasos mortuários e de pesados grilhões para os criminosos. O ensino continua sendo bastante estimado, mas os utopianos acreditam que devemos buscar acima de tudo a moderação no que diz respeito aos prazeres da vida. Seus costumes são ao mesmo tempo sensatos e revolucionários: todos os que querem se casar têm de se ver nus antes; tentar cometer um crime é tão grave quanto cometê-lo; os advogados são desnecessários, pois as leis são poucas, simples e claras. Nos tempos de guerra, os utopianos contratam mercenários e jamais realizam perseguições religiosas, "pois sabem que a fé não é apenas uma questão de vontade". Em Utopia, ninguém possui coisa alguma, mas todos são ricos daquilo que realmente importa: "Pois haveria maior riqueza para o homem do que viver feliz e em paz, livre das ansiedades e sem se preocupar com o próprio sustento? [...] Todos estão seguros da própria sobrevivência e da própria felicidade e das de toda a sua família também."

Os leitores e os estudiosos discutem o significado de *Utopia* desde que Thomas More publicou o livro pela primeira vez. Alguns o veem como uma espécie de *jeu d'esprit*, quase uma piada erudita, outros acreditam se tratar de um programa político sério, e também há aqueles que o consideram uma crítica à sociedade do século XVI. Seja qual for o caso, o livro, nas sábias palavras de Robert M. Adams, "é um desses textos jocossérios, mutáveis, que significam coisas diferentes para cada geração e que têm respostas diferentes para as perguntas que lhes são dirigidas".

DANIEL DEFOE (1660-1731)
A Tour Through the Whole Island of Great Britain
[Um passeio pela ilha da Grã-Bretanha]

Qual é a cena mais famosa da literatura inglesa? Dezenas de alternativas nos vêm à cabeça, mas figurando entre as primeiras da lista teríamos, por certo, o momento horripilante em que Robinson Crusoé descobre uma pegada na areia e, chocado, se dá conta de que não está mais sozinho em sua ilha deserta. Mesmo aqueles que nunca abriram um livro conhecem a história de Crusoé; ele se tornou um mito, tal como Sherlock Holmes e Tarzã.

Alguns leitores também devem conhecer outros livros de Daniel Defoe: possivelmente *Um diário do ano da peste,* no qual o autor mistura com perfeição a realidade e a ficção, ou talvez as aventuras picarescas de *Moll Flanders*. Os fãs da literatura sobrenatural admiram-no por ter escrito o conto fantasmagórico mais famoso do século XVIII, "A aparição da senhora Veal". Com efeito, a obra completa desse prolífico escritor, constituída principalmente por sátiras e panfletos políticos anônimos, possui cerca de quinhentos textos, embora possa haver muito mais.

Mas Defoe escreveu um livro em especial que é soberbo e muitíssimo divertido e que deveria ser mais lido: *A Tour Through the Whole Island of Great Britain,* um guia de viagem de proporções épicas publicado originalmente em três volumes (1724-26). As edições modernas não costumam apresentar o texto integral, mas boa parte delas tenta compensar a falha com a inclusão de diversas ilustrações contemporâneas.

Há cerca de quatro séculos, esse livro tem sido utilizado por historiadores em busca de informações a respeito da Grã-Bretanha do começo do século XVIII, mas, para o leitor comum, o que o torna divertido são as narrativas, as passagens estranhas que constituem uma espécie de história social, os momentos em que Defoe revela sua personalidade e sua prosa contundente e simples. A base de tudo isso é a autoconfiança e a autoridade do autor. Defoe – homem de negócios, soldado, jornalista, espião, ex-prisioneiro – sabe o que está falando. Quando chega a uma nova cidade, ele a estuda como se trabalhasse no ramo de especulação imobiliária, julgando seus méritos, anotando os prós e os contras sociais, inspecionando os edifícios e interrogando os cidadãos mais importantes.

Parando na úmida vila costeira de Wyvenhoo, Defoe descobre – através do que ele chama com impressionante modernidade de "tradição oral" – que os homens da região desposam ao longo da vida catorze ou quinze mulheres escolhidas entre o povo das montanhas vizinhas. Os maridos "tiravam as moças de [...] suas casas onde tinham ar fresco para levá-las aos pântanos cheios de neblina e umidade" e lá "elas mudavam instantaneamente de compleição, tinham uma ou duas febres sérias, poucas vezes resistindo mais do que um ou dois anos [...] E então", conclui com indiferença o informante de Defoe, "voltamos às terras altas e pegamos outra". Em Newmarket, o narrador visita um famoso treinador de cavalos que – por trapaça – sempre consegue assegurar boas apostas para seus favoritos. Se um cavalo "era leve como o vento, podia voar como um meteoro, ele por certo também teria um aspecto bastante desengonçado e sujo como um puxador de carroças, tanto quanto permitisse a arte do dono e dos palafreneiros".

Embora Defoe demonstre um interesse especial pelos homens de negócio e pelos comerciantes, ele também se mistura à classe mais alta. Na cidade de Tunbridge Wells, famosa por suas fontes revigorantes, "a sociedade e a diversão [...] são as principais atividades da região; os que não têm mais o que fazer em outras partes parecem ser os únicos que têm o que fazer em Tunbridge". Após ter descrito os pontos fortes dessa cidade repleta de sedução e prazer, o autor acrescenta:

> Tunbridge não pede nada que ajude a pessoa a ser feliz ou que possa satisfazê-la por completo, exceto dinheiro; pois, sem dinheiro,

ela não é ninguém em Tunbridge, assim como também em nenhum outro lugar, e quando se vê de bolsos vazios não tem alternativa senão deixar a cidade, pois não encontrará mais diversão alguma ali.

Nesse trecho detectamos a voz de um homem que fora à falência em razão de 17 mil libras.

Defoe, claro, visita o castelo de Windsor e conta essa encantadora anedota:

No exterior [do castelo] temos o Passeio do Terraço, construído a mando da Rainha Elisabete, onde Sua Majestade costumava andar por cerca de uma hora todos os dias antes do jantar quando não estava ventando, pois tinha uma forte aversão ao vento; quanto à chuva, nem sempre isso a impedia de passear; a rainha adorava andar debaixo de uma leve garoa, protegida pelo guarda-chuva.

Essas informações inesperadas e banais dão certa leveza e até mesmo alguma doçura a essa carta de amor dirigida a toda a Grã-Bretanha.

Defoe amava muitíssimo seu país. Numa das aldeias crescem as cerejas mais saborosas do mundo; a cidade de "Chedder" faz o melhor queijo da Inglaterra, talvez até de todo o planeta; o Royal Exchange é "o melhor e mais importante centro comercial do mundo". Cada página tem um superlativo. Alguns deles podem parecer um tanto ufanistas, mas o que transparece é um profundo orgulho patriótico. O livro enfatiza não as glórias passadas mas as conquistas presentes, sobretudo as que dizem respeito ao comércio e aos negócios em geral. Defoe escreve com entusiasmo sobre as indústrias de lã, de mineração, de fiação, de agricultura, de pesca e de construção civil. Fala de rebanhos de milhares de perus e gansos sendo levados para Londres.

Assim como alguns guias modernos de viagem, *A Tour Through the Whole Island of Great Britain* é dividido tematicamente em dezessete circuitos que abrangem as áreas rurais da Inglaterra, do País de Gales e da Escócia. Exatamente na metade do livro temos a descrição de Londres, que para Defoe é o coração da Inglaterra, a turbulenta capital, rude e próspera, que devora os produtos, o gado e os bens do resto do país. Nota-se logo que também é o lar do autor e que ele não viveria em nenhum outro canto.

XAVIER DE MAISTRE (1763-1852)
Viagem ao redor do meu quarto; Expedição noturna à roda do meu quarto

Confinado ao quarto durante 42 dias como castigo por ter duelado, o soldado francês Xavier de Maistre decidiu fazer uma viagem ao redor de seu quarto. Tratando a cama, a cadeira, as pinturas na parede e a pequena biblioteca como grandes atrações turísticas, o autor pôde refletir sobre a história desses objetos, sua importância e as questões filosóficas que eles traziam à tona. Assim como os discípulos românticos de Shelley admiram, pasmos, a grandiosidade do Monte Branco ou choram nas ruínas do Partenon, da mesma forma Xavier de Maistre trata os objetos comuns ao seu redor, admirando-os – vendo-os de verdade pela primeira vez. Como o autor concluiu, "as impressões da mente, as sensações do coração, a própria lembrança dos sentidos são fontes inexauríveis de prazer e alegria para o ser humano"*.

William Blake afirmava que podíamos "ver o mundo num granito/ e o Céu, na inculta flora./ Pegar na mão o infinito,/ E o eterno, numa hora". *Viagem ao redor do meu quarto* (1795), de Xavier de Maistre, e sua continuação, *Expedição noturna à roda do meu quarto* (1825), talvez sejam prova disso. Afinal de contas, o valor que damos à vida está na intensidade com que nos ligamos a ela. Se prestarmos bastante atenção, poderemos revestir de significado, propósito e satisfação

---

* Versão em português baseada da tradução para o inglês de Andrew Brown. (N. do E.)

até mesmo as atividades e os objetos mais comuns. "A cama", escreve Xavier de Maistre, "testemunha nosso nascimento e nossa morte; é o palco invariável no qual a raça humana interpreta sucessivamente seus dramas cativantes, suas farsas ridículas e suas terríveis tragédias. É um berço enfeitado de flores; – é o trono do amor; – é um sepulcro."

Enquanto embarca "na longa viagem que ainda teremos de fazer para chegar à minha escrivaninha", Xavier de Maistre reflete sobre os prazeres de um cobertor quentinho e de uma lareira à noite. Depois, o autor revira algumas cartas que o fazem se lembrar de amigos que morreram jovens, acha uma rosa seca que lhe traz à memória um amor que se mostrou insincero e relembra as lições de fidelidade e gentileza que lhe deram o seu cão Rosine e seu criado Joannetti. Às vezes, ele chega até a pensar nos pobres que vivem nas ruas de Turim ou nos horrores da Revolução Francesa.

Tudo é importante para esse incansável e digressivo *Tristram Shandy* – principalmente a imaginação, pois "não há maior prazer para mim do que seguir as ideias e ver aonde elas nos levam". Em dado momento, o autor escolhe algumas gravuras e pinturas e reflete sobre elas, incluindo um retrato de sua atual amante que o faz suspirar – então o criado reclama que os olhos dela o seguem pelo quarto e que a beldade no quadro parece sorrir para todas as visitas. Ah, pensa consigo Xavier de Maistre, a inconstância das mulheres! Ao estudar a própria imagem, ele chega à divertida conclusão de que apenas o espelho emoldura "um retrato perfeito no qual não se pode achar defeito algum". Ao falar das artes, o autor afirma que a pintura é superior à música, pois está menos sujeita ao modismo: "Os quadros de Rafael serão apreciados pela posteridade da mesma forma como o foram pelos nossos antepassados."

Xavier de Maistre já foi comparado algumas vezes a Descartes, que construiu toda uma filosofia do zero (*cogito ergo sum* – Penso, logo existo) debruçado sobre uma estufa numa hospedaria. O introspectivo soldado afirma que ele próprio é um ser dualístico – uma alma e uma Alteridade, que ele chama de Fera. As duas nem sempre trabalham em equipe; em dado instante nos rendemos ao corpo e em seguida as asas da alma nos levam a reinos espirituais altíssimos ou à "encantadora terra da imaginação". Mas a verdadeira obsessão de Xavier de Maistre é a passagem do tempo, como neste trecho que antecipa o famoso poema de Lamartine, "Le Lac" ("O lago"):

"Ó Tempo! Medonha divindade! Não é tua ceifa cruel que me enche de medo; temo apenas a tua horrenda prole, a Indiferença e o Esquecimento, que transformam três quartos de nossas vidas em uma longa morte." Nas noites mais tenebrosas, ele desabafa, "tudo o que sobra nas profundezas de meu coração são remorsos e lembranças vazias; um caldo de melancolia no qual minha vida está sempre a nadar, da mesma forma que uma embarcação destruída pela tempestade boia por algum tempo no oceano, à deriva!". O tempo, ele conclui, "nada mais é do que uma punição da mente".

Mas logo depois o autor já está dizendo que gostaria de fazer sexo com todas as mulheres do mundo, ou melhor, com todas as mulheres que já existiram; imagina conversas entre mortos ilustres e convida o caro leitor a fazer o desjejum com ele, lembrando-nos por fim, com renovado otimismo, que "deveríamos rir ou pelo menos sorrir toda a vez que temos a oportunidade".

Viagem ao redor do meu quarto e *Expedição noturna à roda do meu quarto* podem parecer livros bobos, *jeux d'esprit* literários, mas sua prole e seus antecessores são numerosos. Hamlet afirma que, se não fosse por seus sonhos, ele poderia estar "preso em uma casca de noz e se achar o rei do espaço infinito". O Satã de Milton proclama com audácia que "A mente é um lugar próprio, em si contida/ faz um céu do inferno e um inferno do céu". Novelas como *O sobrinho de Rameau*, de Diderot, e *Memórias do subsolo*, de Dostoiévski, examinam, com uma minúcia microscópica, a vertiginosa atividade da consciência. Os solipsistas literários modernos – desde Proust e Beckett a Nicholson Baker – dissecaram a si mesmos e também ao mundo cotidiano com uma delicadeza e um nível de detalhamento sério-cômicos. Mas talvez a homenagem mais direta a *Viagem ao redor do meu quarto* tenha sido a cativante obra de Daniel Spoerri, *Topographie Anécdotée du Hasard* [Topografia anedótica do acaso], em que o autor relata a história – com notas de rodapé – dos vários objetos de sua mesa de trabalho. Xavier de Maistre certamente pertence à longa tradição literária do *multum in parvo* – muito com pouco.

JÚLIO VERNE (1828-1905)
Viagem ao centro da Terra; Vinte mil léguas submarinas; A volta ao mundo em oitenta dias; A ilha misteriosa e outras obras

Para termos ideia da genialidade de Júlio Verne, basta pensarmos em qualquer um dos títulos mais famosos de suas sessenta e poucas "Viagens extraordinárias": *Viagem ao centro da Terra* (1864), *Vinte mil léguas submarinas* (1869-70), *A volta ao mundo em oitenta dias* (1873) ou *A ilha misteriosa* (1874-75). Todos esses livros são em grande parte relatos de monstros e maravilhas, testemunhos oculares de reinos de onde nenhum viajante jamais retornou – até o momento. Mas Verne com sua engenhosidade melhora a tradicional "viagem fantástica" aproximando-a das novas maravilhas da forja e do laboratório e citando as últimas escavações e descobertas geográficas.

Como escritor, Verne nunca teve a intenção de só desnortear; além de entreter, queria instruir também. Sua prosa simples e clara mistura com destreza o real e o plausível em um estilo factual que emprega, segundo o poeta Apollinaire, "só substantivos". Seus livros podem ser jornalísticos ou científicos, mas estão sempre repletos de novidades, eventos históricos e descrições interessantes de como as coisas funcionam. No prefácio de *Aventuras do capitão Hatteras* (1866), Verne diz que desejava "resumir o conhecimento geográfico, geológico, astromagnético e físico acumulado pela ciência moderna e reformular a história do universo para torná-la mais adequada e atraente".

Apesar de toda essa pretensão, a obra de Verne sofreu três terríveis desgraças literárias. Primeiro, foi mal traduzida para o inglês, apresentando muitas omissões e até alguns acréscimos. Segundo, foi toda relegada às prateleiras de livros infantis embora o autor almejasse um público diversificado. E, terceiro, boa parte da ficção mais tardia e das obras póstumas foi escrita inteira ou parcialmente por seu filho Michel, que assinava de maneira irresponsável o lucrativo nome do pai nas capas de seus livros. Essas publicações negligentes logo criaram uma opinião geral de que Verne era um escritor relaxado, sem musicalidade, voltado para leitores semianalfabetos.

O fato de ele ter sido nomeado o pai da ficção científica (Mary Shelley sendo a mãe) provavelmente também não ajudou. Seus livros são, com efeito, o que ele próprio chamava de "romances de ciência"; muitos são basicamente diários realistas de viagens a terras distantes ou então textos lúdicos e experimentais como *O testamento de um excêntrico* (1899), no qual os personagens humanos agem todos como se estivessem jogando Banco Imobiliário, usando os próprios Estados Unidos como tabuleiro. (Não é de admirar que os autores mais inovadores do século XX, tais como Raymond Roussel e Georges Perec, buscassem inspiração em Verne.) Vários dos livros mais interessantes desse escritor visionário chegam até a sugerir com certo desespero que a ciência talvez esteja prejudicando o mundo em vez de melhorá-lo.

Por exemplo, o *thriller* do princípio de sua carreira *Os quinhentos milhões da Begum* (1879) talvez devesse ser entendido como uma fábula política admoestatória, uma sátira antiutópica ou um tratado social inspirado em Dickens. Nele, um industrial alemão enlouquecido planeja arrasar cidades inteiras com uma arma de destruição em massa: um canhão gigantesco cujos projéteis colossais se partem ao meio deliberadamente para fazer chover fogo sobre vastas áreas. Mas o homem esconde algo ainda mais maligno, uma versão primitiva da bomba atômica: um projétil especial repleto de dióxido de carbono líquido comprimido que, uma vez liberado, faz diminuir de imediato a temperatura das áreas vizinhas para cem graus abaixo de zero, congelando com rapidez todos os seres vivos que ali estiverem. Como explica com certo orgulho o alemão ensandecido, "assim, com meu sistema, não haverá feridos, apenas mortos".

Em sua obra, Verne insiste na necessidade de analisarmos o desenvolvimento científico e tecnológico num contexto social. No divertido *O doutor Ox* (1874), um pesquisador insensível transforma uma aldeia tranquila em um caldeirão de fortes emoções ao canalizar oxigênio puro para as casas e os edifícios públicos. Todas as paixões são amplificadas, o metabolismo das pessoas fica mais rápido e uma ópera que levaria seis horas passa a ser encenada em apenas 18 minutos. Em *O senhor do mundo* (1904), o herói de *Robur, o conquistador* (1886), antes relativamente ponderado, retorna como um megalomaníaco que provoca medo e admiração com sua poderosa estação de guerra, um misto de tanque, avião, navio e submarino, chamado apenas de O Terror. Por fim, *A espantosa aventura da missão Barsac* (1919) – publicada postumamente como *A última viagem extraordinária* – nos leva a uma cidade fortificada na África, onde um gênio do crime se aproveita das invenções de um cientista brilhante, porém um tanto incauto e irresponsável, para causar tumulto e destruição.

Michel Verne, o filho do autor, foi quem terminou de escrever *A espantosa aventura da missão Barsac*, embora possamos identificar no livro a perspectiva mais pessimista da fase adulta de Júlio. Esse desespero atinge seu ápice no famoso conto "O eterno Adão" (1910), também escrito pelos dois Vernes: um cientista do futuro longínquo chamado Zartog Sofr-Ai-Sr descobre, para sua tristeza, com base em provas arqueológicas, que os homens e as mulheres de um passado muitíssimo distante – ou seja, da nossa época – eram inteligentes e civilizados, tendo sido quase inteiramente dizimados quando o oceano avançou de súbito sobre os continentes. Não há, conclui Zartog, progresso na história, apenas uma repetição infindável e sem sentido.

Esse lado mais sombrio da obra de Verne não deveria obscurecer o puro divertimento que seus romances mais famosos oferecem. Por certo, as várias excentricidades de Phileas Fogg, nada mais do que um pacato cavalheiro inglês, ajudam a compor o charme de *A volta ao mundo em oitenta dias*. Suas "viagens fantásticas" são sempre histórias de portentos e aventuras, por mais que sejam didáticas, técnicas e humorísticas. *Matias Sandorf* – devidamente dedicado a Alexandre Dumas – oferece uma versão verniana da imortal saga de vingança *O conde de Monte Cristo*. Em *Viagem ao centro da Terra*, três homens descem pela boca de um vulcão e descobrem um novo mundo subterrâneo. Assim como muitos autores de aventura tais como C. S. Forester, Rafael Sabatini e George MacDonald Fraser, Verne sempre mantém o nível de emoção elevadíssimo.

Podemos verificar isso em suas duas obras mais ambiciosas, *Vinte mil léguas submarinas* e a semicontinuação *A ilha misteriosa*. A primeira é dominada pela figura do anti-herói romântico, o capitão Nemo, e pelo maravilhoso submarino que ele construiu para se vingar de um mundo que – nos é contado no fim – destruiu sua família. Em *A ilha misteriosa*, descobrimos, entre outras coisas, o fim derradeiro de Nemo e do Nautilus numa espécie de *Robinson Crusoé* do século XIX. (Quando tinha 13 anos, peguei emprestado um exemplar de *A ilha misteriosa* na biblioteca local e li sem parar, do princípio ao fim, aquela grossa edição repleta de gravuras durante três dias maravilhosos que jamais esqueci.)

Ler Júlio Verne quando somos jovens é uma das grandes alegrias da infância. Lê-lo depois, mais velho, é redescobrir um autor tão divertido quanto antes, porém ainda mais rico, um autor que não apenas é um contador de histórias nato como também um criador de mitos, um crítico da sociedade e um artista inovador. Hoje, na França, Verne é levado a sério como uma personalidade literária inovadora e, graças às novas traduções para o inglês, mais fiéis, sua obra está se tornando mais disponível para os leitores norte-americanos.

J. K. HUYSMANS (1848-1907)
Às avessas; Là-Bas [Embaixo]

Em *O retrato de Dorian Gray*, de Oscar Wilde, o herói eternamente jovem pega um "livro amarelo" e começa a folheá-lo, despreocupado. Pouco tempo depois, no entanto, vê que não consegue se desvencilhar do "venenoso" volume: "Não sabia, por vezes, se lia o êxtase religioso de algum santo medieval ou as mórbidas confissões de um pecador moderno." Wilde não diz o título do livro, mas sua descrição – "um romance sem trama, com apenas um personagem" – não deixa dúvida de que Dorian havia descoberto *Às avessas*, de J. K. Huysmans (também conhecido como *Contrário à natureza* ou *Contrário à disposição*, 1884), a infame bíblia do decadentismo.

O andrógino herói de Huysmans, Des Esseintes, está cansado da vulgaridade do mundo burguês e sente-se "enfraquecido pelas desilusões, deprimido pela hipocondria e cabisbaixo pela melancolia"*. Por isso ele se refugia no interior, em um lugar especial onde planeja passar o resto da vida sozinho com suas lembranças e seus livros. O lugar é, com efeito, um templo dedicado aos prazeres e aos devaneios mais esotéricos, um mundo artificial onde Des Esseintes pode sonhar pelo resto da vida. Por certo, ele afirma, "a imaginação poderia se mostrar uma substituta mais do que satisfatória para a vulgar realidade da experiência real".

Des Esseintes cuida de todos os aspectos dos vários cômodos, desde os móveis até a iluminação (velas de igreja). Após ter escolhido cuidadosamente as principais cores de seu escritório – sobretudo laranja com detalhes em azul –, ele vê que a decoração tinha de ser mais vibrante. Então, compra uma tartaruga e reveste seu casco de ouro e joias, fazendo com que o animal tenha de rastejar pelo chão como um buquê

---

* Versão em português baseada da tradução para o inglês de Robert Baldick. (N. do E.)

andante ou um candelabro preso ao assoalho. Quando fica entediado, ele às vezes toca seu órgão "bocal", um instrumento no qual as aberturas liberam diferentes líquidos, permitindo que a pessoa saboreie e ouça música ao mesmo tempo. A certa altura, num instante febril de extrema perversidade, Des Esseintes enche sua casa não de flores artificiais, como seria esperado, mas de flores reais que parecem de mentira.

O gosto artístico dos decadentistas naturalmente (ou antinaturalmente) funde a maldade com o sadismo. Nas paredes da biblioteca vemos as pinturas de Salomé de Gustave Moreau, "a encarnação simbólica da eterna Luxúria", cuja volúpia faz despertar os sentidos adormecidos com "encantos de uma grande flor venérea, nascida numa cama de sacrilégio, cultivada numa estufa pecaminosa". Os outros quartos exibem cenas grotescas de tortura e imagens inquietantes de horror. Tudo é feito para apaziguar ou provocar os sentidos.

Os quartos, Des Esseintes nos conta, devem ser dedicados aos prazeres sensórios, aos deleites noturnos ou então dispostos de modo a parecerem celas monásticas para a meditação e a solidão. Em sua juventude, ele preparou o apartamento em Paris para a devassidão – uma enorme cama branca envernizada que oferecia um prazer extra por ter sido "feita aparentemente para crianças inocentes e jovens virgens" – mas no campo ele prefere a austera simplicidade de um trapista. E, no entanto, Des Esseintes lembra-se com frequência de suas amantes do passado, em especial de uma ventríloqua que, para despertar e estimular sua energia já esgotada, impostava sua voz fingindo ser um amante bêbado ou um senhorio furioso gritando do lado de fora do quarto: "Abra, maldição [...] sua vadia, você vai ver o que lhe aguarda."

A biblioteca de Des Esseintes é muito mais refinada e apurada. Ele, com efeito, "interessava-se apenas por livros doentios, debilitados e inflamados pela febre". Os seletos volumes de suas prateleiras foram impressos em papéis exóticos especiais e possuem capas de couro raro e presilhas metálicas como num missal. O que mais lhe atrai é a sordidez da prosa de determinados autores, as "flores bizantinas do pensamento e a complexidade dissolvente do estilo". Por isso ele prefere escritores como Petrônio e Apuleio, autores sacros menores, as obras mais macabras de Edgar Allan Poe e de Barbey d'Aurevilley e os poetas contemporâneos como Baudelaire, Verlaine e Mallarmé. Ah! "como são poucos os livros que merecem ser relidos". Sua cabeça, ele nos conta, não tem mais espaço "para coisa alguma, exceto sensações muitíssimo requintadas, dúvidas religiosas e ansiedades sexuais".

Seu gênero literário predileto é o poema em prosa, "uma comunhão intelectual entre o escritor hierático e o leitor ideal [...] um regalo estético disponível apenas para os de maior discernimento". Nesse sentido, *Às avessas* pode ser considerado uma espécie de poema em prosa alongado. Flaubert queria escrever um romance sobre "o nada", e Huysmans chega perto desse austero ideal. Seu livro é como uma maravilhosa orquídea extremamente doce, ao mesmo tempo bizarro, erótico, luxurioso e inesquecível.

Os leitores que gostarem de Huysmans deverão procurar seu outro romance famoso, o notório e "satânico" *Là-Bas*, que entrelaça o monstruoso Gilles de Rais com uma guerra entre dois magos do século XIX e uma detalhada reconstituição de uma missa diabólica. Não é de admirar que, logo após ter publicado essas duas obras-primas decadentistas, Huysmans tenha buscado orientação em um monastério, convertendo-se ao catolicismo. Como disse Barbey d'Aurevilley ao ler *Às avessas*: "Depois de um livro desses, a única alternativa que resta ao autor é o cano de uma pistola ou a base da cruz."

ISAK DINESEN (1885-1962)
A fazenda africana; Sete contos góticos; outros contos

Isak Dinesen se considerava uma contadora de histórias e se identificava fortemente com Sherazade, de *As mil e uma noites*. Enquanto o romance em geral se apoia em narrativas de fundo, análises psicológicas complexas e outros tipos de ornamento, o conto despe-se de todo esse excesso ostentoso em nome da objetividade e de uma profunda concisão, evitando ao máximo a prolixidade desnecessária. Os personagens de seus contos, tais como os italianos em "As estradas que contornam Pisa", sempre falam "com fluência, movidos por paixões arrebatadoras, como se a vida fosse, apesar de suas excentricidades, uma comédia que já haviam ensaiado".

A arte narrativa consiste no equilíbrio – em criar o tom perfeito e organizar várias pequenas tramas de modo que se forme um enredo maior, surpreendendo-nos e até nos chocando ao revelar, no fim, uma verdade sombria. No que diz respeito a esses aspectos da composição literária, Dinesen equipara-se aos melhores, como Prosper Mérimée, E. T. A. Hoffmann e Heinrich von Kleist. Assim como muitos de seus livros, seus contos "góticos" ou "de inverno" costumam ser ambientados no final do século XVIII ou no começo do XIX, embora possuam um claro toque de decadentismo, cortês e refinado. Transexualismo, incesto, estupro e assassinato – eis o que esperar dos cardeais promíscuos, das prioresas atormentadas por demônios, dos condes frívolos, dos príncipes impotentes e dos atores diabólicos que encontramos em sua obra. Não importa quão sombrios sejam seus feitos, todos demonstram serenidade e o mais completo autocontrole, uma compostura quase glacial mesmo diante da morte.

Os heróis e as heroínas de Dinesen podem estar condenados, mas apreciam a vida como estetas, como epicuristas da experiência. O tema central de Dinesen é o desvelar do destino e da vingança, e seus contos podem ser tanto sobrenaturais ["O macaco"] quanto sentimentais ["A festa de Babette"]. Talvez a moral de suas histórias seja a seguinte: é melhor abraçar um destino trágico com orgulho e dignidade do que se contentar com uma obscuridade insípida e cotidiana. Fiel a esse princípio, Dinesen disse certa vez que tinha vendido a alma ao Diabo em troca da capacidade de escrever.

A rigidez europeia da sintaxe e da dicção parece ser comum aos escritores que aprenderam o inglês como segunda língua – Joseph Conrad e Vladimir Nabokov também são exemplos disso. No caso de Dinesen, nascida na Dinamarca com o nome de Karen Blixen, sua frieza e sua elegância aristocrática oferecem uma excelente coloração às suas crônicas de intrigas amorosas:

> Durante o primeiro quarto do último século, os *resorts* no litoral tornaram-se uma espécie de moda [...] O espírito romântico da época, que se regozijava com as ruínas, os fantasmas e os lunáticos e que considerava a noite tempestuosa na lareira e o profundo conflito de paixões mais agradáveis para o *connoisseur* do que o conforto dos apartamentos e a harmonia dos sistemas filosóficos, conciliava mesmo o indivíduo mais refinado à eterna violência da paisagem costeira e do alto mar... ("O dilúvio de Nordeney")

Ao longo da vida, a autora teve admiradores tais como Eudora Welty, Carson McCullers, Marianne Moore, Lawrence Durrell, John Gielgud, Cecil Beaton e Edmée de la Rochefoucauld. Hemingway, ao receber o prêmio Nobel de literatura em 1954, disse que Dinesen deveria ter sido a vencedora. Suas histórias certamente propiciam esse tipo de elogio entusiasmado e refinado. Mas as memórias de *A fazenda africana* causam nos leitores algo mais, uma espécie de êxtase sagrado. A crítica Rebecca West escreveu o seguinte sobre esse relato de uma década vivida numa fazenda africana: "O livro me dá a estranha sensação de paz que sempre sinto na presença de algo superior a mim." Holden Caulfield, o herói de *O apanhador no campo de centeio*, de J. D. Salinger, faz à autora o maior elogio de todos: "Acho que eu chamava essa tal Isak Dinesen para sair."

O livro começa de maneira simples: "Eu possuía uma fazenda na África, ao pé das montanhas Ngong." Nas páginas seguintes, Dinesen relembra o mundo que ela havia perdido: a paisagem idílica e a vida selvagem do Quênia de 1913 a 1929; os nativos com quem fez amizade e que cuidavam de seus cafezais; o deslumbrante caçador e guia inglês por quem ela se apaixonou. *A fazenda africana* é uma das maiores elegias em prosa de nosso tempo:

> Um guerreiro masai é uma visão formidável. Esses jovens rapazes possuem em sua máxima grandeza essa espécie de inteligência singular que consideramos chique – corajosos, selvagens e soberbos, eles ainda se mantêm sobremaneira fiéis à sua própria natureza e ao seu próprio ideal. O estilo deles não é uma moda implantada, nem uma cópia da perfeição estrangeira; é algo que vem de dentro, é uma expressão de sua raça e de sua história, e suas armas e enfeites fazem parte de sua individualidade assim como os chifres são parte do gamo.

Em um grau ainda mais elevado, os masai possuem a integridade serena e nobre – decrescida da malícia – que Dinesen admira nos aristocratas europeus de suas histórias, tão seguros de si.

Há muitas anedotas e cenas curtas em *A fazenda africana*. Quando os masai querem escutar poesia, pedem que a estrangeira "fale como a chuva". Quando Dinesen lhes explica a trama de *O mercador de Veneza*, eles ficam surpresos em saber que Shylock desistiu de seu direito à libra de carne. "'Mas o que mais ele poderia ter feito?', disse eu, 'tendo sido proibido de extrair uma gota sequer de sangue?'" Um somali lhe responde: "Memsahib, ele poderia ter usado uma faca em brasa. Assim não faria sangue."

Em sua fazenda vivem expatriados britânicos e velhos colonos lavradores, em sua maioria janotas e figuras excêntricas. Um deles bebe uma garrafa de champanhe na floresta todas as manhãs às 11h e fica chocado quando a narradora lhe oferece copos de vidro comuns e grosseiros em vez de taças do melhor cristal. Outro cavalheiro de idade revela que fora amante de La Belle Otero. Quando as memórias da famosa cortesã vêm a público, Dinesen pergunta ao cavalheiro se ele está no livro. Está, sim: "Ela conta que eu era um jovem que gastou cem mil em apenas seis meses, mas que tinha feito cada centavo valer a pena." Ao que a autora responde, rindo: "E você acha que valeu a pena?" "Ele pensou por um momento. 'Acho que sim', disse. 'Valeu a pena, sim.'"

Apesar da felicidade bucólica que Dinesen evoca em *A fazenda africana*, há também muitas mortes no livro – um criado sofre um acidente fatal; começam as campanhas da Primeira Guerra Mundial na África; um amigo próximo morre em um desastre aéreo. Depois disso, a autora desaba e vende a propriedade que já estava a caminho da falência.

O tom decadente do final de *A fazenda africana* nos mostra mais uma vez que os verdadeiros paraísos foram todos perdidos. Mas esse pelo menos foi preservado na literatura, inclusive em suas tarefas agrícolas mais mundanas, que de repente ganham certa magia:

> Queimar carvão é um trabalho agradável. Sem dúvida há algo de contagiante na tarefa e também é sabido que os fornalheiros veem o mundo com uma coloração diferente; gostam de poesia e de falar bobagem, e os espíritos da floresta vêm lhes fazer companhia.

ROBERT BYRON (1905-1941)
The Road to Oxiana [A estrada para Oxiana]

Por um longo tempo, Robert Byron foi só um nome que figurava vez ou outra nas cartas de Evelyn Waugh e Nancy Mitford, apenas mais um dos estetas que floresceram em Oxford durante a brilhante primavera da década de 1920. Isso mudou quando o admirado estudioso da literatura Paul Fussell publicou *Abroad: British Literature Travelling Through Wars* [No estrangeiro: A literatura britânica viajando pelas guerras], devotando todo um capítulo a Byron. "*Ulisses* está para o romance do período entre guerras assim como *A terra devastada* está para a poesia", afirmou ele, "e *The Road to Oxiana* está para os relatos de viagem". Leitores de todas as partes correram para comprar essa obra-prima e simplesmente descobriram que ela nunca tinha sido publicada nos Estados Unidos. Desde então, o livro ganhou diversas edições.

The Road to Oxiana (1937) parece ser um diário desorganizado das viagens de Byron à Pérsia e ao Afeganistão no começo da década de 1930. Na verdade, o livro foi escrito com muito esmero embora seja propositalmente fragmentado; nesse aspecto, lembra a obra de Joyce e Eliot. Em sua viagem pela Ásia Central até o rio Oxus, Byron pretendia visitar alguns monumentos famosos, em especial a Gumbadi-Kabus, uma torre construída como mausoléu para um rei antigo. Por essa razão, o livro oferece descrições detalhadas das escavações de Persépolis, do interior da mesquita de Isfahan e de vários outros templos mortuários. Essas partes constituem mais ou menos um quarto do livro e, embora tenham seu valor, dificilmente atrairiam o leitor comum. O que o atrai de fato é o ouvido que o autor tinha para as conversas absurdas dos colonos e o seu gosto pelas descrições.

O livro começa com uma observação estranha do tipo que os jovens romancistas da genial década de 1920 tornaram popular: "Lifar veio para a janta. Bertie mencionou que todas as baleias têm sífilis." A fala dá ensejo a uma série de pequenos diálogos ininteligíveis, seu tom antecipando o de Beckett e imitando o de Kafka: "O senhor Trompete-de-Rafael convidou seus conhecidos para tomar chá [...] Sentei-me entre um bispo inglês e um príncipe kajar. 'O que você faz aqui?', perguntou o bispo aborrecido. 'Viajo'. 'Em quê?'"

Byron também é adepto dos *jabs* epigramáticos: "Mas os persas, liberais quando se trata de religião, bebem mais por pecar do que pelo gosto da bebida." "A água é o maior problema desse tipo de viagem, pois os sifilíticos, que são muitos, cospem em quaisquer poços." "Quando chegava a noite, púnhamos as camas do lado do caminhão. Mosquitos grandes como águias acorriam como se chamados pelo toque do rancho."

Entre os momentos mais líricos de Byron, talvez nenhum demonstre tanto sua riqueza quanto essa ária catalográfica da cor verde:

Chegamos à estepe: um estonteante mar de verde. Nunca vira tal cor. Nos outros verdes, na esmeralda, no jade ou na malaquita, no verde forte e profundo da selva bengalesa, no triste verde da Irlanda, no verde variado dos vinhedos mediterrâneos e no verde pesado e maduro das praias inglesas no verão predominam alguns elementos do azul e do amarelo. Aquela era a pura essência do verde, indissolvível, a cor da própria vida.

Algumas páginas depois, com essa brilhante vegetação ainda fresca na memória, Byron retrata uma cena mais sombria: "Depois de Akcha, a paisagem passou da cor do chumbo à do alumínio, pálida e morta, como se o sol estivesse sugando sua alegria por milhares e milhares de anos; pois estávamos agora na planície de Balkh e dizem que Balkh é a cidade mais velha do mundo."

Byron escreveu outros livros muito bons – em especial *The Station* [A estação], que fala do monte Atos, e *The Byzantine Achievement* [A conquista bizantina] –, mas o autor morreu jovem na Segunda Guerra Mundial, aos 36 anos. Algo de seu espírito irônico, no entanto, pode ser visto nos livros de outros jovens ingleses loirinhos que viajaram em busca de aventura, tais como o clássico de A. W. Kinglake *Eothen* (narrando peripécias no leste do Mediterrâneo durante a década de 1830); as cativantes *Cartas da Islândia* [Letters from Iceland], de W. H. Auden e Louis MacNeice; o celebrado *Arabia Deserta* [Desertos árabes], de Wilfred Thesiger; *O vale dos assassinos*, de Freya Stark, e o quase excêntrico *A Short Walk in the Hindu Kush* [Um breve passeio pelo Cáucaso Índico], de Eric Newby. Até o mais admirado escritor de diários de viagem do final da década de 1980, Bruce Chatwin, confessou ter estudado com atenção *The Road to Oxiana* antes de escrever sua própria obra-prima, o precioso e genial *Na Patagônia*.

O modo como vivemos hoje

O romance, observa Stendhal, é como um espelho viajando por uma estrada. Christopher Isherwood começa um de seus livros com as palavras "Sou uma câmera". Os críticos falam de "realismo fotográfico" e os escritores dão às suas obras títulos como *Scenes of Clerical Life* [Cenas da vida eclesiástica] e *Pictures from an Institution* [Retratos de uma instituição]. Essas expressões nos lembram que a "mimese", a representação da realidade, é de suma importância para a literatura ocidental, sobretudo para os livros que vieram depois de Cervantes.

Os diversos autores de "O modo como vivemos hoje" falam de pessoas reais enfrentando o "mundo real". Aqui temos o burguês e o pobre, o solteirão e a namoradeira, o vigarista e o clérigo, o preguiçoso, o trabalhador, o corrupto, o raivoso e o imprestável. Cada um desses escritores, de Petrônio a Welty, nos oferece retratos – sem retoque, com verrugas e tudo o mais – da vida real de pessoas que, por acaso, são imaginárias.

A forte preocupação com a representação do psicológico está no cerne do romance tradicional. (Por outro lado, na fantasia, na ficção científica, nas histórias de aventura e em boa parte da escrita experimental, interessamo-nos mais pelas ideias do livro, pela trama, pela linguagem peculiar ou pelo dilema existencial do protagonista.) Em livros "realistas", o que interessa ao leitor é a vida traumática e dramática do personagem e o posterior desvelar de seu destino. Aos poucos, passamos a nos importar com eles e a nos reconhecer em sua imagem, não como por um espelho distorcido, mas face a face. A maior parte do tempo, não sabemos se devemos rir ou chorar.

PETRÔNIO (Século primeiro)
Satíricon

O *Satíricon*, observou o crítico inglês Cyril Connolly, é um livro magnífico, e Petrônio, um "Proust romano":

> Toda uma geração de romancistas enfadonhos desconhece os segredos de sua fluidez de estilo, sua claridade imagética, seu diálogo ácido, seu desdém intelectual e a permanente fugacidade do picaresco – essa arte que mantém os personagens sempre em movimento de margem a margem, dos bordéis aos palácios, de aventura a aventura [...] A análise desse livro poderia ajudar muitos escritores principiantes a dar ação e continuidade a seus personagens e também a cadência do transitório que dá vida à leitura.

O *Satíricon* nos chegou apenas em fragmentos; o que temos são provavelmente trechos dos Livros XIV ao XVI, o que sugere que o original talvez fosse tão longo quanto *Guerra e paz*. Em nossa reconstrução da trama, parece que a obra – assim como *Uma história verdadeira*, de Luciano – é uma espécie de paródia da *Odisseia*. O herói Encólpio viaja de Marselha à Itália e depois ao Egito, observando o mundo, tomando parte em diversas vigarices e jogos de trapaça e tendo casos de amor tanto com homens quanto com mulheres. Mas em determinado momento ele ofende Príapo, o deus romano do sexo, figura um tanto cômica, que o faz ficar impotente. Parte do humor obsceno da obra envolve várias tentativas de remover essa maldição.

Não sabemos ao certo quase nada sobre o autor do romance, mas conjectura-se que tenha sido o mesmo Petrônio descrito pelo historiador Tácito como "o consultor de elegância" de Nero, um homem que tinha transformado o hedonismo e a luxúria em uma verdadeira arte. Esse Petrônio, no fim, foi forçado a cometer suicídio, cortou as veias e depois passou suas derradeiras horas na companhia dos amigos em um banquete, fazendo piadas. Dizem que mandou a Nero, como última travessura, um glossário escandaloso e explícito contendo todas as práticas sexuais prediletas do imperador junto com uma lista de seus numerosos amantes.

O título *Satíricon* não possui um significado bem estabelecido, podendo referir-se aos sátiros, às sátiras ou simplesmente à mistura de prosa e verso que chamavam naquele tempo de sátira menipeia. (A sátira menipeia teria uma vida longa, desde o muito influente *Consolo da filosofia*, de Boécio, à *Vida nova*, de Dante, e a *Cane* [Cana], de Jean Toomer.) Segundo boatos, provavelmente verdadeiros, o livro de Petrônio falava de devassidão sexual e degeneração moral. Os fragmentos que sobreviveram tratam principalmente do amor de Encólpio pelo jovem Gitão, embora também nos seja relatado um caso anterior com uma notória cortesã e, no final do livro, o episódio da bela mulher que seduz nosso anti-herói em um jardim. O capítulo mais famoso, quase completo, descreve um banquete na casa do milionário ex-escravo Trimalquião.

No começo, Trimalquião se comporta como um bobo da corte superficial, mas aos poucos torna-se mais profundo (ou talvez mais grosso) como um Falstaff do século primeiro. As fofocas durante o jantar são deliciosamente engraçadas, vulgares e coloridas, como podemos ver no trecho a seguir:

> Aquele garoto teria chafurdado a sarjeta por uma moeda e a teria pegado com os dentes também [...] Conhecia-o fazia muito tempo e ele estava com tesão, muitíssimo excitado. Por Deus! Aposto até que importunou o cão. Mas ele gostava mesmo era dos garotinhos, só que não era exigente: cairia em cima de qualquer coisa que tivesse duas pernas [...] Ora, querido, faz muito tempo que não o vejo.*

---

* Versão em português baseada da tradução para o inglês de William Arrowsmith. (N. do E.)

Um convidado bêbado conta sua hilária versão da Guerra de Troia; outro narra o caso assustador de um lobisomem. Por fim, os convivas dirigem-se para a piscina e começam a agir de maneira extravagante, cantando as canções populares da época. A essa altura, Trimalquião, completamente embriagado, insiste em ler em voz alta trechos de seu testamento e depois se joga no chão e finge estar morto: "Quero que cada um de vocês diga algo de bom a meu respeito." A saturnal só termina quando alguém toca uma corneta, o que por sua vez atrai o corpo de bombeiros. Os homens arrombam as portas carregando machados e baldes de água e tem início uma série de trapalhadas, permitindo que nosso herói e seu "amigo" fujam noite adentro.

O *Satíricon* é justamente esse tipo de mescla de humor sofisticado com humor vulgar, repleto de sexo, aventuras picarescas, versalhadas poéticas, magia e fantasia, sátiras de contemporâneos e mais, tudo feito com muito gosto. É provável que o livro tenha sido escrito para a récita, pois seu tom é bastante dramático e conversacional, um mar de vozes múltiplas. Alguns críticos modernos o consideram um tanto amoral, talvez até imoral; outros o veem como uma censura à corrupção dos bons costumes. Não parece haver sequer um único personagem realmente louvável em todo o romance. As mulheres, sobretudo, anseiam por apenas uma coisa: sexo.

Independentemente do que se passa com seus personagens mesquinhos – voyeurismo, safadezas sexuais, acidentes escatológicos –, Petrônio os descreve com certa naturalidade num estilo que costuma ser bastante refinado e literário. Um velhinho homossexual se atraca a Encólpio, que está amarrado pelos pés e pelas mãos, até que "um rio de suor e perfume começa a correr por seu rosto, deixando sua bochecha tão incrustada de pó que mais parecia uma parede rachada, solitária, debaixo de uma leve garoa". O poeta Eumolpo faz um discurso comovente e sincero diante do corpo de Liças, que se afogara: "O naufrágio está em toda parte" e, no entanto, "planejamos e temos esperança, enchendo de sonhos nossos estúpidos corações, poupando e guardando como se tivéssemos mil anos ainda a viver! [...] O casarão que construímos cai, desmorona, soterra-nos sob os escombros dos sonhos."

Depois do "Banquete de Trimalquião", o trecho mais conhecido do *Satíricon* é a breve história repleta de cinismo que fala da inconstância das mulheres, "A matrona de Éfeso", na qual uma jovem viúva desonra o cadáver do falecido marido para salvar a vida de seu novo amante. Também são muito admirados os fragmentos finais, nos quais Encólpio e seus amigos combinam de fingir que Eumolpo é rico para que os caçadores de herança de Crotone o entretenham como a um rei na esperança de ganhar sua mentirosa fortuna. As páginas finais possuem algo do encanto do Oriente Médio – jardins perfumados, feiticeiras, ritos secretos.

Há pelo menos uma passagem do *Satíricon* que os leitores modernos provavelmente devem conhecer. T. S. Eliot selecionou alguns versos da obra em latim para compor a epígrafe de *A terra devastada*, sua própria coletânea de reflexões sobre o mundo contemporâneo decadente. Traduzidos, eles nos dizem que a pitonisa de Cumé fora capturada e presa em uma jaula. Os garotos debocham dela e lhe perguntam: "Pitonisa, o que você quer?", ao que ela responde: "Quero morrer."

Como dizem com frequência os críticos e os acadêmicos, não há nada em toda a literatura antiga que se compare ao *Satíricon* de Petrônio.

ELIZABETH GASKELL (1810-1865)
Cranford; outras obras

Meu exemplar de *Cranford* – publicado em Nova York numa data desconhecida, provavelmente por volta da virada do século passado – chama a autora apenas de senhora Gaskell. O primeiro nome não é mencionado em parte alguma. Hoje em dia, Elizabeth Gaskell é muito estudada e admirada por ser a primeira biógrafa de Charlote Brontë e a autora de *North and South* [Norte e sul], *Mary Barton* e outros romances que tratam de questões sociais e da classe trabalhadora britânica do período vitoriano.

E, no entanto, o nome "senhora Gaskell" parece apropriado para essa série de esquetes reunidos sem muito critério num único livro: *Cranford* (1853) é o retrato de uma pequena cidade da década de 1840 e 1850 que fala, sobretudo, da vida de um grupo de solteironas e viúvas de classe média. Muito admirado por Dickens, que publicou os capítulos de *Cranford* originalmente em sua revista *Household Words*, o livro foi bastante elogiado por conta de seu humor discreto e de seu belo retrato dos jogos de cartas, das animosidades femininas e das distinções sociais, além de sua terna representação do amor e da afeição entre "velhinhos" por volta dos seus, *aham*, 50 anos. A prosa de Gaskell é clara, graciosa e por vezes admiravelmente cômica. A conclusão do livro pode ser um pouco sentimental, mas de resto *Cranford* faz jus à sua reputação de "idílio em prosa".

Mesmo assim, o romance está longe de ser idealizado. Vários personagens importantes morrem e um deles vai à falência por conta de um erro do banco; amantes perdem a chance de se casar e acabam passando o resto da vida sozinhos, felizes mas incompletos no fundo. A senhorita Matty, a "heroína" principal, é quase modesta e boa demais, mas seus amigos podem ser deliciosamente vaidosos, arrogantes e egoístas. Ao longo da obra, Gaskell nos mostra uma sociedade que está mudando – os velhos hábitos rurais de camponeses robustos da Inglaterra do século XVIII estavam sendo suplantados pela era industrial, representada pelo trem e pelo banco.

Esses elementos mais sombrios mostram que os personagens não são governados apenas pelos "humores", e o livro surpreende em algumas partes por ser um tanto emotivo. Mas a ironia de Gaskell é sempre encantadora e fascinante, uma mescla de Trollope com os romances de Lucia de E. F. Benson e as comédias pastoris de Angela Thirkell. Uma jovem de Cranford aprende com certa rigidez que, quando estiver fazendo uma visitinha a alguém, não deve ficar mais do que 15 minutos:

> "Mas devo ficar atenta ao relógio? Como vou saber quando se passaram os 15 minutos?"
> "Você tem de ficar atenta às horas, querida, não pode se esquecer disso enquanto estiver conversando."

Em um mundo tão restrito, um acontecimento de grande impacto pode ser a compra de um tapete para a sala de visitas. Para o novo tapete não perder a cor, a senhorita Matty e sua irmã mais velha, a senhorita Jenkyns, espalham jornais sobre as áreas expostas ao sol. Trocam as folhas de lugar durante toda a tarde. E quando planejam dar uma festa gastam horas e horas "cortando e colando pedacinhos de jornal a fim de formar trilhas até todos os assentos da casa para as visitas não sujarem e macularem com seus sapatos a pureza do tapete".

Nesse universo, um fazendeiro solteirão de idade possui exatamente "26 vacas, cada uma batizada com uma letra diferente do alfabeto". Um velho depravado diz para uma viúva crédula que havia "atirado em um querubim" por acidente na Índia. Outro vetusto cavalheiro reclama tanto do desperdício de papel que, quanto aos envelopes, "para conviver com o mau proveito de um artigo tão estimado, virava pacientemente do avesso suas correspondências para fazer novo uso delas". Até a narradora do livro, uma moça chamada Mary Smith, confessa ser incapaz de lançar mão de seus elásticos de borracha: "Para mim, os elásticos são um tesouro precioso. Tenho um que já não é novo – peguei do chão faz quase seis anos. Tentei usá-lo, com efeito, mas não tive coragem e não pude cometer tal extravagância."

Apesar da atmosfera melancólica de fracasso e desperdício, *Cranford* se ilumina com seus divertidos incidentes. O pânico toma conta da cidade e as senhoras ficam histéricas só de pensar em ladrões imaginários se esgueirando pela noite. Quando o mágico-ilusionista Signor Brunini anuncia seu próximo truque, a cidade se convence de que "seria uma festa tal como não se via desde a vinda dos leões de Wombwell, quando um deles comeu o braço de uma criança pequena". (Poderia ser uma frase de Saki.) E também, claro, o que dizer do boato – é absolutamente espantoso, deve ser mentira – de que a enviuvada Lady Glenmire concordou em se casar com o senhor Hoggins, o cirurgião local? Como se isso não bastasse, ainda falam por aí que ela vai adotar o nome de senhora Hoggins! Em alguns casos, o humor do livro chega a ser quase exagerado: "No dia seguinte encontrei Lady Glenmire e a senhorita Pole em uma longa caminhada à procura de uma velha que era famosa na vizinhança pela qualidade de suas meias de lã."

Mesmo assim, resta aquela melancolia. A certa altura, Mary Smith ajuda a queimar velhas cartas, em sua maioria cartas de amor dos falecidos pais das duas solteironas, a senhorita Matty e a senhorita Jenkyns:

> Não sabia como era triste ler cartas antigas até aquela noite, embora não soubesse explicar a razão daquilo. As cartas eram bastante alegres – pelo menos as primeiras. Havia nelas uma consciência vívida e intensa do momento presente que parecia tão forte e completa que nunca se esgotaria, como se os corações pulsantes e quentes que por elas se expressavam fossem imortais, mas era como se tudo isso não significasse coisa alguma para a terra ensolarada. Sentiria menos tristeza, acredito, se as cartas fossem mais assim.

Por fim, numa das cartas, Mary lê a respeito do nascimento de uma criança que é descrita como "o bebezinho mais lindo do mundo" e que, na opinião de todos, iria se tornar uma pessoa de considerável beleza. "Pensei", escreve Mary, quando a triste verdade vem à tona, "na senhorita Jenkyns, grisalha, murcha e enrugada."

Creio que todos os que gostam da obra de Jane Austen (ou de qualquer um dos escritores mencionados neste capítulo) acharão *Cranford* particularmente interessante. Não é de admirar que, em apenas uma década – 1899 a 1910 –, o livro de Elizabeth Gaskell tenha sido editado 75 vezes na Grã-Bretanha e nos Estados Unidos, segundo dizem, e que ainda hoje ele continue a ser publicado e apreciado como merece.

IVAN GONTCHAROV (1812-1891)
Oblomov

A ficção russa do século XIX é uma das maravilhas indiscutíveis da literatura mundial. *Crime e castigo, Guerra e paz, Pais e filhos* – quem não conhece, se não de nome, essas obras-primas de Dostoievski, Tolstoi e Turgueniev? Talvez pudéssemos acrescentar *Almas mortas*, de Gogol, a essa lista ou mesmo *Um herói do nosso tempo*, de Lermontov. Mas suponhamos que alguém sugerisse os *Contos de Belkin, Lady MacBeth de Mstsensk* ou *A família Golovlyov*. Quantas pessoas já teriam ouvido falar desses livros igualmente magníficos de Pushkin, Leskov e Saltykov-Schedrin?

Nesse grupo de obras-primas pouco conhecidas também poderíamos inserir *Oblomov* (1858), um dos romances de maior popularidade já publicados na Rússia e, por certo, o mais alegre e divertido de todos os romances mencionados acima. Ele conta a história de um homem que, em suma, não quer sair da cama e age de maneira ingênua, simples e gentil, como um Forrest Gump eslavo. No prefácio da melhor tradução para o inglês do livro, a de Stephen Pearl, a romancista Tatiana Tolstoia afirma que, baseado apenas nessa única obra, Ivan Gontcharov poderia ser considerado "o escritor russo por excelência". Isso talvez seja um pouco de exagero, mas até Tchekhov – que deveras é o escritor russo por excelência (em minha opinião, pelo menos) – declarou que Gontcharov erguia-se "dez cabeças acima de mim em termos de talento".

Tolstoia observa que "há algo verdadeiramente russo no caráter de Oblomov, algo que toca os corações de todos os habitantes daquele país. Esse algo é o sedutor apelo da preguiça e do ócio bem-intencionados, a preciosa conservação de uma infância tranquila e serena em que todos se amam e em que a vida, com suas ansiedades e exigências, parece distante no horizonte. Esse tipo de coisa se manifesta na fina sensibilidade do "viva e deixe viver", na escolha do caminho de menor resistência, na falta de assertividade e na aversão a qualquer tipo de tumulto e incômodo. Manifesta-se também no desprezo pelas questões pecuniárias e [...] na confiança."

Ilya Ilyich Oblomov prefere sonhar acordado a fazer... qualquer coisa. Essa adorável indolência é um sentimento claramente antiamericano, contrastando de maneira radical com o entusiasmo de seu amigo mais próximo Andrei Stolz. Mas Stolz é meio alemão, o que explica seu pragmatismo, sua eficiência e seu olhar sério para todas as coisas, desde os negócios até o amor. Se Theodore Dreiser tivesse escrito esse romance, Stolz teria sido o protagonista.

A história começa com Oblomov – na casa dos 30 anos, um tanto cheinho e bastante fora de forma – deitado em seu divã, envolto em uma velho camisão de dormir. Nas cem páginas seguintes, ele praticamente não sai do lugar enquanto uma série de amigos aparece e lhe diz "oi", convida-o para sair e lhe pede dinheiro emprestado. O dinheiro, com efeito, torna-se um problema, pois nosso herói locatário depende de sua propriedade para pagar suas despesas em São Petersburgo e o responsável pela fazenda lhe escreve contando diversas notícias desagradáveis: a seca estragou a colheita; alguns camponeses fugiram; o velho casarão está caindo aos pedaços. Trata-se de uma verdadeira crise, e Oblomov se vê "diante da terrível perspectiva de ter de pensar em alguma solução para aquilo". Apesar dos bons conselhos de Stolz, "a solução" não envolve sua ida à propriedade para resolver a questão pessoalmente. Mais fácil esquecer a carta naquele momento, talvez tudo se resolvesse no fim, de alguma forma.

Afinal de contas, há um problema maior no horizonte. O senhorio do apartamento está planejando reformar o edifício e quer que seu inquilino preguiçoso saia dali imediatamente. Sair! Mexer-se! Como enfrentar uma perspectiva tão assustadora? Mas não era o momento, estava na hora de sua soneca.

"O sonho de Oblomov", que ocupa todo o nono capítulo, foi publicado à parte em uma revista muito antes de o romance ter saído. Essas lembranças oferecem 37 páginas das mais magníficas da literatura mundial. As memórias de infância do personagem, os dias sonolentos de verão e as noites aconchegantes de inverno, transportam-nos a um paraíso celestial de "paz serena e imperturbada", um mundo onde ninguém faz coisa alguma. Depois de um farto almoço, quase todos os seres vivos caem no sono até a hora do chá como se uma fada tivesse passado a varinha por toda a propriedade. As pessoas dormem por décadas. Às vezes, quando se sente estranhamente disposta, a mãe de Oblomov passa horas e horas discutindo com o alfaiate um modo de transformar a jaqueta listrada do marido em um casaco para seu garotinho.

Em Oblomovka, ninguém se dá o trabalho de responder carta alguma, nem mesmo a carta de um velho amigo que pede a receita da cerveja caseira da família. Mas, nas longas noites de inverno, todo o mundo ri ao se lembrar do trenó de Luka Savich que se partiu enquanto ele deslizava montanha abaixo. E quanto àquele dia em que as vacas e as cabras derrubaram a velha cerca do jardim e comeram os arbustos floridos? Ah, aqueles eram os tempos! Comparado à casa de infância de Oblomov, o sonolento e mal-iluminado castelo de Blandings de P. G. Wodehouse é uma verdadeira colmeia em termos de atividade:

> Os moradores de Oblomovka não acreditavam em emoções dolorosas; para eles, o constante ímpeto que levava ao movimento e à atividade não era considerado vida e eles evitavam emoções arrebatadoras como se fugissem da peste.

Não surpreende, portanto, que Oblomov, já crescido, demonstre certa tendência a se deixar levar – chama isso de *oblomovschina* – quando, de repente, todo o seu estilo de antivida sofre uma reviravolta: Stolz o força a sair para a vida e, então, certa noite, o personagem conhece Olga. Ou melhor, Olga! Olga! O amor faz com que nosso herói compre roupas novas, leia jornal, vá ao teatro e escreva deveras uma carta ao responsável pela propriedade. O relato (um tanto extenso) de como o amor adentra o coração de duas pessoas inocentes faz lembrar nossas paixões juvenis tão vergonhosamente vivas em nossas memórias. Há longas caminhadas pelo jardim, pequenas discussões e beijos de reconciliação. Ah, o primeiro amor! Mas pode um grande amor, não importa sua dimensão, verdadeiramente suplantar o poder da *oblomovschina*?

Há mais surpresas nesse livro ligeiramente engraçado, comovente e instigante. Mas o que pensar de Oblomov? Seria ele um parasita aristocrático, um tolo divino ou uma espécie de santo budista? Os leitores com formação acadêmica talvez notem o destro controle do tempo e o modo como o romance alterna morosidade e rapidez. Mas todos ficamos impressionados com a vivacidade dos personagens secundários de Gontcharov, em particular o criado de Oblomov, Zakhar, figura vagarosa porém muitíssimo leal; sua senhoria bovina, Agafy Marveyevna (cujas sobrancelhas fascinam o inquilino) e seu suposto amigo, o desavergonhado biltre Tarantyev. Não é de admirar que Tolstoi tenha dito que "adorou *Oblomov*", lendo-o e relendo-o diversas vezes.

JOSÉ MARIA EÇA DE QUEIRÓS (1845-1900)
O crime do padre Amaro; O primo Basílio; Os Maias

Eça de Queirós é considerado por muitos o maior romancista de Portugal, autor de mais de dez obras-primas comparáveis às de Flaubert e Zola. *O crime do padre Amaro* (1876, revisado em 1880), seu admirável romance de estreia, é ao mesmo tempo cômico, *sexy* e devastador.

A trama de Eça é tão espetacular hoje quanto era naquela época: um padre, açulado por devaneios eróticos e desprovido de uma verdadeira vocação religiosa, apaixona-se pela filha de sua senhoria e a seduz. Os dois primeiros terços de *O crime do padre Amaro* retratam o despontar do desejo entre os dois jovens; a última parte relata a consequência de sua paixão proibida. À exceção de um doutor amarguradamente realista e de um velho padre santimonial, todos os personagens do livro teriam de passar um bom tempo no confessionário.

A história de amor – tradicional como a de Abelardo e Heloísa – é o que impulsiona o romance, mas o prazer da leitura deve-se, sobretudo, ao humor cínico, à narração ríspida e aos personagens um tanto exagerados que o autor observa com uma desdenhosa aquiescência à fragilidade humana e ao descaso divino.

Pensemos em Amaro no seminário, ao qual foi entregue quando órfão. "E antes mesmo de fazer os votos", escreve Eça, "desfalecia no desejo de os quebrar." À noite, rezando diante de uma litografia de Nossa Senhora, o seminarista vê uma "linda moça loura". Com efeito, por vezes, "despindo-se olhava-a de revés lubricamente; e mesmo a sua curiosidade ousava erguer as castas dobras da túnica azul da imagem e supor formas, redondezas, uma carne branca [...]" Amaro sofre de uma espécie de bovarismo sentimental, um desejo de experimentar a vida sublime dos adoráveis protagonistas aristocráticos da ficção romântica. Para ele, os olhos iluminados de uma jovem mulher são "como um negro cetim coberto de água", e o rapaz quase desmaia quando a moça toca uma passagem "plangente" de *Rigoletto*.

Eça aos poucos constrói o caráter de seu herói-clérigo – insatisfeito com a tonsura, suscetível à moral decadente das pessoas que o cercam, tímido e sem força de vontade, iludido e cada vez mais insensível. Em diversas ocasiões, Amaro brinca com a ideia de que a Inquisição voltou e que pode torturar seus inimigos e aterrorizar as moças belas e orgulhosas. Amélia, por outro lado, ao contrário do amante em conflito, é a própria representação da vitalidade juvenil – voluptuosa, sensual e maleável – e ao mesmo tempo tão devota e fiel que chega a comover. Quando a paixão está no começo, ela admite que "agora tinha apenas uma ideia na cabeça, lançar os braços em torno do pescoço dele e beijá-lo, ah, sim, beijá-lo! E depois, se preciso, morrer". Mais tarde, no entanto, Amélia aprende a gostar de "se humilhar diante dele, oferecer-se sempre, sentir-se toda dele, sua escrava [...] Vivia com os olhos nele, numa obediência animal: curvava-se apenas quando ele falava, e quando vinha o momento de desapertar o vestido". Mas, depois, ela se vê tomada por "um sentimento confuso em que o ódio faiscava sob o contínuo desejo". Esse é um escritor que entende o sexo.

Com apenas uma exceção, todos os clérigos do livro são corruptos – glutões, vingativos, dados às intrigas, adeptos do maquiavelismo, da hipocrisia e do prazer:

> O Padre Brito era o padre mais estúpido e mais forte da diocese; tinha o aspecto, os modos, a vitalidade de um robusto beirão que maneja bem o cajado, emborca um almude de vinho, pega alegremente à rabiça do arado, serve de trolha nos arranjos de um alpendre e, nas sestas quentes de Junho, atira brutalmente as raparigas para cima das medas de milho.

O Padre Natário mora com as duas filhas bastardas, que são muitíssimo próximas dele, e faz-se de bom grado ferramenta do governo: "Tinha-se entendido com um missionário, e na véspera da eleição os paroquianos receberam cartas vindas do Céu e assinadas pela Virgem Maria, pedindo, com promessas de salvação e ameaças do Inferno, votos para o candidato do governo."

O homem mais influente da cidade é o orgulhoso doutor Godinho, cujas "virtudes voltavam, em passo de procissão, solenes e sublimadas, arrastando caudas de adjetivos nobres". Outro valoroso administrador, "por trás da vidraça da repartição, namorava de binóculo a [esposa] do Teles alfaiate". A ríspida Josefa Dias, sob a influência do diabo, vislumbra "S. Francisco Xavier nu", seguido de uma visão de "toda uma corte do Céu, arrojando túnicas e hábitos, e bailando-lhe na imaginação sarabandas em pelo".

Eça utiliza todos os tipos de comédia – uma sátira sutil nas conversas insípidas dos hóspedes da senhora Joaneira, um humor mais rude no relato de um pintor bêbado que se torna um revolucionário e um pouco de baixaria na descrição de uma velha criada depravada que atormenta Amélia e, no entanto, se entrega a prazeres noturnos beijando a relíquia da fralda do menino Jesus. Todas as páginas do livro são divertidas e maliciosas: o bom vinho "concorre para a dignidade do santo sacrifício", diz Amaro muito sério, "fazendo uma carícia de joelho a Amélia".

O primo Basílio, traduzido para o inglês pelo poeta Roy Campbell, também é uma história de sedução, na qual uma jovem mulher casada sucumbe aos encantos de seu primo sofisticado e terrivelmente galanteador. A princípio, a trama nos faz lembrar *Madame Bovary* – Luísa sonha com diversos romances franceses –, mas Eça logo acrescenta elementos de *A prima Bette*, de Balzac. Uma criada cruel e invejosa passa a chantageá-la depois que descobre a transgressão de Luísa. Primeiro, ela se apropria dos vestidos de sua patroa, depois pede dinheiro e, por fim, fica na cama enquanto a esposa transviada e arrependida passa as roupas, esforçadamente, e faz a limpeza da casa. E mesmo com toda essa humilhação, a degradação de Luísa estava apenas começando. *O primo Basílio* é um romance devastador e afiadíssimo, embora o grande escritor brasileiro Machado de Assis o tenha considerado um tanto lascivo.

Se você gostar desses dois livros, também deve ler *Os Maias*, uma obra-prima que fala de um caso de amor entre um irmão e uma irmã, ou *A relíquia*, o relato cômico de um incorrigível salafrário que se faz de santo para herdar a fortuna da tia. E temos também *A ilustre casa de Ramires* e os contos reunidos em *O sofá amarelo*. Eça de Queirós, além de ser um escritor de primeira linha, é bastante divertido.

ANTON TCHEKHOV (1860-1904)
Contos; cartas; peças

Anton Tchekhov achava que, depois de morto, as pessoas diriam que ele "fora um bom escritor, mas não tão bom quanto Turgueniev". Mas não poderia estar mais equivocado, pelo menos dessa vez: não há outro contista (ou dramaturgo moderno) que seja mais admirado do que Tchekhov. E, o que é ainda mais impressionante, poucos seres humanos são tão louváveis quanto ele.

Um verdadeiro artista, segundo George Bernard Shaw, deixa a esposa passar fome, os filhos andarem descalços e a mãe, aos 70 anos, tem de trabalhar para sustentá-lo, para que não se dedique a outra coisa além de sua arte. Ainda bem que ninguém disse isso a Tchekhov. Neto de servos, o escritor começou a fazer esquetes humorísticos na adolescência para ganhar dinheiro e ajudar os pais indigentes e os irmãos esbanjadores. Escrevia com rapidez – "Não me lembro de ter gastado mais de 24 horas com história alguma" –, pois precisava de tempo para se dedicar ao estudo da medicina. Como disse (em uma de suas instigantes cartas), "O que os escritores aristocráticos tomam da natureza de graça os menos privilegiados têm de comprar com a própria juventude".

Depois de formado, Tchekhov cuidou de vítimas do cólera, criou um hospital para pacientes tuberculosos e atravessou a Rússia – antes da linha férrea transiberiana – para chegar à colônia penal de Sakhalin, onde tratou dos prisioneiros, fez um recenseamento e colaborou para a reforma das instalações. Mais tarde, tendo conseguido algum dinheiro, abriu sua casa para todo o mundo e teve de viver rodeado de camponeses que precisavam de cuidados médicos; de atrizes que queriam papéis; dos irmãos que buscavam bebida; de redatores-chefes que exigiam contos e de fãs que lhe pediam autógrafos. Durante boa parte de sua breve vida (morreu cedo, aos 44 anos, de tuberculose), Tchekhov teve de equilibrar as exigências da família, dos amigos, da medicina e da escrita. Mas em momento algum ele se desviou de seus ideais de tolerância e perdão: "Detesto a mentira e a violência, seja qual for a forma que elas tomem [...] O mais sagrado para mim é o corpo humano, a saúde, a inteligência, o talento, a inspiração, o amor e a liberdade absoluta – liberdade da imposição e da falsidade." Como explica Ivan Ivanovitch em "As groselheiras": "Não há felicidade, nem deve haver; se há sentido e propósito na vida, esse sentido e esse propósito não são a nossa felicidade, mas algo maior e mais racional. Fazer o bem!"*

A ficção de Tchekhov trata, sem receio, de todos os aspectos da natureza humana. No inquietante "Uma história aborrecida", um professor de idade observa a esposa:

> Observo minha esposa e me espanto como uma criança. Pergunto a mim mesmo, perplexo, se é possível que essa mulher velha, robusta e feia, com sua torpe expressão, sua expressão medíocre de ansiedade, preocupada com o pão de cada dia, os olhos sem brilho de tanto se debruçarem sobre as contas e as dificuldades financeiras, que não consegue falar coisa alguma além de despesas e que sorri apenas quando algo fica mais barato – é possível que essa mulher seja a elegante Varia, por quem me apaixonei tão febrilmente?

Tchekhov é admirado tanto pelos leitores quanto pelos outros escritores, que o olham com reverência e humildade. Eis alguns comentários típicos:

Robert Stone: "Tchekhov nos trouxe a inestimável dádiva da limpidez. É um desses autores que parecem escrever sem muitos artifícios literários; saboreamos, acima de tudo, sua inteligência e sua percepção humanas. É um atleta, um herói da sensibilidade."

William Maxwell: "Embora as igrejas não pareçam ser dignas de canonizá-lo, ele era, com efeito, um santo. Suas melhores histórias são

---

* Versão em português baseada da tradução para o inglês de Constance Garnett. (N. do E.)

sempre experiências que tocam o fundo da alma e produzem nela alguma alteração, não importa quantas vezes as releiamos. O leitor que sobrevive a 'Enfermaria n. 6' descobre que sua própria sanidade é apenas provisória. Quanto às obras-primas 'A dama do cachorrinho', 'Os ladrões de cavalo', 'Olhos mortos de sono', 'As groselheiras', 'Sobre o amor', 'Na ravina' – onde mais poderíamos ver com igual clareza a diferença entre a luz e a escuridão? Ou experimentar o real negrume da escuridão?"

Vladimir Nabokov: "Tchekhov transmite uma beleza artística muitíssimo superior à de vários escritores que pensam saber o que é uma prosa bela e rica. Ele mantém todas as palavras sob a mesma claridade fosca e a mesma coloração cinzenta de uma cerca velha ou de uma nuvem baixa. A diversidade de tons, o brilho de sua magnífica ironia, a economia profundamente artística na caracterização de seus personagens, os detalhes vívidos e a decadência da vida humana – todos os aspectos peculiares de Tchekhov – mostram-se ainda mais fortes devido ao fato de o autor os infundir e os cercar de uma vagueza verbal um tanto sombria." Nabokov acrescenta: "Aquelas paisagens desoladas, os salgueiros murchos ao longo das estradas terrivelmente lamacentas, os corvos cinzentos cortando céus cinzentos, o repentino aroma de alguma lembrança espetacular em uma esquina das mais comuns – toda essa obscuridade patética, toda essa amável fraqueza, todo esse cinzento mundo tchekhoviano..."

William Trevor: "Tchekhov [...] criou a arte do vislumbre [....] Em seus contos, ele transmite suas ideias em explosões de verdade. Não há espaço para o escapismo; todos os sentimentos humanos, por mais baixos que sejam, são dignos de investigação."

Cynthia Ozick: "Todos os seus contos são completos em si mesmos apesar de suas muitas alusões e de sua fragmentação – como a curva de um caco de cerâmica que sugere não apenas a forma de todo o recipiente como também a sede de uma civilização despedaçada."

Harold Brodkey: "Consideremos seu poder de descrição: as noites, os dias, os cavalos, os homens, os edifícios, as mulheres sorridentes, tudo isso está mais bem representado nele do que em Tolstoi [...] Ele deu mais sentido a nós do que qualquer outro artista daquele século."

V. S. Pritchett: "Quando os personagens de Tchekhov contam suas histórias sem dar ouvidos às histórias dos outros, o que transparece é o orgulho absurdo que eles têm de seu passado e a indiferença com que tratam as outras pessoas." O humor, a tragédia e o *páthos* de seus contos residem na "colisão desses isolamentos".

O outono é a estação mais indicada para se ler Tchekhov: penso numa tarde cinzenta e ameaçadora e no leitor, um tanto febril, aconchegado no sofá, a velha chaleira à mão. Mas essa cena acolhedora é limitada e incompleta. Tchekhov é mais profundo e mais variado, capaz de produzir uma sátira bem-humorada como "A querida" e também as inquietantes aventuras de "Uma história aborrecida", "Gusev" e "Enfermaria n. 6". Suas epifanias surgem de repente para surpreender tanto os personagens quanto os leitores: a cena de "A dama do cachorrinho" em que Grusov percebe que se apaixonou pela mulher casada que tentara seduzir sem muitas pretensões; o clímax de "O bispo", quando a velha mãe do prelado tuberculoso – que tanto se orgulhava do glorioso filho – ajoelha-se perante seu leito de morte, faz-lhe um carinho e o chama de seu pequeno Pavel.

No que diz respeito à genialidade narrativa, à criação de personagens e à simples compaixão humana, parece-me que Tchekhov equipara-se a Chaucer, Balzac e Dickens. Quanto às suas peças merecidamente celebradas – *A gaivota*, *As três irmãs* e *Tio Vanya* –, tudo o que posso dizer é o seguinte: você deve lê-las.

JEAN TOOMER (1894-1967)
Cane [Cana]

Cane (1923) talvez seja o primeiro grande clássico da literatura negra norte-americana. Antes de Jean Toomer tínhamos poemas comoventes (Philis Wheatley entre outros), memórias perturbadoras (*Narrative of the Life of Frederick Douglass*) e reflexões culturais importantes (*As almas da gente negra*, de W. E. B. Du Bois), mas no reino da ficção apenas os contos poderosos de *The Conjure-Woman* [A feiticeira], de Charles W. Chestnut, talvez estivessem à sua altura. *Cane* surgiu com a ascensão da Renascença do Harlem, tornando-se desde então a obra mais célebre do movimento.

Será? O próprio Jean Toomer nunca gostou dos rótulos raciais que ele e seu livro recebiam. Considerava-se apenas um escritor modernista que – assim como Hemingway e Faulkner – buscava inspiração em Sherwood Anderson, colaborava com periódicos vanguardistas, tais como o *Broom*, *The Double Dealer* e *The Little Review*, e preferia a companhia de Hart Crane à de Langston Hughes. Toomer, depois, repudiou sua herança "negra" e, no final da vida, se dedicou à filosofia e ao ocultismo como discípulo do místico russo G. I. Gurdjieff. E nunca mais publicou textos literários.

Não é de admirar que as sensíveis questões de raça e de identidade norteiem a variedade jazzística de esquetes, poemas e contos que formam *Cane*. Na primeira parte, Toomer oferece *flashes* do cotidiano de negros sulistas ainda influenciados por suas raízes arquetípicas e passionais. Mas esse modo de vida estava se exaurindo e, em seus contos (e também nos poemas curtos interpostos ao longo do livro), o autor lamenta a perda de uma naturalidade essencial. O sexo permeia essas elegias em prosa:

> Os homens sempre desejaram Karintha, mesmo quando criança, Karintha cheia de beleza, perfeita como o crepúsculo quando o sol se põe. Os velhos deixavam-na brincar de cavalinho em seus joelhos. Os rapazinhos dançavam com ela nas festas quando deviam estar dançando com suas namoradas já crescidas. Deus nos dê juventude, rezavam em segredo os velhos. Os rapazinhos esperavam ansiosos que ela atingisse a idade certa para poderem transar [...]

Karintha, aos 12, era um lampejo juvenil que ensinava aos outros o verdadeiro significado da vida [...] Karintha, quando corria, era um vulto.

Ah, mas a "alma dela era algo que amadurecera cedo demais".
Na metade do livro, a ação da história muda-se para Washington e Chicago. Aqui, somos apresentados a negros que desejam ser amados e compreendidos, mas que se sentem constrangidos pelo decoro e pela civilização urbana moderna, receosos de extrapolar não só o limite da cor mas quaisquer limites. Na terceira e última parte do livro, Toomer nos oferece uma longa história sobre um intelectual negro de pele mais clara que volta para o sul, retornando às origens. Lá, o homem faz um verdadeiro passeio pelos diversos tipos da raça – o elegante diretor da escola que é uma espécie de falso branco; um pregador ambulante; um diligente construtor de carroças adepto do culto ao trabalho manual proposto por Booker T. Washington; um velho ex-escravo que vive imóvel e quase mudo em um celeiro escuro; uma garota que parece representar alguma esperança para o futuro e muitos mais. O livro termina com um comentário desesperador.

Através dessa mistura de prosa e poesia, somos apresentados à diversidade da vida afro-americana, passando por aspectos naturalistas, oníricos e até bastante surreais. (Em "Rhobert", um homem leva uma casa na cabeça à guisa de chapéu.) Há cenas grotescas – como a luta encenada de anões – e momentos de extrema perturbação psicológica, como quando a moça tímida que tinha sonhos sexuais com um importante pregador vai hipnoticamente a um bordel e se oferece a ele. Nas páginas de *Cane* as pessoas são segregadas, esfaqueadas e queimadas vivas. Os personagens apresentam todos os tipos de cor de pele, desde o preto escuro até o branco claro e, no entanto, todos são considerados "negros".

Em termos de estrutura narrativa, o livro de Jean Toomer provavelmente se assemelha mais a *Winesburg, Ohio*, de Sherwood Anderson, ou a *In Our Time* [Em nosso tempo], de Ernest Hemingway. *Cane* não deve absolutamente nada a essas obras lançadas quase na mesma época. Na literatura negra norte-americana posterior, seus únicos pares são *Seus olhos viam Deus*, de Zora Neale Hurston, *Filho nativo*, de Richard Wright, *O homem invisível*, de Ralph Ellison, e *Amada,* de Toni Morrison. Mas, na intensidade e na beleza de sua prosa delirante, *Cane* é inigualável.

WILLA CATHER (1873-1947)
A morte vem buscar o arcebispo; Uma mulher perdida; outros livros

Willa Cather odiava ver sua obra em antologias ou em textos didáticos. Temia que as crianças, em vez de descobrirem sozinhas seus contos e romances, crescessem com a desagradável lembrança de terem sido forçadas a ler suas histórias. Mas, infelizmente, foi isso o que aconteceu. *Minha Antonia* é um dos textos mais lidos nas aulas de inglês da escola, embora não figure entre os favoritos dos estudantes, sobretudo dos garotos adolescentes.

De certa forma, Cather é a eterna "mulher perdida" da literatura norte-americana do século XX e está sempre sendo redescoberta, como o inglês Ford Madox Ford. Por vezes esquecemos que três de seus livros mais importantes – *Uma mulher perdida* (1923*), The Professor's House* [A casa do professor] (1925) e *A morte vem buscar o arcebispo* (1927) – são contemporâneos das melhores obras de F. Scott Fitzgerald e Ernest Hemingway. (Fitzgerald escreveu a Cather desculpando-se por um capítulo de *O grande Gatsby* que era muito parecido com um trecho de *Uma mulher perdida*.) Nos últimos anos, Cather tem sido exaltada pelas feministas como uma escritora lésbica da mesma forma como fora antes considerada o orgulho de Nebraska e a defensora da região sudoeste.

Esse tipo de rótulo chega a ser uma ofensa para um artista de verdade, e Cather dedicava-se à sua arte como qualquer outro autor desde Flaubert. Embora não fosse exatamente uma reclusa, a escritora evitava a exposição pública e o *marketing* e preferia ser deixada em paz para trabalhar. Levou a sério o conselho de Sarah Orne Jewett (autora de *The Country of the Pointed Firs* [O país dos abetos pontiagudos]): "Você precisa achar um lugar quieto. Tem de achar seu próprio centro de tranquilidade na vida e escrever a partir dele [...] Para escrevermos e trabalharmos nesse nível, temos de vivê-lo – ao menos, precisamos identificá-lo e buscá-lo a todo instante."

Cather formou-se em literatura greco-latina na faculdade e, com efeito, muitos leitores reparam na claridade, no lirismo e na elegância virgílica de sua prosa. É possível encontrar essas características ao longo de toda a sua obra, desde *The Song of the Lark* [O canto da cotovia] até *My Mortal Enemy* [Meu inimigo mortal], mas, sobretudo, em *A morte vem buscar o arcebispo*. Esse livro, o mais sereno e belo, nem parece um romance, faz lembrar um idílio do Novo Mundo, evocando a beleza da desolada região sudoeste, lamentando o fim da cultura indígena tradicional e glorificando a vida de dois veneráveis missionários católicos que levam a fé a terras árduas. Suas páginas estão repletas de histórias, inclusive histórias sobre padres perversos, sensualistas, sovinas e hedonistas. Mas tudo se desvela sem o tumulto das paixões. *Sunt lacrimae rerum* – há lágrimas nas coisas. *A morte vem buscar o arcebispo* é tanto um sonho quanto um romance histórico.

À primeira vista, a obra pode parecer enfadonha e até mesmo insincera e religiosa. Mas nada disso se confirma depois, talvez por causa da ironia e do lirismo comedidos de Cather. Há alguma ceia de Natal na literatura norte-americana que se equipare à do Padre Vaillant e do Bispo Latour? E quando o bispo encontra uma senhora mexicana rezando e chorando diante do altar, numa noite fria de inverno, que cena é mais comovente? Sada, escrava de uma família ímpia, foi proibida de assistir às missas, mas fugiu na noite em questão para passar alguns minutos na casa do Senhor. Ela diz ao bispo que faz dezenove anos que não a deixam comungar. No clímax do capítulo, ambos rezam juntos e o bispo diz a si mesmo humildemente que "a igreja era, de fato, a casa de Sada e ele, apenas um criado".

Cather retrata de maneira afetuosa a paisagem do sudoeste dos Estados Unidos – os lariços, os planaltos íngremes, as cavernas ancestrais, os ocasionais pomares com frutas, legumes e vegetais, as casas de adobe e as cabanas indígenas, a areia, os salgueiros e o céu. Quando volta de passagem à França, sua terra natal, o bispo, já um tanto velho, fica cada vez mais inquieto:

> No Novo México, ao acordar, sentia-se como um jovem rapaz; só após ter se levantado e feito a barba percebia que estava envelhecendo. Quando reparou nisso pela primeira vez foi como se uma brisa seca soprasse pela janela, trazendo o cheiro do calor do sol, dos arbustos de absinto e do doce trevo; uma brisa que deixava seu corpo leve e fazia o coração gritar, "Hoje, o dia, hoje", como o de uma criança.

Cather aderiu às virtudes de uma escrita clara e simples – *démeublé* (desmobiliada) era a palavra francesa que ela utilizava para expressar seu ideal literário. Em vez de encher seus livros com descrições de casas e detalhes supérfluos que associamos a Balzac e a Dickens, ela preferia insinuar a dizer explicitamente:

> O que é sentido na página sem ser nomeado especificamente – eis o que, podemos dizer, foi criado. É a inexprimível presença da coisa não nomeada, do significado pressentido pelo ouvido mas que não se ouve, o espírito verbal, a aura emocional do fato, da coisa ou do feito, que dá qualidade ao romance, à peça e também à própria poesia.

Expandindo o assunto num ensaio sobre Jewett, ela diz que toda grande história "deve infundir na mente do leitor sensível um resíduo intangível de prazer, uma cadência, uma característica tonal que é exclusiva do escritor, individual e única. Uma característica que podemos lembrar sem ter nas mãos o livro, que podemos ver repetidas vezes na cabeça, mas que jamais conseguiríamos precisar com exatidão..." Por certo, essa plácida beleza atemporal está presente nos melhores livros de Cather.

E quanto a *Uma mulher perdida*? Não seria um dos melhores romances curtos da língua inglesa? Não nos parte o coração sua história de cortesia e beleza corrompidas? Uma das cenas mais horríveis da literatura moderna, repleta de simbolismo, dá-se no segundo capítulo quando a perversa Ivy Peters pega uma pequena lâmina, corta os olhos de um pica-pau assustado e depois, triunfante, solta o pobre pássaro:

> O pica-pau ergueu-se no ar esvoaçando em espiral como um redemoinho, disparou para a direita, bateu em um tronco de árvore, para a esquerda, e bateu em outro. Voou para cima e para baixo, para a frente e para trás no emaranhado de galhos, machucando as penas, caindo e se recuperando [...] Havia algo de selvagem, algo de desesperado no modo como a criatura cega batia com as asas nos galhos, rodopiando à luz do sol sem vê-lo, embicando a cabeça para cima e sacudindo-a como fazem os pássaros quando estão bebendo.

Assim como boa parte da obra de Cather, *Uma mulher perdida* é ambientada principalmente no passado, "trinta ou quarenta anos atrás", quando o narrador era um garoto ou um rapazinho. Dessa forma, a autora reveste o retrato de Marian Forrester de uma espécie de *sfumato* vago que abranda algumas de suas dolorosas revelações. Havia outrora algo de amável, gentil, puro – mas acabou-se. Tudo o que resta do antigo centro-oeste, o período de civilidade antes de as Ivy Peterses tomarem o mundo, é a memória dos – para usar o brinde predileto do formidável Capitão Forrester – "bons tempos!" Mas, um a um, esses dias passaram despercebidos e logo se perderam para sempre.

LOUIS-FERDINAND CÉLINE (1894-1961)
Morte a crédito; Viagem ao fundo da noite

Louis-Ferdinand Céline não queria que seus livros parecessem ter sido escritos à pena numa biblioteca. Pelo contrário, defendia a linguagem viva do povo, cheia de jargões, de indecências e da retórica selvagem das ruas. A isso ele acrescentou seu gosto pelo humor negro e a ideia de que a vida era ainda mais mesquinha e rude do que qualquer coisa concebida por Hobbes. Os seguidores norte-americanos de Céline vão desde Henry Miller e Kurt Vonnegut até William Burroughs e William T. Vollmann.

Viagem ao fundo da noite (1932) começa com um relato quase autobiográfico das tristes desventuras de Bardamu na Primeira Guerra Mundial, na selva africana e nos Estados Unidos (onde ele trabalhou por um tempo na linha de montagem da Ford, em Detroit) e termina com o herói, empobrecido, atuando como médico em Paris. As frases desse livro brutal e desesperador parecem ter sido arrancadas de suas entranhas, deixando-nos apenas passagens de tirar o fôlego:

> Eis como tudo começou. Nunca dissera sequer uma palavra. Sequer uma palavra. Foi Arthur Ganate que me fez falar. Arthur era um amigo da faculdade de medicina. Conhecemo-nos na Place Clichy. Foi depois do desjejum. Ele queria falar comigo. Eu ouvi...

Apesar dos maravilhosos arroubos poéticos, sua prosa mantém-se relativamente sob controle, pelo menos em comparação ao sórdido, terrível e também muitíssimo engraçado *Morte a crédito* (1936). Nele, o autor nos conta a infância, a vida em família e as primeiras aventuras de seu herói Céline (agora chamado Ferdinand) em frases que se desenrolam como memórias contínuas, gritos estridentes e monólogos sobre os horrores da pobreza e do sofrimento existencial. Como diz Céline a respeito de um dos personagens: "Ela não acreditava em sentimentos nobres. Via tudo da pior maneira possível e estava certa."

Em sua comedida abertura, o romance transmite o enfado e a desesperança que costumamos associar a Samuel Beckett: "Cá estamos, sozinhos de novo. Tudo é tão lento, tão pesado, tão triste... Logo estarei velho. E então finalmente acabará." (Isso poderia ser uma passagem de *Malone morre*.) A princípio, Ferdinand fala dos aspectos repugnantes da vida de médico, tendo de tratar os pobres e os sifilíticos, e depois descreve seu atual projeto literário, uma espécie de novela arturiana sobre o Rei Krogold. E, no entanto, "enjoamos de tudo", ele nos conta, "exceto do sono e dos devaneios". Mas nem mesmo os devaneios conseguem afastar a sombria realidade. E, por esse motivo, Ferdinand nos leva de volta à sua infância.

Ferdinand cresceu no meio da imundice. Quando garoto, os resíduos de fezes em seu traseiro fediam; uma de suas tias tornou-se prostituta, um tio enlouqueceu e desapareceu com o circo. Quando o menino foi ajudar a mãe a vender atilhos e quinquilharias para uma senhora rica, a velha nojenta levantou o vestido e pediu que ele lhe beijasse as partes íntimas. Na esperança de ganhar um pouco de dinheiro com o aluguel de uma choça, sua avó teve de desobstruir o banheiro entupido com uma vara. ("A vara apenas não bastava. E ela teve de enfiar os dois braços lá dentro.") Esse é um livro que não tem receio de falar de meleca, vômito, sangue de menstruação e urina.

Enquanto isso, o pequeno Ferdinand não se assenta em emprego algum, explorado pelos patrões e pelos colegas de trabalho. Em uma última tentativa de melhorar a vida do garoto, seus pais se desdobram para mandá-lo a um colégio interno na Inglaterra. Lá, Ferdinand trabalha como babá de uma criança idiota e se perde em sonhos eróticos com a mulher do dono da casa. O distinto educador tem o hábito de se sentar pelado no chão para se divertir com os brinquedos das crianças, enquanto sua esposa se isola em uma espécie de mundo dos sonhos, como Ofélia.

De volta a Paris, não tendo aprendido absolutamente coisa alguma, nem mesmo um pouco de inglês, Ferdinand discute com o pai e quase estrangula o velho. O garoto busca asilo temporário na casa de seu tio Edouard, que lhe arruma um emprego como assistente não assalariado do imortal Roger-Martin Courtial des Pereires.

Des Pereires comanda um periódico "científico" chamado *Genitron* e publica panfletos sobre qualquer coisa: *Criação de galinhas em casa*, *A revelação hindu*, *Seja seu próprio médico*, *A verdadeira linguagem das ervas*, *Eletricidade sem lâmpada*, *A obra completa de Auguste Comte reduzida à dimensão de uma prece positivista em vinte e dois versos acrósticos*. Ele é, com efeito, o trapaceiro mais ignóbil da literatura moderna, equiparando-se em matéria de ardis a W. C. Fields, Groucho Marx e ao próprio professor Marvel (ou Oz, o Grande e Poderoso), com quem compartilha um gosto pelo balonismo. Quando Des Pereires começa a falar, tudo o que o leitor quer fazer é ouvir:

> Senhoras e senhores, se com essa idade ainda voo em balões, não é por pura fanfarronice... vocês têm a minha palavra quanto a isso... não é por querer impressionar a multidão... Olhem meu peito! Eis as medalhas de mérito e bravura mais conhecidas, estimadas e invejadas! Se viajo pelos céus, senhoras e senhores, é em benefício da educação popular... esse é o objetivo de minha vida! Fazemos tudo ao nosso alcance para iluminar as massas! Não estamos apelando às emoções mórbidas, ao instinto sádico, à perversão emotiva!... Estou apelando à inteligência de vocês! Apenas à inteligência de vocês!*

---

* Baseado na tradução para o inglês de Ralph Manheim. (N. do E.)

Notem por sinal o uso de reticências, característica marcante de Céline. Para dar ao texto o *staccato* da linguagem coloquial e o dinamismo do fluxo de consciência e das lembranças contínuas, o autor se vale com frequência dos três pontos. Por esse motivo, suas frases nunca chegam a terminar. Com as reticências, é como se o narrador estivesse tomando fôlego ou talvez se engasgando enquanto desatina em uma *cri du coeur*, uma alucinação raivosa ou uma fala excêntrica.

No fim, Des Pereires e Ferdinand realizam um concurso de sistemas práticos de movimento contínuo e depois uma caçada a um tesouro submerso. Quando esses projetos fracassam, Des Pereires se convence de que seu sistema de radiotelurismo propiciará o crescimento de legumes e vegetais gigantes. Enquanto espera a colheita das superbatatas, ele funda uma escola e pede aos "angustiados pais franceses" que mandem seus queridos filhos para o interior, onde crescerão fortes e saudáveis ao ar fresco como membros do "Renovado Familistério para a criação de uma Nova Raça".

E assim o livro passa sorrateiro do humor negro à realidade da fome e da morte. Termina com o jovem Ferdinand prestes a se alistar no exército. Dali, a história segue rumo aos horrores da triste maturidade relatada no romance anterior, *Viagem ao fundo da noite*.

Céline dá ao texto uma vitalidade impressionante – mas ele não chega a ser um homem admirável, seja em suas confissões quase autobiográficas, seja em sua vida real. Notem por exemplo a agourenta expressão "A criação de uma Nova Raça": durante a Segunda Guerra Mundial, Céline colaborou com os alemães e alguns de seus livros posteriores acrescentam um virulento antissemitismo ao seu desprezo geral pela disseminação da "imundice" humana. Por isso, algumas pessoas talvez não consigam digerir suas obras, sejam da fase mais antiga, sejam da fase mais tardia. Mas o nojo e o desespero swiftianos de Céline, tanto em *Viagem ao fundo da noite* quanto em *Morte a crédito*, são surpreendentemente revigorantes, deixando-nos não apenas chocados, mas também estranhamente fascinados com seu estilo sobremaneira misantrópico.

ZORA NEALE HURSTON (1891-1960)
Seus olhos viam Deus

Seus olhos viam Deus, de Zora Neale Hurston, publicado em 1937, foi bem recebido pela crítica, mas acabou no limbo dos romances pouco lidos ou quase esquecidos. Os historiadores da literatura o consideraram uma obra menor da Renascença do Harlem, escrito por uma autora mais conhecida por seus estudos antropológicos sobre o folclore negro (*Mules and Men* [Mulas e homens], 1935). Pior, já no fim da vida, Hurston condenou a decisão da Suprema Corte de proibir a segregação racial. Quem se daria o trabalho de ler um romance desse tipo? De uma autora desse tipo? Além do mais, o título fazia o romance parecer um tanto religioso.

E, no entanto, após a morte de Hurston, *Seus olhos viam Deus* passou a ser considerado um clássico da literatura norte-americana. O romance foi resgatado originalmente por escritoras e acadêmicas como Alice Walker, Sherley Anne Williams e Mary Helen Washington, que viram na protagonista Janie o retrato de sua própria experiência de vida. Uma negra que não era nem ama de leite, nem mestiça e que saíra em busca do verdadeiro amor e da realização pessoal. Devido à beleza poética da linguagem e à preocupação com os detalhes da vida de pessoas comuns, *Seus olhos viam Deus* nos parece hoje um romance de autodescoberta tão poderoso quanto *Retrato do artista quando jovem*, de James Joyce.

Janie foi criada pela avó, uma ex-escrava que quer acima de tudo proteger a netinha do mundo cruel. Por isso a vovó lhe arranja um casamento com Logan Killicks, um fazendeiro bem-sucedido que possui "uma casinha já quitada e sessenta acres de terra na estrada". Mas, para a enérgica mocinha de 16 anos, o noivo mais velho é tão enfadonho e monótono quanto suas mulas. Ela quer amor, quer paixão, emoção. "Pai do céu!", diz a avó. "Mas é a perdição das muié preta. O amô! Que faz nós trabaiá, puxá, empurrá e suá desde manhã cedinho até tarde da noite."

Morrendo a avó, Janie foge com Jody Stark, um sujeito empreendedor que estava de passagem e que logo enriquece na cidade negra de Eatonville, Flórida (onde Hurston fora criada). Jody cuida muito bem de Janie, trata-a como uma bonequinha e tenta mantê-la afastada do povo da região. (Como dizem os moradores, "Num dá pra fisgá a muié com sanduíche de peixe.") Só que Janie, presa ao caixa da loja de artigos diversos do marido, quer fazer parte da vida social da cidade, quer compartilhar histórias, paquerar e rir das mulas presunçosas. (As mulas e o desabrochar das flores são as figuras simbólicas mais utilizadas no romance.) E, no entanto, ela estava presa numa espécie de gaiola de vidro confeccionada pelo marido, cada vez mais distante e ambicioso: "Era como uma relheira na estrada. Havia muita vida debaixo da superfície, só que ficava socada sob as rodas."

No leito de morte do marido, Janie finalmente revela o que deveras sentia:

> A gente ficou vinte anos juntos e 'ocê nem me conhece direito. Podia ter conhecido, mas só pensou no trabaio, brigou com todo mundo e num viu o monte de coisa que podia ter visto [...] Ah, eu fugi com 'ocê pra casar de um jeito tão bonito. Mas 'ocê num se agradou de mim que nem eu me agradei de 'ocê. Não! Eu tive que fazer espaço na minha cabeça pra caber o seu modo de pensar.

Aqui, em poucas frases, Janie expressa a condição de muitas mulheres norte-americanas – tanto negras como brancas – antes da revolução feminista.

Janie rejeita várias propostas de casamento. E, então, conhece Tea Cake, um trabalhador braçal aparentemente desconhecido que gostava de jogar e que era no mínimo dez anos mais jovem que ela. Contra todas as expectativas, Tea Cake e Janie se apaixonam. A moça abre mão de todo o luxo de Eatonville para ficar ao lado de seu homem e até mesmo para acompanhá-lo no duro trabalho nos campos de feijão. Em troca, ele a deixa alegre, risonha e feliz. E então...

O livro nos mostra muitos aspectos da cultura negra norte-americana – desde as brutais lembranças que vovó tinha da época da escravidão até a visão idílica dos tempos passados com Tea Cake, um período no qual, segundo Janie, "nós num tínhamos nada pra fazer, só trabaiá, voltá pra casa e fazer amor". Mas esse maravilhoso romance não é só sobre a vida de uma mulher. Hurston nos conta histórias e nos fala dos bailes de sábado à noite, dos jogos de dado e de cartas, de ciúme, do preconceito racial da própria população negra, dos costumes do povo e até mesmo de um furacão e de um julgamento de assassinato. O romance fica um tanto melodramático no fim e sua linguagem é por vezes bastante teatral, mas os personagens principais são tão impactantes quanto quaisquer outros na literatura norte-americana. Quem poderia se esquecer do cansaço da boa vovó quando diz: "Cuidado comigo, Janie. Eu tô que nem prato rachado"? E que mulher nunca ansiou por um Tea Cake em algum ponto de sua vida?

EUDORA WELTY (1909-2001)
Coletânea de contos

Os jovens escritores podem aprender tanto com o exemplo de Eudora Welty quanto com sua arte. A "senhorita Welty" passou boa parte da vida na cidade de Jackson, Mississippi, morando em uma casa modesta e trabalhando com afinco em seus contos, que são sua maior glória. Com uma determinação de ferro, ela nunca titubeou diante da resolução de seguir a imaginação aonde quer que ela a levasse.

Por isso, pouco antes de sua morte, Welty foi homenageada como a primeira autora viva a ser incluída na prestigiosa Biblioteca dos Estados Unidos. Sua obra já fora comparada à de James Joyce (pelo crítico erudito Guy Davenport), e para muitos acadêmicos apenas William Faulkner lhe faz frente na literatura sulista moderna. A grande escritora canadense Alice Munro disse certa vez que "A Worn Path" ["Um caminho batido"] era a melhor história do mundo.

E, no entanto, vejam isto: o conto "Why I Live at the P.O." ["Por que moro nos Correios"] – uma das obras-primas de Welty – foi rejeitado pelas revistas *New Yorker, Collier's, Harper's Bazaar, Good Housekeeping, Mademoiselle* e *Harper's Magazine*. No Bread Loaf Writer's Workshop, a famosa conferência de escritores, "a opinião geral era de que ninguém jamais compraria" seu outro conto também bastante conhecido "Powerhouse". Surpreendentemente, ela só conseguiu viver dos livros depois do sucesso de dois romances de sua fase mais madura, *Losing Battles* [Perdendo batalhas] (1970) e *A filha do otimista* (1972). Mas a essa altura ela já estava na casa dos 60 anos de idade.

Seu livro de estreia, *A Curtain of Green* [Uma cortina de verde] (1941), reúne seus contos mais famosos, inclusive os três que foram mencionados aqui. Em outra coletânea, "Petrified Man" ["O homem petrificado"], Welty capta com perfeição a voz de uma esteticista fofoqueira de cidade pequena chamada Leota. Poderíamos ouvir por horas a fio a conversa de Leota com a senhora Fletcher sobre os maridos, a gravidez, a elegante senhora Pike, o carnaval itinerante, o menino Billy, de quem ela cuidava no salão, e muitas outras pessoas das redondezas: "Feio? Querida, ouça bem – os pais dele eram primos de primeiro grau, eu acho. Billy, meu garoto, pegue uma toalha limpa na pilha da Teeny – essa está toda úmida – e pare de fazer cócegas nos meus tornozelos com esse bobe. Ele não deixa escapar nada mesmo!"

Enquanto *A Curtain of Green* e *A Wide Net* [Uma rede larga] (1943) demonstram muitas vezes a tranquilidade e o humor do povo, sua última coletânea, *The Bride of the Innisfallen* [A noiva de Innisfallen] (1955), é uma leitura bem mais desgastante. Os contos, por vezes, mais parecem sonhos ou devaneios, pouco preocupados com a trama. Alguns se passam muito longe do Mississippi. Em "Circe", a feiticeira relata seu encontro com Odisseu. ("Bem-vindo", ela nos conta, é "a palavra mais perigosa do mundo.") No inquietante e erótico "No Place for You, My Love" ["Não há lugar para você, meu amor"], dois nortistas conhecem-se por acidente no restaurante Galatoire's em Nova Orleans e embarcam em uma viagem curta ao delta do rio. Lá, terra, água e ar parecem se misturar em um mundo fantasmagórico onde tudo é possível. Mas não acontece coisa alguma entre o casal, apenas um momento de graça quando eles começam a dançar de repente:

> Mesmo os que não se importam com o mundo, no presente momento, precisam do toque um do outro ou tudo estará perdido. Seus braços envolviam o companheiro, seus corpos deslizando pelo piso novo, odorífero, estavam por fim a caminho da imperturbabilidade. Tinham-na achado, mas quase não a viram: tiveram de dançar. Eles eram o que o coração de cada um desejava naquele dia, para eles mesmos e para o outro.

The Golden Apples [As maçãs douradas] (1949) é a única outra coletânea da autora, sua favorita também. Influenciada por *Winesburg, Ohio*, de Sherwood Anderson, Welty nos oferece sete contos, inter-relacionados porém independentes, sobre os principais moradores de Morgana, Mississippi. Em "Shower of Gold" ["Chuva de ouro"], ela nos apresenta o Rei MacLain, que se casa com a albina Snowdie Hudson e depois some, entrando e saindo de sua vida e da vida da cidade e tornando-se aos poucos uma espécie de aventureiro mulherengo semimítico. Ele reaparece em "Sir Rabbit" ["Sir Coelho"], uma versão faroeste do poema de Yeats "Leda e o cisne". "June Recital" ["O recital de junho"] fala de uma professora de música, a senhorita

Eckart, e seu efeito sobre as crianças da cidade, em especial Virgie Rainey, a filha do narrador de "Shower of Gold". "Moon Lake" ["O lago da lua"] se passa em um acampamento de verão para garotas e sua protagonista é a narradora de "June Recital". Em "Music in Spain" ["Música na Espanha"] e "The Whole World Knows" ["Todo o mundo sabe"], a autora nos mostra o futuro dos filhos gêmeos de MacLain e Snowdie, Ran e Eugene. E, por fim, "The Wanderers" ["Os errantes"] encerra o livro com o funeral da senhora Rainey e com a fuga de Virgie da cidade de Morgana.

Mas descrever seus contos com essas cores infantis é como dizer que as sinfonias de Brahms eram uma série de melodias divertidas. *The Golden Apples* possui uma estrutura complexa, cheia de alusões aos mitos clássicos e à poesia de Yeats, marcada por mudanças de tempo e monólogos internos arrebatadores, figuras simbólicas espetaculares e revelações sobre a vida nas cidades pequenas. O livro é quase cruel no prosaísmo com que trata o sentimento de derrota e decadência.

The Golden Apples é uma das obras mais implacáveis, amorosas e profundamente literárias da ficção norte-americana do século XX. Por vezes, suas frases são ao mesmo tempo concisas e epigramáticas: "O público esperado compareceu em plena opressão"; "a noite baixou como um balde solto num poço." Welty também é fiel à inconsciente maldade da juventude. Quando lhe parece que um órfão morreu afogado, seu colega diz: "Se Easter morreu, eu fico com seu casaco no inverno, pode contar com isso." As crianças torciam para que houvesse um acidente de trem "para poderem roubar bananas". A vida da senhorita Eckhart é tão triste quanto se poderia imaginar. Enquanto Virgie Rainey, selvagem e livre, "está sempre querendo mais do que acabara de ter", a professora de música se pergunta "se seria, se conseguiria ser e que rumo estaria tomando?". No desfecho de "The Wanderers", Virgie, agora com 40 anos, finalmente compreende a si mesma e passa a buscar seus sonhos.

Eudora Welty escreveu certa vez: "Todo bom conto tem um mistério – não como um quebra-cabeça, mas um mistério que nos cativa. À medida que compreendemos melhor a história, o mistério não tem de cessar necessariamente; pelo contrário, apenas torna-se mais belo." Por certo, seus próprios contos são tão misteriosos, cativantes e belos quanto qualquer outro na literatura norte-americana.

Reinos de aventura

O risco e o perigo são fundamentais para as histórias de aventura. Se quisermos passar por algo verdadeiramente inesquecível, temos de abandonar primeiro tudo aquilo que as pessoas comuns mais prezam, a começar pela segurança, o conforto e a família. Não é de admirar que a era de ouro dos aventureiros coincida com o apogeu dos estetas. Ambos buscam a intensidade. Como escreveu Walter Pater no famoso desfecho de *The Renaissance* [A Renascença]:

> Não o fruto da experiência, mas a própria experiência é o que se deseja. Temos direito apenas a um determinado número de batimentos cardíacos nesta vida tão variada e dramática. Como podemos apurar nossos sentidos para ver nesses batimentos tudo o que há para ver? Como passar mais rapidamente de um ponto a outro sem deixar de presenciar o foco onde o maior número de forças vitais se une em sua mais pura energia? Arder sempre com esta chama intensa, preciosa, manter esse êxtase, é ser bem-sucedido na vida.

Esse parágrafo talvez servisse para descrever a vida de T. E. Lawrence ("da Arábia") ou do alpinista George Mallory, assim como também de qualquer poeta decadentista do fim do século. Pois só quando vamos Longe Demais – às profundezas de territórios desconhecidos ou proibidos – criamos o tipo de perigo que nos causa intensa emoção e euforia. Como o esteta-aventureiro Peter Pan diz muito sabiamente, até mesmo "morrer será uma grande aventura".

Como seria de esperar, esta seção inclui algumas das obras mais memoráveis da literatura mundial. Murmuremos alguns trechos: "Aqui começa o Grande Jogo [...] São pegadas de um cão gigante [...] Ela-que-deve-ser-obedecida [...] os elói e os *morlocks* [...] O homem que foi quinta-feira [...] as pequenas células cinzentas [...] O pássaro negro." Invejo quem ainda não descobriu *Ela*, *As aventuras de Sherlock Holmes*, *Kim*, *O assassinato de Roger Ackroyd*, *A máquina do tempo* e *O falcão maltês*, entre outros. Então se prepare para as emoções – "O jogo está a caminho!"

H. RIDER HAGGARD (1856-1925)
Ela; *As minas do Rei Salomão*

O romance *Ela* (1887), de H. Rider Haggard, nunca deixou de ser impresso. Por uma boa razão: a protagonista assombra nosso imaginário tanto quanto Helena de Troia, Fausto, o monstro de Frankenstein e Drácula – os quais *Ela*, por vezes, faz lembrar. Desde Wilkie Collins e J. M. Barrie até C. S. Lewis e Henry Miller, *Ela* sempre teve admiradores fervorosos. O próprio Freud recomenda a obra-prima de Haggard em *A interpretação dos sonhos*, chamando-a de "um livro estranho e cheio de significados ocultos". Jung com frequência refere-se a *Ela* como uma das representações literárias mais vívidas da ânima, o eterno feminino que cada um leva dentro de si. Outros críticos falaram do "poder encantatório" do livro, elegeram-no "a maior joia da fantasia em língua inglesa" e o colocaram entre "os grandes símbolos da literatura fantástica". Segundo Haggard, a história foi escrita "em um ímpeto arrebatador, quase sem descanso" em pouco mais de seis semanas. Como disse Rudyard Kipling ao autor: "Você sabe que não escreveu *Ela*; algo escreveu o romance por intermédio de você."

Além do mais, nas páginas do livro podemos achar o germe de metade de nossos filmes e *best-sellers* mais espetaculares. Um jovem incrivelmente bonito chamado Leo Vincey foi criado e educado por Horace Holly, um homem letrado e quase tão feio quanto um babuíno. Pouco antes de cometer suicídio, o pai de Leo pedira que ensinassem grego antigo e árabe ao filho (então com 5 anos) e que em seu aniversário de 25 anos lhe dessem uma pequena caixa que Holly deveria proteger com a própria vida. Quando chega a hora, Leo e seu guardião abrem-na e descobrem um pedaço de cerâmica com inscrições em diversas línguas; a peça traça a genealogia da família Vincey até a Antiguidade.

O fragmento mais antigo, de "Amenartas, da Casa Real de Hakor, faraó do Egito", fala de "uma maga que possuía o conhecimento de todas as coisas, do amor e da vida eterna". Essa feiticeira tinha matado o querido esposo de Amenartas, chamado Kallícrates, mas a mulher conseguira fugir e tivera um filho, a quem pedia no testamento que "procurasse essa mulher e aprendesse o segredo da vida e tentasse matá-la se possível". O tempo passa, mas, geração após geração, ninguém chega nem sequer perto de cumprir a demanda, apenas o pai de Leo. Ele não obtém sucesso, mas deixa registrado um relato de sua tentativa. Aos 19 anos, viajou para o sul:

> Na costa da África, em uma região até o momento inexplorada, ao norte de onde o Zambesi desemboca no oceano, há um promontório em cuja extremidade ergue-se um pico com a forma de uma cabeça de negro, semelhante ao mencionado nos escritos. Quando aportei, um nativo que fora exilado por seu povo por causa de algum crime contou-me que no interior do território havia grandes montanhas em forma de taça e cavernas cercadas de pântanos enormes. Ele também me contou que as pessoas da região falavam

um dialeto árabe e que eram governadas por uma bela mulher branca que raramente era vista, mas que, segundo diziam, tinha poder sobre todas as coisas, as vivas e as mortas.

Como C. S. Lewis disse certa vez: "Que história começa melhor do que *Ela*?"

Pouco tempo depois, Leo, Holly e Job, o criado londrino, embarcam em um navio para a África. Não é necessário falar de suas primeiras aventuras: os leitores devem lê-las como se fossem novidade. Mas, em determinado momento, a pequena expedição é levada a Kôr, governada por uma soberana misteriosa conhecida apenas como Ela-que-deve-ser-obedecida.

Como Leo está com febre, somente Holly é conduzido à presença da rainha, que a princípio aparece envolta em "um material leve, branco, diáfano", da cabeça aos pés, como um "cadáver em suas roupas mortuárias". Holly, naturalmente, pede para ver seu rosto, mas é logo avisado: "O homem a quem minha beleza for desvelada jamais a esquecerá." Mas a curiosidade do inglês é grande demais e sua feiura havia endurecido seu coração contra todas as mulheres. O que ele vê, no entanto, não é apenas uma formosura radiante mas "uma beleza sublimada", um tanto "sombria – a glória não era toda celestial [...] Embora o rosto diante de mim fosse o de uma moça perfeitamente saudável, no viço da beleza, seu olhar era o de quem já vira coisas inomináveis, de quem tinha profunda intimidade com o sofrimento e as demais emoções". Quando Holly vê Ayesha – para lhe dar o nome verdadeiro – pela segunda vez, cai de joelhos diante dela e confessa que daria sua alma imortal para desposá-la. Ao que Ela responde: "Ah, mas já tão cedo, caro Holly! [...] Imaginei quantos minutos levaria para colocar-te de joelhos."

Ela é a história de um amor eterno, uma paixão maior que o próprio tempo. Tendo se banhado nua nas chamas da vida, Ayesha tornara-se quase imortal, mas com o passar dos anos transformara-se em uma força tão poderosa quanto a própria Providência, uma força além do bem e do mal – "Não entendes, caro Holly, que estou acima da lei?" O livro de Haggard está repleto de imagens de morte e reencarnação, de mistérios religiosos e sacrilégio. Será que Ela é um cadáver revivido, uma Lilit ("sua beleza era maior do que a formosura das filhas do homem"), um "espírito embelecido" ou talvez uma criatura supra-humana cujo brilho é intenso demais para os mortais e que fala com a autoridade de Jesus: "Entrega-te e confia em mim"?

Em diversos sentidos, *Ela* é muito mais do que lemos em seu subtítulo: "uma história de aventura". Leo e Holly transformam-se com o ocorrido. O romance ainda hoje parece perigoso, abordando com frequência assuntos que assombram a cultura ocidental: a teoria da evolução (tanto física quanto espiritual), a "questão da mulher", a reencarnação, as teorias raciais, a eugenia (em dado momento, "Ela-que--deve-ser-obedecida" cria gigantes e depois criados surdos e mudos), o colonialismo, a relação da África com o Egito, a psicologia jungiana, a religião e a moralidade, o poder absoluto como agente de corrupção. Quando Ayesha diz ao incrédulo Holly que destruirá uma mulher da região, que talvez seja a reencarnação de Amenartas, ela explica: "Qual seu pecado? Seu pecado é ficar entre mim e meu desejo."

O livro de Haggard é, em verdade, um grande poema místico de amor e morte, de um amor que vai além da morte. A obra do século XX com que o livro mais se parece é a ópera de Wagner *Tristão e Isolda*.

Antes de escrever o imortal *Ela*, Haggard criou uma das melhores histórias de aventura vitorianas – *As minas do Rei Salomão* (1886). Dizem que o autor se vangloriava de ser capaz de escrever um romance melhor do que *A ilha do tesouro*, de Robert Louis Stevenson. Seu irmão pagou para ver, e o resultado foi *As minas do Rei Salomão*. O livro começa como todas as boas histórias de suspense – com um homem prestes a morrer e um mapa caindo aos pedaços que mostra o caminho para um tesouro escondido. Pouco tempo depois, Sir Henry Curtis, o Capitão John Good e o irritadiço caçador Allan Quatermain, acompanhados de um zulu chamado Umbopa, cruzam a África desconhecida em busca da lendária fortuna de Salomão. Durante a viagem, eles enfrentam elefantes desgarrados, desertos escaldantes e guias traiçoeiros; descobrem um reino perdido; travam batalhas encarniçadas; são torturados e aprisionados e, num momento de estupidez, desdenham das maldições da feiticeira Gagool. Mas, no final, o rei é reempossado, o mal é derrotado a grande custo e as fabulosas pedras preciosas são desenterradas. Se é melhor do que *A ilha do tesouro*? Quando era garoto, achava que sim, mas por sorte não temos de escolher entre as duas obras.

ARTHUR CONAN DOYLE (1859-1930)
As aventuras de Sherlock Holmes; O mundo perdido;
O capitão da Estrela do Norte e outras histórias

A maioria dos escritores faz de tudo para que seus personagens fictícios pareçam verossímeis, mas Arthur Conan Doyle conseguiu muito mais do que isso: seu detetive Sherlock Holmes saltou das páginas e ganhou o mundo, tornando-se mais real até do que seu próprio criador. O perfil aquilino, o boné de caçador, a pelerine e o cachimbo de calabaça – tudo isso é conhecido no mundo inteiro. Até hoje as pessoas ainda endereçam cartas a 221 Baker Street e há boatos de que Sherlock Holmes continua vivo, aposentado, em algum lugar em Sussex Downs, criando abelhas e terminando sua obra-prima exaustiva sobre a arte da investigação.

Por mais de um século, os leitores vêm tentando compreender por que as histórias de Sherlock Holmes são tão mágicas. Quando somos crianças, o que mais nos encanta provavelmente são os enigmas e suas soluções. Por que um homem ruivo teve de copiar páginas e mais páginas de uma enciclopédia? O que significavam os estranhos desenhos chamados de "Homens dançando"? O que assombrava os pântanos de noite, levando morte virulenta à casa dos Baskerville? Um cão saído das profundezas do inferno? Quando chegamos à presunçosa adolescência, apreciamos mais as ocasiões em que Holmes exibe sua natural capacidade dedutiva, como na famosa análise do chapéu de um visitante desconhecido na história de Natal tipicamente inglesa "O carbúnculo azul":

> "Talvez, agora, seja menos óbvio do que antes", ele observou, "e, no entanto, podemos fazer inferências bastante simples e ao menos conjecturar com forte base na probabilidade. Que o homem era muitíssimo inteligente está claro, basta olhar o chapéu, e também que ele foi bastante rico nos três últimos anos, embora agora esteja passando por tempos minguados. Tinha prudência, porém menos agora do que antes, o que aponta para um retrocesso moral que, visto em conjunto com a perda de sua fortuna, talvez indique alguma má influência, talvez da bebida, agindo sobre ele. Talvez por isso sua esposa não o ame mais, como podemos verificar com facilidade."

Para os amantes do que os fãs de Holmes chamam de O Cânone ou Os Escritos Sagrados – 56 contos e quatro romances –, um simples nome, um título ou uma citação podem provocar pequenas explosões de saudade e afeto: Irene Adler, "de memória duvidosa e questionável"; o professor Moriarty, um matemático que se tornou um gênio do crime; o preguiçoso Mycroft Holmes, que por vezes *era* o governo britânico; o coronel Sebastian Moran, "o segundo homem mais perigoso de Londres"; "o rato gigante da Sumatra", uma dessas histórias "para as quais o mundo simplesmente ainda não está preparado", e por aí vai. Dizem que a frase mais conhecida da literatura do século XX é "senhor Holmes, são pegadas de um cão gigante!". A exclamação do doutor Mortimer em *O cão dos Baskerville* só é comparável ao célebre diálogo entre o grande detetive e o inspetor Gregory em "Estrela de prata":

"Há outro ponto que o senhor queira ressaltar?"
"O estranho incidente do cão à noite."
"O cão não fez nada à noite."
"Foi esse o estranho incidente", comentou Sherlock Holmes.

Para os leitores de meia-idade, no entanto, as histórias de Holmes não são apenas enigmas fascinantes e virtuosas demonstrações de raciocínio lógico. Sabemos quem é o criminoso e a razão do crime. Em vez disso, pegamos nossos volumes já desgastados da coletânea de aventuras só para ouvir a voz confortante de Watson: "Foi na primavera de 1894..." ou "Tinha chamado meu amigo, o senhor Sherlock Holmes, certo dia no outono do ano passado..." ou "Passando os olhos pelas minhas notas sobre os setenta estranhos casos..." Nas páginas de abertura do romance, encontramos um refúgio pacífico para nossas vidas tumultuadas quando vislumbramos o apartamento com as retortas químicas, o fogo flamejante, os buracos de bala na parede formando as iniciais V. R. Lá fora a neblina avança, a chuva cai, mas a senhora Hudson está trazendo, agora mesmo, um almoço gostoso. Logo, ouviremos uma batida à porta e veremos uma dama inquieta com algum problema ou talvez um policial confuso ou um nobre disfarçado e terá início uma nova grande aventura. Como observou Vincent Starrett: "Eles ainda vivem para aqueles que os amam de verdade: em uma câmara secreta do coração, em um campo nostálgico da mente onde é sempre 1895."

Para leitores assim tão saudosos, o cânone de Holmes poderia levar o título de "O mundo perdido", mas Conan Doyle já havia escolhido esse nome para sua grande aventura sul-americana. Em *O mundo perdido*, o professor George Edward Challenger lidera uma pequena expedição pelo rio Amazonas em busca de um misterioso planalto, enfiado no coração da selva. Lá, o grupo intrépido descobre que as histórias assustadoras de criaturas monstruosas não são meras lendas: dinossauros da era jurássica sobreviveram até os dias de hoje. Trata-se de uma clássica história de aventura, digna de sua epígrafe: "Este livro sua simples meta alcança/ Quando o consideram mui divertido/ O menino, que é meio crescido,/ E o adulto, que é meio criança."

Não importa o gênero, Doyle raramente escreve histórias ruins. Lembremos das aventuras napoleônicas do Brigadeiro Gerard; das façanhas do Capitão Sharkey, dignas de um pirata; de contos sobrenaturais, sombrios e comoventes como "O lote nº 249", "The Horror of the Heights" ["O medo de altura"] e "O capitão da Estrela do Norte". Essas histórias deveriam ser pelo menos tão conhecidas quanto os contos policiais de Sherlock Holmes. No decorrer da história, tivemos grandes eras da literatura, mas a grande era dos contos, pelo menos em língua inglesa, continua sendo o período compreendido entre 1865 e 1935 mais ou menos. Sir Arthur Conan Doyle (1859-1930) foi, sem dúvida, o homem certo na época certa.

RUDYARD KIPLING (1865-1936)
Kim; contos

Há muitos anos, um colega do *Washington Post Book World* me disse: "Dirda, você tem de ler *Kim*. É muuuito bom." Mas eu resistia. Quando garoto, li "Rikki-Tikki-Tavi" e alguns contos de Mogli (em *O livro da Selva*) e ainda hoje tenho alguma lembrança de um professor de ensino fundamental discutindo "How the Camel Got His Hump" ["Como o camelo conseguiu sua corcova"], um dos contos de *Just-So Stories* [Histórias inexplicáveis]. Pouco tempo depois topei com "Se", a balada espartana de conselho aos jovens: "Se tiveres cabeça, força, brio,/ Quando tudo parece que recua,/ E em ti houver apenas um vazio/ E a Vontade que diz: – Continua!" Não apenas gostei do poema, como também o memorizei.

Já crescido, no entanto, explicaram-me educadamente que Kipling era um autor ultrapassado de segundo escalão, um tanto imperialista, sexista e racista. Tentei esquecer "Se".

Tive de me acostumar de novo com Kipling aos poucos. Se ele era mesmo um autor de segundo escalão, por que então o muitíssimo refinado Henry James fora padrinho de seu casamento? Por que T. S. Eliot redigira uma antologia de poemas dele? Somerset Maugham – pouco dado a elogios gratuitos – teria mentido ao insistir que Kipling era "nosso maior contador de histórias. Não creio que jamais o igualarão. Tenho certeza de que jamais será superado"?

Sem dúvida, George Orwell estava certo ao dizer que Rudyard Kipling, mesmo que discordássemos de sua visão política, tinha criado mais frases memoráveis do que qualquer outro escritor do século XX: "O Oriente é Oriente, o Ocidente é Ocidente e nunca os dois encontrar-se-ão [...] As Fêmeas de uma espécie são sempre mais fatais do que os Machos [...] O Peso do Homem branco [...] Os Capitães e os Reis partem [...] Para não esquecermos, para não esquecermos." E por esse motivo, aos poucos, voltei a ler Kipling.

Seus romances curtos foram uma verdadeira surpresa para mim. "Without Benefit of Clergy" ["Sem exceção para o clero"] – sobre o amor de um inglês e uma muçulmana nativa – está entre as histórias mais delicadas e comoventes de todos os tempos. "The Phantom Rickshaw" ["O fantasma de Rickshaw"], no qual um homem é assombrado pela mulher que ele havia rejeitado tão cruelmente, consegue ser ao mesmo tempo um conto de terror apavorante, um estudo psicológico sobre a culpa e uma narrativa moral sobre o preço dos pecados. A bela fábula "O milagre de Purun Bhagat", na qual um oficial importante do governo indiano abandona seu passado ocidentalizado para se tornar um santo vagabundo, talvez não destoasse em um compêndio sobre a vida dos santos cristãos. Com efeito, Kipling parecia ser capaz de escrever qualquer tipo de história. "O homem que queria ser rei", como muitos de seus textos, mistura comédia, *páthos* e terror num conto sobre dois vadios ingleses que tomam o poder em uma parte do Afeganistão. As obras posteriores, como "Mary Postgate" e "Dayspring Mishandled" ["O amanhecer malcuidado"], poderiam ser consideradas enigmáticas e até cruéis, ao passo que algumas de suas histórias mais famosas parecem piadas ("The Village That Voted the Earth Was Flat" ["A vila que votou que a Terra era plana"]) ou *jeux d'esprit*. Em "Wireless" ["Por radiotelegrafia"], o espírito de Keats inspira um jovem rapaz apaixonado e, em "A história mais bela do mundo", outro jovem lembra-se – ou imagina? – suas encarnações anteriores.

E, no entanto, nada disso me preparou para o que iria encontrar em *Kim* (1901). Sim, o romance celebra a colonização inglesa na Índia, mas também nos oferece um magnífico panorama da vida naquele país em toda a sua diversidade e esplendor. Nirad C. Chaudhuri disse certa vez que, apesar dos defeitos, considerava-o o melhor livro sobre seu país. Além disso, *Kim* é um romance de aventura tão bom quanto qualquer outro – uma história que estabelece os fundamentos dos *thrillers* de espionagem modernos. Pois Kim está aparelhado como um jovem cavalo para competir no "Grande Jogo", a disputa secreta pelo controle da Ásia central. Como diz um improvável espião: "Nós no jogo estamos além da proteção. Se morrermos, morremos. Nossos nomes são riscados do livro. E é o fim."

A trama do romance traça a exótica educação do jovem Kimball O'Hara, um órfão irlandês criado por indianos que se torna discípulo de um sacerdote do Himalaia. O lama está à procura do rio que o libertará da Grande Roda da Vida. Kim, a princípio, só quer saber de diversão, mas dedica-se ao Santo Homem mesmo quando é forçado a ficar longos períodos longe dele. Em suas viagens pela Grande Estrada e por outros lugares, os dois encontram vendedores de cavalos *pathan*, como o misterioso Mahub Ali; uma marajoa fofoqueira; muitos sacerdotes, mendigos e prostitutas e o astuto diretor da inteligência inglesa, o Coronel Creighton. Nenhum leitor jamais se esquece do carismático antiquário Lurgan Sahib, que tinha o poder de confundir a mente das pessoas; do muitíssimo safo e traiçoeiro Hurree Babu (que é um dos adeptos mais surpreendentes do Jogo) ou da solitária mulher vinda de Kulu que se oferece a Kim. Há mais dezenas de personagens, inclusive dois espiões russos bobalhões. Na descrição dos homens e das mulheres que viajam pela Grande Estrada ou que moram nas redondezas, *Kim* equipara-se ao realismo de *Os contos da Cantuária*:

> Ela gostava de homens e mulheres e falava deles – dos pequenos reis que conhecera no passado, de sua própria juventude e beleza, da destruição dos leopardos e das excentricidades do amor asiático...

Embora Kim aceite sua herança estrangeira e concorde em servir o governo britânico, esse "amiguinho de todo mundo" só se sente vivo de verdade quando se perde na multidão azafamada que é a Índia. O livro vai do Museu de Lahore – conhecido como A Casa das Maravilhas – até a St. Xavier Academy, em Lucknow, e aos altos vales e montanhas da cordilheira do Himalaia. Ao longo da narrativa, a devoção de Kim ao Santo Homem é constante, assim como a do lama por seu *chela*, seu discípulo. Essa grande aventura é, na verdade, uma história de amor, o amor pela vida em toda a sua maravilhosa e infinita diversidade, o amor de um velho por um rapaz. Quando terminei o romance, pude entender por que *Kim* é para muitos leitores seu principal "livro de conforto", relido todos os anos principalmente nos momentos de dificuldade. Pois como diz o Santo Homem com muito acerto: "*Chela*, este mundo é bom e terrível."

H. G. WELLS (1866-1946)
A máquina do tempo; outras obras

H. G. Wells costumava dizer que nascera com uma inteligência bastante mediana. Mas, em compensação, fora abençoado com um ímpeto e uma autodisciplina extraordinários. Filho de uma costureira e de um jardineiro, ele se transformou rapidamente em romancista, jornalista, historiador e filósofo social. E, no entanto, no fim da vida, ou logo depois, boa parte de sua obra era lida apenas por especialistas em literatura eduardiana ou pelos poucos que apreciavam a ironia e as boas ideias de *As aventuras do senhor Polly*, *Kipps* e *Tono-Bungay*.

Wells teria caído no esquecimento não fosse a década em que produziu romances magníficos, cheios de maravilhas, a começar por *A máquina do tempo* (1895) e depois *A ilha do doutor Moreau*, *A guerra dos mundos*, *O homem invisível* e *Os primeiros homens da lua*. Ele tem pelo menos outros dez contos igualmente bons, incluindo "The Crystal Egg" ["O ovo de cristal"], "A verdade acerca de Pyecraft", "Pollock and the Porroh Man" ["Pollock e o homem *porroh*"], "The Sea Raiders" ["Os invasores do mar"], "The Plattner Story" ["O caso de Plattner"] e "Em terra de cego". Esses textos altamente imaginativos fizeram de H. G. Wells a figura mais importante da história da chamada "ficção científica". Mary Shelley pode ter inventado o gênero em *Frankenstein*, e Júlio Verne talvez possuísse uma imaginação mais fértil e uma prosa melhor, mas Wells continua sendo o autor que deu início à exploração das principais metáforas e questões da ficção científica.

A máquina do tempo talvez seja a obra mais assombrosamente poética do autor. O romance começa numa confortável sala de visitas inglesa onde típicos homens de negócio estão descansando após um bom jantar, ouvindo seu anfitrião discutir a possibilidade aparentemente absurda de uma viagem no tempo, a "Quarta Dimensão". O romance termina cerca de uma semana depois, no mesmo cômodo, quando o anfitrião – em roupas rasgadas, com um olhar espantado – de repente surge em seu laboratório com uma história fantástica, um tanto inacreditável. O homem tinha acabado de voltar de uma viagem ao futuro, conforme ele próprio nos conta.

O Viajante do Tempo, como Wells chama o personagem anônimo, nos apresenta uma visão devastadora do que aguarda a humanidade. Depois de parar a máquina – constituída de um assento, uma estrutura metálica, um guidom de quartzo, duas alavancas e peças de níquel, marfim e cristais – oitocentos mil anos no futuro, ele descobre que os seres humanos evoluíram e se transformaram em elóis, criaturas pequeninas e belas, semelhantes a bonecas, que só comem frutas e vivem sorridentes em um jardim paradisíaco livre de doenças. Mas de onde vêm suas roupas e por que eles temem a noite, aglomerando-se como ovelhas ou gado? Qual o sentido dos misteriosos poços espalhados pela paisagem? Aos poucos, o Viajante do Tempo desenterra a terrível verdade.

Em seguida, sob circunstâncias dramáticas, ele avança no tempo dez milhões de anos, chegando a uma época em que um permanente crepúsculo paira sobre a Terra e um enorme sol vermelho se aproxima da linha do horizonte. O viajante para a máquina numa praia abandonada e observa a areia estéril e o vasto mar. O ar está rarefeito, a noite se levanta. "Não posso", diz o narrador, "explicar a atmosfera de abominável desolação que cobria o mundo." Mas, nesse deserto, ele vislumbra o que talvez fosse o destino final do homem: "Era uma coisa redonda, possivelmente do tamanho de uma bola de futebol, ou talvez maior, e tinha tentáculos; parecia negra em contraste com a água agitada, vermelha como sangue, e ia saltando erraticamente pelo caminho."

Se a humanidade pode evoluir, não poderia também involuir? O entusiasmado industrialismo e o darwinismo do século XIX talvez não fossem capazes de melhorar nossas vidas. Durante sua estadia com os elóis, o Viajante do Tempo descobre as ruínas de uma biblioteca onde páginas vazias – "fragmentos escurecidos, chamuscados" – eram tudo o que restava do conhecimento humano e da literatura. É assim que terminará a civilização: não com um estrondo, mas com um suspiro? Wells, que além de artista era um reformista político, dá a entender que ao menos parte desse futuro desastroso pode ser evitada através da promoção da justiça social e econômica nos tempos de hoje. De maneira comovente, ele também nos mostra através da elói Weena que, "mesmo quando já não se tinha inteligência e força, a gratidão e o afeto mútuo ainda sobreviviam no coração humano".

Nas obras posteriores (como o roteiro para "Things to Come" ["O que há por vir"]), Wells passou a antever um futuro brilhante e magnífico, baseado no modelo do socialismo fabianista, mas é sua visão anterior, mais medonha, que nos assombra. Em *A ilha do doutor Moreau*, que forma um díptico com *A máquina do tempo*, a evolução sofre um novo desvio quando um cientista renegado interfere no rumo da genética. Em *Os primeiros homens da lua*, um dos exploradores encontra o Grande Selenita – nada além de um enorme cérebro em cima de um corpo pequeno, mirrado. (Notem a semelhança com a criatura em forma de bola de futebol na praia final.) Quando os marcianos invadem a Terra, em *A guerra dos mundos*, mostram-se muito superiores aos seres humanos, mas, por pura sorte, conseguimos sobreviver.

Como muitos dos escritores que moldaram nossa imaginação, H. G. Wells pode parecer a princípio apenas mais um extraordinário contador de histórias. Mas suas elaboradas visões não apenas entretêm como também provocam, inquietam e advertem. Como obras de arte, elas possuem algo do poder compacto das parábolas. Wells projeta o futuro com base no presente, indagando-se sempre a respeito da mesma questão essencial: "Se continuarmos assim, o que vai acontecer?" A ficção científica, afinal de contas, é um gênero que se choca com todos os limites, não apenas com os do tempo-espaço.

G. K. CHESTERTON (1874-1936)
Ensaios, artigos jornalísticos e contos; os contos policiais do Padre Brown; *O homem que foi quinta-feira*

Gilbert Keith Chesterton trabalhou boa parte da vida como jornalista na Fleet Street, o que significa que escreveu bastante, muito mais do que parece ser possível para um ser humano, mesmo que seja um ser humano gordinho e alegre. GKC, como era amplamente conhecido, sentia a necessidade de formar opiniões e também de fazer dessas opiniões o tema de um ensaio ou de um artigo. Se estivesse vivo hoje, Chesterton estaria nas páginas de opinião de algum jornal ou talvez em alguma coluna permanente de revista – provavelmente de várias revistas. A genuína preocupação com o povo; o modo simples como tratava os assuntos sérios; a capacidade de transformar frases em aforismos; a preferência pelos paradoxos como um meio de ver o mundo de maneira diferente; o apreço pela tradição e pela fé religiosa; a paixão que dedicava aos seus artigos – tudo isso propiciou o tipo de jornalismo interessante e antagônico que dá vida à profissão.

Mas o jornalismo é apenas a pedra fundamental da impressionante obra de Chesterton. Ao mesmo tempo em que escrevia praticamente todos os artigos do periódico *G. K.'s Weekly* e contribuía para o *Illustrated London News*, o autor também rascunhava contos policiais, romances filosóficos, poemas cômicos, poemas sérios e biografias de santos (incluindo São Francisco de Assis), pintores (G. F. Watt), poetas (Robert Browning, William Blake) e filósofos (São Tomás de Aquino). Ele também escreveu tratados culturais e políticos (*Ortodoxia*); diários de viagem; apologias ao catolicismo; alguns dos melhores ensaios sobre a era vitoriana, Dickens, Chaucer e George Bernard Shaw; algumas peças; dezenas de palestras; e também fez desenhos para os livros de sua amiga Hillaire Belloc e muito mais.

Depois de tantos anos, o que nos faz ler e reler Chesterton é o estilo de seus ensaios filosóficos e sua magnífica prosa em inglês. Consideremos os paradoxos – "Tudo o que merece ser feito merece ser malfeito"; as críticas epigramáticas – "Dickens não tinha propósito, mas não sabia e não se importava; Sterne não tinha propósito de propósito"; "Emily Brontë era tão adversa ao convívio social quanto uma tempestade à meia-noite, Charlotte Brontë era no melhor dos casos mais calorosa e doméstica, tal como uma casa em chamas." Lembremos de suas frases impactantes – "'Meu país certo ou errado' é como dizer "Minha mãe bêbada ou sóbria'"; dos aforismos – "Os homens são homens, mas o Homem é uma Mulher"; dos arroubos retóricos – "Por trás de todos esses méritos corriqueiros estão os deslizes comprometedores, os silêncios covardes, as vaidades insípidas, as brutalidades secretas, os desejos desumanos de vingança." E, por último, os deboches que ele fazia de si mesmo: "Nem preciso dizer que, não tendo aprendido a desenhar ou pintar de modo algum, cuspi com certa facilidade algumas críticas aos pontos fracos de Rubens e ao talento mal aproveitado de Tintoretto."

Os múltiplos talentos de Chesterton aparecem com maior força no romance *O homem que foi quinta-feira* (1907). Com o subtítulo de "Um pesadelo", o texto faz lembrar tanto Dickens quanto Kafka, sendo ao mesmo tempo engenhoso e fascinante. O pensador religioso Ronald Knox comparou esse conto policial filosófico a uma versão pickwickiana de *O peregrino*, mas o romancista Kingsley Amis o resume de maneira ainda mais satisfatória e direta: "Continua sendo o melhor livro de suspense que eu já li."

O homem que foi quinta-feira começa com a descrição de um jantar no Saffron Park de Londres: "Essa noite em especial será lembrada, se não por outro motivo, pelo estranho pôr do sol. Parecia o fim do mundo." Depois, passamos ao relato de como o poeta (e agente secreto) Gabriel Syme consegue entrar no elitista Conselho Geral dos Anarquistas da Europa, um grupo que planeja nada menos do que destruir a civilização. Cada um de seus sete membros leva o nome de um dia da semana, e o líder do bando é o todo-poderoso Domingo. Logo, Syme torna-se o mais novo Quinta-feira e se mete numa série de aventuras bizarras e até grotescas, nas quais nada é bem o que parece ser. Novamente, o vasto gênio de Chesterton mistura ironia, paradoxo e alguns elementos góticos a um clamoroso melodrama.

Consideremos, por exemplo, o modo como o jovem poeta encontra pela primeira vez o chefe da agência ultrassecreta que o mandou se infiltrar na organização de Domingo. Levam-no a um quarto completamente escuro. "Você é o novo recruta?", diz uma voz pesada. "E por alguma estranha razão, embora não houvesse sequer sombra de qualquer forma naquele breu, Syme percebeu duas coisas: primeiro, que a voz vinha de um homem de grande estatura; e, segundo, que o homem estava de costas para ele." Syme protesta, diz que não é a pessoa adequada para essa nova missão:

"Você está disposto, isso basta", disse o desconhecido.
"Bom, para dizer a verdade", protesta Syme, "não conheço nenhuma profissão para a qual a mera vontade seja a prova final."
"Eu conheço", respondeu o outro, "a profissão dos mártires. Estou o condenando à morte. Bom dia."

O gosto pelo floreio teatral manifesta-se em quase toda a obra de Chesterton. Na abertura de "As extraordinárias aventuras do Major Brown", um velho soldado encontra por acaso uma rua que aparentemente não leva a lugar algum e depara com um homem robusto que empurrava um carrinho cheio de amores-perfeitos, a flor predileta do major. Depois de conversarem por um tempo, o homem menciona de passagem que há um magnífico jardim de amores-perfeitos do outro lado do muro. Ele acaba convencendo o major a escalar a murada para ver as esplêndidas flores. "Mas, logo que as viu, não foram suas características horticultoras que lhe chamaram a atenção, pois as flores estavam dispostas em enormes letras maiúsculas de modo que se formava a frase: MORTE AO MAJOR BROWN. Um velhinho com bigode branco de aparência gentil as estava regando."

E, desse modo, somos lançados em uma série de aventuras fantásticas quando o major, como seria de esperar, desce o muro para examinar o jardim. Lá, uma bela mulher lhe explica que ele deve evitar olhar para a rua até o relógio bater seis horas. Enquanto ela diz isso, uma voz vinda de algum lugar desconhecido pergunta: "Major Brown, Major Brown, onde mora o chacal?" Somente um leitor com uma alma insensível à ficção poderia largar o livro a essa altura.

Essa história se encontra na antologia *O clube dos negócios estranhos*, mas os cinquenta contos do Padre Brown também estão repletos de ganchos narrativos e enigmas semelhantes. Entre eles, "A cruz azul", "The Hammer of God" ["O martelo de Deus"], "The Oracle of the Dog" ["O oráculo do cachorro"], "The Sins of Prince Saradine" ["Os pecados do príncipe Sardine"] e, é claro, o celebrado "O homem invisível", que ensina como um assassino pode remover o corpo de sua vítima de um apartamento à plena luz do dia sem ser visto.

Na opinião de parte dos fãs do gênero policial, Padre Brown só perde para Sherlock Holmes. Por esse motivo, quando Agatha Christie, Dorothy L. Sayers e Anthony Berkeley formaram o Detection Club, Chesterton foi eleito por unanimidade seu primeiro presidente. Quase na mesma época, o distinto medievalista Etienne Gilson falou o seguinte sobre um livrinho curiosamente intitulado *São Tomás de Aquino: o touro imbecil*: "Chesterton nos leva ao desespero. Passei a vida inteira estudando São Tomás de Aquino e nunca teria conseguido escrever esse livro [...] Considero-o sem sombra de dúvida o melhor livro já escrito sobre São Tomás. Somente um gênio poderia ter concebido tal preciosidade."

E o que é ainda mais espantoso, segundo sua antiga secretária, Chesterton ditou a primeira metade do livro diretamente de sua cabeça e precisou apenas folhear uma pilha de autores eruditos antes de dar prosseguimento ao resto. Como ele conseguiu? Era um gênio, de fato.

AGATHA CHRISTIE (1890-1976)
Os contos policiais de Hercule Poirot e Jane Marple

Além de detetive, Hercule Poirot também era um janota. Medindo apenas 1,62 m de altura, com sua cabeça de ovo, o cabelo com brilhantina e o bigode enrolado, o investigador belga preferia roupas formais e elegantes e sapatos de couro legítimo. Muito educado e gentil com os jovens (sobretudo os jovens amantes), ele era ainda assim bastante irritadiço, vaidoso e orgulhoso, como todo bom galinho de briga.

Apesar da vaidade excessiva e do inglês com sotaque, Hercule Poirot figura entre os maiores detetives de todos os tempos. Sherlock Holmes possuía um *glamour* inigualável e Padre Brown, uma mente ainda mais sutil, mas Poirot enfrentou problemas mais variados e complicados. Solucionou casos aparentemente impossíveis, frustrou terroristas internacionais, lidou com assassinos em série, retomou casos antigos de vinte anos atrás e mostrou inúmeras vezes que todos são suspeitos. Em suas aventuras mais impressionantes – *O assassinato de Roger Ackroyd, Assassinato no Expresso Oriente, Os crimes ABC* –, ele encantou o mundo ao resolver crimes que jamais seriam igualados em matéria de audácia e esperteza.

Como detetive, Poirot insistia na importância da imaginação, do raciocínio preciso e da psicologia. Ele observava, ouvia e lembrava. Enquanto Holmes focava-se em um palito de fósforo queimado ou em um pedaço de corda esfiapada, Poirot desdenhava dessas artimanhas, preferindo utilizar suas "pequenas células cinzentas". Seu modo de proceder consistia apenas em fazer as pessoas falarem sobre si mesmas, sobre o que estavam fazendo na hora do crime e sobre a vítima. Algum traço de sua personalidade, uma ligeira discrepância de álibis ou mesmo o detalhe mais insignificante e improvável poderiam ser o bastante para colocar sua mente organizada no caminho certo. Depois, ele meditava a respeito de suas "pequenas ideias" até descobrir o padrão que explicaria a anomalia. "O poder do cérebro humano", disse certa vez ao seu próprio Watson, o Capitão Hastings, "é quase ilimitado". Enquanto o Padre Brown gostava de adentrar o estado de espírito e a mente do assassino através da imaginação, Poirot na maior parte das vezes preferia se centrar nas vítimas: "Até sabermos com exatidão que tipo de pessoa era a vítima, não poderemos ver as circunstâncias do crime com clareza."

Muitos escritores ficariam satisfeitos em criar um único grande detetive. Mas não Christie. Alguns leitores preferem seus romances sobre Jane Marple, uma solteirona de idade que vive em uma pacata aldeia inglesa e cujos olhos azuis penetrantes não perdem absolutamente coisa alguma. Não é de admirar que as histórias de Miss Marple revolvam em torno de tragédias domésticas e familiares. Em *A testemunha ocular do crime* (também conhecido como *O estranho caso da velha curiosa*), a autora insinua que um pai pode ter matado os filhos; em *A maldição do espelho*, uma família preocupada com o infeliz nascimento de uma criança vê-se destruída por chantagem sexual, assassinato e eutanásia; e, em *A mão misteriosa,* a autora traça a repercussão de uma série de cartas envenenadas que revelam os segredos de uma pequena aldeia. Miss Marple nos ensina que o interior está tão repleto de crimes quanto as cidades grandes, conforme Sherlock Holmes já tinha percebido.

Agatha Christie é a romancista mais popular do século XX. Seus livros foram traduzidos para todas as línguas mais importantes. O número de vendas certamente não é proporcional ao mérito e, entre os leitores mais sofisticados, Dorothy L. Sayers costuma ser considerada a melhor e mais engenhosa escritora do gênero policial em língua inglesa; eu próprio sou um dos maiores fãs de *Gaudy Night* [A noite de reunião]. Mas Christie oferece algo incomum. Se procurarmos nela as qualidades literárias mais óbvias – o estilo de prosa singular, a riqueza da caracterização, o retrato da sociedade e da vida contemporânea –, a autora não figuraria na mesma biblioteca de Dorothy Sayers e Michael Innes. Suas frases são simples, diretas e transparentes e ela utiliza sempre o mesmo repertório em seus livros – o coronel aposentado, a fofoca na aldeia, o médico da região, a jovem independente, a governanta sabida. Todas essas figuras e mais a vítima são tão reais para nós quanto os personagens de um jogo de Detetive.

Seu ponto mais forte é a trama, o mais básico elemento literário. (Como disse enfaticamente E. M. Forster: "Ah, sim, o romance conta uma história.") Tal como um poeta que escreve apenas sonetos ou um compositor que repete os mesmo temas com ligeiras modificações, Christie aceita as convenções do gênero policial e então tenta nos surpreender com sua originalidade. Um aspirante a escritor poderia com grande proveito estudar seus romances só para aprender a arte da construção narrativa. Basta pegarmos *O caso dos dez negrinhos* – no qual nem Poirot nem Miss Marple aparecem – para vermos como ela controla com destreza a compreensão do leitor, atraindo e desviando sua atenção a todo instante para poder manipulá-lo.

Além de um profundo domínio do enredo, Christie nos oferece as alegrias do que é familiar, aconchegante e tradicional. Seu mundo foi extinto, é o mundo do interior da Inglaterra, das viagens no Expresso do Oriente, dos navios de cruzeiro e dos hotéis luxuosos, das manhãs de caça na Escócia e dos feriados no Mediterrâneo. Quando chega a hora das deduções finais, todos os suspeitos reúnem-se diligentemente na cena do crime. Entre eles, temos tanto os aristocratas dos quartos de cima quanto os criados do andar de baixo. Trata-se de um reino perdido de conforto, ordem e dever, muito diferente da nossa própria realidade e da nossa vida de hoje. Ler um livro de Agatha Christie é tão aprazível quanto tomar chocolate quente, o favorito de Hercule Poirot, ou beber uma xícara de chá com Jane Marple na sala de seu chalé.

Em seu famoso ensaio "The Guilty Vicarage" ["O vicariato culpado"], W. H. Auden observa que as melhores histórias de detetive necessitam de uma "comunidade fechada" – uma aldeia, uma universidade, um *resort* nevado – para que o assassino não seja um psicopata qualquer que estava apenas de passagem. Além disso, essa comunidade tem de parecer a princípio boa, correta e em estado de graça. O assassinato mostrará que alguém nesse paraíso se corrompeu, de modo que o detetive precisa encontrá-lo para restaurar a inocência desse Lugar Perfeito.

Esse padrão certamente explica o sucesso dos romances de Christie, mas não devemos ignorar os aspectos mais lúdicos de sua obra – o fascínio exercido pelos enigmas e a alegria de vermos um complexo emaranhado de eventos aparentemente caóticos e até sobrenaturais (ver os "contos policiais" de John Dickson Carr) ganhando aos poucos certa estrutura e um propósito. Em nossa própria vida, muitas vezes nos sentimos como um joguete nas mãos do destino ou dos deuses, mas no gênero policial somos reconfortados ao encontrar um universo onde se pode demonstrar que quase tudo faz sentido, não importa quão bizarro ou improvável seja.

DASHIELL HAMMETT (1894-1961)
O falcão maltês; outras obras

> "Trata-se de uma estátua, como você deve saber, lisa e brilhante, de um pássaro, um gavião ou um falcão, mais ou menos dessa altura."
> Ela mostra o tamanho com as mãos, mantendo um espaço de 30 cm entre uma e outra.
> "O que tem de especial?"

Respondendo à pergunta que Sam Spade faz a Brigid O'Shaughnessy: o que a estátua tem de especial é o fato de ser a força motriz, o Macguffin, como diria Alfred Hitchcock, do romance policial norte-americano mais famoso de todos os tempos, *O falcão maltês* (1930).

Todos querem o pássaro negro, que não é apenas uma mera estatueta. Como o gorducho Caspar Gutman explica a Spade, a peça fora a princípio um presente dos riquíssimos Cavaleiros de Rodes ao Imperador Carlos V na Idade Média: "um glorioso falcão de ouro, todo ornado com as melhores joias de seus cofres. E – lembre-se, senhor – eles tinham muitas preciosidades, as melhores joias da Ásia". Desde então a peça tornou-se o sonho dos sonhos – como diz Spade, na clássica adaptação para o cinema.

Graças a *O falcão maltês*, Dashiell Hammett tornou-se definitivamente o maior autor de romances policiais com detetives durões. Durante os seis anos que antecederam o lançamento do livro, ele aperfeiçoou sua arte na revista *Black Mask*, produzindo textos populares, nos quais, muitas vezes, figurava o agente anônimo gordinho da Pinkerton chamado simplesmente de Continental Op. Em outro excelente romance, *Safra vermelha* (1929), Op limpa a cidade corrupta de Poisonville fazendo as várias facções criminosas lutarem entre si. (*Safra vermelha* serviu de modelo para diversas histórias e filmes similares, dos quais os mais famosos são *Yojimbo*, de Kurosawa, e *Por um punhado de dólares*, de Sergio Leone.) Muitos contos do Op possuem elementos que seriam retomados mais tarde em *O falcão maltês*; "The Whosis Kid" ["O fulaninho"] pode ser considerado quase um rascunho de vinte páginas do romance.

Mas quem aparece nesse clássico da literatura *noir* norte-americana é o "satânico" Sam Spade. Ao longo do livro, o detetive é uma figura quase nula: o leitor não tem acesso à sua mente. Assim como acontece com Gutman, o efeminado Joel Cairo, o jovem matador Wilmer e todos os outros personagens, podemos ver e ouvir Spade, mas nunca sabemos o que ele está pensando ou o que está sentindo de verdade. No que diz respeito à técnica narrativa, o texto de Hammett demonstra um domínio magistral do ponto de vista. A abordagem em terceira pessoa, em particular, permite que ele mantenha o leitor sempre intrigado quanto ao propósito das ações de Spade e sem saber o que vai acontecer no fim. A simples imprevisibilidade do clímax do romance já é de tirar o fôlego. Embora Gutman e Spade brindem "à fala simples e ao claro entendimento", não encontramos nem uma coisa, nem outra no livro, pelo menos até o final – e talvez nem mesmo no final.

Em *O falcão maltês*, Hammett inaugura a narração desprendida e impassível do gênero *noir*. Quase não há ornamento em sua prosa meticulosa e poderíamos dizer o mesmo dos autores que o sucederam, tais como James. M. Cain (*The Postman Always Rings Twice* [O carteiro sempre toca duas vezes]), Edward Anderson (*Thieves Like Us* [Ladrões como nós]), Paul Cain (*Fast One* [O veloz]) ou mesmo George V. Higgins (*Os amigos de Eddie Coyle*). Hammett, assim como Hemingway, simplesmente nos diz o que veríamos se estivéssemos lá, dando ênfase aos substantivos e aos verbos em lugar dos adjetivos e dos advérbios e maneirando bastante nas expressões espirituosas e dignas de nota:

> Acenderam o interruptor e um bojo branco, que pendia do meio do teto preso por três correntes de ouro, encheu o cômodo de luz. Spade, descalço, vestindo um pijama quadriculado verde e branco, estava sentado na borda da cama. Fez uma careta para o telefone na mesa enquanto se esticava para pegar um pacote com papel marrom de cigarro e um saquinho de tabaco Bull Durham.

Comparado a Hammett, seu rival e sucessor Raymond Chandler é um fracote. No começo de sua carreira, Chandler modelou seu detetive com base em uma ideia tipicamente romântica, a do cavaleiro cansado do mundo que viaja por caminhos cruéis e solitários. Em vez de ser transparente, sua prosa salta à vista; apreciamos sua dicção, seu ritmo e até mesmo sua sintaxe. Ele utiliza símiles e descrições que nos deixam atônitos por sua beleza: "Uma loura alta e bela em um vestido que parecia água do mar salpicada de pó de ouro saiu do banheiro feminino enxugando os lábios com a mão, caminhando em direção à porta, cantarolando." Não é de admirar que o autor de *À beira do abismo* e *O longo adeus* tenha dito que "vivia para a gramática".

Hammett jamais diria uma coisa dessas, embora possuísse um enorme talento para criar padrões de fala singulares. Quando o bajulador Joel Cairo entra no escritório de Spade, suas primeiras palavras são: "Pode um estranho lhe dar os pêsames pela triste perda de seu parceiro?" E, em seguida: "Não foi apenas a curiosidade que me fez perguntar isso, senhor Spade. Estou tentando recuperar um – ah – enfeite que foi – como dizer? – extraviado. Achei que o senhor poderia me ajudar, se for possível."

Esse formalismo bajulador só não é pior que o falso companheirismo de – "por Deus, senhor" – Caspar Gutman e as vulgaridades indizíveis e os murmúrios guturais de Wilmer, o bandido branquelo. É claro que Spade também tinha seus cacoetes verbais: ele nunca chamava as mulheres pelo nome – talvez indicando sua patente insignificância? –, em vez disso referia-se a elas como "anjinho", "meu amor" e "tesouro" de maneira universal e grosseira.

Acompanhando seu protagonista altamente dramático, *O falcão maltês* concebe cada um de seus capítulos como uma cena de teatro, geralmente ambientada no minúsculo palco vazio do escritório de Spade ou no interior de algum quarto de hotel. Nesses espaços confinados, testemunhamos insultos verbais, brigas, diálogos mentirosos e espirituosos, sedução e confissões finais. Os cenários sem vida servem de moldura para as conversas coloridas e a ação um tanto violenta do livro. Haveria, por acaso, algo mais parecido com um conto fantástico de *As mil e uma noites* do que a história de Gutman sobre o pássaro negro? Algo mais interessante do que as ocasionais referências de Brigid a Constantinopla, Marmora e Hong Kong? Em certos aspectos, os personagens de Hammett parecem saídos de um dos *thrillers* de espionagem de seu quase contemporâneo Eric Ambler (*A máscara de Dimítrios*, *Jornada do pavor*), nos quais gregos, russos e turcos tentam enganar uns aos outros na Europa central ou no Mediterrâneo.

O falcão maltês é um livro de mistério e assassinato – quem matou o parceiro de Spade, Miles Archer? – envolto numa trama de intriga internacional dessas em que os membros das gangues entregam seus comparsas e vão todos presos.

Quando Dashiell Hammett começou a escrever suas histórias policiais, Philo Vance, criado por S. S. Van Dine, era o detetive mais conhecido dos Estados Unidos. Hammett disse certa vez que Vance "seguia a tradição de Sherlock Holmes e que seu modo de falar era como o de uma garotinha de escola que estuda as palavras e expressões estrangeiras no final do dicionário". Depois de romances como *O falcão maltês*, os detetives e os criminosos tornaram-se lacônicos, cínicos e brutais. Em outras palavras, tornaram-se verdadeiros norte-americanos.

Visões enciclopédicas

Tudo existe, disse o poeta Mallarmé, para ser escrito depois em um livro.

Nesta última seção de *O prazer de ler os clássicos* encontraremos trechos de vasto escopo – uma história da Antiguidade e um tratado sobre cerimônias bizarras, um estudo da psicologia humana e um guia prático da língua inglesa, uma visita ao "museu sem paredes" internacional e um compêndio de mitologia antiga. Aqui também encontraremos um poeta que se apropriou de toda a literatura e um romancista visionário de ficção científica que revelou nosso provável futuro – um mundo empapado de chuva onde nada funciona e as pessoas estão aos poucos enlouquecendo.

Através de estudos e tratados magistrais como esses, a humanidade busca dar sentido às coisas, tenta discernir os padrões da tapeçaria e revelar os segredos da história e da vida. Muitas dessas obras monumentais são surpreendentemente encantadoras, idiossincráticas e até um pouco excêntricas. Mas também satisfazem aquele velho ideal artístico de Horácio e oferecem instrução e muito prazer.

OVÍDIO (43 a.C.-17 d.C.)
Metamorfoses

Se tivéssemos de eleger o poema mais influente de toda a história mundial, uma boa escolha seria *Metamorfoses*, de Ovídio. Por dois mil anos, a obra forneceu ideias para a pintura e para a ópera, inspirou poetas e dramaturgos e ditou os temas de afrescos tanto para os palácios ducais quanto para os covis de prostitutas. Sensuais e oníricas, essas histórias de mortais metamorfoseados em toda a espécie de fauna e flora fazem parte da história da cultura ocidental: Narciso, Perseu, Medeia, Orfeu, Andrômeda, Pigmalião, Aracne, Europa, Prosérpina, Pasífae, Filomela, Ariadne, Sêmele... Onde estariam nossos museus e nossos teatros sem eles? Essa grande bíblia da mitologia clássica começa apropriadamente com a criação do mundo e termina com a apoteose de Júlio César, quase contemporâneo de Ovídio, quando a alma do imperador vira uma estrela no céu.

A característica mais marcante de Ovídio é seu estilo fluente e singular que emenda uma história na outra sem fazer pausa. *Metamorfoses* é, com efeito, um poema bastante movimentado, pois "*Nihil est quod perstet in orbe*" – "nada deixa de mudar". Apesar das abundantes cenas de violência (por vezes de estupro), a obra possui uma leveza jocosa, uma ironia provocante (que já foi chamada de nabokoviana) e uma atmosfera bastante cômica que se assemelha à de *Sonhos de uma noite de verão*. As imagens mais fortes – como a de Dafne sendo transformada em loureiro ou a de Féton tentando em vão controlar o carro do sol – dão a *Metamorfoses* grande força visual, tornando-o pictórico e dramático ao mesmo tempo.

Mas o poema não está repleto só de imagens belas e chocantes. Ovídio também nos mostra pessoas em crise, pessoas torturadas pela paixão, pelo desejo e pelo medo, pessoas divididas entre as exigências conflitantes da razão e da emoção. Ele é um mestre da psicologia. "*Video melora proque deteriora sequor*" – "Vejo e aprovo o melhor caminho", diz Mirra, atormentada por desejos incestuosos, "mas escolho o pior". Nenhum outro escritor da Roma antiga entende tão bem a psique humana, sobretudo a da mulher.

Virgílio e Horácio podem ser os veneráveis poetas oficiais de Roma, mas Ovídio ainda é o menino travesso. Em vez de compor églogas e odes pastoris como os outros, ele preferiu escrever *A arte de amar*, nada menos do que um guia sobre a sedução, a atração sexual e as técnicas do sexo. O poema é irreverente, urbano e às vezes tão penetrante quanto qualquer máxima cínica de La Rochefoucauld: "*Casta est quam nemo rogavit*" – "Só é pura aquela que ainda não solicitaram." O Imperador Augusto baniu o poeta inesperada e misteriosamente para uma cidade distante do mar Negro (de onde ele enviava tristes cartas em verso) talvez, em parte, por causa da apologia à licenciosidade amorosa que o "secretário de Vênus, Ovídio" (expressão de Chaucer) fazia.

O poeta encerra *Metamorfoses* – essa festa da mutabilidade – proclamando que a obra sobreviverá aos "dentes vorazes do tempo" e que seu nome durará por toda a eternidade. Esse tipo de fama imortal é, com efeito, o sonho de todos os poetas. Mas Ovídio fez o sonho se tornar realidade: "*Non omnis moriar*" – "Não vou morrer por inteiro."

Há muitas traduções do poema, inclusive a versão renascentista de Arthur Golding, chamada por Ezra Pound de "o livro mais belo da língua inglesa". Shakespeare considerava-a excelente como fonte de inspiração. Entre as versões modernas, destacam-se as de Mary Innes (em prosa) e Rolfe Humphries e Charles Martin (em verso).

ROBERT BURTON (1577-1640)
A anatomia da melancolia

A anatomia da melancolia (1621) parece uma grande enciclopédia medieval, mas em vez de se dedicar a questões complexas de dogmatismo religioso como a *Summa Theologica*, de São Tomás de Aquino, ou à exegese bíblica como a *Moralia*, de Gregório, o Grande, o livro de Burton oferece um passeio por nossa vida mental e emocional com ênfase na neurose, na depressão e no "sofrimento amoroso". O autor utiliza toda a bibliografia que conhece sobre o assunto, mesclando citações e fragmentos clássicos, anedotas retiradas da história e da literatura e também suas próprias reflexões humanistas para criar um dos melhores e mais encantadores livros de cabeceira da literatura inglesa. A prosa é sabidamente difícil, verborrágica e latinizante, mas, quando nos entregamos a seu ritmo aparentemente ingovernável, entendemos por que Samuel Johnson dizia que "aquele era o único livro que o tirava da cama duas horas mais cedo do que teria gostado de acordar".

A obra-prima de Burton é, no fundo, um tratado humorístico – humorístico porque tenta explicar a psicologia a partir dos quatro "humores" fisiológicos que, para os antigos, determinavam a personalidade das pessoas (sanguínea, colérica, fleumática e melancólica, a preponderância da última dando ensejo à depressão), e humorístico também porque está repleto de uma comicidade ampla, furtiva e seca. Às vezes, o livro é mais engraçado no sentido de ser estranho do que de fazer rir, mas aos poucos passamos a gostar da mentalidade e da personalidade bagunçadas do esclarecido e admirado acadêmico de Oxford, um tanto gaguejante. Quem mais exclamaria, jovial, "Se não gostas do modo como escrevo, vai ler outra coisa"? Burton era, ou pelo menos se considerava, "um autor relaxado, medíocre e bruto, porém tão livre quanto relaxado e também bastante prático". Ele conta que se achava desorganizado e que toda a sua leitura tinha-se dado "por nada, por falta de boa organização; esbarrei, confuso, em diversos escritores de nossas bibliotecas, com pouco proveito, por falta de arte, ordem, memória e inteligência". Até mesmo a própria leitura é criticada em algumas partes do livro: "Que excesso de livros! Quem os vai ler?" Que estudante universitário nunca pensou o mesmo ou assentiu em concordância com o *cri du couer* de Burton: "Somos oprimidos por eles, nossos olhos ardem com tanta leitura e nossos dedos com o virar das páginas"?

A anatomia da melancolia, com efeito, não é um livro para ser lido por inteiro de uma só vez: é um livro para ter por perto. Abra qualquer página ao acaso, como um antigo romano praticando as *sortes virgilianae*, e seus olhos pousarão em alguma expressão eloquente ou em alguma observação apropriada. Sobre as guerras, Burton diz que "nada é mais familiar do que esses massacres, esses assassinatos, essa desolação movida a machadadas e ceifadas". Sobre os advogados e as cortes: "Tantos tribunais, tão pouca justiça; tantos magistrados, tão pouco apreço pelo bem comum; tantas leis e, no entanto, tanta desordem." A única divindade que o ser humano idolatra, ele diz, é "o Imperador Dinheiro, a quem oferecemos sacrifícios diários [...] o único comandante de nossas ações, por quem rezamos, fugimos, cavalgamos, vamos, voltamos, trabalhamos e brigamos como fazem os peixes quando uma migalha de pão cai na água". Na verdade, este mundo não é outra coisa senão "um vasto Caos, uma confusão de costumes tão inconstante quanto o ar, um hospício, uma tropa turbulenta cheia de impurezas, um mercado de almas errantes e espíritos malignos, o teatro da hipocrisia, uma loja de trapaça e adulação, um berçário de vilania, uma cena gaguejante, a escola da frivolidade e a universidade do vício".

O livro de Burton aborda todos os tipos de atividade psicológica, desde a depressão até a hipocondria, desde a crença em fantasmas até o fanatismo religioso. Mas o capítulo mais famoso e mais consultado de seu livro é, sem dúvida, aquele que fala da paixão sexual, do amor e do ciúme. Burton menciona o trecho em que Platão define a beleza como "um brilho vívido e uma claridade reluzente", mas também descreve as cópulas sexuais perversas e os monstros que podiam resultar desse tipo de encontro. Certa vez, ele nos conta, alguns jovens filósofos discutiam qual era a parte mais agradável do corpo da mulher, seus lábios, seus olhos ou seus dentes... Os rapazes levaram a questão à notória prostituta Laís de Corinto: "Ela, rindo, respondeu que eles eram tolos; pois, supondo que a tivessem à sua disposição, o que buscariam primeiro?" (Esse "rindo" é um adorável toque de humanidade.) Sobre o caloroso poder da pura sensualidade, o autor conta que "a água fria, de repente, fumegou e ficou bastante quente quando Célia entrou para tomar banho".

Burton descreve, em seguida, todos "os atrativos artificiais do amor", os produtos de beleza, as roupas e os modos lascivos das mulheres, os "beijos meretrícios" e os seios desnudos, "os trejeitos, as brincadeiras, as piscadelas, os sorrisos, as brigas, as lembrancinhas, o interesse, os símbolos, as cartas, os presentes". Mas o autor também não poupa os homens e fala do estratagema do "amor heroico", que na verdade é apenas a luxúria adormecida: "Ele amava Amy até ver Floriat e quando viu Cynthia, esqueceu as duas; mas Phyllis era incomparavelmente superior a elas, Chloris ultrapassava-a e, no entanto, quando viu Amaryllis, ela era a única mulher..." e por aí vai.

Burton cita diversas vezes a tradição que considerava as mulheres meros ídolos de perversidade, recipientes de corrupção e pecado. Ele chega a apresentar um terrível catálogo de suas enfermidades e imundices e depois conclui que nada disso importa aos olhos de um amante apaixonado. *Facilis descensus averni* – é suave a descida ao inferno. Mas, na maior parte do livro, Burton, um solteirão, exalta a instituição do casamento apesar dos constantes aborrecimentos e desgostos (filhos ingratos estão entre os primeiros). Para ele, o apetite sexual era a causa de muitas aflições internas do ser humano. O próprio ciúme tem sua subseção particular. O esposo ou amante suspeita de tudo e de todos:

> Não seria aquilo um homem disfarçado de mulher? Não haveria alguém dentro daquele grande baú ou atrás da porta, das cortinas ou dentro de um daqueles barris? Não poderia algum homem subir pela janela com uma escada de corda, descer pela chaminé, abrir a porta com algum dispositivo ou entrar enquanto ele estivesse dormindo?

Em suma, diz Burton, repetindo Baldassare Castiglione (autor de *O cortesão*): "Nem mil anos bastarão para identificarmos as armadilhas e as trapaças que homens e mulheres utilizam para enganar uns aos outros." Uma frase sábia mesmo para um escritor tão cômico. Citando o historiador da igreja Eusébio, ele acrescenta: "Aquele que pretende evitar problemas deve evitar o mundo." Mas sempre que o mundo nos parecer pesado demais, podemos nos apoiar no infindável e indispensável livro de Burton. Nele achamos refúgio, o equivalente metafórico de "às velas à noite, as câmaras confortáveis, uma boa lareira no inverno, os companheiros alegres" – ou seja, um remédio bastante adequado para a melancolia.

EDWARD GIBBON (1737-1794)
Declínio e queda do Império Romano; *Memoirs of My Life and Writings* [Memórias de minha vida e de meus escritos]

Edward Gibbon dividiu seu célebre *Declínio e queda do Império Romano* em seis volumes ("Outro maldito tijolão! Sempre escrevendo, escrevendo, escrevendo! Não é, senhor Gibbon?", como observou o Duque de Gloucester). Os três primeiros tomos tratam basicamente da Antiguidade romana que estudamos na escola até mais ou menos 500 d.C., com "algumas reflexões gerais a respeito da queda do Império Romano do Ocidente". Os outros três são dedicados ao Império Bizantino do Oriente. O volume IV, por exemplo, fala do reinado de Justiniano (com páginas deliciosamente lascivas sobre a Imperatriz Teodora); o volume V mapeia a ascensão do islamismo e o volume VI discorre sobre as cruzadas.

Nos três capítulos de abertura do primeiro volume, Gibbon examina rapidamente cerca de duzentos anos de história. Sobre o final do século II d.C., ele escreve a seguinte passagem memorável: "Se chamassem uma pessoa para identificar a época da história mundial em que a raça humana foi mais feliz e próspera, essa pessoa escolheria sem hesitar o período compreendido entre a morte de Domiciano e a sucessão de Cômodo." Em seguida, o autor faz um relato, quase ano por ano, de uma série de imperadores fracos ou muitíssimo ruins, a maioria levada ao poder não pelo Senado mas pelo Exército, sobretudo pela elite da Guarda Pretoriana. Em dado momento, os soldados surpreendentemente leiloam o cargo de imperador.

O volume I termina agressivamente com os notórios capítulos 15 e 16, nos quais o autor ateu esboça, com considerável prazer e ironia, os primeiros anos de uma seita judaica herética que iria aos poucos tornar-se uma religião de mistério poderosa e fanática. Aqui, Gibbons utiliza seu estilo mais sarcástico para falar dos milagres e dos mártires cristãos com uma maldade que até mesmo Voltaire invejaria:

> Os mancos andaram, os cegos viram, os doentes foram curados, os mortos foram revividos, os demônios foram expulsos e as leis da natureza foram suspensas inúmeras vezes em prol da Igreja. Mas os sábios da Grécia e de Roma deram as costas para esse terrível espetáculo e, buscando as atividades normais da vida e do estudo, ignoraram quaisquer alterações nas leis morais e físicas que governavam o mundo. No reinado de Tibério, o mundo inteiro, ou pelo menos uma celebrada província do Império Romano, foi envolto numa escuridão sobrenatural que durou três dias. Até mesmo esse evento milagroso que deveria ter despertado espanto, curiosidade e devoção em toda a humanidade passou despercebido numa era de cientistas e historiadores.

No volume II, Gibbon dá prosseguimento ao relato da história política do Império Romano, fazendo uma ou outra pausa para expor, comparar e contrastar os reinados de Constantino, que expandiu a religião católica como forma de controlar e dominar a sociedade, e de Juliano, o esclarecido "Apóstata", o governante fanático, austero e místico que pretendia restaurar os deuses pagãos. No volume III, ele fala sobre a crescente pressão exercida pelos povos bárbaros, sobretudo os visigodos, que, sob o comando de Alarico I, tomariam a própria cidade de Roma.

Os críticos reclamam que Gibbon não explica em momento algum o que, de fato, levou à queda do Império Romano (nem a razão por que o cambaleante Império Bizantino do Oriente conseguiu manter-se, de alguma forma, por mais mil anos). O autor, no entanto, salienta algumas das causas que contribuíram para seu declínio: a corrupção do governo (sobretudo ao investir todo o poder em um único líder supremo, cujo caráter podia oscilar entre o de um santo ineficiente e o de um pecador destrutivo), a força desarmônica de um exército mercenário, a interminável pressão que os bárbaros faziam e a substituição de um sincretismo religioso tranquilo por um cristianismo intolerante, voltado para o outro mundo e dividido por facções e disputas teológicas. (Esse racionalista inglês tinha um ódio particular pelo monasticismo, descrevendo os "numerosos vermes" como pessoas estéreis, fanáticas e completamente antissociais.)

Em sua obra-prima, Gibbon procura, acima de tudo, compreender e retratar as forças por trás da história, que muitas vezes, segundo ele, parece um mero "registro dos crimes, das tolices e dos infortúnios da humanidade". E, no entanto, as ideias humanísticas do autor saltam à vista nos três últimos volumes, que são mais pessoais. Gibbon prefere a sociedade pluralista ao Estado totalitário, onde o comércio, a competição e a mobilidade garantem liberdade e acúmulo de riqueza para os cidadãos, um convívio civilizado e o progresso do conhecimento. Nesse sentido, seu livro é um tanto "whiggista", ou seja, adepto da ideia de que o passado é melhor do que o presente – o passado que engoliu o próprio autor.

Embora tenhamos muito o que aprender com *Declínio e queda do Império Romano*, às vezes folheamos o livro só pelos prazeres do estilo de Gibbon – as descrições literárias brilhantes, o magistral equilíbrio de suas frases cadenciadas, os esquetes de vulgaridade e transgressão (as tiranias de Caracala, as torpezas de Elagabalo), o ritmo narrativo dramático e as famosas notas de rodapé (oito mil ao todo), por vezes encantadoramente licenciosas. Eis uma nota particularmente esplêndida, parte da descrição do Imperador Gordiano II:

> Vinte e duas concubinas e uma biblioteca com 62 mil livros davam prova da multiplicidade de seus interesses e, por tudo aquilo que nos deixou, parece que tanto um quanto o outro foram concebidos mais para o uso do que para a ostentação.

Às vezes, Edward Gibbon é visto como um autor de um só livro – um livro bastante grande –, mas isso não é verdade. *Memoirs of My Life and Writings* figura entre as autobiografias mais fascinantes de todos os tempos. Gibbon não conseguiu terminar o livro, mas deixou diversos esboços aos cuidados de futuros organizadores. Nele, o autor fala, por exemplo, de seu namoro com a pobre beldade Suzanne Curchod, um romance interrompido a pedido de seu pai: "Lamentei como amante, obedeci como filho." (Suzanne, embora tratada com desprezo, saiu-se bem: acabou se casando com Jacques Necker, que seria ministro de Finanças da França. A filha deles, Germaine, tornou-se mais tarde uma das intelectuais mais importantes de seu tempo, Madame de Staël.)

No que diz respeito à aparência, Gibbon era baixo, corpulento e tinha um rosto gordinho (para mim é a própria imagem do Gaguinho). Vivia na biblioteca e, após ter concluído sua obra-prima, aos 51 anos de idade, teve apenas mais cinco anos de vida para aproveitar o sucesso acadêmico. Sofrendo de antigos problemas intestinais e urinários, ele morreu três dias após uma operação, em consequência de uma infecção hospitalar.

J. G. FRAZER (1854-1941)
O ramo de ouro

O ramo de ouro (1906-1915; 13º volume, 1936), de J. G. Frazer, é uma das maiores conquistas da extravagância acadêmica, reportando-se a coletâneas antigas de lendas e folclore tais como *História natural*, de Plínio, *A anatomia da melancolia*, de Robert Burton, e *Mitos germânicos*, de Jacob Grimm. Entre essas obras, nenhuma atinge os padrões contemporâneos de investigação científica, mas todas oferecem horas e horas do que se poderia chamar de diversão intelectual e também muitas páginas de erudição romântica.

Já nos parágrafos de abertura de seu "ensaio sobre magia e religião", o leitor percebe que Frazer é tanto um poeta quanto um antropólogo, classicista e estudioso de mitologia:

> Quem não conhece o quadro de Turner: *O ramo de ouro*? A imagem, repleta do áureo brilho imaginativo com o qual a mente de Turner depurava e transfigurava até mesmo a paisagem mais simples e bela, é uma visão onírica das margens arborizadas do pequeno lago Nemi – "O espelho de Diana", como era chamado pelos antigos. Quem vê suas águas plácidas, esparramadas num vale verde das Colinas Albanas, jamais as esquece [...] A própria Diana talvez ainda habite essa orla solitária, talvez ainda cace nessa floresta, enfurecida.

> Na Antiguidade, esse cenário silvestre foi palco de uma tragédia estranha bastante recorrente. Para entendê-la bem, temos de formar em nossa cabeça uma imagem precisa do lugar em que ocorreu; pois, como veremos adiante, havia uma sutil ligação entre a beleza natural do lugar e os crimes sombrios cometidos ali em nome da religião, crimes que séculos depois ainda dão um to-

que de melancolia às suas águas e aos bosques silenciosos, como uma brisa fria de outono nos claros dias de setembro quando "não há folhas esmorecidas".

Durante a Antiguidade romana, conta-nos Frazer, ainda era possível ver uma figura sombria circundando determinada árvore desse bosque sagrado: "Na mão, levava uma espada desembainhada, olhando em volta a todo instante, cauteloso, como se a qualquer momento esperasse encontrar um inimigo." Coroado o Rei da Floresta, o homem conquistara o título ao matar seu predecessor e o manteria até o dia em que ele próprio fosse morto. Era assim que se passava adiante essa honra sagrada. "A estranha regra", acrescenta Frazer, "não possui paralelo na Antiguidade clássica e não pode ser explicada a partir dela. Para obtermos uma resposta, temos de ir mais longe."

Bem mais longe. Nas páginas seguintes, Frazer examina os mitos, o folclore, os costumes tradicionais e os festivais da Índia antiga, da Austrália aborígene e da África atual; reúne material sobre as crenças dos camponeses russos e as práticas dos sacerdotes astecas; busca informação na Bíblia judaica, na mitologia escandinava, na poesia grega, nos livros sagrados do Oriente Médio e nos romances celtas. Nos vários volumes de seu livro, ele coleciona narrativas; interpreta crenças folclóricas bizarras; reconta as histórias dos Deuses do Milho e das Rainhas da Primavera; examina o significado da adoração de árvores, da prostituição sagrada, da imolação de crianças e da castração voluntária; analisa as lendas de Adônis, Átis e Osíris; estuda a fundo os conceitos de bode expiatório e totemismo; explica a "morte de Pan" e retoma, por fim, a sina do sacerdote-rei que guarda o ramo de ouro.

No fundo, Frazer quer entender o modo como as pessoas pensam o mundo. Ele divide a evolução da humanidade em três estágios – os da magia, da religião e da ciência. (O autor sugere, perto do final do livro, que a própria ciência pode ser substituída no futuro por alguma explicação mais completa do cosmo.) No cerne de sua grande pesquisa está a profunda semelhança entre a vida dos homens – o nascimento, a maturidade, a velhice e a morte – e a semeadura e a colheita agrícola. Frazer nos mostra que o rei é o receptáculo do sagrado e que de certa forma personifica o deus de seu culto. Quando ele é jovem, vigoroso e forte, o milho cresce, a colheita é abundante, as crianças têm saúde e as pessoas prosperam. Mas quando o rei fica doente ou decrépito, a fertilidade e o poder sexual encarnados por ele mínguam em toda a comunidade. Frazer escreve: "Só há um meio de evitar esses perigos. O homem-Deus tem de ser morto tão logo mostre sinais de que seus poderes estão declinando e sua alma tem de ser transferida a um sucessor vigoroso antes que sofra sérias sequelas com o despontar da decadência." Seja numa cerimônia anual de primavera ou simplesmente ao primeiro sinal da velhice, seja num sacrifício voluntário ou numa briga com o candidato à sucessão, o rei precisa morrer para garantir o bem comum. Como Frazer escreve: *"Le roi est mort. Vive le roi."*

Esse tipo de antropologia especulativa é fascinante por si só, mas o autor também menciona ao longo do livro as semelhanças entre os cultos antigos e a religião cristã – em particular, a crença no nascimento, na morte e na ressurreição de um deus executado. Tais provocações escandalizaram os leitores da época e Frazer teve de se desculpar no fim da vida por ter comparado, por exemplo, as prostitutas sagradas com as freiras. Podemos notar esse seu cuidado na edição de 1922, que condensa os doze volumes originais em um único tomo. É por esse motivo que os leitores devem ler preferencialmente a versão resumida de Robert Fraser, mais nova: em suas oitocentas páginas, o organizador moderno transcreve essas passagens mais controversas na íntegra. Por outro lado, o leitor também pode adquirir uma reedição da parte mais famosa do livro, os dois volumes intitulados *Adônis, Átis, Osíris*, que T. S. Eliot recomendou há muito tempo atrás como leitura de fundo para os interessados em *A terra devastada*.

Hoje em dia, J. G. Frazer é repudiado pelos antropólogos por ser sobremaneira especulativo (para não dizer extravagante), por não fundar suas conclusões em pesquisas de campo concretas e por preferir uma ampla visão sinóptica aos significados mais mundanos e regionais das várias práticas culturais. Mas, assim como Freud, cuja obra também está circunscrita a certo espaço e tempo, Frazer é basicamente um cultor da fantasia e uma fonte de inspiração para os demais artistas. Desde *O rito da primavera* até filmes como *O escolhido*, desde *A deusa branca*, de Robert Graves, até a "mitologia criativa" de Joseph Campbell e a crítica literária arquetípica de Northrop Frye, é possível encontrar elementos de *O ramo de ouro* em todos os lugares. Trata-se de um texto básico do século XX que ainda é muito divertido de ler no século XXI.

H. W. FOWLER (1858-1933)
A Dictionary of Modern English Usage
[Dicionário prático da língua inglesa]

Henry Watson Fowler era o filho mais velho de um ministro da igreja anglicana; estudou em Rugby, perdeu a fé logo cedo e passou os primeiros dezessete anos de sua vida profissional trabalhando como professor em Sedburgh, uma escola inglesa para garotos. Parecia ter pouca vocação para dar aula, sendo tímido, um pouco estranho e também um tanto pedante. Por fim, acabou largando a profissão – em parte porque se recusava a ensinar a doutrina cristã – e, já senhor, viajou a Londres para se tornar um *freelancer*. Lá, escreveu obras exaltadas e sentimentais sobre a arte da literatura, compôs versos igualmente sentimentais e, por fim, meteu na cabeça que o mundo precisava de uma nova tradução para Luciano de Samotrácia. Mandou então uma carta à Oxford University Press, que lhe disse que tal trabalho seria bem-vindo – bons tempos! – e, no final, ele e a editora produziram uma edição em quatro volumes da obra completa do admirável autor grego.

Fowler trabalhou na tradução com seu irmão bem mais novo Francis, com quem mais tarde criou o esplêndido "manual de escrita em inglês" chamado *The King's English* (1906) e depois o *Concise Oxford English Dictionary* (1911), o dicionário conciso da editora Oxford. Ambos os livros continuam sendo clássicos da literatura de consulta gramatical e lexicográfica. Quando a Primeira Guerra Mundial estourou, os dois se alistaram – Henry tendo de mentir bastante sobre sua idade (tinha 57 anos). O irmão mais jovem acabou morrendo de tuberculose agravada pelas condições precárias na França – onde tiveram, para sua frustração, pouca chance de combater – e Henry ficou sozinho o restante do período de serviço. Dedicou *Modern English Usage* (1926), seu guia de dicção e gramática, a Francis, "que fora responsável, juntamente comigo, pelo planejamento desse livro, mas que não viveu o bastante para escrevê-lo. Penso no que poderia ter sido se pudéssemos abreviar sua prolixidade, avivar sua insipidez, eliminar seus modismos, multiplicar suas verdades. Ele tinha uma inteligência mais ágil, uma melhor noção de proporção e uma mente mais aberta do que seu parceiro doze anos mais velho [...]".

Quando o lançaram, *Modern English Usage* foi bastante exaltado por seu bom senso, seus padrões um tanto antiquados e seu estilo altamente individual. De forma análoga, o jornal *Methodist Recorder* disse que o livro, um tanto cômico, era um excelente manual de "boas maneiras, boa educação, pureza de espírito, retidão de comportamento, respeito próprio e decoro público", elogiando depois seu humor "amplo, fugidio, seco e estranho" e sua precisão.

Modern English Usage é exatamente isso. Peguemos, por exemplo, o pequeno verbete de "incompreensível/ilegível": "O incompreensível não está claro o suficiente para ser decifrado; o ilegível não é interessante o suficiente para ser lido." Ou então a conclusão do breve ensaio "Companheiros desiguais" (nos verbetes mais longos, Fowler costuma dar azo ao seu gosto por títulos enigmáticos):

Dar forma correta às frases quando as escrevemos, evitando, por instinto, a falta de simetria e conferindo todos os detalhes da estrutura, não é o objetivo final de um escritor de sucesso mas, sim, parte dos rudimentos da arte; quem não tiver adquirido esse hábito no começo, por negligência, não terá o direito de reclamar da escolha que terá de enfrentar entre o desleixamento e a revisão.

Em *Modern English Usage,* Gibbon nos apresenta ensaios curtos e inesperados sobre temas como "A posição dos advérbios"; a complexa distinção entre as palavras "*the*" e "*that*"; os tipos e o uso das metáforas e os nomes técnicos das figuras retóricas. O livro também está repleto de questões complicadas e sensíveis como a distinção entre "*childish/childlike*" e "*farther/further*" e a pronúncia correta de certas palavras (nome técnico: ortoépia). Temos até uma ou outra tabela, como a dos diversos tipos de humor (ironia, sarcasmo, humor inventivo etc.), seguidos de sua motivação ou objetivo, função, método, utilização e público indicado.

Tal como o *Roget's Thesaurus,* a expressão "Fowler's Modern English Usage" tornou-se parte da língua inglesa, mesmo depois de o livro ter sido atualizado, americanizado e ampliado por outras pessoas. Ainda assim, sugiro que você procure o original inalterado – fácil de encontrar nos sebos – para saborear o pragmatismo das normas de Fowler em seu estado mais puro. Mas estejam avisados: *Modern English Usage* não é fácil de ler, em parte porque o estilo do autor é sobremaneira sucinto e implacável ao analisar os solecismos em sua busca pela prosa perfeita. Mas, para os que possuem o temperamento adequado, o livro pode ser uma bíblia de cabeceira e um companheiro de trabalho. O próprio Fowler, no entanto, era mais modesto ao avaliar sua obra: "Se sou bom em alguma coisa", escreveu certa vez ao poeta Robert Bridges, "creio que é na interposição adverbial."

Esse comentário já mostra a personalidade idiossincrática e amável do acadêmico. Fowler, recluso por natureza, passou boa parte de sua vida em um chalé na ilha de Guernsey. Todas as manhãs até seus 70 anos, ele saía para um passeio de meia hora, seguido de um mergulho. Dizia: "Cozinho, varro e esfrego para mim mesmo, como um verdadeiro ermitão." Não lia ficção, apenas jornais, e costumava trabalhar até dez horas por dia em seu dicionário. Apesar de ter trabalhado muitas décadas para a Oxford University Press, o proeminente estudioso visitou o escritório da editora apenas duas vezes; quase tudo o que escrevia era enviado por correio. Como levava uma vida bastante simples, Fowler muitas vezes pedia a seu editor que reduzisse a quantia paga por seus serviços. E, mesmo assim, preferia receber quantias redondas, "agradecendo, ingênuo", depois, as pequenas bonificações de Natal. Aos 50 anos, Fowler se apaixonou de repente e casou-se com uma mulher grande, não muito bonita. Viveram extremamente felizes por 22 anos.

Mais velho, Fowler passou a sofrer de hipertensão e glaucoma (chegou a retirar um dos olhos) e, o pior de tudo, teve de assistir ao câncer que levou à dolorosa morte de sua querida esposa. E, no entanto, ele se manteve surpreendentemente animado e trabalhou quase até o fim da vida em um novo dicionário dedicado ao inglês contemporâneo. (Nunca terminou essa obra.) Em muitos aspectos, Henry Fowler parece ter sido um homem sereno e santo, de uma equanimidade quase budista, desejando pouco da vida além da oportunidade de trabalhar duro em sua "gramática e estilo". É justo que ele tenha criado, com *Modern English Usage*, um dos livros de referência mais queridos e respeitados de todos os tempos.

EZRA POUND (1885-1972)
Seleção de poemas; Ensaios literários; The Spirit of Romance [O espírito românico]; *ABC da literatura*; cartas

Ezra Pound definiu a boa literatura como "linguagem carregada de sentido até o último grau possível", e essa palavra "carregada" parece bastante adequada ao autor. Pound motivou artistas de todos os tipos; ele possuía uma energia própria que enchia de força suas cartas e seus ensaios. Imaginem uma mescla de anunciante de circo, superagente de Hollywood e o Poderoso Chefão. "Afinal de contas essa é a grrrrrande época da liitttteratura", ele gritou certa vez. Seguindo suas próprias palavras, Pound publicou James Joyce; protegeu T. S. Eliot; ensinou o velho Yeats a ser mais ousado; e apresentou a Ernest Hemingway as virtudes da concisão.

Em sua juventude e no começo da meia-idade, Pound foi uma espécie de revolução literária de um homem só, escrevendo e traduzindo, organizando volumes, fazendo discursos e estabelecendo o ritmo modernista. Ele iniciou movimentos poéticos (o imagismo); compôs uma ópera razoável (*Le Testament de Villon* [O testamento de Villon]); instruiu Laurence Binyon e W. H. D. Rouse em suas traduções de Dante e Homero e tentou traduzir peças do teatro nô japonês, fragmentos de textos anglo-saxões, poesia lírica chinesa, canções provençais, clássicos latinos e poemas amorosos egípcios. O escultor Gaudier-Brzeska transformou seu busto em um ícone vorticista, Wyndham Lewis pintou seu retrato, James Laughlin fundou a editora New Directions a seu pedido. E o poema mais famoso do século passado, *A terra devastada*, de T. S. Eliot, foi dedicado a ele, "*Il miglior fabbro*", o destro artesão que selecionou e aprimorou suas páginas desconexas para fazer uma obra-prima. (É de admirar que Pound construísse seus próprios móveis?) Anos mais tarde, enquanto Eliot, ganhador do Nobel, ainda se ria discretamente das honrarias superficiais desse mundo caído, o velho Ez foi preso primeiro numa jaula e depois numa cela de cadeia e, por fim, num hospício.

Durante a Segunda Guerra Mundial, Pound não apenas apoiou Mussolini como também fez transmissões via rádio para os Estados Unidos cheias de insultos venenosos. Na década de 1930, o poeta adotou teorias econômicas excêntricas que deflagravam supostas conspirações judaicas internacionais em todas as partes – incitando à guerra, lucrando através da prática da usura, explorando, manipulando, jogando dos dois lados. Pound não só divulgou essas opiniões em cartas e discursos como também as inseriu em sua obra maior, *Os cantos*.

Foi esse antissemitismo vergonhoso que impediu que o vovô Ez – ele gostava de se dar apelidos carinhosos – se firmasse pacificamente na *Norton Anthology of Modern Poetry* [Antologia de poesia moderna de Norton]. Pound levanta uma questão um tanto desconcertante para os estudiosos da literatura. Poderia um belo poema transformar-se em uma apologia a uma doutrina odiosa? Seria *Triumph des Willens* [O triunfo da vontade], de Leni Riefenstahl, uma obra de arte? Os ensaios antissemitas de Paul de Man invalidariam sua carreira acadêmica posterior? Até que ponto deveríamos perdoar os grandes escritores e artistas por aquilo que hoje consideramos racismo, sexismo, preconceito religioso e homofobia? Deveríamos perdoá-los? Todos os leitores têm de enfrentar essa questão angustiante um dia. O negro tem de confrontá-la em *As aventuras de Huckleberry Finn*; o católico fervoroso, nos deboches renascentistas sobre os papistas e a Prostituta da Babilônia.

No caso de Pound, ninguém jamais pôs em cheque sua importância como professor e divulgador das artes. Seus ensaios literários, suas cartas, seu estudo da poesia provençal intitulado *The Spirit of Romance* e o fascinante *ABC da leitura* – tudo isso ainda causa um verdadeiro impacto: os textos são ao mesmo tempo acadêmicos, iconoclastas e divertidos, como podemos notar na constatação de que "A França assumiu a liderança intelectual europeia quando reduziu a hora das aulas nas universidades para cinquenta minutos".

Mas tudo se complica quando examinamos o real legado poético de Pound. Para muitos leitores, antes de *Os cantos*, Pound já era um poeta de mão cheia com um inigualável ouvido para a sonoridade e o ritmo, capaz de pegar uma forma aristocrática como a sextilha e transformá-la no equivalente a um *rap* – "Dane-se! Todo o nosso sul fede a paz", podendo ser delicado como um miniaturista em *Cathay*: "Ó leque de seda branca, claro como a neve nas folhas da grama/ até tu foste posto de lado." Magnífico!, assim como sua excelente paródia de A. E. Housman: "Ó tristeza, tristeza./ Pessoas nascem e morrem./ E nós também não tardaremos a morrer/ Portanto, ajamos como se já não vivêssemos."

O poema mais ambicioso da primeira fase de Pound é *Hugh Selwyn Mauberley*, uma ácida visão da cena literária inglesa com uma abertura famosa: "Por três anos, tentou, ultrapassado,/ ressuscitar a arte falecida/ dos poetas; guardar, muito antiquado,/ 'o sublime'. Errado de partida [...]" Seu texto mais divertido é uma tradução pomposa, quase uma "imitação", chamada *Homage to Sextus Propertius* [Tributo a Sextus Propertius], que apresenta "jovens moças desvirginadas" e conversas licenciosas: "Se ela brincar comigo sem camisa/ Vamos juntos fazer muitas Ilíadas."

Quase todos os poemas mais curtos foram reunidos no livro *Personae* (1926). Depois disso, *Os cantos* sugou tudo como um vórtice. Usando uma espécie de colagem típica dos ideogramas chineses, Pound justapôs autobiografia, leituras aleatórias e delírios políticos em uma tentativa de construir uma *Divina Comédia* contemporânea. Os fãs consideram o resultado uma obra-prima difícil e enlouquecedora que premia uma vida inteira de estudos, o equivalente poético a *Finnegans Wake*, de Joyce. Outros acham que o livro é como um amontoado de espelhos quebrados – o próprio Pound disse que sua obra-prima era uma bagunça. Mesmo assim, quem gosta de poesia deveria ler os primeiros sete ou oito cantos e boa parte dos *Cantos de Pisa* (que fala da prisão do poeta após a guerra; o livro recebeu, numa decisão controversa, o prêmio Bollingen de 1948), além de alguns poemas deslumbrantes tais como a ária "com usura" do canto XLV e o clímax de "abrandai vossa vaidade" do canto LXXXI.

Quer o consideremos um gênio ou um louco (ou um pouco dos dois), é impossível chegarmos a qualquer entendimento verdadeiro do modernismo do século XX – a "Era Pound", na expressão de Hugh Kenner – sem termos lido a obra dessa figura inquietante, elétrica, enciclopédica. "Façam algo novo" foi sua famosa exigência, e todas as artes obedeceram.

ANDRÉ MALRAUX (1901-1976)
A condição humana; A esperança; As vozes do silêncio

Perto do final da vida, André Malraux apareceu na televisão francesa em uma série de diálogos intitulada "*La Légende du Siècle*". Um título grandioso – "A lenda do século" – mas, se não ele, então quem? Por certo, seria necessária uma fantástica mistura – ou "*farfelu*", para usar uma das palavras favoritas do próprio escritor – de Ernest Hemingway e Erwin Panofsky, Indiana Jones, T. E. Lawrence e Henry Kissinger para igualar a diversidade de Malraux, para ombrear com a aura extremamente carismática que circunda seu nome.

Mesmo assim, alguns leitores mais jovens talvez ainda não conheçam sua impressionante carreira. Eis alguns breves destaques:

Explorador de exemplares raros aos 18 anos, rondando montes de livros em Paris à procura das primeiras edições do Marquês de Sade. Aventureiro no sudeste asiático, roubando objetos de arte dos templos da Estrada Real do Camboja. Redator do *L'Indochine*, um jornal dedicado à libertação de um povo que mais tarde ficou conhecido como vietnamita. Romancista de renome, sobretudo após ter vencido o Prêmio Goncourt com *A condição humana*. Comunista convicto durante a década de 1930 (e depois gaullista fervoroso nas décadas de 1950 e 1960). Guerreiro da liberdade e aviador durante a Guerra Civil Espanhola. Cineasta premiado (*L'Espoir* [A esperança]). Comandante da Brigada da Alsácia-Lorena durante a Resistência. Teórico da arte em *As vozes do silêncio* e suas continuações. Autobiógrafo, que nos vários volumes de *Le Miroir des Limbes* tentou se equiparar a Proust. E, por fim, ministro da Cultura francês. André Malraux não aceitava quaisquer limitações – e ainda era muitíssimo popular com as mulheres.

A condição humana (1933), sobre uma insurreição comunista em Xangai, e *A esperança* (1938), sobre pilotos de avião durante a Guerra Civil Espanhola, são livros ambiciosos, politicamente engajados, verdadeiras obras de arte a serviço de causas sociais. É difícil esquecer a abertura de *A condição humana*, quando o assassino Ch'en inclina-se sobre a vítima que está dormindo na cama: "Deveria tentar erguer o mosquiteiro? Ou deveria golpear por cima da rede?" Ou então a triste última frase do romance: "'Agora, quase nunca choro', disse ela com um orgulho amargo." Já em *A esperança*, uma espécie de epopeia em prosa, as terríveis cenas de sítios e de acidentes de avião retratam a Guerra Civil Espanhola tão vividamente quanto *Adeus às armas*, de Hemingway, e *Homenagem à Catalunha*, de George Orwell. Pelo menos para mim. Mas eu o li quando era rapaz, alojado num albergue juvenil em Barcelona na época em que o generalíssimo Francisco Franco ainda estava vivo. Podia olhar pela janela de manhã e ver em um parque vizinho filas e mais filas de jovens cadetes marchando e treinando no nevoeiro úmido. Parecia que estava em 1937.

Depois da Espanha e da Segunda Guerra Mundial, Malraux simplesmente parou de escrever ficção e se dedicou à política e à arte. A obra-prima da segunda metade de sua vida é uma série de livros ilustrados sobre a psicologia da arte, dos quais o mais famoso é o primeiro, *As vozes do silêncio* (1951). A obra consolida uma vida de leitura, observação e memória.

Pegando emprestadas as palavras do poeta Randall Jarrell, o livro é "um Discurso sobre as Artes deste Mundo, um discurso longo, lírico, aforístico, oratório, belissimamente ilustrado, com espaço para moedas celtas, o Vermeers [falso] de Van Meegeren, todos os artistas que já existiram, contos de fadas, religiões, uma história da estética, desenhos de gente louca, *best-sellers*, a influência de Tintoretto nos operadores de câmera: é uma espécie de mercado das pulgas do absoluto (muito elevado), com espaço até para comentários sobre pinturas do mercado das pulgas."

Nesse volume, Malraux aborda a escultura e a pintura de um ponto de vista comparativo no melhor e mais amplo sentido dessa palavra um tanto controversa. Ao longo do livro, ele salienta a importância da transfiguração e da metamorfose: "Os grandes artistas não são meros copistas do esquema das coisas, são seus rivais." O resultado é, à primeira vista, um livro arrebatador, que oferece uma sinopse das formas de arte predominantes, focando-se em entalhaduras africanas e catedrais góticas, retratos renascentistas, peças, romances e a mídia audiovisual, pois nossa cultura global acabou produzindo o que Malraux chama de "museu sem paredes".

As vozes do silêncio continua sendo um livro deslumbrante em todos os sentidos. E, no entanto, em sua indiferença tipicamente francesa, Malraux não escreve notas de rodapé, nem cita as obras de outros críticos, numa abordagem arrogante que lhe permite especular com a liberdade de um amador, mas que é terrível para o estudante e o acadêmico. Além disso, ele utiliza às vezes um estilo presunçoso e pomposo com palavras em letra maiúscula (a Morte, o Irremediável, o Homem, a Arte). Vemos logo que o dom mais importante que lhe falta é o senso de humor. Mas Malraux possuía um enorme talento para fazer observações brilhantes, criar máximas e conceber ideias que – na tradução de Stuart Gilbert – o fazem parecer um precursor parisiense de Marshall McLuhan e Harold Bloom. A televisão é "a intrusão do mundo em nossas casas". Enquanto "o leitor do jornal se informa, quem assiste televisão participa". (Lembrem-se de que isso foi escrito logo nos primórdios da TV.) Eis outros exemplos:

> O gênio que rompe com o passado desvia a rota de toda a variedade de formas anteriores.

> O artista não brota da própria infância, mas de seu conflito com as realizações de seus predecessores; não de seu próprio mundo sem forma, mas de sua luta contras as formas que outros impuseram à vida.

> Ser músico não significa gostar de música, significa sacrificar-se para ouvi-la.

O poder supremo da arte e do amor é que eles nos convidam a exaurir neles o inexaurível.

Próximo do fim da vida, Malraux passou a especular mais e mais sobre o importante conceito da metamorfose. Ele não sabia como um mundo moderno que via mudança em todas as coisas poderia se desenvolver; o positivismo do século XIX sumira, dando lugar ao aleatório, à incerteza e ao acaso. A cultura do audiovisual lhe parecia infantil; não era como o romance, capaz de perfurar a essência do ser humano mostrando seus pensamentos mais íntimos. Malraux também dizia que a humanidade iria criar uma nova civilização baseada na metamorfose, mas não sabia ao certo como seria. Caso tivesse vivido mais alguns anos para ver a ascensão do computador e da internet, o autor teria sabido a resposta.

André Malraux continua sendo uma espécie de cruzado da estética, uma figura inspiradora. Os leitores que se encantarem com *As vozes do silêncio* devem ler também outras grandes sínteses do século passado, tais como o magistral *Mimesis: a representação da realidade na literatura ocidental*, de Erich Auerbach, *Anatomia da crítica*, de Northrop Frye, o urbano *Civilisation* [Civilização], de Kenneth Clark, e os vários estudos mitológicos estruturalistas de Claude Levi-Strauss, a começar pelo autobiográfico *Tristes trópicos*.

PHILIP K. DICK (1925-1982)
O homem do castelo alto; outros romances e contos

Filósofo ficcionista, visionário gnóstico, sonhador californiano viciado em pílulas, "nosso próprio Borges" (Ursula Le Guin), autor de dezenas de romances populares e outros tantos contos, "o escritor de ficção científica mais consistente e brilhante do mundo" (John Brunner), uma lenda em seu próprio tempo e um mito desde então – Philip K. Dick mudou o modo como vemos o futuro, o mundo e a nós mesmos. Ao longo de sua obra, esse xamã literário retorna a todo instante às mesmas questões existenciais: o que define o ser humano? O que é real?

"A falsificação", diz Dick, "é um assunto que me deixa completamente fascinado; estou certo de que tudo pode ser falsificado, assim como também os sinais podem apontar para qualquer coisa. As pistas falsas podem nos fazer acreditar no que quiserem. Não existe um limite teórico para isso. Depois que você abre a porta para a noção de falso, você passa a outro tipo de realidade inteiramente distinta. É uma viagem da qual você nunca vai voltar."

Fora do círculo de fãs da ficção científica e da fantasia, muita gente só foi conhecer Dick por causa de seu livro *Androides sonham com carneiros elétricos?*, que serviu de inspiração para o filme *Blade Runner*. Dick já tinha morrido, mas, de qualquer modo, o filme, uma versão superficial da densidade metafísica do original, levou ao grande público o universo delirante de PKD. O futuro era desanimador, poluído, populoso e sujo. Era vulgar e vazio. Havia tão poucos animais vivos que o sonho de algumas pessoas era possuir um carneirinho de verdade. Quando as máquinas quebraram, ninguém soube consertá-las. A paranoia se alastrou; era a única atitude racional a adotar em um mundo onde nada era certo, onde as drogas, a tecnologia e os métodos de controle mental do governo criavam mentiras tão convincentes que você não teria como ter certeza da realidade de coisa alguma ou de ninguém.

Não é de admirar que metade dos personagens de Dick sejam loucos ou pensem que são loucos. E, no entanto, eles também são pessoas comuns, discretas – em sua obra-prima mais acessível, *O homem do castelo alto* (1962), os personagens principais são: um representante comercial japonês, uma mulher divorciada que ensina judô, um joalheiro inseguro, um antiquário e um escritor de romances fantasiosos de meia-idade. Em *Martian Time-Slip* [Viagem temporal a Marte], o homem mais poderoso de um planeta carente de água torna-se o chefe da guilda dos encanadores. Em outras obras, temos fabricantes de instrumentos musicais e borracheiros. Como disse o autor certa vez: "Gosto de pegar meus ex-patrões e alguns donos de pequenas lojas e transformá-los em governantes supremos de galáxias inteiras."

Nas histórias de Dick, muitas vezes, um homem descobre de repente que tudo aquilo em que acredita é duvidoso. As próprias cidades onde vivemos podem ser aldeias *potemkin*. Toda a informação talvez seja (e provavelmente é) manipulada por alguma elite com um propósito definido. Talvez o vizinho ou a vizinha sejam, de fato, androides que apenas parecem reais. O demoníaco ciborgue Palmer Eldritch, fornecedor internacional do alucinógeno Chew-Z, vende "a alienação, uma realidade turva e o desespero". Para Dick, tudo pode ser imitado; o que é sólido se evapora no ar. Vivemos em um ambiente controlado de espelhos distorcidos e simulacros sorridentes, como em *Matrix*.

Como alguém pode viver com essa incerteza absoluta, cercado de vazio? A resposta de Dick é a mais humana possível: a gentileza, a generosidade e o amor são sinais da verdadeira natureza humana. A teimosia, a persistência e o senso de humor, também. Afinal de contas, apesar de seu clima sombrio e sua vertigem narrativa, os romances de Dick costumam ser bastante engraçados. Em um deles, um táxi falante aconselha o protagonista a não abandonar sua mulher. O universo pode estar ruindo, mas as pessoas ainda temem perder seus empregos ou suas namoradas. Até o cosmo pode ser visto como uma espécie de piada. Como escreveu o autor, certa vez:

> O que temos no universo foi claramente mal construído. Digo, não funciona bem. Todo o universo e suas partes funcionam mal o tempo inteiro. Mas o grande mérito do ser humano é que o ser humano está em estado de isomorfia com o universo irregular. Digo, ele de certa forma também não funciona direito. E quando vê que faz parte de um sistema que não funciona bem, em vez de sucum-

bir à inércia, deitar-se e dizer, bom, não há esperança, sabe? Não há nada para fazer – ele continua tentando. Continua tentando.

A essência da obra "dickiana" está em cinco ou seis livros, entre eles *Martian Time-Slip*, *Os sobreviventes*, *Androides sonham com carneiros elétricos?*, *Os três estigmas de Palmer Eldritch*, *O homem duplo*, *Vazio infinito* e *O mistério de Valis*. A escrita de Dick vicia como uma de suas drogas imaginárias e, quando você começar a ler, não vai mais querer parar. *O homem do castelo alto* (1962) é um bom ponto de partida.

Nessa realidade alternativa, a Alemanha e o Japão ganharam a Segunda Guerra Mundial e repartiram entre si os Estados Unidos. Mas há um livro proibido chamado *O gafanhoto dorme pesadamente* que sugere que o país, de fato, derrotou o Eixo. A certa altura, o distinto senhor Tagomi atravessa misticamente a ponte para nosso mundo e quase enlouquece com o que vê. Seria essa a verdadeira realidade? Com razão, os alemães enviam um assassino para matar o autor dessa obra pérfida. Quem sabe o dano que sua mensagem maliciosa já não poderia ter causado?

O homem do castelo alto aborda quase todos os grandes temas propostos pelo autor, mas segue uma trama razoavelmente simples – o que é espantoso, pois fora escrito com a ajuda divinatória do *I Ching*. Embora seja de certa forma um *thriller* de espionagem e ficção científica, o romance também é bastante encantador. O inglês fragmentado e as muitas formalidades transmitem com clareza uma sutil atmosfera de dominação japonesa. O fato de os protagonistas do livro serem taoistas – o senhor Tagomi e Juliana, a ex-esposa de um joalheiro de baixa categoria – só torna o livro ainda mais fascinante: aqui temos pessoas frágeis tentando levar vidas boas e corretas em um mundo que elas não conseguem entender, quanto mais controlar. E, no entanto, de alguma forma, os personagens de Dick sobrevivem a todos os tipos de loucura. No fim, destruídos ou redimidos, eles voltam para suas vidas normais demasiado humanas.

Philip K. Dick é possivelmente o melhor escritor norte-americano de ficção científica. Apenas Robert Heinlein, Alfred Bester e talvez Ursula Le Guin podem igualá-lo em importância, mas nenhum deles teve tanta influência na cultura popular contemporânea. Kafka imaginou o mundo, certa vez, como um antro frio e incompreensível de burocracia. Seu sucessor, Philip K. Dick, foi ainda além: ele nos jogou diretamente dentro da cabeça de um louco e suspirou: "Eis a realidade, eis sua casa".

POSFÁCIO

Agora que chegamos ao fim de *O prazer de ler os clássicos,* posso até ouvir as reclamações: "Você deixou de fora meu autor predileto!" Perdão, mas, como diria Judy Garland, não é possível cantar todas na mesma noite. Em alguns casos, posso ter mencionado seu autor favorito em outro livro, tal como *Readings: Essays and Literary Entertainments* [Leituras: ensaios e prazeres literários] ou *Bound to Please: Essays on Great Writers and Their Books* [Impossível não agradar: ensaios sobre grandes escritores e seus livros], onde você encontrará ensaios sobre, digamos, *As mil e uma noites, A história de Genji* e a obra de Charles Baudelaire, Algernon Blackwood, E. F. Benson, Isaac Babel, Djuna Barnes, Samuel Beckett, Jorge Luis Borges, Lorde Berners, Elizabeth Bishop e Thomas Bernhard, só para citar alguns "Bs".

Por mais que seja longo, *O prazer de ler os clássicos* poderia ter sido ainda maior. No fim, decidi cortar os ensaios sobre Boécio, *O anel dos Nibelungos*, John Meade Falkner, Lorde Dunsany, Kenneth Grahame e mais oito ou nove nomes para dar espaço a autores que me pareceram ser mais importantes. Todos esses textos foram ao menos escritos. Apesar de minha enorme vontade, ainda não consegui escrever nada sobre *As afinidades eletivas,* de Goethe, as memórias de Casanova, *Vathek,* de William Beckford, *Dom Juan,* de Byron, *The Three Impostors* [Os três impostores], de Arthur Machen, *Fazenda maldita,* de Stella Gibbons, *Lud-in-the-mist* [Ludim da Névoa], de Hope Mirrlee, os *thrillers* de espionagem de Eric Ambler e a ficção científica de Robert Heinlein. Ah, bom, fica para a próxima.

No momento, espero que você tenha gostado de *O prazer de ler os clássicos* e que procure na biblioteca mais próxima ou numa livraria alguns dos títulos que sugeri. Ralph Waldo Emerson disse certa vez que "Há livros [...] que têm o mesmo peso de pais, amantes e experiências emocionantes". Eu certamente acredito nisso.

APÊNDICE
Um índice cronológico dos autores

Meu plano original era começar *O prazer de ler os clássicos* com as grandes obras da Antiguidade e depois me estender até o fim do século XX. Contudo, pensando melhor, decidi que uma abordagem categórica – mesmo que não fosse tão rigorosa – seria mais agradável para o leitor e o inibiria de pular os livros escritos antes da era moderna. Afinal de contas, quero que as pessoas vejam que um escritor antigo pode falar à nossa condição melhor até do que um escritor moderno. O índice cronológico seguinte talvez ajude a transmitir a levada histórica de *O prazer de ler os clássicos*, facilitando também a localização dos ensaios de um ou outro autor.

Lao-Tsé 96
Heráclito 98
Safo 65
Luciano de Samotrácia 5
Cícero 100
Ovídio 299
Petrônio 236
Plutarco 148
Abol-Ghasem Ferdusi 41
Beowulf 38
As sagas islandesas 44
Novelas arturianas 67
Sir Gawain e o Cavaleiro Verde 122

Girolamo Cardano 150
Desidério Erasmo 102
Thomas More 213
Christopher Marlowe 48
John Webster 182
A tradição religiosa inglesa 106
John Aubrey 153
Robert Burton 301
Madame de Lafayette 71
Baruch de Espinosa 111
Daniel Defoe 216
Alexander Pope 156
Jean-Jacques Rousseau 159

Denis Diderot 8
Samuel Johnson 116
Edward Gibbon 305
Xavier de Maistre 219
Os contos de fadas clássicos 125
James Hogg 188
E. T. A. Hoffmann 128
Søren Kierkegaard 73
Mary Shelley 185
Prosper Mérimée 131
Elizabeth Gaskell 239
Thomas Love Peacock 11
Ivan Gontcharov 243
Frederick Douglass 165
Jacob Burckhardt 168
Sheridan Le Fanu 192
George Meredith 76
Júlio Verne 222
H. Rider Haggard 272
José Maria Eça de Queirós 246
J. K. Huysmans 226
Émile Zola 53
Frances Hodgson Burnett 134
H. G. Wells 283
Bram Stoker 196
Rudyard Kipling 279
Henry James 171
Max Beerbohm 15
Arthur Conan Doyle 276
E. Nesbit/John Masefield 136
M. R. James 199

Anton Tchekhov 250
J. G. Frazer 309
William Roughead 204
Ernst Jünger 56
Jaroslav Hašek 18
C. P. Cavafy 81
G. K. Chesterton 286
H. W. Fowler 312
Ezra Pound 315
Jean Toomer 253
Ana Akmátova 88
H. P. Lovecraft 207
Walter de la Mare 141
Agatha Christie 290
Willa Cather 256
Louis-Ferdinand Céline 260
Dashiell Hammett 293
Zora Neale Hurston 264
James Agee 60
Robert Byron 232
Ivy Compton-Burnett 22
Isak Dinesen 228
S. J. Perelman 25
Georgette Heyer 84
André Malraux 319
Daphne du Maurier 91
W. H. Auden 175
Philip K. Dick 322
Eudora Welty 266
Italo Calvino 29
Edward Gorey 33

AGRADECIMENTOS

Quero agradecer a André Bernard por sugerir a ideia para este projeto e a Ann Patty, meu contato na Harcourt, por possibilitar a sua realização. O departamento editorial e as equipes de publicidade e de marketing da Harcourt – em especial, Jennifer Bassett, David Hough, Cathy Riggs, Vaughn Andrews, Van Luu e Susan Gerber – também merecem aplausos. Como sempre, sou grato aos meus agentes Glen Hartley e Lynn Chu e ao seu sócio Farah Peterson. Andy Solberg fez a gentileza de me emprestar novamente seu apartamento em Chesapeake Bay como um ocasional refúgio. Barbara Roden, auxiliada por Christopher Roden, concordou em ler o manuscrito e, mais de uma vez, me salvou de mim mesmo, como se diz no jornalismo. (Quaisquer erros que tenham passado são meus, só meus.) Minha família, meus amigos, principalmente os do Clube do Meio-Soldo e da Liga de Cavalheiros Excepcionais, aguentaram a minha constante ladainha de "eu preciso terminar o livro".

O prazer de ler os clássicos é inédito de minha autoria, mas em certas ocasiões baseei-me nos ensaios e críticas que fiz para o *Washington Post Book World* e para outras publicações, chegando a adaptá-los, por vezes. Embora *O prazer de ler os clássicos* seja uma obra independente, sempre o considerei a coroa de uma série de "livros sobre livros" que venho escrevendo desde o ano 2000: *Readings: Essays and Literary Entertainments* [Leituras: ensaios e prazeres literários]; *An Open Book: Chapters in a Reader's Life* [Livro aberto: capítulos da vida de um leitor]; *Bound to Please: Essays on Great Writers and Their Books* [Impossível não agradar: ensaios sobre grandes escritores e seus livros];

e *Book by Book: Notes on Reading and Life* [Livro por livro: notas sobre a leitura e a vida]. Cada uma dessas obras aborda o tema dos livros e da leitura de maneira diferente, mas em todas elas quis lembrar as pessoas de que os romances, os poemas, as peças e as grandes obras biográficas e históricas só permanecem porque nós os lemos e relemos. Em outras palavras, eles precisam de você. Continue lendo-os.

ÍNDICE REMISSIVO

À beira do abismo (Chandler), 296
À beira do abismo [filme], 64
"À espera dos bárbaros" (Cavafy), 81
A sangue frio (Capote), 207
"A. V. Laider" (Beerbohm), 17
Abadia do pesadelo, A (Peacock), 11
ABC da literatura (Pound), 315
"Abide with me" (Lyte), 111
Abroad: British Literary Traveling Between the Wars (Fussell), 232
Acton, Lorde, 166
Adágios (Erasmo), 102
Adams, John, 100
Adams, Robert M., 214-5
Adeus às armas (Hemingway), 320
Adônis, Átis, Osíris (Frazier), 310
Afinidades eletivas (Goethe), 327
Agee, James
  "Água da vida, A", 126
  Let Us Now Praise Famous Men, 60-4
  Morte na família, 64
Aickman, Robert, 142
Aiken, Joan, 137
Akmátova, Ana, 3, 88
  "Noite", 89
  "O rebanho branco", 89
  Poema sem herói, 91
  Poemas completos de Ana Akmátova, 91
  Réquiem, 90
  "Rosário", 89
Alaunova, Alaunia [personagem], 26
Alcebíades, 148
Alexander, Michael, 40

Alexandre, o Grande [personagem], 6
"Alfaiate valente, O", 125
Alice no País das Maravilhas (Carroll), 11
"All Hallows" (De la Mare), 142
Allen, P. S., 103
Allen, Thomas, 154
Allen, Woody, 29
Almas da gente negra, As (Du Bois), 254
Almas mortas (Gogol), 243
Almonds, Blanche [personagem], 28
Alphonse [personagem], 133
Altick, Richard, 207
Amada (Morrison), 256
Ambler Eric, 327
  A máscara de Dimítrius, 296
  Jornada do pavor, 296
American Scene, The (James), 171-2
Amigos de Eddie Coyle, Os (Higgins), 295
Amis, Kingsley, 287
Amores, Os (Ovídio), 49
"Amour Dure" (Lee), 192
Amphigorey (Gorey), 33, 36
Amphigorey Again (Gorey), 33
Amphigorey Also (Gorey), 33
Amphigorey Too (Gorey), 33
Anatomia da crítica (Frye), 322
Anatomia da melancolia, A (Burton), 301-5, 309
And Even Now (Beerbohm), 16, 18
Andersen, Hans Christian
  "O soldadinho de chumbo", 127
Anderson, Edward
  Thieves Like Us, 295
Anderson, Sherwood, 254
  Winesburg, Ohio, 255, 268

Androides sonham com carneiros elétricos? (Dick), 323
Anel dos Nibelungos, O, 70, 327
Aníbal [personagem], 6
Anselmus [personagem], 130
Antologia de poemas (Auden), 175, 179
Apanhador no campo de centeio, O (Salinger), 230
"Aparição da senhora Veal, A" (Defoe), 216
Apollinaire, Guillaume, 222
Apuleio, 228
  O asno de ouro, 7
Arabia Deserta (Thesiger), 234
Ardil-22 (Heller), 19
Arendt, Hannah, 177
Ariosto, Ludovico, 56
Aristides, 148
Aristófanes, 5
Arnold, Mathew
  "Sohrab e Rustum", 42
Arquíloco, 66
Arrowsmith, William, 237
Arte de amar, A (Ovídio), 301
Às avessas (Huysmans), 226-8
Asno de ouro, O (Apuleio), 7
Assassinato de Roger Ackroyd, O (Christie), 272, 290
Assassinato no Expresso do Oriente (Christie), 290
Athenae Oxonienses (Wood), 153, 155
Aubrey, John, 147
  Brief Lives, 153-6
Auden, W. H., 48, 82
  A mão do artista, 175, 178
  Antologia de poemas, 175, 179
  Forewords and Afterwords, 175, 178
  "Guilty Vicarage, The", 292
  Letters from Iceland, 178, 234
  "Meiosis", 177

"Ode", 177
"On the Circuit", 179
"Our Hunting Fathers", 178
Poems, 179
"September 1, 1939", 178
"Spain", 178
"The Cave of Making", 179
The Dog Beneath the Skin, 178
The Enchafèd Flood, 175-8
"The Platonic Blow", 177
"The Sea and the Mirror", 177
The Sea and the Mirror, 179
"Audun e o urso", 48
Auerbach, Erich
   Mimesis: a representação da realidade na literatura ocidental, 322
Auf den Marmorklippen (Jünger), 56
Austen, Jane, 14, 35, 85, 185, 240
   Orgulho e preconceito, 2, 85
Autobiografia (Franklin), 168
"Autômatos" (Hoffmann), 130
Aventuras de Huckleberry Finn, As (Twain), 317
Aventuras de Sherlock Holmes, As (Conan Doyle), 272, 276
Aventuras do capitão Hatteras (Verne), 222
Aventuras do senhor Polly, As (Wells), 283
Aventuras do valente soldado Švejk, As (Hašek), 3, 18-22
Awdrey-Gore Legacy, The (Gorey), 34-5
Ayesha [personagem], 274

Babel, Isaac, 4, 327
Bacall, Lauren, 64
Bacon, Francis, 154
Bagavadguitá, 96
Bahram Gur [personagem], 43-4
Bailey, D. R. Shackleton, 101
Baker, Nicholson, 221
"Balada do velho marinheiro" (Coleridge), 185
Baldick, Robert, 226
Balzac, Honoré de, 130, 253, 258
   A comédia humana, 173, 185
   A prima Bette, 249

Barnard, Mary, 66
Barnes, Djuna, 327
Barnstone, Aliki, 81-2
Barnstone, Willis, 66, 81
Barões nas árvores, Os (Calvino), 30
Barrabás [personagem], 48, 51
Barrie, J. M., 272
Barry, Dave, 29
"Batalha de Maldon, A", 40
Baudelaire, Charles, 131, 213, 228, 327
Beardsley, Aubrey, 15
Beaton, Cecil, 230
Beckett, Samuel, 221, 327
   Malone morre, 261
Beckford, William
   Vathek, 327
Beerbohm, Florence, 18
Beerbohm, Max
   A Christmas Garland, 15-7
   And Even Now, 16, 18
   "A.V. Laider", 17
   "Enoch Soames", 17
   "Going Out for a Walk", 16
   Seven Men, 15, 17-8
   "The Mote in the Middle Distance", 16
   Zuleika Dobson, 15, 17
Beethoven, Ludwig von, 61, 131
"Bela adormecida, A", 125
"Bela e a Fera, A" (Perrault), 125, 127
Bellini, Vicenzo, 180
Belloc, Hillaire, 286
Benchley, Robert, 29
Bennet, Elizabeth [personagem], 13, 87, 145
Bennett, Arnold, 141
Benson, E. F., 35, 241, 327
Bentley, Richard, 159
Beowulf, 38-41, 124
Berendt, John
   Meia-noite no jardim do bem e do mal, 207
Berenice (Racine), 71
Berkeley, Anthony, 289
Berlin, Isaiah, 91
Berners, Lorde, 327
Bernhard, Thomas, 327
Besta humana, A (Zola), 53
Bester, Alfred, 326
   "Dedicadamente Fahrenheit", 188
Bíblia, 38, 96, 106-7, 114-5

Binyon, Laurence, 97, 316
Bishop, Elizabeth, 327
"Bispo, O" (Tchekhov), 253
Bizet, Georges
   Carmen, 132
Blackwood, Algernon, 327
Blade Runner, o caçador de androides [filme], 323
Blake, William, 219, 286
   "Jerusalém", 111
Bleiler, E. F., 130
Blixen, Karen, 230
Blok, Alexander, 88
Bloom, Harold, 321
Blue Aspic (Gorey), 34
Boécio, 327
   Consolo da filosofia, 237
Bogart, Humphrey, 64
Bolitho, William
   Murder for Profit, 206
Bom soldado, O (Ford), 65
Borden, Lizzie, 206
Borges, Jorge Luis, 30, 57, 322, 327
Bossuet, Jacques-Bénigne, 100
Boswell, James
   Life of Johnson, 116, 119
Bowles, Paul e Jane, 177
Box of Delights, The (Masefield), 136, 138-41
Brecht, Bertolt, 57
Bride of the Innisfallen, The (Welty), 268
Bridges, Robert, 314
Brief Lives (Aubrey), 153-6
Britten, Benjamin, 177
Brodkey, Harold, 252
Brodsky, Joseph, 176
Broken Spoke, The (Gorey), 35
Brontë, Charlotte, 240, 287
   Jane Eyre, 92, 195
Brontë, Emily, 287
   O morro dos ventos uivantes, 69, 92, 145
Brooke, Rupert, 183
Brothers and Sisters, (Compton-Burnett), 22-5
Brown, Andrew, 219
Browne, Thomas, 100
Browning, Robert, 176, 286
Brueghel, Pieter, 180
Brunner, John, 322
"Bruxas espanholas, As" (Mérimée), 132
Bryce, Derek, 97

Buda, 100
Bullivant and the Lambs (Compton-Burnett), 22
Bunyan, John
　O peregrino, 106, 108-11
Burke, Edmund, 161
Burkhardt, Jacob
　Die Kultur der Renaissance in Italien, 151, 168-71
Burnett, Frances Hodgson
　A pequena princesa, 136
　O jardim secreto, 2, 134-6
　O pequeno lorde, 134, 136
　Sara Crewe, 136
Burroughs, William, 260
Burton, Robert
　A anatomia da melancolia, 301-5, 309
Byron, Lorde George Gordon, 12
　Dom Juan, 327
　"Manfredo", 185
Byron, Robert
　The Byzantine Achievement, 234
　The Road to Oxiana, 232-4
　The Station, 234
Byzantine Achievement, The (Byron), 234

Cabell, James Branch, 141
Caçadores de tesouro, Os (Nesbit), 138
Cain, James M., 127
　The Postman Always Rings Twice, 295
Cain, Paul
　Fast One, 295
Cairo, Joel [personagem], 294-5
Calipso [personagem], 8
Calvino, Italo
　A trilha dos ninhos de aranha, 30
　As cidades invisíveis, 29, 32
　As cosmicômicas, 30
　O castelo dos destinos cruzados, 29-30
　Os barões nas árvores, 30
　Se um viajante numa noite de inverno, 29-32
Camelot (peça), 71
Campbell, Joseph, 312
Campbell, Roy, 249
Cane (Toomer), 3, 237, 253-6

"Canon Alberic's Scrapbook" (James), 200
Cantos, Os (Pound), 317
Cantos de Pisa, Os (Pound), 318
Cão dos Baskerville, O (Conan Doyle), 277
"Capitão da Estrela do Norte, O" (Conan Doyle), 276, 279
Capote, Truman
　A sangue frio, 207
Caravaggio, 180
"Carbúnculo azul, O" (Conan Doyle), 277
Cardano, Girolamo
　De Vita Propria Liber, 151
　O livro da minha vida, 151
　Os segredos da eternidade, 152
　Sobre a sutileza das coisas, 152
Cáriton
　Quéreas e Calirroé, 8
Carmen (Bizet), 132
"Cármen" (Mérimée), 132, 173
"Carmilla" (Le Fanu), 192
Caronte [personagem], 6
Carr, John Dickson, 293
Carroll, Lewis, 34, 157
　Alice no País das Maravilhas, 11
Carson, Anne, 66
Carter, Angela, 128
　"A companhia dos lobos", 128
　Noites no circo, 142
Casa soturna, A (Dickens), 11
Caso de Charles Dexter Ward, O (Lovecraft), 207
Caso dos dez negrinhos, O (Christie), 292
Castelo dos destinos cruzados, O (Calvino), 29-30
Castiglione, Baldassare
　O cortesão, 169, 304
"Casting the Runes" (James), 202
Catão, 148
Catarina, a Grande, 9
Cathay (Pound), 317
Cather, Willa
　A morte vem buscar o arcebispo, 257
　Minha Antonia, 256
　My Mortal Enemy, 257

The Professor's House, 256
The Song of the Lark, 257
Uma mulher perdida, 256, 259
Cavafy, C. P., 2
　"À espera dos bárbaros", 81
　Coletânia de poemas, 81-4
　"Deus abandona Marco Antônio", 81
　"Ítaca", 82
　"Melancolia de Jasão, filho de Cleandro, poeta em Comagena, 595 d.C.", 83
　"Um nobre bizantino compondo versos no exílio", 83
Cavaleiro do leão, O (Chrétien de Troyes), 67-8
"Cave of Making, The" (Auden), 179
"Cedro, O", 127
Céline, Louis-Ferdinand
　Morte a crédito, 260-3
　Viagem ao fundo da noite, 260-3
Cervantes, Miguel de, 19, 235
　Dom Quixote, 19, 179
Chá verde (Le Fanu), 192
Chainmail, senhor [personagem], 12
Challenger, professor George Edward [personagem], 278
"Chamado de Cthulhu, O" (Lovecraft), 210
Chandler, Raymond
　À beira do abismo, 296
　O longo adeus, 296
"Chapeuzinho vermelho", 126
Chaplin, Charlie, 63
Chatwin, Bruce
　Na Patagônia, 234
Chaucer, Geoffrey, 19, 124, 253, 286, 301
　Os contos da Cantuária, 282
Chaudhuri, Nirad C., 281
Chesnutt, Charles W.
　The Conjure-Woman, 254
Chesterton, G. K.
　"A cruz azul", 289
　"As extraordinárias aventuras do major Brown", 288
　O clube dos negócios estranhos, 289
　"O homem invisível", 289

O homem que foi quinta-feira, 3, 286-9
Ortodoxia, 286
São Tomás de Aquino: o touro imbecil, 289
"The Hammer of God", 289
"The Oracle of the Dog", 289
"The Sins of Prince Saradine", 289
Choderlos de Laclos, Pierre
As ligações perigosas, 74
Chrétien de Troyes
O cavaleiro do leão, 67-8
Yvain, 67-8, 70
Christie, Agatha, 3, 35, 202, 289
A maldição do espelho, 291
A mão misteriosa, 291
A testemunha ocular do crime, 291
Assassinato no Expresso do Oriente, 290
O assassinato de Roger Ackroyd, 272, 290
O caso dos dez negrinhos, 292
O estranho caso da velha curiosa, 291
Os crimes ABC, 290
Christmas Garland, A (Beerbohm), 15-7
Cícero, 148
De officiis, 101
Discussões em Túsculo, 100-1
Dos deveres, 100-1
O sonho de Cipião, 100-1
Tusculanae disputationes, 101
Cidades invisíveis, As (Calvino), 29, 32
Cinco crianças e um segredo (Nesbit), 136-8
"Cinderela", 125
Cipião Africano, 101
"Circe" (Welty), 268
Civil Contract, A (Heyer), 84, 88
Civilisation (Clark), 322
Clarinda, Lady [personagem], 13
Clark, Kenneth
Civilisation, 322
Classic Crimes (Roughead), 206
"Cloudland Revisited" (Perelman), 28

Clube dos negócios estranhos, O (Chesterton), 289
Clute, John, 142
"Coisa no umbral, A" (Lovecraft), 209
Coleridge, Samuel Taylor, 12
"Balada do velho marinheiro", 185
Colet, John, 104
Coletânea de contos fantasmagóricos (James), 199
Coletânea de poemas (Cavafy), 81-4
Colette, 4
Collier, John
His Monkey Wife, 143
Collins, Wilkie, 24, 272
A mulher de branco, 196-7
"Colomba" (Mérimée), 132, 173
Colóquios (Erasmo), 102
Comédia humana, A (Balzac), 173, 185
Como gostais (Shakespeare), 106
"Companhia dos lobos, A" (Carter), 128
Compton-Burnett, Ivy, 3, 35
A Father and His Fate, 23
A House and Its Head, 23
Brothers and Sisters, 22-5
Bullivant and the Lambs, 22
Darkness and Day, 23-4
Daughters and Sons, 23
Manservant and Maidservant, 22-5
Parents and Children, 23
Pastors and Masters, 24
The Present and the Past, 25
Conan Doyle, Sir Arthur, 205
As aventuras de Sherlock Holmes, 272, 276
"Estrela de prata", 278
O cão dos Baskerville, 277
"O capitão da Estrela do Norte", 276, 279
"O carbúnculo azul", 277
"O lote nº 249", 279
O mundo perdido, 276, 278
"The Horror of the Heights", 279
Concerning the Eccentricities of Cardinal Pirelli (Firbank), 143

Concise Oxford English Dictionary (Fowler), 313
Conde de Monte Cristo, O (Dumas), 225
Condição humana, A (Malraux), 319-20
Condillac, Étienne Bonnot de, 163
Confissões (Rousseau), 160, 162
Confúcio, 100
Congreve, William, 158
Way of the World, 93
Conjure-Woman, The (Chesnutt), 254
Connolly, Cyril, 176, 236
Conrad, Joseph, 172, 204, 210, 230
Coração das trevas, 181
Consolo da filosofia (Boécio), 237
Continental Op. [personagem], 294
Contos da Cantuária, Os (Chaucer), 282
Contos de Belkin (Pushkin), 243
Contos de Hoffmann, Os (Offenbach), 128
Contrato social, O (Rousseau), 160, 163
"Cor que caiu do céu, A" (Lovecraft), 209
Coração das trevas (Conrad), 181
Corcunda de Notre-Dame, O (Hugo), 188
Cordélia [personagem], 75-6
Cortesão, O (Castiglione), 169, 304
Cosmicômicas, As (Calvino), 30
Cotillion (Heyer), 84
"Count Magnus" (James), 202
Country of the Pointed Firs, The (Jewett), 257
Coward, Noel, 136
Crane, Hart, 254
Crane, Stephen, 172
"O monstro", 188
Cranford (Gaskell), 239-43
Cranmer, Thomas, 109
"Crewe" (De la Mare), 142
Crime do padre Amaro, O (Eça de Queirós), 246-9
Crime e castigo (Dostoievski), 243
Crimes ABC, Os (Christie), 290

Crome Yellow (Huxley), 11, 143
Crotchet Castle (Peacock), 11-4
Crotchet, senhor [personagem], 12
Crowley, John
  Little, Big, 121
Crusoé, Robinson [personagem], 216
"Cruz azul, A" (Chesterton), 289
"Crystal Egg, The" (Wells), 283
Curchod, Suzanne, 308
Curious Sofa, The (Gorey), 35
Curtain of Green, A (Welty), 267-8

D'Alembert, Jean Le Rond, 163
D'Aulnoy, Madame
  "*Le Nain Jaune*", 127
D'Aurevilley, Barbey, 228
Dafne e Cloé (Longo), 8
Dahl, Roald, 137
Dalven, Rae, 82
"Dama do cachorrinho, A" (Tchekhov), 252-3
Dante Alighieri, 69, 183, 316
  A divina comédia, 2, 179
  Vida nova, 237
Darcy, senhor [personagem], 87
Darkness and Day (Compton-Burnett), 23
Daudet, Alphonse, 173
Daughters and Sons (Compton-Burnett), 23
Davenant, Sir William, 154
Davenport, Guy, 66, 267
Davies, Robertson, 129
Davis, Dick, 41
Davis, Norman, 125
"Dayspring Mishandled" (Kipling), 281
De la Mare, Walter
  "All Hallows", 142
  "Crewe", 142
  Memoirs of a Midget, 141-5
  Peacock Pie, 141
  "Seaton's Aunt", 142
  "The Listeners", 141
  The Return, 142
  "The Riddle", 142
De Maistre, Xavier
  Expedição noturna à roda do meu quarto, 219, 221

Viagem ao redor do meu quarto, 219-22
De Man, Paul, 317
De officiis (Cícero), 101
De Quincey, Thomas
  Do assassinato como uma das belas-artes, 205
De Rais, Gilles, 228
De Vita Propria Liber (Cardano), 151
De Winter, Maxim [personagem], 92-4
De Winter, Rebecca [personagem], 92-4
"Dead Sexton, The" (Le Fanu), 194
Declínio e queda do Império Romano (Gibbon), 305-8
"Dedicadamente Fahrenheit" (Bester), 188
Dee, John, 152
Defoe, Daniel
  "A aparição da senhora Veal", 216
  A Tour Through the Whole Island of Great Britain, 216-9
  Moll Flanders, 216
  Um diário do ano da peste, 216
Demóstenes, 148
Denham, Sir John, 155
Der Rosenkavalier [ópera], 180
Deranged Cousins, The (Gorey), 34
Derrocada, A (Zola), 54
Des Esseintes [personagem], 226-8
Des Pereires, Roger-Martin Courtial [personagem], 262
Descartes, Réne, 112, 154, 220
"Deus abandona Marco Antônio" (Cavafy), 81
Deusa Branca, A (Graves), 312
Devaneios do caminhante solitário, Os (Rousseau), 164
Devin du Village, Le (Rousseau), 163
Diálogo das cortesãs (Luciano), 6
Diálogo dos deuses (Luciano), 6
Diálogo dos mortos (Luciano), 5-6
Diário de um sedutor (Kierkegaard), 73-6

Diário do ano da peste, Um (Defoe), 216
Dick, Philip K., 3, 130
  Androides sonham com carneiros elétricos?, 323
  Martian Time-Slip, 323-4
  O homem do castelo alto, 322-6
  O homem duplo, 325
  O mistério de Valis, 325
  Os sobreviventes, 325
  Os três estigmas de Palmer Eldritch, 325
  Vazio infinito, 325
Dickens, Charles, 3, 127, 204, 210, 240, 253, 258, 286-7
  A casa soturna, 188
  As grandes esperanças, 188
Dickon [personagem], 135-6
Dictionary of Modern English Usage, A (Fowler), 312-5
Diderot, Denis, 163
  A religiosa, 9
  Enciclopédia, 8
  "Isto não é uma história", 10
  Jacques, o fatalista, 10-1
  Joias indiscretas, 8
  O sobrinho de Rameau, 9-10, 106, 221
  Suplemento à viagem de Bougainville, 9
Dido e Eneias (Purcell), 50
Dido, rainha de Cartago (Marlowe), 50
Die Kultur der Renaissance in Italien (Burkhardt), 151, 168-71
Dihle, Albrecht, 99
"Dilúvio de Nordeney, O" (Dinesen), 230
Dinesen, Isak
  A fazenda africana, 228, 231
  "A festa de Babette", 229
  "As estradas que contornam Pisa", 229
  "O dilúvio de Nordeney", 230
  "O macaco", 229
  Sete contos góticos, 228
Diógenes, 5
Discurso sobre as ciências e as artes (Rousseau), 163
Discursos (Rousseau), 160
Discussões em Túsculo (Cícero), 100

Divina Comédia, A (Dante), 2, 179
"Djumane" (Mérimée), 132
Do assassinato como uma das belas-artes (De Quincey), 205
Dobson, Zuleika [personagem], 17
Dog Beneath the Skin, The (Auden), 178
Dom Giovanni [ópera], 180
Dom Juan (Byron), 327
Dom Juan [personagem], 73-4
Dom Quixote (Cervantes), 19, 179
Donizetti, Gaetano, 180
Donne, John, 65
"Doonesbury", 36
Dos deveres (Cícero), 100-1
Dostoievski, Fiódor, 191
  Crime e Castigo, 243
  Memórias do subsolo, 9, 221
  "O duplo", 128
Douglass, Frederick, 1, 147
  Narrative of the Life of Frederick Douglass, 165-8, 254
Doutor Ox, O (Verne), 224
Drácula (Stoker), 1, 181, 196-9
Drácula [personagem], 75, 196-9
Dreiser, Theodore, 244
Du Bois, W. E. B.
  As almas da gente negra, 254
Du Maurier, Daphne
  Os pássaros, 94
  Rebecca, 92-4
Dumas, Alexandre
  O conde de Monte Cristo, 225
Dunciad, The (Pope), 159
Dunsany, Lorde, 327
"Duplo, O" (Dostoievski), 128
"Duplo engano, O" (Mérimée), 132
Duquesa de Malfi, A (Webster), 182-5
Durer, Albrecht, 103
Durrell, Lawrence, 230
  Justine, 82

Eager, Edward, 137
Earbrass, senhor [personagem], 36

Earnshaw, Catherine [personagem], 69
Eça de Queirós, José Maria, 3
  A ilustre casa de Ramires, 249
  A relíquia, 249
  O crime do padre Amaro, 246-9
  O primo Basílio, 246, 249
  O sofá amarelo, 249
  Os Maias, 246, 249
Édipo [personagem], 23
Eduardo II (Marlowe), 51
Educação de um príncipe cristão, A (Erasmo), 102
Edwards, Jonathan
  "Pecadores nas mãos de um deus irado", 110
Egil Skallagrimson, 45
Egoísta, O (Meredith), 76
Ela (Haggard), 3, 272-4
Eldritch, Palmer [personagem], 325
"Elegy for an Unfortunate Lady" (Pope), 157-8
Elementos, Os (Euclides), 112
Eliot, George, 173
  A vida era assim em Middlemarch, 11
  Scenes of Clerical Life, 235
Eliot, T. S., 99, 136, 141, 159, 280
  A terra devastada, 183, 233, 239, 311, 316
  "Portrait of a Lady", 51
Elixir do diabo, O (Hoffmann), 129
Ellison, Ralph
  O homem invisível, 54, 256
Elogio à loucura (Erasmo), 7, 102, 105-6
"Eloisa to Abelard" (Pope), 158
"Elves, The" (Tieck), 129
"Em terra de cego" (Wells), 283
Emerson, Ralph Waldo, 328
Emílio, ou Da educação (Rousseau), 162, 164
Enchafed Flood, The (Auden), 175, 179
Enciclopédia (Diderot), 8
Encólpio [personagem], 236, 239
"Enfermaria n. 6" (Tchekhov), 252-3
"Enoch Soames" (Beerbohm), 17

"Ensaio sobre a crítica" (Pope), 156
Ensaios (Luciano), 5
Ensaios literários (Pound), 315
Eothen (Kinglake), 234
Epiplectic Bicycle, The (Gorey), 33
"Epistle to Dr. Arbuthnot" (Pope), 159
Erasmo, Desidério, 100
  Adágios, 102
  A educação de um príncipe cristão, 102
  Colóquios, 102
  Elogio à loucura, 7, 102, 105-6
  Moriae encomium, 105
Erik, o Ruivo, 45
Ernst, Max
  The Hundred Headless Woman, 36
Escalígero, Júlio Cesar, 152
Escolhido, O [filme], 312
Espada na pedra, A (White), 141, 151
Espantosa aventura da missão Barsac, A (Verne), 224
Esperança, A (Malraux), 54, 319-20
Espinosa, Baruch de, 3
  Ética, 111-6
  Tratado da reforma da inteligência, 112
  Tratado teológico-político, 111, 115-6
Ésquilo, 183
Estágios do caminho da vida (Kierkegaard), 73
"Estradas que contornam Pisa, As" (Dinesen), 229
"Estranho, O" (Freud), 128-9
Estranho caso da velha curiosa, O (Christie), 291
"Estrela de prata" (Conan Doyle), 278
Eterno Adão, O (Verne), 224
Ética (Espinosa), 111-6
Euclides
  Elementos, Os, 112
Eusébio, 305
Evangelho de Lucas, 107
Evangelhos apócrifos (Novo Testamento), 199
Evans, Walker, 60-1, 63
Evil that Men Do, The (Roughead), 206

ÍNDICE REMISSIVO 339

Expedição noturna à roda do meu quarto (De Maistre), 219, 221
"Extraordinárias aventuras do major Brown, As" (Chesterton), 288

Fadiman, Clifton
  The Lifetime Reading Plan, 2
Falcão maltês, O (Hammett), 272, 293-7
Falkner, John Meade, 327
  The Nebuly Coat, 196
Família Bórgia, 169
Família Golovlyov, A (Saltykov-Schedrin), 243
Família Rivenhall [personagens], 85-7
"Far Side", 36
Farnam, Dorothy, 177
Fast One (Cain), 295
Father and His Fate, A (Compton-Burnett), 23
Faulkner, William, 62, 254, 267
Fausto, Doutor [personagem], 48, 151
Fazenda africana, A (Dinesen), 228, 231
Fazenda maldita (Gibbons), 327
Feinstein, Elaine, 91
Feira das vaidades, A (Thackeray), 11
"*Fera na selva, A*" (James), 172
Ferdinand [personagem], 261-2
Ferdusi, Abol-Ghasem
  Shahnameh: o livro persa dos reis, 41-4
"Festa de Babette, A" (Dinesen), 229
ffrench-Mamoulian, Diana [personagem], 27
Fields, W. C., 262
Filha do otimista, A (Welty), 267
Filho nativo (Wright), 256
Finnegans Wake (Joyce), 196, 318
Firbank, Ronald, 35, 180
  Concerning the Eccentricities of Cardinal Pirelli, 143
  The Flower Beneath the Foot, 143
Fitzchrome, capitão [personagem], 12
Fitzgerald, F. Scott
  O grande Gatsby, 256

Flaubert, Gustave, 173, 228, 257
  Madame Bovary, 65, 249
Flower Beneath the Foot, The (Firbank), 143
Fogg, Phileas [personagem], 225
Folliot, Rev.do doutor [personagem], 12, 14
Fora do povoado de Malbork (livro fictício), 31
Ford, Ford Madox, 4, 256
  O bom soldado, 65
Forester, C. S., 225
Forewords and Afterwords (Auden), 175, 178
Forster, E. M., 81, 292
Fowler, Francis G., 7, 312
Fowler, Henry W., 7
  A Dictionary of Modern English Usage, 312-5
  Concise Oxford English Dicionary, 313
  The King's English, 313
Frankenstein (Shelley), 185-8, 283
Frankenstein, Victor [personagem], 186-8
Franklin, Benjamin
  Autobiografia, 168
Fraser, George MacDonald, 225
Frastley, Millicent [personagem], 34
Frazier, J. G.
  Adônis, Átis, Osíris, 310
  O ramo de ouro, 68, 309-12
Freud, Sigmund, 179, 181
  A interpretação dos sonhos, 272
"O estranho", 128-9
Friday's Child (Heyer), 84
Frye, Northrop, 312
  Anatomia da crítica, 322
Fugger, Anton, 152
Funny Thing Happened on the Way to the Forum, A, 5
Fussel, Paul
  Abroad: British Traveling Between the Wars, 232

Gaivota, A (Tchekhov), 253
Ganghofer, Ludwig
  Os pecados dos pais, 22
Ganimedes [personagem], 6
Garnett, Constance, 251

Garnett, David
  Lady into Fox, 143
Garrison, William Lloyd, 165
Gashlycrumb Tinies, The (Gorey), 35
Gaskell, Elizabeth
  Cranford, 239-43
  Mary Barton, 240
  North and South, 240
"Gato de botas, O" (Perrault), 127
Gaudier-Brzeska, Henri, 316
Gaudy Night (Sayers), 291
Gawain, Sir [personagem], 68, 70, 122-5
Germinal (Zola), 53-6
Gervaise [personagem], 53
Gibbon, Edward, 4, 100
  Declínio e queda do Império Romano, 305-8
  Memoirs of My Life and Writings, 305, 308
Gibbons, Stella
  Fazenda maldita, 327
Gide, André, 53, 57
Gielgud, John, 230
Gilbert, Stuart, 321
Gilgamesh, 89
Gillhoff, Gerd, 74
Gilson, Etienne, 289
Ginsberg, Allen, 179
Gladstone, William, 134
Glasgow, Ellen, 141
Glyn, Elinor,
  Three Weeks, 28
Godwin, William, 187
Goethe, Johann Wolfgang von, 10, 180
  Afinidades eletivas, 327
Gogol, Nikolai
  Almas mortas, 243
  "O nariz", 128
"Going Out for a Walk" (Beerbohm), 16
Golden Apples, The (Welty), 268
Golding, Arthur, 301
Gontcharov, Ivan, 4
  Oblomov, 243-6
Gordon, E. V., 125
Gorey, Edward
  Amphigorey, 33, 36
  Amphigorey Again, 33
  Amphigorey Also, 33
  Amphigorey Too, 33
  Neglected Murderesses, 34

The Awdrey-Gore Legacy, 34-5
The Blue Aspic, 34
The Broken Spoke, 35
The Curious Sofa, 35
The Deranged Cousins, 34
The Epiplectic Bicycle, 33
The Gashlycrumb Tinies, 35
The Green Beads, 35
The Hapless Child, 34
The Insect God, 34
The Loathesome Couple, 34
The Unstrung Harp, 35
The Untitled Book, 35
Goshtasp [personagem], 43
Gosse, Edmund, 172
Gottfried von Strassburg
   Tristão, 67, 69
Grafton, Anthony, 152
Grahame, Kenneth, 327
Grande Gatsby, O (Fitzgerald), 256
Grande Sofia, A (Heyer), 84-8
Grandes esperanças, As (Dickens), 188
Grant, Michael, 101-2
Graves, Robert
   A deusa branca, 312
Green Beads, The (Gorey), 35
Gregório, o Grande
   Moralia, 301
Gregório de Tours
   História dos francos, 38
Grendel [personagem], 38-9
Grimm, Jacob, 126-7
   Mitos germânicos, 309
Grimm, Wilhem, 126-7
"Groselheiras" (Tchekhov), 252
Gryll Grange (Peacock), 11
Gudger, Louise [personagem], 61
Gudrun [personagem], 45
Guerra dos mundos, A (Wells), 283, 285
Guerra e paz (Tolstoi), 243
"Guilty Vicarage, The" (Auden), 292
Guinness, Alec, 34
Gumilióv, Nikolai, 89
Gunnar [personagem], 46
Gurdjieff, G. I., 254
"Gusev" (Tchekhov), 253
Gutman, Caspar [personagem], 294, 296

Haggard, H. Rider
   As minas do Rei Salomão, 272, 275
   Ela, 3, 272-4
Hallgerd [personagem], 46
Hamill, Sam, 97
"Hammer of God, The" (Chesterton), 289
Hammett, Dashiell
   O falcão maltês, 272, 293-7
   Safra vermelha, 294
   "The Whosis Kid", 294
Hapless Child, The (Gorey), 34
Harker, Jonathan [personagem], 197
Harker, Kay [personagem], 139-40
Harrington, James, 154
Harvey, Gabriel, 49
Harvey, William, 154
Hašek, Jaroslav
   As aventuras do valente soldado Švejk, 3, 18-22
Hawthorne, Nathaniel, 173-4
   "Rappaccini's Daughter", 128
Heaney, Seamus, 40, 179
Heine, Heinrich, 111
Heinlein, Robert, 326-7
Heliodoro
   Uma história etíope, 8
Heller, Joseph
   Ardil-22, 19
Helmsttetter, Georg, 151
Hemingway, Ernest, 44, 230, 254, 256, 295, 316, 319
   Adeus às armas, 320
   In Our Time, 256
Hemschemeyer, Judith, 91
Heráclito, 3, 98-100
Herbert, Mary (Condessa de Pembroke), 154
Hero e Leandro (Marlowe), 49-50
Herói do nosso tempo, Um (Lermontov), 243
Heyer, Georgette, 93
   A Civil Contract, 84, 88
   A grande Sofia, 84-8
   Cotillion, 84
   Friday's Child, 84
   Venetia, 84, 87
Heywood, Thomas, 182
Higgins, George V.
   Os amigos de Eddie Coyle, 295
Hillman, James, 99

His Monkey Wife (Collier), 143
"História aborrecida, Uma" (Tchekhov), 251, 253
História de Genji, A (Murasaki), 35, 327
História de O (Réage), 75
História de Rasselas, príncipe da Abissínia, A (Johnson), 116, 118
História do amuleto, A (Nesbit), 138
História dos francos (Gregório de Tours), 38
História etíope, Uma (Heliodoro), 8
História mais bela do mundo, A (Kipling), 281
História Natural (Plínio), 309
História trágica do doutor Fausto, A (Marlowe), 49-51
História verdadeira, Uma (Luciano), 5-8, 236
Hitchcock, Alfred, 293
Hitler, Adolph
   Mein Kampf, 56
Hobbes, Thomas, 112, 115, 153, 260
Hobbit, O (Tolkien), 141
Hoffmann, E. T. A., 3, 229
   "As minas de Falun", 131
   "Autômatos", 130
   "Mademoiselle de Scudery", 128
   O elixir do diabo, 129
   "O homem da areia", 128-31
   "O pote de ouro", 128, 130
   Undine, 131
Hofmann, Michael, 57
Hogg, James, 181
   Memórias e confissões íntimas de um pecador justificado, 188-92
Holbein, Hans, 103
Holly, Horace [personagem], 273-4
Holmes, Sherlock [personagem], 2, 25, 199, 216, 276-9, 289, 290-1
Homage to Sextus Propertius (Pound), 318
"Homem da areia, O" (Hoffmann), 128-31
Homem do castelo alto, O (Dick), 322-6

ÍNDICE REMISSIVO

Homem duplo, O (Dick), 325
"Homem invisível, O" (Chesterton), 289
Homem invisível, O (Ellison), 54, 256
Homem invisível, O (Wells), 283
Homem que foi quinta-feira, O (Chesterton), 3, 286-9
"Homem que queria ser rei, O" (Kipling), 281
Homenagem à Catalunha (Orwell), 320
Homero, 316
   A Ilíada, 8, 41, 57, 159
   A Odisseia, 2, 236
Hopkins, Gerard Manley
   "That Nature is a Heraclitean Fire and the Comfort of the Resurrection", 99
Horace [personagem], 24
Horácio, 102, 157, 300
   Odes, 44
"Horla" (Maupassant), 132
"Horror de Dunwich, O" (Lovecraft), 208
"Horror of the Heights, The" (Conan Doyle), 279
"Horror sobrenatural na literatura, O" (Lovecraft), 210
House and Its Head, A (Compton-Burnett), 23
House by the Churchyard, The (Le Fanu), 196
Household Words (revista), 240
Housman, A. E., 157, 318
"How the Camel Got His Hump" (Kipling), 279
Howells, William Dean, 175
Hugh Selwyn Mauberley (Pound), 318
Hughes, Langston, 254
Hugo, Victor, 54
   O corcunda de Notre-Dame, 188
Hume, David, 100, 110, 162, 164
Humphries, Rolfe, 301
Hundred Headless Woman, The (Ernst), 36
Hurston, Zora Neale
   Mules and Men, 264
   Seus olhos viam Deus, 256, 264-6
Huxley, Aldous

Crome Yellow, 11, 143
Ronda grotesca, 11
"Sir Hercules", 143
Huysmans, J. K., 4
   Às avessas, 226-8
   Là-Bas, 226, 228

I Ching, 326
Idler, The, 116-7
Ilha do doutor Moreau, A (Wells), 283, 285
Ilha do tesouro, A (Stevenson), 275-6
Ilha misteriosa, A (Verne), 222, 225
Ilíada, A (Homero), 8, 41, 57, 159
Ilustre casa de Ramires, A (Eça de Queirós), 249
In Our Time (Hemingway), 256
In Stahlgewittern (Jünger), 1, 56-60
Innes, Mary, 301
Innes, Michael, 292
Insect God, The (Gorey), 34
Interpretação dos sonhos, A (Freud), 272
"Into the Woods" (Sondheim), 128
Isherwood, Christopher, 178, 235
Isolda [personagem], 69
"Isto não é uma história" (Diderot), 10
"Ítaca" (Cavafy), 82
Italian Hours (James), 171-2

Jacques, o fatalista (Diderot), 10-1
James, Henry, 17, 92, 144, 147, 180, 206, 280
   "A fera na selva", 172
   A Small Boy and Others, 171-2
   A taça de ouro, 171
   A volta do parafuso, 172, 175
   Italian Hours, 171-2
   "Os papéis de Aspern", 172
   The American Scene, 171-2
   The Wings of the Dove, 171
James, M. R., 192, 203
   "A Warning to the Curious", 202
   "Canon Alberic's Scrapbook", 200

"Casting the Runes", 202
Coletânea de contos fantasmagóricos, 199
"Count Magnus", 202
"Mr. Humphreys and His Inheritance", 203
"Oh, Whistle and I'll Come to You, My Lad", 201
"The Mezzotint", 201
"The Treasure of Abbot Thomas", 201
James, William, 162, 175
Jane Eyre (Brontë), 92, 195
Janie [personagem], 265-6
Jardim da meia-noite, O (Pearce), 136
Jardim secreto, O (Burnett), 2, 134-6
Jarrell, Randall, 179
   Pictures from an Institution, 235
Jasão [personagem], 6
"Jerusalém" (Blake), 111
Jesse, F. Tennyson
   Murder and Its Motives, 206
Jewett, Sarah Orne, 259
   The Country of the Pointed Firs, 257
Johannes [personagem], 73-6
Johnson, Samuel, 13, 302
   A história de Rasselas, príncipe da Abissínia, 116, 118
   Ensaios, 116-7
   Lives of the Poets, 116, 119
   "The Vanity of Human Wishes", 116-7
Joias indiscretas (Diderot), 8
Jones, Diana Wynne, 137
Jones, Maria [personagem], 140
Jonson, Ben, 52
   Volpone, ou A raposa, 7
Jornada do pavor (Ambler), 296
Jourdain, Margaret, 23
Joyce, James, 19, 267, 316
   Finnegan's Wake, 196, 318
   Retrato do artista quando jovem, 264
   Ulisses, 232
Judeu de Malta, O (Marlowe), 48-9, 51
Julie ou La nouvelle Héloïse (Rousseau), 162
"June Recital" (Welty), 268
Jung, Carl, 272

Jünger, Ernst
　Auf den Marmorklippen, 56
　In Stahlgewittern, 1, 56-60
Júpiter [personagem], 6
Jurajda [personagem], 20
Just-So Stories (Kipling), 279
Justine (Durrell), 82

Kafka, Franz, 9, 326
Kallman, Chester, 178
Kant, Immanuel, 100
Kari [personagem], 47
Karintha [personagem], 254
Keats, John, 121, 157
Keeley, Edmund, 82
Keillor, Garrison, 29
Kenner, Hugh, 318
Ker, W. P., 37
Kierkegaard, Søren
　Diário de um sedutor, 73-6
　Estágios do caminho da vida, 73
　Ou/ou, 73, 75
Kim (Kipling), 272, 279-82
Kim [personagem], 281-2
Kind Hearts and Coronets [filme], 34
King, Martin Luther, Jr., 110
King's English, The (Fowler), 313
Kinglake, A. W.
　Eothen, 234
Kipling, Rudyard
　A história mais bela do mundo, 281
　"Dayspring Mishandled", 281
　"How the Camel Got His Hump", 279
　Just-So Stories, 279
　Kim, 272, 279-82
　"Mary Postgate", 281
　"O homem que queria ser rei", 281
　O livro da selva, 279
　"O milagre de Purun Bhagat", 280
　"Rikki-Tikki-Tavi", 279
　"Se", 279
　"The Phantom Rickshaw", 280
　"The Village That Voted the Earth Was Flat", 281
　"Wireless", 281

"Without Benefit of Clergy", 280
Kipps (Wells), 283
Kissinger, Henry, 319
Kjartan Olafsson, 45
Kleist, Heinrich von, 229
Knox, Ronald, 287
Kolniyatsch [personagem], 16
Kublai Khan [personagem], 32
Kurosawa, Akira, 294
Kyd, Thomas
　Tragédia espanhola, 49

L'Engle, Madeline, 137
L'Espoir [filme], 319
La Rochefoucauld, Edmée de, 230
La Rochefoucauld, François de, 73, 301
Là-Bas (Huysmans), 226, 228
"Lac, Le" (Lamartine), 221
"Ladrões de cavalo, Os" (Tchekhov), 252
Lady into Fox (Garnett), 143
Lady MacBeth de Mstsensk (Leskov), 243
Lafayette, Madame de, 4
　A princesa de Clèves, 71-3
Lamartine, Alphonse de
　"Le Lac", 221
Lao-Tsé
　Tao te ching, 96-8, 114
Larkin, Philip, 111
Larson, Gary, 36
Laski, Marghanita, 134
Latour, bispo [personagem], 257
Lattimore, Richmond, 66
Lau, D. C., 97
Laughlin, James, 316
Lawrence, T. E., 271, 319
Le Fanu, Sheridan, 1, 181
　"Carmilla", 192
　"Chá verde", 192
　"The Dead Sexton", 194
　The house by the Churchyard, 196
　Uncle Silas, 192, 195-6
Le Guin, Ursula, 322, 326
　"The Ones Who Walk Away from Omelas", 214-5
Lear, Edward, 34
"Leda e o cisne" (Yeats), 268
Lee, Gypsy Rose, 177
Lee, Tanith
　"Red as Blood", 128

Lee, Vernon
　"Amour Dure", 192
　"Oke de Okehurst", 192
Leif Erikson, 45
Lennox, Mary [personagem], 2, 134-6
Leonardo da Vinci, 104
Leone, Sergio, 294
Lermontov, Mikhail
　Um herói do nosso tempo, 243
Leskov, Nikolai
　Lady MacBeth de Mstsensk, 243
Let Us Now Praise Famous Men (Agee), 60-4
Letters from Iceland (Auden), 178, 234
Levi-Strauss, Claude
　Tristes trópicos, 322
Levin, Bernard, 19
Lewis, C. S., 49, 272, 274
Lewis, Wyndham, 316
Licurgo, 148-50
Life of Johnson (Boswell), 116, 119
Lifetime Reading Plan, The (Fadiman), 2
Ligações perigosas, As (Choderlos de Laclos), 74
Lin Yutang, 96
Lincoln, Abraham, 165
"Listeners, The" (De la Mare), 141
Little, Big (Crowley), 121
Lives of the Poets (Johnson), 116, 119
Livro da minha vida, O (Cardano), 151
Livro da selva, O (Kipling), 279
Livro de Eclesiastes (Velho Testamento), 41, 100
Livro de oração comum, 1, 106, 109, 111
Livro dos juízes (Velho Testamento), 41
Loathesome Couple, The (Gorey), 34
"Lokis" (Mérimée), 132
Lolita (Nabokov), 65, 69
Longo
　Dafne e Cloé, 8
Longo adeus, O (Chandler), 296
Losing Battles (Welty), 267

ÍNDICE REMISSIVO 343

"Lote n.º 249, O" (Conan Doyle), 279
Lovat, Bridget [personagem], 23
Lovecraft, H. P., 1, 181
　"A coisa no umbral", 209
　"A cor que caiu do céu", 209
　Nas montanhas da loucura, 207
　O caso de Charles Dexter Ward, 207
　"O chamado de Cthulhu", 210
　"O horror de Dunwich", 208
　"O horror sobrenatural na literatura", 210
　"Um sussurro nas trevas", 208-9
Lucas, E. V.
　What a life!, 36
Lucas, F. L., 183
Luciano de Samotrácia, 103, 312
　Diálogo das cortesãs, 6
　Diálogo dos deuses, 6
　Diálogo dos mortos, 5-6
　Ensaios, 5
　Lúcio, ou O asno, 5-7
　Uma história verdadeira, 5-8, 236
"Lucifer by Starlight" (Meredith), 76
Lúcio, ou O asno (Luciano de Samotrácia), 5-7
Lúculo, 148
Lud-in-the-Mist (Mirrlee), 327
Ludmila [personagem], 31-33
Lutero, Martinho, 103
Lyons, John D., 72
Lyte, H. F.
　"Abide with me", 111

"Macaco, O" (Dinesen), 229
Machen, Arthur
　The Three Impostors, 327
MacNeice, Louis, 178, 234
Madame Bovary (Flaubert), 65, 249
"Mademoiselle de Scudery" (Hoffmann), 128
Magnusson, Magnus, 48
Maias, Os (Eça de Queirós), 246, 249
Maid Marian (Peacock), 14
Mair, Victor, 97

Major, John S., 3
Malatesta, Sigmundo, 170
Maldição do espelho, A (Christie), 291
Mallarmé, Stéphane, 228, 299
Mallory, George, 271
Malone morre (Beckett), 261
Malraux, André
　A condição humana, 319-20
　A esperança, 54, 319-20
　As vozes do silêncio, 319
　Le Miroir des Limbes, 319
Mandelstam, Osip, 89-90
"Manfredo" (Byron), 185
Manservant and Maidservant (Compton-Burnett), 22-5
Mão do artista, A (Auden), 175, 178
Mão misteriosa, A (Christie), 291
Mao Tsé-tung, 149
Maquiavel, Nicolau, 104, 170
　O príncipe, 170
Máquina do tempo, A (Wells), 272, 283-5
Marlowe, Christopher
　A história trágica do doutor Fausto, 49-51
　Dido, rainha de Cartago, 50
　Eduardo II, 51
　"Hero e Leandro", 49-50
　O judeu de Malta, 48-9, 51
　Tamburlaine, 52
Marple, Jane [personagem], 291
Marston, John, 182
Martian Time-Slip, (Dick), 323-4
Martin, Charles, 301
Marx, Groucho, 26, 262
Mary Barton (Gaskell), 240
"Mary Postgate" (Kipling), 281
Máscara de Dimítrius, A (Ambler), 296
Masefield, John, 3
　The Box of Delights, 136, 138-41
　The Midnight Folk, 139
"Mateo Falcone" (Mérimée), 132, 173
Matias Sandorf (Verne), 225
"Matrona de Éfeso, A" (Petrônio), 239
Maugham, Somerset, 280
Maupassant, Guy de
　"Horla", 132
Maxwell, William, 251

McCullers, Carson, 177, 230
McLuhan, Marshall, 321
Médici, Hipólito di (cardeal), 170
Médico e o monstro, O (Stevenson), 188
Mefistófeles [personagem], 50-1, 151
Meia-noite no jardim do bem e do mal (Berendt), 207
Mein Kampf (Hitler), 56
"Meiosis" (Auden), 177
"Melancolia de Jasão, filho de Cleandro, poeta em Comagena, 595 d.C." (Cavafy), 83
Melincourt (Peacock), 143
Melville, Herman, 61
　Moby Dick, 61
Memoirs of a Midget (De la Mare), 141-5
Memoirs of My Life and Writings (Gibbon), 305, 308
Memórias de Brideshead (Waugh), 15
Memórias do subsolo (Dostoievski), 9, 221
Memórias e confissões íntimas de um pecador justificado (Hogg), 188-92
Mendelson, Edward, 178
Meninos e o trem de ferro, Os (Nesbit), 138
Mercador de Veneza, O (Shakespeare), 231
Meredith, George, 173
　"Lucifer by Starlight", 76
　Modern Love, 76-80
　O egoísta, 76
　The Ordeal of Richard Feverel, 76
Mérimée, Prosper, 229
　"A Vênus de Ille", 132-3
　"As bruxas espanholas", 132
　"Carmen", 132, 173
　"Colomba", 132, 173
　"Djumane", 132
　"Lokis", 132
　"Mateo Falcone", 132, 173
　"O duplo engano", 132
　Visão de Carlos IX, 132
Merwin, W. S., 125
Metamorfoses (Ovídio), 44, 299-301
"Mezzotint, The" (James), 201

Michelangelo, 104
Middlemore, S. G. C., 169
Midnight Folk, The (Masefield), 139
Mil e uma noites, As, 41, 228, 327
Milagre de Purun Bhagat, O (Kipling), 280
Milgram, Stanley, 167
Miller, Henry, 260, 272
Millhauser, Steven, 129
Milton, John, 207, 221
Mimesis: a representação da realidade na literatura ocidental (Auerbach), 322
"Minas de Falun, As" (Hoffmann), 131
Minas do Rei Salomão, As (Haggard), 272, 275
Minha Antonia (Cather), 256
Miroir des Limbes, Le (Malraux), 319
Mirrlee, Hope
Lud-in-the-Mist, 327
Mistério de Valis, O (Dick), 325
Mitford, Nancy, 73, 232
Mitos germânicos (Grimm), 309
Moby Dick (Melville), 61
Modern Love (Meredith), 76-80
Modigliani, Amedeo, 89
Moll Flanders (Defoe), 216
Monsieur Verdoux [filme], 63
"Monstro, O" (Crane), 188
"Monstro e os críticos, O" (Tolkien), 40
Montefeltro, Frederico de (Duque de Urbino), 170
"Moon Lake" (Welty), 269
Moon, Sarah, 128
Moore, Marianne, 230
Moralia (Gregório, o Grande), 301
Moravia, Alberto, 57
More, Sir Thomas, 103-6
Utopia, 7, 106, 149, 213-5
Moreau, Gustave, 227
Morrison, Jim, 49
Morrison, Toni
Amada, 256
Morro dos ventos uivantes, O (Brönte), 69, 92, 145
Morrow, George
What a life!, 36
Morte a crédito (Céline), 260-3
Morte na família (Agee), 64

Morte vem buscar o arcebispo, A (Cather), 256
Most of S. J. Perelman, The (Perelman), 25
"Mote in the Middle Distance, The" (Beerbohm), 16
Mozart, Wolfgang, 176, 180
"Mr. Humphreys and His Inheritance" (James), 203
Mules and Men (Hurston), 264
Mulher de branco, A (Collins), 196-7
Mulher perdida, Uma (Cather), 256, 259
Mundo perdido, O (Conan Doyle), 276
Munro, Alice, 267
Murasaki Shikibu
A história de Genji, 35, 327
Murder and Its Motives (Jesse), 206
Murder for Profit (Bolitho), 206
"Music in Spain" (Welty), 269
My Mortal Enemy (Cather), 257

Na Patagônia (Chatwin), 234
"Na ravina" (Tchekhov), 252
Nabokov, Vladimir, 30, 208, 230, 252
Lolita, 65, 69
Nain Jaune, Le (Aulnoy), 127
Nana (Zola), 53
"Nariz, O" (Gogol), 128
Narrative of the Life of Frederick Douglass (Douglass), 165-8, 254
Nas montanhas da loucura (Lovecraft), 207
Nashe, Thomas, 49
Nebuly Coat, The (Falkner), 196
Necker, Jacques, 308
Necronomicon, ou o livro dos nomes mortos, 208
Neglected Murderesses (Gorey), 34
Nemo, capitão [personagem], 225
Nemours, Duque de [personagem], 72
Nero [imperador], 236-7
Neruda, Pablo, 84
Nesbit, E., 3, 141
A história do amuleto, 138

Cinco crianças e um segredo, 136-8
Os caçadores de tesouro, 138
Os meninos e o trem de ferro, 138
The Phoenix and the Carpet, 138
Wet Magic, 138
Newby, Eric
A Short Walk in the Hindu Kush, 234
Nietzsche, Friedrich, 168
Night Mail [filme], 178
"Nobre bizantino compondo versos no exílio, Um" (Cavafy), 83
"Noite" (Akmátova), 89
Noites no circo (Carter), 142
"No Place for You, My Love" (Welty), 268
North and South (Gaskell), 240
Norton Anthology of Modern Poetry, 317
Novalis, 142
Novelas arturianas, 67-71

O'Brian, Patrick, 85
O'Brien, Flann, 4
Oblomov (Gontcharov), 243-6
Oblomov, Ilya Ilyich [personagem], 243-6
"Ode" (Auden), 177
Odes (Horácio), 44
Odisseia, A (Homero), 2, 236
Odisseu [personagem], 6, 8
Offenbach, Jacques
Os contos de Hoffmann, 128
"Oh, Whistle and I'll Come to You, My Lad" (James), 201
"Oke de Okehurst" (Lee), 192
"Olhos mortos de sono" (Tchekhov), 252
"On the Circuit" (Auden), 179
"Ones Who Walk Away from Omelas, The" (Le Guin), 214-5
"Oracle of the Dog, The" (Chesterton), 289
Ordeal of Richard Feverel, The (Meredith), 76
Orgulho e preconceito (Austen), 2, 85
Origem da desigualdade entre os homens, A (Rousseau), 160-2
Ortodoxia (Chesterton), 286

Orwell, George, 280
 Homenagem à Catalunha, 320
Ou/ou (Kierkegaard), 73, 75
"Our Hunting Fathers" (Auden), 178
Ovídio
 A arte de amar, 301
 Metamorfoses, 44, 299-301
 Os amores, 49
Oxford English Dictionary, 177, 180
Ozick, Cynthia, 252

Padre Amaro [personagem], 247-9
Padre Brown [personagem], 289, 290-1
Pais e filhos (Turgueniev), 243
Palsson, Hermann, 48
Panofsky, Erwin, 319
"*Papéis de Aspern, Os*" (James), 172
Paraíso das damas, O (Zola), 53
Parents and Children (Compton-Burnett), 23
Parrott, Cecil, 19, 22
Pássaros, Os (Du Maurier), 94
Pastors and Masters (Compton--Burnett), 24
Pater, Walter, 132
 The Renaissance, 271
Patience, 125
Paulo II (papa), 151
Peacock, Thomas Love, 2, 80
 A abadia do pesadelo, 11
 Crotchet Castle, 11-4
 Gryll Grange, 11
 Maid Marian, 14
 Melincourt, 143
Peacock Pie (De la Mare), 141
Pearce, Philippa
 O jardim da meia-noite, 136
Pearl, 125
Pears, Peter, 177
Pearson, Edmund
 Studies in Murder, 206
"Pecadores nas mãos de um deus irado" (Edwards), 110
Pecados dos pais, Os (Ganghofer), 22
"Pena, lápis e veneno" (Wilde), 205
Pepys, Samuel, 156
Pequena princesa, A (Burnett), 136

Pequeno lorde, O (Burnett), 134, 136
Percival (Wolfram von Eschenbach), 67, 70-1
Perec, Georges, 223
Peregrino, O (Bunyan), 106, 108-11
Perelman, S. J., 4, 5
 "Cloudland Revisited", 28
 "Strictly from Hunger", 26-7
 The Most of S. J. Perelman, 25
 "Tuberoses and Tigers", 28
Perrault, Charles, 127
 "A Bela e a Fera", 125, 127
 "O gato de botas", 127
Personae (Pound), 318
"Pescador e sua mulher, O", 126
Peters, Ivy [personagem], 259
Petrarca, 104
"Petrified Man" (Welty), 267
Petrônio, 228, 235
 "A matrona de Éfeso", 239
 Satíricon, 236-9
Peyhorade [personagem], 132-3
"Phantom Richshaw, The" (Kipling), 280
Phelps, Robert, 60
Phoenix and the Carpet, The (Nesbit), 138
Picasso, Pablo, 57
Pictures from an Instituition (Jarrell), 235
Piero della Francesca, 170
Pinkwater, Daniel, 137
Pitti, Buonaccorso, 170
Platão, 105, 111, 149, 162, 303
"Platonic Blow, The" (Auden), 177
"Plattner Story, The" (Wells), 283
Plínio
 História natural, 309
Plutarco
 Vidas comparadas, 148-50
Poe, Edgar Allan, 131, 191, 207, 228
Poema sem herói (Akmátova), 91
Poemas completos de Ana Akmátova (Akmátova), 91
Poems (Auden), 179

Poets of the English Language, 178
Poirot, Hercule [personagem], 290
"Pollock and the Porroh Man" (Wells), 283
Polo, Marco [personagem], 32
Pope, Alexander, 3
 "Elegy for an Unfortunate Lady", 157-8
 "Eloisa to Abelard", 158
 "Ensaio sobre a crítica", 156
 "Epistle to Dr. Arbuthnot", 159
 The Dunciad, 159
 "The Rape of the Lock", 157
Por um punhado de dólares [filme], 294
Porter, Cole, 26
"Portrait of a Lady" (Eliot), 51
Postman Always Rings Twice, The (Cain), 295
"Pote de ouro, O" (Hoffmann), 128, 130
Pouncer, Sylvia [personagem], 140
Pound, Ezra, 301
 ABC da leitura, 315
 Cathay, 317
 Ensaios literários, 315
 Homage to Sextus Propertius, 318
 Hugh Selwyn Mauberley, 318
 Le Testament de Villon, 316
 Os cantos de Pisa, 318
 Os cantos, 317
 Personae, 318
 The Spirit of Romance, 315
Powell, Jim, 66
"Powerhouse" (Welty), 267
Present and the Past, The (Compton-Burnett), 25
Prima Bette, A (Balzac), 249
Primeiros homens da lua, Os (Wells), 283, 285
Primo Basílio, O (Eça de Queirós), 246, 249
Princesa de Clèves [personagem], 71-3
 Cloister and the Hearth, The (Reade), 103
Princesa de Clèves, A (Lafayette), 71-3

Príncipe, O (Maquiavel), 170
"Príncipe sapo, O", 125
Pritchett, V. S., 132, 253
Professor's House, The (Cather), 256
Proust, Marcel, 19, 221, 319
Purcell, Henry
 Dido e Eneias, 50
Purity, 125
Pushkin, Alexander
 Contos de Belkin, 243

Queneau, Raymond, 30
Quéreas e Calirroé (Cáriton), 8
"Querida, A" (Tchekhov), 253
Quinhentos milhões da Begum, Os (Verne), 223

Rabelais, François, 19, 103
Racine, Jean, 42
 Berenice, 71
Radice, Betty, 106
Rafael Sanzio, 104
Rainey, Virgie [personagem], 269
Rainha Elisabete I, 218
Rake's Progress, The (Stravinski), 178
Raleigh, Sir Walter, 155
Rambler, 116-7
Ramo de ouro, O (Frazier), 68, 309-12
"Rape of the the Lock, The" (Pope), 157
"Rappaccini's Daughter" (Hawthorne), 128
Reade, Charles
 The Cloister and the Hearth, 103
Réage, Pauline
 História de O, 75
"Rebanho branco, O" (Akmátova), 89
Rebecca (Du Maurier), 91-4
"Red as Blood" (Lee), 128
Rei Anfortas [personagem)], 70
Rei Feraydun [personagem], 42
Rei MacLain [personagem], 268
Religiosa, A (Diderot), 9
Relíquia, A (Eça de Queirós), 249
Renaissance, The (Pater), 271
Renan, Ernest, 113
Renfield [personagem], 197
Réquiem (Akmátova), 90

Retrato de Dorian Gray, O (Wilde), 226
Retrato do artista quando jovem (Joyce), 264
Return, The (De la Mare), 142
Rexroth, Kenneth, 66-7
"Rhobert" (Toomer), 255
Rice, Anne, 199
"Riddle, The" (De la Mare), 142
Riefenstahl, Leni, 317
"Rikki-Tikki-Tavi" (Kipling), 279
Rilke, Rainer Maria, 84, 91
Rimbaud, Arthur, 49
Rito da primavera, O (Stravinski), 312
"Road to Oxiana, The" (Byron), 232-4
Robur, o conquistador (Verne), 224
Roget's Thesaurus, 314
Roma, cidade aberta [filme], 63
Ronda grotesca (Huxley), 11
"Rosário" (Akmátova), 89
Rossini, Gioachino, 180
Rostam [personagem], 42
Roughead, William, 35, 181
 Classic Crimes, 206
 Tales of the Criminous, 204-7
 The Evil that Men Do, 206
Rouse, W. H. D., 316
Rousseau, Jean-Jacques, 8, 186
 A origem da desigualdade entre os homens, 160-2
 Confissões, 160, 162
 Discurso sobre as ciências e as artes, 163
 Discursos, 160
 Emílio, ou Da educação, 162, 164
 Julie ou La nouvelle Héloïse, 162
 Le Devin du Village, 163
 O contrato social, 160, 163
 Os devaneios do caminhante solitário, 164
Roussel, Raymond, 223
Rowling, J. K., 134
Rubadeh [personagem], 41
Ruthvyn, Maud [personagem], 195

Sabatini, Rafael, 225
Sade, Marquês de, 319

Safo, 1, 65-7
Safra vermelha (Hammett), 294
Saga de Egil, 44
Saga de Grettir, 44, 46
Saga de Laxdaela, 44-5
Saga de Njal, 44-7
Sagas islandesas, 44-8
Saki, 242
Salinger, J. D.
 O apanhador no campo de centeio, 230
Saltykov-Schedrin, Mikhail
 A família Golovlyov, 243
Santo Agostinho, 114
São Francisco de Assis, 286
São Jerônimo, 100, 103
São Tomás de Aquino, 176, 286
 Summa Theologica, 301
São Tomás de Aquino: o touro imbecil (Chesterton), 289
Sara Crewe (Burnett), 136
Satíricon (Petrônio), 236-9
Savonarola, Girolamo, 170
Sayers, Dorothy L., 204, 289
 Gaudy Night, 291
Scenes of Clerical Life (Eliot), 235
Schiller, Friedrich, 100
Sciuscià [filme], 63
"Se" (Kipling), 279
Se um viajante numa noite de inverno (Calvino), 29-32
"Sea and the Mirror, The" (Auden), 177, 179
"Sea Raiders, The" (Wells), 283
"Seafarer, The", 40
"Seaton's Aunt" (De la Mare), 142
Segredos da eternidade, Os (Cardano), 152
Selver, Paul, 22
Sendak, Maurice, 137
Senhor do mundo, O (Verne), 224
Senhorita M. [personagem], 121, 142-5
"September 1, 1939" (Auden), 178
Série dos Rougon-Macquart, A (Zola), 53
Sete contos góticos (Dinesen), 228

ÍNDICE REMISSIVO

Seus olhos viam Deus (Hurston), 256, 264-6
Seven Men (Beerbohm), 15, 17-8
Seyavash [personagem], 42-3
Shahnameh: o livro persa dos reis (Ferdusi), 41-4
Shakespeare, William, 3, 44, 48, 51-2, 69, 111, 154, 157, 176, 179, 182-3, 204, 301
  Como gostais, 106
  O mercador de Veneza, 231
  Sonhos de uma noite de verão, 121, 300
Shaw, George Bernard, 6, 15, 109, 250, 286
Shelley, Mary, 181, 223
  Frankenstein, 185-8, 283
Shelley, Percy Bysshe, 12, 14
Sherrard, Philip, 82
Short Walk in the Hindu Kush, A (Newby), 234
"Shower of Gold" (Welty), 268
Simenon, Georges, 84
Simpsons, Os, 29
"Sins of Prince Saradine, The" (Chesterton), 289
Sir Gawain e o Cavaleiro Verde, 122-5
"Sir Hercules" (Huxley), 143
"Sir Rabbit" (Welty), 268
Skarp-Hedin [personagem], 47
Small Boy and Others, A (James), 171-2
Smith, Sydney, 180
Snedleigh, Harold [personagem], 35
Sobre a sutileza das coisas (Cardano), 152
"Sobre o amor" (Tchekhov), 252
Sobreviventes, Os (Dick), 325
Sobrinho de Rameau, O (Diderot), 9-10, 106, 221
Sócrates, 6
Sofá amarelo, O (Eça de Queirós), 249
Sófocles, 24, 41
"Sohrab and Rustum" (Arnold), 42
"Soldadinho de chumbo, O" (Andersen), 127
Sondheim, Stephen
  "Into the Woods", 128

Song of the Lark, The (Cather), 257
Sonho de Cipião, O (Cícero), 100-1
Sonhos de uma noite de verão (Shakespeare), 121, 300
Spade, Sam [personagem], 293
"Spain" (Auden), 178
Spirit of Romance, The (Pound), 315
Spoerri, Daniel
  Topographie Anécdotée du Hasard, 222
Staël, Madame de, 308
Stalin, 90
Stanton-Lacy, Sophia [personagem], 85-7
Stark, Freya
  O vale dos assassinos, 234
Starrett, Vincent, 278
Station, The (Byron), 234
Steinbeck, John
  As vinhas da ira, 54
Stendhal, 73, 132, 235
Stephen, Leslie, 172-3
Sterne, Laurence, 287
  Tristram Shandy, 56, 220
Stevenson, Robert Louis
  A ilha do tesouro, 275-6
  O médico e o monstro, 188
Stoker, Bram
  Drácula, 1, 181, 196-9
Stolz, Andrei [personagem], 244
Stone, Robert, 251
Strachey, Lytton, 157
Strauss, Johann, 180
Stravinski, Igor, 176
  O rito da primavera, 312
  The Rake's Progress, 178
"Strictly from Hunger" (Perelman), 26-7
Studies in Murder (Pearson), 206
Suckling, Sir John, 155
Sudabeh [personagem], 42
Summa Theologica (São Tomás de Aquino), 301
Suplemento à viagem de Bougainville (Diderot), 9
"Sussurro nas trevas, Um" (Lovecraft), 208-9
Švejk [personagem], 19-20, 22
Svevo, Ítalo, 4
Swift, Jonathan, 158
  Viagens de Gulliver, 7

Swinburne, Algernon, 183
Syme, Gabriel [personagem], 287-8

Taberna, A (Zola), 53
Taça de ouro, A (James), 171
Tácito, 236
Taine, H. A., 183
Tales of the Criminous (Roughead), 204-7
Talgarth, Sir Vincent [personagem], 86
Tamburlaine (Marlowe), 52
Tancock, Leonard, W., 9, 55
Tao te ching (Lao-Tsé), 96-8, 114
Tarzã [personagem], 216
Tchekhov, Anton, 34, 243, 250
  "A dama do cachorrinho", 252-3
  A gaivota, 253
  "A querida", 253
  As três irmãs, 253
  "Enfermaria n. 6", 252-3
  "Groselheiras", 252
  "Gusev", 253
  "Na ravina", 252
  "O bispo", 253
  "Olhos mortos de sono", 252
  "Os ladrões de cavalo", 252
  "Sobre o amor", 252
  Tio Vanya, 253
  "Uma história aborrecida", 251, 253
Tea Cake [personagem], 265
Temístocles, 148
Temple, Shirley, 34
Tennyson, Alfred, 177
Terra, A (Zola), 53
Terra devastada, A (Eliot), 183, 233, 239, 311, 316
Testament de Villon, Le (Pound), 316
Testamento de um excêntrico, O (Verne), 223
Testemunha ocular do crime, A (Christie), 291
Thackeray, William
  A feira das vaidades, 11
  Makepeace, 157
"That Nature is a Heraclitean Fire and the Comfort of the Resurrection" (Hopkins), 99

Theoharis, Theoharis C., 82
Thesiger, Wilfred
    Arabia Deserta, 234
Thieves Like Us (Anderson), 295
"Things to Come" (Wells), 285
Thirkell, Angela, 241
Thoreau, Henry David, 98
Thorhall [personagem], 47
Three Impostors, The (Machen), 327
Three Weeks (Glyn), 28
Thurber, James, 29
Tieck, Ludwig
    "The Elves", 129
Tio Vanya (Tchekhov), 253
Tirésias [personagem], 6
Tolkien, J. R. R., 125, 180
    O Hobbit, 141
    "O monstro e os críticos", 40
Tolstoi, Leon, 54, 246, 253
    Guerra e paz, 243
Tolstoia, Tatiana, 243
Tono-Bungay (Wells), 283
Toomer, Jean
    Cane, 3, 237, 253-6
    "Rhobert", 255
Topographie Anécdotée du Hasard (Spoerri), 222
Tour Through the Whole Island of Great Britain, A (Defoe), 216-9
Tourneur, Cyril, 182
Tragédia espanhola (Kyd), 49
Tratado da reforma da inteligência (Espinosa), 112
Tratado teológico-político (Espinosa), 111, 115-6
"Treasure of Abbot Thomas, The" (James), 201
Três estigmas de Palmer Eldritch, Os (Dick), 325
Três irmãs, As (Tchekhov), 253
Trevelyan, George Macaulay, 76
Trevor, William, 252
Trilha dos ninhos de aranha, A (Calvino), 30
Trillo, senhor [personagem], 12
Trimalquião [personagem], 237
Tristão (Gottfried von Strassburg), 67, 69
Tristão e Isolda (Wagner), 275
Tristes trópicos (Levi-Strauss), 322

Tristram Shandy (Sterne), 56, 220
Triumph des Willens [filme], 317
Trollope, Anthony, 35, 240
Trudeau, Garry, 36
"Tuberoses and Tigers" (Perelman), 28
Turgeniev, Ivan, 173, 250
    Pais e filhos, 243
Tusculanae disputatione (Cícero), 101
Twain, Mark
    As aventuras de Huckleberry Finn, 317

Ulisses (Joyce), 232
Ulisses [personagem], 74
Uncle Silas (Le Fanu), 192, 195-6
Undine (Hoffmann), 131
Unstrung Harp, The (Gorey), 35
Untitled Book, The (Gorey), 35
Ursinho Pooh [personagem], 35
Utopia (More), 7, 106, 149, 213-5

Vale dos assassinos, O (Stark), 234
Valmont [personagem], 74
Van Dine, S. S., 297
Van Helsing, Doutor [personagem], 198
"Vanity of Human Wishes, The" (Johnson), 116-7
Vathek (Beckford), 327
Vazio infinito (Dick), 325
Venetia (Heyer), 84, 87
"Vênus de Ille, A" (Mérimée), 132-3
"Verdade acerca de Pyecraft, A" (Wells), 283
Verlaine, Paul, 228
Verne, Júlio, 283
    A espantosa aventura da missão Barsac, 224
    A ilha misteriosa, 222, 225
    A volta ao mundo em oitenta dias, 222, 225
    Aventuras do capitão Hatteras, 222
    Matias Sandorf, 225
    O doutor Ox, 224
    "O eterno Adão", 224

O senhor do mundo, 224
O testamento de um excêntrico, 223
Os quinhentos milhões da Begum, 223
Robur, o conquistador, 224
Viagem ao centro da Terra, 222, 225
Vinte mil léguas submarinas, 222, 225
Verne, Michel, 223
Viagem ao centro da Terra (Verne), 222, 225
Viagem ao fundo da noite (Céline), 260, 263
Viagem ao redor do meu quarto (De Maistre), 219-2
Viagens de Gulliver (Swift), 7
Viajante do tempo, O [personagem], 284
Vida era assim em Middlemarch, A (Eliot), 11
Vida nova (Dante), 237
Vidas comparadas (Plutarco), 148-50
"Village That Voted the Earth Was Flat, The" (Kipling), 281
Vincey, Leo [personagem], 273-4
Vinhas da ira, As (Steinbeck), 54
Vinte mil léguas submarinas (Verne), 222, 225
Virgílio, 300
Virginian, The (Wister), 172
Visão de Carlos IX (Mérimée), 132
Vollman, William T., 260
Volpone, ou A raposa (Johnson), 7
Volta ao mundo em oitenta dias, A (Verne), 222, 225
Volta do parafuso, A (James), 171, 175
Voltaire, 8, 100, 164, 306
Vonnegut, Kurt, 260
Vozes do silêncio, As (Malraux), 319

Wagenknecht, Edward, 145
Wagner, Richard, 69
    Tristão e Isolda, 275
Waley, Arthur, 97
Walker, Alice, 264
"Wanderer, The", 40

ÍNDICE REMISSIVO

"Wanderers, The" (Welty), 269
Warner, Rex, 150
"Warning to the Curious, A" (James), 202
Warton, Thomas, 49
Washington, Booker T., 255
Washington, Mary Helen, 264
Watson, Doutor John [personagem], 2, 278
Watt, G. F., 286
Watts, Isaac, 107, 110
Waugh, Evelyn, 176, 232
   Memórias de Brideshead, 15
Way of the World, The (Congreve), 93
"We Shall Overcome", 111
Webster, John, 181, 204
   A duquesa de Malfi, 182-5
   The White Devil, 182-3
Wells, H. G., 175
   A guerra dos mundos, 283, 285
   A ilha do doutor Moreau, 283, 285
   A máquina do tempo, 272, 283-5
   "A verdade acerca de Pyecraft", 283
   As aventuras do senhor Polly, 283
   "Em terra de cego", 283
   Kipps, 283
   O homem invisível, 283
   Os primeiros homens da lua, 283, 285
   "Pollock and the Porroh Man", 283
   "The Crystal Egg", 283
   "The Plattner Story", 283
   "The Sea Raiders", 283
   "Things to Come", 285
   Tono-Bungay, 283
Welty, Eudora, 230, 235
   A Curtain of Green, 267-8
   A filha do otimista, 267
   A Wide Net, 267
   "A Worn Path", 267
   "Circe", 268
   "June Recital", 268
   Losing Battles, 267
   "Moon Lake", 269
   "Music in Spain", 269
   "No Place for You, My Love", 268
   "Petrified Man", 267
   "Powerhouse", 267
   "Shower of Gold", 268
   "Sir Rabbit", 268
   The Bride of the Innisfallen, 268
   The Golden Apples, 268
   "The Wanderers", 269
   "The Whole World Knows", 269
   "Why I Live at the P. O.", 267
Wesley, Charles, 107
Westenra, Lucy [personagem], 197
Wet Magic (Nesbit), 138
Wharton, Edith, 173
What a Life! (Morrow/ Lucas), 36
Wheatley, Phillis, 165, 254
White, T. H.
   A espada na pedra, 141, 151
White Devil, The (Webster), 182-3
Whitefield, George, 110
"Whole World Knows, The" (Welty), 269
"Whosis Kid, The" (Hammett), 294
"Why I Live at the P.O." (Welty), 267
Wide Net, A (Welty), 267
Wieger, Leon, 97
Wilde, Oscar, 15, 24
   O retrato de Dorian Gray, 226
   "Pena, lápis e veneno", 205
Williams, Sherley Anne, 264
Wilson, A. N., 54
Wilson, Edmund, 15, 176
Winesburg, Ohio (Anderson), 255, 268
Wings of the Dove, The (James), 171
"Wireless" (Kipling), 281
Wister, Owen
   The Virginian, 172
Withers, George, 155
"Without Benefit of Clergy" (Kipling), 280
Wodehouse, P. G., 4, 24, 85, 180, 245
Wolfe, Tom, 54
Wolfram von Eschenbach
   Percival, 67, 70-1
Wood, Anthony
   Athenae Oxonienses, 153, 155
Woolf, Virginia, 15, 88, 172
"Worn Path, A" (Welty), 267
Wright, Richard, 177
   Filho nativo, 256
Wringhim, Robert [personagem], 189-92

Yeats, William Butler, 179, 316
   "Leda e o cisne", 268
Yojimbo [filme], 294
Yourcenar, Marguerite, 4, 83
Yvain (Chrétien de Troyes), 67-8, 70
Yvain [personagem], 68-9

Zal [personagem], 41
Zola, Émile
   A besta humana, 53
   A derrocada, 54
   A taberna, 53
   A terra, 53
   Germinal, 53-6
   Nana, 53
   O paraíso das damas, 53
   Série dos Rougon-Macquart, 53
Zoroastro, 100
Zuleika Dobson (Beerbohm), 15, 17